DEUTSCHE AKADEMIE DER WISSENSCHAFTEN ZU BERLIN

SCHRIFTEN DES INSTITUTS FÜR GESCHICHTE

REIHE I: ALLGEMEINE UND DEUTSCHE GESCHICHTE

BAND 15

MARION EINHORN

DIE ÖKONOMISCHEN HINTERGRÜNDE DER FASCHISTISCHEN DEUTSCHEN INTERVENTION IN SPANIEN 1936–1939

AKADEMIE-VERLAG · BERLIN · 1962

Erschienen im Akademie-Verlag GmbH, Berlin W 8, Leipziger Straße 3-4

Lizenznummer: 202 · 100/143/62
Gesamtherstellung: IV/2/14 · VEB Werkdruck Gräfenhainichen · 1733
Bestellnummer: 2083/I/15 · ES 14 D/E · Preis: 23,– DM

INHALTSVERZEICHNIS

VORWORT

Bereits im Jahre 1937 kennzeichnete Thomas Mann sehr treffend die damals für viele nicht klar zu durchschauenden Vorgänge in Spanien, indem er u. a. schrieb: „In Spanien wütet das Interesse. Es wütet mit einer Schamlosigkeit, wie die Welt sie selten gesehen. Tatsächlich gehört, was sich dort seit vielen Monaten abspielt, zum Schändlichsten und Skandalösesten, was die Geschichte aufzuweisen hat. Sieht, empfindet es die Welt? Nur sehr teilweise; denn auf nichts versteht das mörderische Interesse sich besser, als darauf, die Welt zu verdummen und ihr über sein wahres Wesen Sand in die Augen zu streuen . . .“[1]

In der vorgelegten Arbeit wird der Versuch unternommen, dieses „mörderische Interesse“ zu entlarven, die Wechselwirkung zwischen den politischen und militärstrategischen Interessen des deutschen Imperialismus in Spanien, seiner militärischen Intervention und dem ökonomischen Eindringen aufzudecken, die dadurch hervorgerufene Verschärfung der Gegensätze zwischen den in Spanien interessierten imperialistischen Mächten und deren wiederum hieraus resultierende Haltung zu den politischen Ereignissen in Spanien in den Jahren 1936–1939 darzulegen.

Die Arbeit ist somit als ein Beitrag zur Darstellung der Vorgeschichte des zweiten Weltkrieges gedacht und soll gleichzeitig, da kaum ein Monat vergeht, in dem nicht in der Presse über die Vertiefung der ökonomischen, politischen und militärischen Beziehungen des westdeutschen Monopolkapitals zu Francospanien berichtet wird, die Linie der langjährigen, unheilvollen Tradition der Zusammenarbeit des deutschen Imperialismus mit den herrschenden Klassen Spaniens und ihre für die Völker verderbenbringenden Folgen zeigen.

Die Aktualität des Themas ist offensichtlich. Denn die Initiatoren und Hauptnutznießer der faschistischen deutschen Aggressionspolitik, die Vertreter des Monopolkapitals und des Militarismus, die mit Hilfe des amerikanischen Finanzkapitals nach 1945 in Westdeutschland ihre Macht wieder errichten und festigen

[1] *Mann, Thomas*, Gesammelte Werke, Zwölfter Band, Zeit und Werk. Tagebücher, Reden und Schriften zum Zeitgeschehen. Berlin 1955, S. 763.

konnten, bereiten im Rahmen der NATO einen neuen Waffengang vor. Durch ihre zutiefst antinationale Politik haben sie die Gefahr eines Atomkrieges heraufbeschworen, der die Existenz aller Völker auf das schwerste bedroht. Völlig unverhüllt strebt der westdeutsche Imperialismus heute bereits danach, die Vormachtstellung in Westeuropa zu erringen und als Stoßtrupp der Weltreaktion gegen das sozialistische Lager zu fungieren; wiederum ist Spanien in wirtschaftlicher und militärstrategischer Hinsicht in die westdeutschen Expansions- und Aggressionsvorbereitungen einbezogen. Statt die Lehren der Geschichte zu beherzigen, ermöglichen die herrschenden Klassen in den kapitalistischen Ländern erneut das ökonomische und militärische Wiedererstarken des deutschen Imperialismus, der es stets verstanden hat – u. a. auch durch die Ausnutzung Spaniens für seine Zwecke –, gewisse von den Siegermächten auferlegte Beschränkungen und Rüstungskontrollbestimmungen zu umgehen und dessen Angriff sich entgegen allen Erwartungen der britischen, französischen und amerikanischen Bourgeoisie und ihrer Regierungen infolge der unüberbrückbaren Widersprüche im imperialistischen Lager noch vor dem Überfall auf die Sowjetunion direkt gegen die westeuropäischen Länder richtete.

Die Erfahrungen der Geschichte lebendig werden zu lassen und sie für den gegenwärtigen Kampf gegen den deutschen Imperialismus und Militarismus nutzbar zu machen, ist das Hauptanliegen dieser Untersuchung.

Bei der Erforschung und Darstellung des Themas war ich bemüht, den Marxismus-Leninismus anzuwenden. Richtungweisend für die Erarbeitung und Darbietung des Stoffes waren Arbeiten der Klassiker des Marxismus-Leninismus, vor allem Lenins grundlegendes Werk über den Imperialismus, Beschlüsse und Dokumente der III. Internationale, der Kommunistischen Parteien Deutschlands und Spaniens sowie Reden, Aufsätze und Gesamtdarstellungen ihrer führenden Vertreter, insbesondere G. Dimitroffs, P. Togliattis, W. Ulbrichts, W. Piecks, J. Diaz und D. Ibarruris. Eine große Hilfe boten auch solche bereits vorliegenden Arbeiten marxistischer Historiker, Wirtschaftswissenschaftler und Politiker, wie z. B. A. Schreiners Arbeit „Über die Hintergründe und Ziele der faschistischen Intervention in Spanien 1936", A. Nordens „Die spanische Tragödie", Arbeiten E. Vargas und J. Kuczynskis sowie L. Longos „Die Internationalen Brigaden in Spanien". Auch das Studium marxistisch-leninistischer Zeitungen und Zeitschriften, wie der „Rundschau über Politik, Wirtschaft und Arbeiterbewegung, Basel" und der „Internationale", war eine der Voraussetzungen für die richtige Auswertung der bürgerlichen Quellen und Literatur.

Sehr viel wichtiges und zum großen Teil bisher nicht bekanntes Faktenmaterial konnte aus dem Studium der ungedruckten und gedruckten Archivmaterialien entnommen werden, wie auch aus den herangezogenen zeitgenössischen deutschen und ausländischen Zeitungen und Zeitschriften. Diese archivalischen und publizistischen Quellen, insbesondere diejenigen, die aus der Feder von Vertretern des faschistischen Deutschlands stammen, aber auch jene, die – wie die von den westlichen Alliierten herausgegebene Aktenpublikation aus den Beständen des ehemaligen Auswärtigen Amtes (Akten zur deutschen auswärtigen Politik, Ser. D.) –

durch die Art der Auswahl und Kommentierung letzten Endes den von ihren Herausgebern verfolgten politischen Gegenwartsaufgaben dienen sollen, wurden mit der gebotenen Vorsicht und Quellenkritik benutzt. Das gleiche trifft auf die Auswertung der bürgerlichen deutschen und ausländischen Sekundärliteratur zu, die vielfach interessantes und nützliches Material enthält. In Anbetracht der außerordentlich großen Zahl von Büchern, die zu dem Komplex Spanienkrieg erschienen sind, war es nur möglich, die wichtigsten Veröffentlichungen heranzuziehen.

Die vorliegende Arbeit, die eine überarbeitete Fassung meiner Dissertation ist, entstand auf Anregung und unter Betreuung von Nationalpreisträger Prof. Dr. Albert Schreiner, der in den Jahren des Spanienkrieges als Stabschef der XIII. Brigade aktiv den Kampf gegen den Faschismus auf spanischem Boden fortsetzte, und der sich in seiner Eigenschaft als Mitarbeiter der im Jahre 1937 beim Stab der Internationalen Brigaden in Albacete gegründeten Historischen Sektion damals bereits selbst mit der Thematik befaßt hatte.

Herrn Prof. Dr. Schreiner möchte ich an dieser Stelle meinen aufrichtigen Dank für seine Anleitung und für die außerordentlich eingehende und hilfreiche Kritik aussprechen, durch die die Fertigstellung der Arbeit ermöglicht wurde. Zu Dank verpflichtet für kritische Hinweise bin ich ferner den Herren Professoren Dr. *Karl Obermann* und Dr. *Ernst Engelberg*. Darüber hinaus möchte ich es hier nicht versäumen, einer Reihe Mitarbeiter am Institut für Geschichte bei der Deutschen Akademie der Wissenschaften zu Berlin für ihre kritischen Bemerkungen und Ratschläge herzlichst zu danken, insbesondere den Kollegen *Olaf Groehler*, Dr. *Heinz Habedank*, *Gerhart Hass*, *Rudolf Hellborn*, *Maid Koehler*, *Vera Köller*, *Mirjam Kölling*, *Günter Paulus*, *Joachim Petzold*, Dr. *Hans Radandt*, Dr. *Wolfgang Ruge* sowie dem früheren Mitarbeiter unseres Instituts, Herrn *Werner Müller*. Mein Dank gilt nicht zuletzt Frau *Ellen John* für die gewissenhafte und außerordentlich schnelle Erledigung der umfangreichen Schreibarbeiten.

Berlin, im Mai 1961 *Marion Einhorn*

EINLEITUNG

In der zweiten Hälfte der dreißiger Jahre des XX. Jahrhunderts spitzten sich die imperialistischen Widersprüche infolge der Auswirkungen des Gesetzes der ungleichmäßigen Entwicklung der imperialistischen Länder und des gesetzmäßigen Strebens ihrer herrschenden Klasse nach Monopolprofit außerordentlich zu und drängten zu einer – wenn auch nur vorübergehenden – Lösung durch Waffengewalt. Die Untersuchung der ökonomischen Interessen des deutschen Imperialismus in Spanien will an diesem Kreuzungspunkt der imperialistischen Interessen die Entwicklung und Verschärfung der imperialistischen Widersprüche zeigen.
Der Politik des deutschen Imperialismus gegenüber Spanien in der Periode vor, während und nach der militärischen Intervention lagen politische, ökonomische und militärstrategische Motive zugrunde, von denen das eine oder andere jeweils entsprechend der innerdeutschen und innerspanischen Situation sowie der Stellung des deutschen Imperialismus im System der imperialistischen Staaten im Vordergrund stand. Die eingehendere Untersuchung der ökonomischen Interessen des deutschen Finanzkapitals in Spanien, bei der die anderen genannten Faktoren jedoch nicht aus dem Blickfeld verloren werden, erschien deshalb gerechtfertigt, weil sie von der deutschen Großbourgeoisie nicht nur während einzelner Etappen, sondern in der *gesamten* Periode des Imperialismus verfolgt wurden und auch bei der militärischen Intervention 1936–1939 ein außerordentlich wichtiges Motiv waren. Durch den Versuch des deutschen Monopolkapitals, mit dem Mittel der offenen militärischen und politischen Intervention die Rivalität der imperialistischen Staaten zugunsten Hitlerdeutschlands zu entscheiden, spitzten sich die imperialistischen Widersprüche, vor allem der in der Vorkriegsperiode außerordentlich stark ausgeprägte und auch hier aufeinanderprallende Gegensatz zwischen dem deutschen und britischen Imperialismus, weiterhin zu. Zur Verschärfung der Widersprüche trug – ganz im Gegensatz zu der Absicht ihrer Initiatoren – die sogenannte Nichteinmischungspolitik der Westmächte noch erheblich bei, die faktisch die Expansion des deutschen Imperialismus im Westen direkt förderte. Gerade der von Hitlerdeutschland während der Jahre des Interventions-

krieges mit besonderer Schärfe geführte Kampf gegen den in Spanien seit Jahrzehnten bestehenden ökonomischen und politischen Einfluß vor allem des britischen und französischen Kapitals und um die Einbeziehung der Pyrenäenhalbinsel in seine wirtschaftlichen und militärstrategischen Kriegsvorbereitungen trug erheblich dazu bei, die Hoffnung der herrschenden Kreise der Westmächte zunichte zu machen, daß es möglich sei, den deutschen Imperialismus als „Gendarm" gegen das Erstarken der revolutionären Bewegung im Weltmaßstab handeln zu lassen, ohne zugleich mit den eigenen Herrschaftsinteressen in wachsenden Widerstreit zu geraten und bedeutende Machtpositionen an den imperialistischen Rivalen zu verlieren.

In der vorliegenden Arbeit wird versucht, die Wechselwirkung zwischen den politischen Interessen des deutschen Imperialismus in Spanien, seiner militärischen Intervention und dem ökonomischen Eindringen zu zeigen. Dagegen handelt es sich nicht um eine allumfassende, erschöpfende Darstellung der Durchführung der deutschen faschistischen Intervention und der Haltung der Großmächte zum Spanienkrieg. Ohne eine detaillierte Untersuchung vorzunehmen, wurden – soweit es für die Behandlung des Themas erforderlich war – die Gründe für die Intervention Italiens knapp skizziert.[1] Auch die ausführliche Schilderung des beispielhaften Kampfes des spanischen Volkes und der Internationalen Brigaden zur Verteidigung der Unabhängigkeit Spaniens und der Sicherung des Weltfriedens sowie des militärischen Verlaufes des Interventionskrieges war nicht die Aufgabe dieser Arbeit. Sofern der Zusammenhang dieses Kampfes mit dem Thema der vorliegenden Arbeit herzustellen war, wurde auf eine Reihe von Arbeiten marxistischer Autoren zurückgegriffen.[2]

Angesichts der Kontinuität der deutschen imperialistischen Außenpolitik und damit auch der Spanienpolitik nimmt es nicht wunder, daß die Mehrzahl der westdeutschen Historiker, deren Arbeit der Festigung des imperialistischen Bonner Bundesstaates dient, kein Interesse daran hat, die wahren Ursachen der Intervention des deutschen Imperialismus in Spanien und die langjährige Zusammenarbeit der herrschenden Klassen beider Länder sowie der reaktionären

[1] Vgl. hierzu vor allem S. 89f., 141f., 175f., 182, 190 der vorliegenden Arbeit.

[2] In deutscher Sprache sind u. a. erschienen: *Ibarruri, Dolores,* Der national-revolutionäre Krieg des spanischen Volkes 1936–1939. Berlin 1955. Dieselbe: Die italienisch-deutsche militärische Intervention in Spanien 1936–1939. Berlin 1954 (Große Sowjet-Enzyklopädie, Reihe Geschichte und Philosophie, H. 34). *Longo, Luigi,* Die Internationalen Brigaden in Spanien. Berlin 1958. Der Freiheitskampf des spanischen Volkes und die internationale Solidarität, Dokumente und Bilder zum national-revolutionären Krieg des spanischen Volkes 1936–1939. Hrsg. vom Institut für Marxismus-Leninismus beim Zentralkomitee der SED, Berlin 1956. *Renn, Ludwig,* Der Spanienkrieg. Berlin 1955. *Szinda, Gustav,* Die XI. Brigade. Berlin 1956. *Stern, Leo,* Der Freiheitskampf des spanischen Volkes 1936–1939. Berlin 1956. *Grünberg, Gottfried,* Wir kämpfen und siegen für dich – Freiheit. Berlin 1956. *Dahlem, Franz,* Der Freiheitskampf des spanischen Volkes. Berlin 1953.

deutschen und spanischen Parteien und Organisationen, zu behandeln.[3] Im Gegenteil, man ist, wie das vor einigen Jahren erschienene Buch von Hugo Kehrer „Deutschland in Spanien. Beziehung, Einfluß und Abhängigkeit"[4] beweist, eifrig bemüht, die deutsch-spanischen Beziehungen auf das kulturell-geistige Gebiet zu beschränken, ein idyllisches Bild der Zusammenarbeit „im geistigen Raum" zu entwerfen und die Bestrebungen des deutschen Imperialismus, Spanien in politischer und ökonomischer Hinsicht zu beherrschen und für die Aggressionsvorbereitungen auszunutzen, völlig zu ignorieren.[5] In wessen Auftrag und zu welchem Zweck das geschieht, wird aus dem Dank des Verfassers an Kreise des in Spanien interessierten deutschen Monopolkapitals deutlich, die das glänzend ausgestattete Buch finanzierten[6] und die auf diese Weise die alte Tradition ihrer als Kulturarbeit getarnten Propagandamaßnahmen[7] zur Verwirklichung ihrer politischen und ökonomischen Ziele fortsetzen. Auch Joachim van den Berg verschleiert in seiner stark antisowjetisch gefärbten Dissertation „Deutschland und der spanische Bürgerkrieg" (Würzburg 1953), wer tatsächlich für die deutsche Aggressionspolitik verantwortlich war und daraus profitierte. Obwohl er die vom deutschen Imperialismus bei der Intervention verfolgten Ziele und den Kampf, sie durchzusetzen, darlegt, schreibt er die Aggression gegen das spanische Volk ausschließlich Hitler und einigen Naziführern und -diplomaten zu. Die Ursache hierfür liegt in der idealistischen weltanschaulichen Ausgangsposition des Verfassers, die es ihm nicht gestattet, die Grundfragen der bearbeiteten Problematik der Wahrheit entsprechend zu beantworten. Auf Grund seiner idealistischen Konzeption sieht er im bürgerlichen Staat nicht das Instrument der herrschenden Klasse zum Schutz des Kapitals und zur Durchsetzung der Profitinteressen der Bourgeoisie, sondern eine über den Klassen schwebende Institution, an deren Spitze einzelne Männer treten, um Ziele und Mittel der Politik zu bestimmen. Wie andere bürgerliche Autoren, vermag van den Berg auch das Wesen des Faschismus nicht richtig zu erkennen[8] und muß demzufolge zwangsläufig zu falschen Schlußfolgerungen gelangen.

Ausgehend von der Aufgabenstellung der vorliegenden Arbeit und bestärkt durch die Notwendigkeit, die angeführten unzutreffenden Darstellungen der west-

[3] Vgl. hierzu auch die Ausführungen auf S. 94 dieser Arbeit, insbesondere Anmerkung 79 zum III. Kapitel.

[4] Verlag *Georg D. H. Calway*, München, 1953.

[5] Diese Tendenz spricht auch aus der Rezension des Kehrerschen Buches von *Paul Herre* (vgl. „Historische Zeitschrift" [H. Z.], Bd. 179, S. 602–604), der zwar auf zahlreiche Ungenauigkeiten in der Darstellung Kehrers hinweist und die mangelhafte stoffliche Durchdringung kritisiert, jedoch eingangs hervorhebt, daß es eine „höchst lohnende Aufgabe" sei, „darzulegen, was wir Deutschen Spanien gegeben haben" (vgl. S. 602). Hierzu erübrigt sich für uns jeder Kommentar.

[6] *Kehrer, Hugo*, a. a. O., S. 263.

[7] Vgl. hierzu u. a. Kapitel I, S. 12ff. und Kapitel II, S. 65ff. dieser Arbeit.

[8] Zur Definition des Wesens der faschistischen Diktatur, vgl.: Der Faschismus, die Kriegsgefahr und die Aufgaben der Kommunistischen Parteien (Thesen, ange-

deutschen Geschichtsschreibung zu widerlegen, war es erforderlich, ausführlicher auf die langjährigen Interessen des deutschen Monopolkapitals in Spanien einzugehen. In dem an den Anfang gestellten Überblickskapitel werden die Bestrebungen des deutschen Imperialismus, tiefer in die spanische Wirtschaft einzudringen, vor allem in der Periode der Weimarer Republik an zahlreichen Beispielen nachgewiesen. Auf diese Weise wird die Entwicklungslinie der wirtschaftlichen Beziehungen beider Länder gezeigt und an das eigentliche Thema herangeführt, ohne daß in diesem Abschnitt versucht wird, eine erschöpfende Analyse des deutschen Kapitalexports und der deutsch spanischen Handelsbeziehungen in diesen Jahren zu geben. Eine derartige Analyse war nicht Aufgabe dieser Arbeit; sie könnte auch nur im Rahmen einer wirtschaftswissenschaftlichen Spezialuntersuchung gelöst werden. Für die Behandlung unseres Themas war es weiterhin notwendig, im ersten Teil der Arbeit auf die Politik der Unterstützung der spanischen Reaktion vor Beginn der offenen Intervention des deutschen Imperialismus im Jahre 1936 einzugehen, zumal gerade die Aktivität Hitlerdeutschlands bei der Unterminierung der spanischen Republik von der westdeutschen Geschichtsschreibung mit Stillschweigen übergangen wird. Im zweiten Teil wird der Kampf um die Durchsetzung der Aggressionsziele des deutschen Imperialismus während des Spanienkrieges im einzelnen dargelegt, die durch ihn hervorgerufene Zuspitzung der imperialistischen Gegensätze und die Versuche der spanischen Reaktion, die Widersprüche unter den imperialistischen Mächten zu ihren Gunsten auszunutzen, geschildert. In diesem Teil der Arbeit wird auch der heldenhafte Widerstand des spanischen Volkes unter Führung seiner kommunistischen Partei gegen den Anschlag der Konterrevolution, die uneigennützige Rolle der Sowjetunion bei der Verteidigung der Unabhängigkeit der spanischen Republik, der Demokratie und des Weltfriedens, gewürdigt und die verderbliche und letzten Endes auch für sie verhängnisvolle Unterstützung Francos durch die Westmächte sowie die Ursachen ihrer Politik gezeigt. Besonders hervorgehoben wird in diesem Abschnitt der beispielhafte Einsatz tausender Antifaschisten aus 53 Ländern, darunter auch deutscher Demokraten und aufrechter Patrioten, die in den Internationalen Brigaden den gerechten Kampf des spanischen Volkes gegen den Faschismus unterstützten und damit gleichzeitig für die wahren nationalen Interessen ihrer Völker eintraten. Weiterhin erschien es angebracht, zur Abrundung der Darstellung am Schluß die Bilanz zu ziehen, inwieweit sich die vom deutschen Imperialismus in Francospanien gesetzten Hoffnungen während des zweiten Weltkrieges erfüllten und sein Bestreben nach 1945 knapp zu skizzieren, die im wirtschaftlichen und politischen Leben Spaniens eroberte Position zu behaupten und von neuem auszubauen.

nommen vom XIII. Plenum des Exekutivkomitees der Kommunistischen Internationale, Dezember 1933). In: Die Kommunistische Internationale (Auswahl von Dokumenten und Reden vom VI. Weltkongreß bis zur Auflösung der Kommunistischen Internationale, 1928–1943), hrsg. von der Parteihochschule „Karl Marx" beim ZK der SED, Berlin, Januar 1956, S. 266.

A. DIE INTERESSEN DES DEUTSCHEN IMPERIALISMUS IN SPANIEN UND DIE METHODEN ZU IHRER VERWIRKLICHUNG BIS ZUR AUSLÖSUNG DES FRANCO-PUTSCHES

Kapitel I

Das Eindringen des deutschen Monopolkapitals in Spanien von der Jahrhundertwende bis zur Errichtung der faschistischen Diktatur in Deutschland (Überblick)

1. Die Bedeutung Spaniens als Rohstofflieferant, Warenabsatz- und Kapitalanlagemarkt für das internationale Monopolkapital

In den letzten Jahrzehnten des vorigen Jahrhunderts erlebte Deutschland einen rapiden wirtschaftlichen Aufschwung; es begann, sich dem Stand der entwickelten Industriestaaten anzunähern. Mit dem raschen wirtschaftlichen Erstarken trat bei den Vertretern des junkerlich-bourgeoisen deutschen Imperialismus das für das Finanzkapital aller Länder charakteristische Streben nach Erweiterung der politischen und ökonomischen Einflußsphären zwecks Erzielung von Extraprofiten immer deutlicher zutage. Später entstanden, nahm das junge deutsche Finanzkapital den Wettlauf mit dem britischen und französischen Rivalen um die Eroberung von Kolonien und die Beherrschung abhängiger Länder zu einem Zeitpunkt auf, als die Welt im wesentlichen unter den alten kapitalistischen Mächten aufgeteilt worden war. Um die Jahrhundertwende war der Kampf um die Besitzergreifung noch „freier" Einflußgebiete, in dessen Verlauf auch der deutsche Imperialismus in den achtziger Jahren den Weg kolonialer Expansion beschritten hatte, abgeschlossen; er ging über in den vom deutschen Monopolkapital mit besonderer Aggressivität forcierten Kampf um die territoriale Neuaufteilung der Welt. Typisch für das Vorgehen der Monopolverbände und ihrer Regierungen wurde in der nun beginnenden Epoche des Imperialismus die Methode der sogenannten friedlichen Durchdringung ökonomisch zurückgebliebener Länder, die auch vom deutschen Finanzkapital seit dem Ende der achtziger Jahre insbesondere bei seiner Südostexpansion betrieben worden war. Zu den ökonomisch schwachentwickelten Staaten, die der deutsche Imperialismus in seine wirtschaftliche und politische Einflußsphäre einzubeziehen trachtete, gehörte neben der Türkei, Rumänien u. a. auch Spanien, das bereits in der Bismarckschen Außenpolitik 1869/1870 eine gewisse Rolle gespielt hatte.

Spanien, zu Beginn des 16. Jahrhunderts Kern eines mächtigen Weltreichs, war schon ein Jahrhundert später aus seiner Machtstellung von den industriell aufblühenden Ländern Holland, England und Frankreich verdrängt worden. Im Laufe des 19. Jahrhunderts verlor Spanien den größten Teil seines reichen

Kolonialbesitzes und damit die Hauptbasis seiner einstigen Macht. Verglichen mit den westeuropäischen Staaten blieb es ein ökonomisch rückständiges, vorwiegend agrarisches Land, das bis weit ins 20. Jahrhundert hinein als einziger westeuropäischer Staat halbfeudalen Charakter beibehalten hatte. Der Grund und Boden war seit der Vertreibung der Araber aus Spanien (11.–14. Jahrhundert) in der Hand adliger Heerführer und der Kirche. Den weltlichen und kirchlichen Grundbesitzern blieben die Bauern, deren Erträgnisse vor allem in den zahlreichen regenarmen Gebieten ohnehin karg bemessen waren, zur Zahlung feudaler Abgaben verpflichtet. Die feudalen Überreste hemmten sowohl die Entwicklung einer rationellen Landwirtschaft als auch die der Industrie in Spanien. Im 19. und 20. Jahrhundert war es vor allem die Armut der Bauern und der Landarbeiter infolge der feudalen Ausbeutung, die zwangsläufig auch das Lebensniveau der in der sich entwickelnden Industrie beschäftigten Arbeiter noch stärker herabdrückte. Ihre Reallöhne waren bedeutend niedriger als in anderen westeuropäischen Ländern.[1]

Die ökonomische Rückständigkeit Spaniens sowie sein außerordentlicher Reichtum an den verschiedensten Bodenschätzen – u. a. Eisenerz, Kupfer, Blei, Quecksilber, Zink, Zinn und Wolfram – lenkten bereits im vormonopolistischen Kapitalismus das Interesse der entwickelten Industriestaaten auf die Iberische Halbinsel. Die größten spanischen Kupfervorkommen, die Rio Tinto- und Tharsisminen in der Provinz Huelva, wurden z. B. bereits 1873 vom spanischen Staat an eine britische Gesellschaft verkauft.[2] Die bedeutenden Eisenerzvorkommen in Nordspanien wurden ebenfalls schon in den achtziger Jahren des vorigen Jahrhunderts von britischen Gesellschaften ausgebeutet[3], die auch den Eisenbahnbau zum Abtransport der Erze veranlaßten.[4] Von den insgesamt in Spanien geförderten Erzen wurden im letzten Jahrzehnt des 19. Jahrhunderts in keinem Jahr weniger als 90% exportiert[5], ein typisches Merkmal für den Außenhandel kolonialer und halbkolonialer Länder.

Mit der endgültigen Ablösung des Kapitalismus der freien Konkurrenz durch den Imperialismus wuchs das Interesse ausländischer Monopole an Spanien. Zu dem Konkurrenzkampf um die Gewinnung Spaniens als Rohstofflieferant und Warenabsatzmarkt trat der Wettlauf um die Sicherung der Iberischen Halbinsel als Kapitalanlagegebiet.

[1] Vgl. *Varga, Eugen,* „Spanien in der Revolution", Wirtschaft und Wirtschaftspolitik im ersten Vierteljahr 1936. In: Rundschau über Politik, Wirtschaft und Arbeiterbewegung, Basel, 5. Jg., Nr. 22, 13. 5. 36, Sondernummer, S. 881. (Weitergeführt als „Rundschau" (Basel).)

[2] *Gannes, Harry* u. *Repard, Theodore,* Spain in revolt, London 1936, S. 209.

[3] *Arconada, Felipe M.,* Spanien als Yankee-Kolonie, Berlin 1954, S. 10f.

[4] Ebenda, S. 11.

[5] *Grüneberg, Emmy-Ilse,* Die Handelsbeziehungen zwischen Deutschland und Spanien unter besonderer Berücksichtigung der Erz schaffenden und Erz verarbeitenden Industrie, Diss. phil., Berlin 1927, S. 8.

Als eins der wesentlichen Merkmale, die den „neuen" von dem „alten"[6] Kapitalismus unterscheiden, kennzeichnet Lenin in seiner Analyse des Imperialismus die entscheidende Rolle des Kapitalexports der entwickelten Industriestaaten ins Ausland im Vergleich zum Warenexport.[7] Weil die Verwendung des in den wirtschaftlich fortgeschrittenen Ländern angesammelten „Kapitalüberschusses"[8] den Monopolen im Inland nicht den gewünschten Profit verspricht[9], setzt die fieberhafte Suche nach Kapitalanlagesphären in wirtschaftlich weniger entwickelten oder noch nicht erschlossenen Gebieten ein, in denen infolge des Mangels an eigenem Kapital, niedrigerer Bodenpreise und Löhne sowie billigerer Rohstoffe hohe Profitmöglichkeiten gesichert sind.[10] Aus dem Kapitalexport, der auf verschiedene Weise, durch Gründung von Tochtergesellschaften, Beteiligung an ausländischen Unternehmen sowie durch Anleihen an die Regierung fremder Staaten und Firmen erfolgen kann, erwachsen dem Finanzkapital und der in seinem Interesse die Macht ausübenden Regierung außerordentliche Vorteile. Neben den aus den Zinsen von Anleihen bzw. Dividenden von ausländischen Unternehmen herrührenden Extraprofiten werden die durch den Kapitalexport angeknüpften Verbindungen zum Zwecke eines profitablen Geschäfts[11], d. h. für die Schaffung weiterer Möglichkeiten zur Erlangung von Extraprofiten, nutzbar gemacht. Die Ausnutzung dieser Verbindungen zur Durchsetzung von handelspolitischen Vorteilen läßt die Kapitalausfuhr zu einem Mittel werden, den Warenexport zu steigern.[12] Die vorherrschende Stellung im Kapital- und Warenexport erleichtert die politische Einflußnahme auf das wirtschaftliche Interessengebiet.

Die Durchdringung Spaniens mit ausländischem Kapital setzte in der zweiten Hälfte des 19. Jahrhunderts ein und verstärkte sich mit dem Beginn des 20. Jahrhunderts in einem solchen Maße, daß nunmehr alle wichtigen Industrie- und

[6] *Lenin, W. I.*, Der Imperialismus als höchstes Stadium des Kapitalismus, Werke, Bd. 22, Berlin 1960, S. 204.

[7] Ebenda, Abschnitt IV, S. 244ff.

[8] *Lenin* weist auf die Relativität dieses „Kapitalüberschusses" hin, indem er schreibt: „... wäre der Kapitalismus imstande, die Landwirtschaft zu entwickeln, die jetzt überall weit hinter der Industrie zurückgeblieben ist, könnte er die Lebenshaltung der Massen der Bevölkerung heben, die trotz des schwindelerregenden technischen Fortschritts überall ein Hunger- und Bettlerdasein fristet – dann könnte von einem Kapitalüberschuß nicht die Rede sein... Aber dann wäre der Kapitalismus nicht Kapitalismus, denn die Ungleichmäßigkeit der Entwicklung wie das Hungerdasein der Massen sind wesentliche, unvermeidliche Bedingungen und Voraussetzungen dieser Produktionsweise. Solange der Kapitalismus Kapitalismus bleibt, wird der Kapitalüberschuß nicht zur Hebung der Lebenshaltung der Massen in dem betreffenden Lande verwendet – denn das würde eine Verminderung der Profite der Kapitalisten bedeuten –, sondern zur Steigerung der Profite durch Kapitalexport ins Ausland, in rückständige Länder ..." Ebenda, S. 245.

[9] Ebenda.

[10] Ebenda.

[11] Ebenda, S. 248.

[12] Ebenda.

Wirtschaftszweige betroffen waren. In den Jahren vor Beginn des ersten Weltkrieges war Spanien für Großbritannien, Frankreich und Belgien zu einem der wichtigsten europäischen Kapitalanlageplätze geworden.[13] Dagegen hatte das deutsche Monopolkapital hinsichtlich des Kapitalexports nur auf zwei Gebieten die dominierende Position in der spanischen Wirtschaft erobern können: In dem damals noch jungen und am stärksten in Deutschland und den USA entwickelten Industriezweig Elektrotechnik[14] und auf dem ebenfalls in der Entwicklung begriffenen Gebiet der Chemie. Daß sich Deutschland um die Jahrhundertwende auch in Spanien als beherrschende „Elektromacht"[15] etablierte, kommt darin zum Ausdruck, daß die Mehrzahl der Kraftwerke und Straßenbahnen in den größeren spanischen Städten von deutschen Elektrounternehmen, vor allem der AEG und Siemens, errichtet wurden[16], und beide Firmen eine Reihe von Zweigunternehmen in Spanien gründen und sich an bestehenden ausländischen Unternehmen beteiligen konnten.[17] Bedeutenden Einfluß auf die spanische Wirtschaft gewann auch die deutsche chemische Industrie. Die großen Farbenwerke in Elberfeld, Höchst, Frankfurt (Main) und Mannheim, die Werke des späteren IG Farben-Konzerns, konnten in der Vorkriegsperiode mehrere Niederlassungen in Spanien errichten.[18] Im Vergleich weit weniger erfolgreich war die deutsche Schwerindustrie, die besonders angesichts ihrer Vorbereitungen für die gewaltsame Neuaufteilung der Welt an Möglichkeiten zum billigen Bezug der in Spanien vorhandenen kriegswichtigen Rohstoffe außerordentliches Interesse hatte. Infolge der dominierenden Position des englischen und französischen Kapitals konnten sich die deutschen Rüstungskonzerne jedoch nur einen geringen Anteil an der Erschließung und Ausbeutung der Erzvorkommen sichern. Von den deutschen Firmen gelang es in der Vorkriegsperiode lediglich Krupp, der Metallgesellschaft AG, Frankfurt, und der

[13] Vgl. hierzu *Lenin, W. I.*, Hefte zum Imperialismus, Berlin 1957, S. 266–268.

[14] *Lenin, W. I.*, Der Imperialismus als höchstes Stadium . . ., a. a. O., S. 250.

[15] Ebenda, S. 251.

[16] Vgl. Geschäftsbericht der AEG für das Geschäftsjahr 1902/1903, S. 8f., sowie Geschäftsbericht der Siemens- und Halske AG., für das Geschäftsjahr 1901/1902, S. 8.

[17] Um die Jahrhundertwende wurde z. B. von der AEG in Gemeinschaft mit der Madrider Gasanstalt die Allgemeine Elektrizitätsgesellschaft in Madrid gegründet. Das außerdem von der AEG in Madrid eingerichtete Installationsbüro errang „maßgeblichen Anteil an der Ausbeutung Spaniens durch das Elektrokapital". Eine Tochterfirma der AEG wurde 1897 in Bilbao gegründet. Vgl. *Koebel-Tusk, Eberhard*, AEG, Energie, Profit, Verbrechen, Berlin 1958, S. 19. Beachtlich beteiligt war die AEG u. a. seit 1905 an der Thomson Houston Iberica, Madrid. Vgl. Geschäftsbericht der AEG für das Geschäftsjahr 1905/1906, S. 9. Siemens gründete 1910 die „Siemens Schuckert Industria Electrica, S. A., Madrid", Photokopie (0 1742), Deutsches Wirtschaftsinstitut, Berlin (Weitergeführt als DWI, Berlin).

[18] „Spanien. Zeitschrift für Auslandskunde". Hrsg. vom Ibero-Amerikanischen Institut, Hamburg 1919, Jg. 1, H. 1, S. 8.

Aktiengesellschaft für Bergbau, Blei- und Zinkfabrikation zu Stolberg in Westfalen, Anteile an ausländischen Unternehmen bzw. Konzessionen zur Erzgewinnung zu erwerben.[19] Der Kampf des Mannesmann-Konzerns um das Monopol der Erzausbeutung Marokkos, der die Welt an den Rand des Krieges führte, endete bekanntlich mit einem Mißerfolg für das imperialistische Deutschland und verstärkte seine außenpolitische Isolierung noch mehr.[20]
Einen außerordentlich hohen Anteil an rüstungswichtigen spanischen Rohstoffen sicherte sich Deutschland dagegen auf dem Handelswege. Vor dem ersten Weltkrieg zählte es zu den wichtigsten Abnehmern spanischer Erze. Von den aus Spanien im Jahre 1913 ausgeführten 12 Mill. t Erzen gingen 4,5 Mill. t nach Deutschland, also mehr als ein Drittel des gesamten Erzexportes. Davon entfielen auf Eisenerze, die nach Deutschland exportiert wurden, 3,6 Mill. t, d. h. 40,8% der gesamten Eisenerzausfuhr. 9,9% des deutschen Gesamtverbrauches an Eisenerzen wurden 1913 von Spanien geliefert. 29,2% der spanischen Pyritausfuhr gingen ebenfalls nach Deutschland.[21] Diese wenigen Angaben zeigen, daß Deutschland bereits vor dem ersten Weltkrieg zu den Mächten gehörte, die durch die Ausnutzung Spaniens als Kapitalanlagegebiet, Rohstofflieferant und auch, was noch an anderer Stelle eingehender behandelt werden wird[22], als Absatzmarkt ausländischer Fertigwaren die Entwicklung einer national-spanischen Industrie erschwerten und die Überwindung der Rückständigkeit der spanischen Wirtschaft somit außerordentlich hemmten.

2. Der Kampf des deutschen Imperialismus um die Erweiterung seines politischen und wirtschaftlichen Einflusses in Spanien während des ersten Weltkrieges

Mit der Auslösung des ersten Weltkrieges durch Deutschland, in dem sich Spanien wenige Tage nach Kriegsbeginn für neutral erklärte, wuchs das Interesse des deutschen Imperialismus an der Iberischen Halbinsel. Strategische Erwägungen standen in dieser Situation im Vordergrund. Eine Kriegsteilnahme Spaniens auf seiten Deutschlands hätte auf Grund der Schlüsselstellung, die Spanien durch seine geographische Lage einnahm, dem deutschen Imperialismus bedeutende Vorteile gebracht: sie hätte die militärische Umklammerung Frankreichs ermöglicht, die Verbindung Großbritanniens und Frankreichs zu den Kolonien, darunter Englands Seeweg nach Indien, empfindlich bedroht, den britischen Flottenstützpunkt in Gibraltar, der für die Kontrolle des östlichen Atlantiks und des westlichen Mittelmeeres von außerordentlicher Bedeutung war, völlig entwertet. Ebenso wäre Frankreichs kürzester Weg nach Nordafrika über das

[19] Ebenda, S. 9.
[20] Zu den Marokkokrisen vgl. *Schreiner, Albert,* Zur Geschichte der deutschen Außenpolitik 1871–1945, Bd. 1, Berlin 1952, S. 231–246.
[21] *Grüneberg, Emmy-Ilse,* a. a. O., S. 9 u. S. 17–19.
[22] Vgl. S. 28ff. dieses Kapitels.

Mittelmeer, der gerade im Kriege vor allem wegen der Truppentransporte aus Nordafrika nach Frankreich[23] außerordentliche Wichtigkeit besaß, gefährdet worden.

Auch die Frage der Beherrschung der kriegswichtigen Bodenschätze Spaniens spielte bei den Bestrebungen der deutschen Imperialisten, Spanien zum Kriegseintritt auf seiten der Mittelmächte zu bewegen, eine nicht unwichtige Rolle. Wenn auch das kaiserliche Deutschland – im Gegensatz zum faschistischen Deutschland in den Jahren der Vorbereitung des zweiten Weltkrieges – auf die Ausnutzung der spanischen Eisenerze für die Kriegsführung nicht in gleichem Maße angewiesen war[24], so war der deutsche Imperialismus daran interessiert, sie der Nutzung Großbritanniens zu entziehen, um dadurch zur Schwächung des britischen Rüstungspotentials beizutragen.[25] Darüber hinaus hätte die Bindung Spaniens weite Perspektiven für die zukünftige politische und wirtschaftliche Beherrschung Spaniens eröffnet.

Am 5. Oktober 1915 trug die deutsche Regierung zum ersten Mal in offizieller Form das Ansinnen an die spanische Regierung heran, in den Krieg gegen die Entente einzutreten. Als Köder sagte Deutschland in den Verhandlungen im Falle

[23] Gerade in den Kriegsjahren sah der französische Imperialismus in seinem afrikanischen Kolonialbesitz ein nahezu unerschöpfliches Menschenreservoir: 700000 afrikanische Soldaten und 240000 afrikanische Arbeiter wurden im ersten Weltkrieg zur „Verteidigung“ des „Mutterlandes“ herangezogen! Vgl. *Schuman, Fred L.*, Europe on the Eve. The Crises of Diplomacy 1933–1939, New York 1939, S. 266.

[24] Kurz nach Kriegsbeginn erklärte Großbritannien Eisenerz als Bannware, wodurch die spanische Ausfuhr nach Deutschland vollständig aufhörte. Deutsches Zentralarchiv Potsdam (weitergeführt als DZA Potsdam), AA, Abt. II, Akte Nr. 6576, Bl. 104 (Bericht des Deutschen Konsuls in Bilbao vom 20. 11. 1917 über den Handel Bilbaos 1914–1916). Die deutsche Kriegsindustrie konnte sich im ersten Weltkrieg jedoch neben der Zufuhr aus Schweden der lothringischen Eisenerze bedienen.

[25] „England hat während des Krieges . . . die spanischen Erze dringend benötigt und diese auch in großen Mengen erhalten . . .“ Die spanische Eisenerzausfuhr im Jahre 1915, die sich insgesamt auf 4,51 Mill. Tonnen belief, verteilte sich auf folgende Länder:
Es bezogen England 4,23 Mill. t, Frankreich 0,23 Mill. t, USA 0,04 Mill. t,
Vgl. „Spanien. Zeitschrift für . . .“, 1920, Jg. 2, H. 1, S. 61.
Die Bedeutung, die die britische Regierung der spanischen Erzeinfuhr beimaß, geht u. a. auch aus den im Dezember 1917 zwischen Großbritannien und Spanien geführten Verhandlungen um den Abschluß eines neuen Lieferabkommens hervor. England forderte u. a., daß Spanien sich verpflichtete, alle die Verordnungen über die bisherige Regelung der Transportfrage aufzuheben, die faktisch den Bezug der für die Kriegführung notwendigen Materialien erschwerten. DZA Potsdam, Reichskanzlei, Akte Nr. 2458/10, Bl. 2a (Abschrift eines Berichts des deutschen Botschafters in Madrid, ohne Datum, an das Auswärtige Amt, Berlin, und an den deutschen Admiralsstab [etwa Ende Dezember 1917*]).

der siegreichen Beendigung des Krieges Spanien die Inbesitznahme Gibraltars und Portugals zu[26], deren Beherrschung durch Großbritannien bekanntlich eine der historischen Wurzeln für die antibritische Stimmung unter Teilen der herrschenden Klassen Spaniens war. Doch die spanische Regierung erwies sich als realpolitischer denkend, als von den deutschen Verhandlungspartnern angenommen. Abgesehen von der Tatsache, daß Spanien für eine Teilnahme am Krieg keineswegs gerüstet war, machten die ökonomischen Bindungen der herrschenden Klassen Spaniens zu den Ententemächten, welche die britische und französische Durchdringung der spanischen Wirtschaft herbeigeführt hatten, ein Eingehen auf das Angebot der deutschen Regierung faktisch unmöglich. Die im Herbst 1915 und im Frühjahr 1916 mehrmals wiederholten Angebote Deutschlands wurden abschlägig beantwortet.

Nach dieser diplomatischen Niederlage verstärkte die deutsche Regierung in ihrer Politik gegenüber Spanien•ihre Bemühungen, zu verhindern, daß die zur Entente hinneigenden Kreise innerhalb der spanischen Großbourgeoisie und Intelligenz bestimmenden Einfluß auf die spanische Außenpolitik gewännen und der Absatz- und Kapitalanlagemarkt Spaniens völlig in die Hand der westlichen kapitalistischen Länder geriete.

Die Kriegsereignisse hatten sich für die Interessen des deutschen Monopolkapitals in Spanien nachteilig ausgewirkt. Die Stellung, die das kaiserliche Deutschland im Verlaufe der Vorkriegsjahre auf dem spanischen Markt errungen hatte, drohte ernsthaft in Gefahr zu geraten. Zwar stand Großbritannien vor 1914 dem Wert der nach Spanien eingeführten Waren nach immer noch an der Spitze, an zweiter Stelle folgte Frankreich und erst der dritte Platz wurde von Deutschland eingenommen, doch hatte gerade der deutsche Handel mit Spanien in den letzten Jahren vor Beginn des Krieges verhältnismäßig mehr zugenommen, als der Handel anderer Länder.[27] Die Tatsache, daß die deutschen Firmen in zunehmendem Maße mit der Erzeugung kriegswichtiger Produkte beschäftigt wurden, die dadurch bedingten langen Lieferfristen für Exportgüter sowie die durch den weiten Transportweg hervorgerufenen Schwierigkeiten mußten einen Rückschlag für Deutschland in dem vor allem auf dem Gebiet der Elektroindustrie, der Maschinen- und Eisenwaren-, sowie der chemischen und optischen Industrie geführten Konkurrenzkampf nach sich ziehen. Insbesondere in bezug auf die Transportfrage waren vor

[26] Aktenmäßige Belege befanden sich – zumindest vor der Niederwerfung der spanischen Republik im Jahre 1939 - in den Archiven des Madrider Außenministeriums. Vgl. *Spielhagen, Franz,* Spione und Verschwörer in Spanien. Nach offiziellen nationalsozialistischen Dokumenten. Paris 1936, S. 7. Ebenfalls *Schreiner, Albert,* Über die Hintergründe und Ziele der faschistischen Intervention in Spanien 1936, Beilage zu H. 4 der Zeitschrift „Militärwesen", Zeitschrift für Militärpolitik und Militärtheorie, Juli 1958, S. 8f.

[27] DZA Potsdam, AA, Abt. II, Akte Nr. 6546, Bl. 110. (Brief des Deutschen Konsulats in Madrid vom 18. 1. 1915 an Reichskanzler von Bethmann Hollweg.)

allem Frankreich, aber auch Großbritannien, auf Grund ihrer geographischen Lage in einer weitaus günstigeren Situation. Großbritannien, der Hauptrivale Deutschlands auf dem spanischen Markt, war bestrebt, die gegebenen Vorteile zu nutzen. Die Zahl der britischen Geschäftsreisenden, die mit spanischen Firmen Verhandlungen führten, um Aufträge für die Lieferung britischer Waren zu erhalten, stieg bald nach Kriegsbeginn erheblich an. Der Kontakt wurde insbesondere mit solchen Firmen aufgenommen, die bislang als regelmäßige Abnehmer deutscher Waren galten.[28] Der Erfolg dieser Bemühungen blieb in vielen Fällen nicht aus, vielfach wurden deutsche Erzeugnisse durch britische verdrängt.[29] Auch die USA schalteten sich im Verlaufe des Krieges in zunehmendem Maße als Konkurrent auf dem spanischen Markt ein.[30]

Um der Schwächung der vor 1914 errungenen Position entgegenzuarbeiten, leiteten die an Spanien interessierten Kreise des deutschen Monopolkapitals eine großangelegte Propagandaoffensive mit dem Ziel ein, die wohlwollende Neutralität Spaniens gegenüber Deutschland herbeizuführen. Wie Pilze schossen während der Kriegsjahre in Deutschland und auf der Iberischen Halbinsel deutsch-spanische Vereinigungen[31]

[28] Ebenda.

[29] DZA Potsdam, AA, Abt. II, Akte Nr. 6547, Bl. 7. (Brief *August H. Hofers*, des Leiters des Deutschen Nachrichtendienstes für Spanien und Inhaber einer deutschen Druckerei, vom 2. 7. 1915 aus Barcelona an den deutschen Botschafter in Madrid.)

[30] „Spanien. Zeitschrift für ...", 1919, Jg. 1, H. 2, S. 147.

[31] Neben dem schon vor dem Krieg bestehenden Ibero-Amerikanischen Verein, dem späteren Ibero-Amerikanischen Institut in Hamburg, dessen Wirkungsfeld hauptsächlich in Südamerika lag, wurden in fast allen größeren deutschen Industriestädten deutsch-spanische Vereine ins Leben gerufen, so z. B. in Stuttgart, Frankfurt a. Main, Hamburg, Köln, München, Aachen, Essen, Berlin, Dresden, Leipzig, Göppingen, Karlsruhe und Pforzheim. Ende 1917 und zu Beginn des Jahres 1918 wurden diese Organisationen größtenteils aufgelöst und gingen in der bereits im Sommer 1917 zur Zentralisierung der Propaganda und Verringerung der Kosten gegründeten Dachorganisation „Deutschland-Spanien. Verband deutsch-spanischer Vereinigungen" auf. Vgl. DZA Potsdam, AA, Abt. II, Akte Nr. 6547, Bl. 24 (Brief der Königlich Preußischen Gesandtschaft in Stuttgart vom 24. 10. 1916 an den Minister für Auswärtige Angelegenheiten); Bl. 26 (Abschrift eines Briefes der Deutsch-Spanischen Vereinigung vom 19. 10. 1916 an die deutsche Botschaft in Konstantinopel); DZA Potsdam, R. d. I., Akte Nr. 5304, Bl. 2f. (Brief des Vorsitzenden der Arbeitsgemeinschaft Deutschland-Spanien vom 7. 6. 1917 an das Reichsamt des Innern nebst Schriftsatz über den Zusammenschluß und die Besetzung der Ämter); DZA Potsdam, AA, Zentralstelle für Auslandsdienst, Akte Nr. 1240, Bl. 5 (Schreiben der Zentralstelle für Auslandsdienst vom 21. 2. 1916 an die Deutsch-Spanische Vereinigung, Stuttgart). In Spanien entstanden ebenfalls in verschiedenen Städten deutsch-spanische Gesellschaften sowie das „Komitee der Freunde Deutschlands", eine Vereinigung deutsch-freundlicher Intellektueller in Barcelona. Vgl. „Spanien. Zeit-

aus dem Boden, die, zumeist[32] als kulturelle Institutionen getarnt[33], der Durchsetzung der Interessen des deutschen Imperialismus in Spanien dienen sollten. In den Vorständen[34] und als Mitglieder[35] dieser Verbände finden wir neben oft in

schrift für ...", 1919, Jg. 1, H. 4, S. 246f.; *Ballvé, Faustino*, Spanien als Betätigungsfeld für fremden Handel und Industrie, Essen 1926, S. 3.

32 Eine Ausnahme machte die in Barcelona 1916 gebildete „Wirtschaftliche Vereinigung für Spanien", die durch ihren Namen bereits die wirklichen Ziele ihrer deutschen Gründer erkennen läßt. Vgl. DZA Potsdam, AA, Zentralstelle für Auslandsdienst, Akte Nr. 832, Bl. 2, Anlage Bl. 7 (Brief *August H. Hofers*, Barcelona, vom 29. 4. 1916 an den deutschen Botschafter in Madrid, mit Namen der für die Leitung der Wirtschaftlichen Vereinigung vorgesehenen Mitglieder).

33 In den Veröffentlichungen des Verbandes deutsch-spanischer Gesellschaften „Deutschland-Spanien" wurde die Notwendigkeit der Pflege der kulturellen Beziehungen außerordentlich betont, und zwar im Sinne der imperialistischen These, daß „die Welt am deutschen Wesen genesen" müsse. So hieß es z. B. in einem im Oktober 1918 anläßlich eines spanischen Auslandskursus an der Universität Freiburg i. B. gehaltenen, in der Zeitschrift des Verbandes abgedruckten Vortrages eines Mitgliedes der Vereinigung, daß Spanien nicht in der Lage sei, „nach den ruhmreichen Tagen seiner großen Vergangenheit... eine blühende Eigenkultur hervorzubringen. Das Land sehnt sich (!) nach fremder kultureller Befruchtung ..." Wenn man es verabsäume, in Spanien und Lateinamerika „planmäßig den verlangenden Völkern von unserer ... Kultur mitzuteilen", würde vor allem das in kultureller Hinsicht einflußreiche Frankreich daraus profitieren und dies könnte dazu führen, daß Frankreich „auch die kommerziellen und industriellen Beziehungen Deutschlands zu Spanien und Südamerika für immer entwurzeln" würde. Vgl. „Spanien. Zeitschrift für ...", Jg. 1, 1919, H. 1, S. 19.

34 So gehörte z. B. dem Hauptausschuß der Dachorganisation der deutsch-spanischen Vereinigungen, dem Verband „Deutschland-Spanien" neben einer Reihe Industrieller der Direktor der Dresdner Bank in Hamburg an, während Universitätsprofessor Dr. B. Schädel, Leiter des Seminars für Romanische Sprachen und Kultur in Hamburg, als Schriftführer fungierte und auch für die Herausgabe der mehrfach zitierten Zeitschrift des Ibero-Amerikanischen Instituts verantwortlich zeichnete. Vgl. DZA Potsdam, R. d. I., Akte Nr. 5304, Bl. 3 (Schriftsatz über den Zusammenschluß der deutsch-spanischen Gesellschaft und die Besetzung der Ämter). In dem zur Gründung der „Wirtschaftlichen Vereinigung für Spanien" in Barcelona einberufenen Ausschuß waren u. a. mehrere Direktoren der Deutschen Überseeischen Bank vertreten. Vgl. DZA Potsdam, AA, Zentralstelle für Auslandsdienst, Akte Nr. 832, Bl. 2, Anlage Bl. 7 (vgl. Angaben unter Fußnote 32).

35 In einem Bericht der deutsch-spanischen Vereinigung, Stuttgart, vom 10. 10. 1916 über ihre Entwicklung und Tätigkeit wird hervorgehoben, daß sich unter den etwa 2000 Mitgliedern aus ganz Deutschland neben Vertretern vieler Stadtverwaltungen Repräsentanten erster deutscher Industrieunternehmen befanden. Vgl. DZA Potsdam, AA, Abt. II, Akte Nr. 6547, Bl. 26 (Abschrift des Berichtes der deutsch-spanischen Vereinigung vom 10. 10. 1916 an ihren Ehrenvorsitzenden, Fürst Karl von Urach Graf von Württemberg).

den Vordergrund geschobenen Universitätsprofessoren führende Vertreter des deutschen Finanzkapitals, die auch zum großen Teil die propagandistische Arbeit finanzierten.[36]

Vielfältig waren die Methoden der Propaganda. Neben dem verstärkten Versand von Werbematerialien der deutschen Wirtschaft[37], der Verbreitung deutscher

[36] Ein Vertreter der Maschinenfabrik Augsburg-Nürnberg schlug dem Auswärtigen Amt die Gründung einer „Zentralstelle für Auslandsdienst" zur propagandistischen Bearbeitung des neutralen Auslandes, darunter auch Spaniens, vor und trat dafür ein, für die Deckung entstehender Kosten deutsche Industrie- und Handelskreise heranzuziehen (vgl. DZA Potsdam, AA, Zentralstelle für Auslandsdienst, Akte Nr. 1272, Bl. 149, 150, 158. Eingabe der Maschinenfabrik Augsburg-Nürnberg [M. A. N.] vom 2. 10. 1914 an das Auswärtige Amt, Berlin). Man kann kaum Zweifel daran hegen, daß dieser Hinweis nicht nach erfolgter Gründung dankbar aufgegriffen wurde. Aktenmäßig erwiesen ist die direkte Finanzierung des auf das engste mit der obengenannten Zentralstelle zusammenarbeitenden „Nachrichtendienst für die Länder spanischer und portugiesischer Zunge" in Frankfurt (Main) und dessen Zweigstellen in Spanien. Dieser vom Auswärtigen Amt subventionierte Nachrichtendienst erhielt bedeutende Summen von deutschen Bank- und Industrieunternehmen, und zwar verständlicherweise besonders von solchen Firmen, die bereits in hohem Maße in Spanien engagiert waren, wie z. B. die Gründerfirmen des späteren IG-Farben-Konzerns, die Metallgesellschaft und die diversen Banken. Bis zum Sommer 1915 hatten – nach einer einzigen, in den Akten gefundenen Aufstellung – folgende Unternehmen Beiträge zur Verfügung gestellt:

Deutsche Bank, Frankfurt (Main)	1000 Mark
Metall-Bank, Frankfurt (Main)	1000 Mark
Metallgesellschaft, Frankfurt (Main)	1000 Mark
Mitteldeutsche Kreditbank, Frankfurt (Main)	1000 Mark
Leopold Cassella & Co., GmbH, Frankfurt (Main)	1000 Mark
Farbenwerke vorm. Meister Lucius & Brüning, Höchst a. M.	1000 Mark
Dresdner Bank, Frankfurt (Main)	1000 Mark
Disconto-Gesellschaft, Frankfurt (Main)	1000 Mark
Bank für Handel und Industrie, Frankfurt (Main)	1000 Mark
Hermann Weil, Frankfurt (Main)	1000 Mark
Lazard Speyer Elliessen, Frankfurt (Main)	1000 Mark
Deutsche Gold- und Silberscheideanstalt, Frankfurt (Main)	1000 Mark
Beer, Sondheimer & Co., Frankfurt (Main)	1000 Mark
Ph. Holzmann & Co., GmbH, Frankfurt (Main)	600 Mark
Chem. Fabrik Griesheim-Elektron, Frankfurt (Main)	500 Mark
AG für Anilin-Fabrikation, Berlin	500 Mark
Badische Anilin- & Sodafabrik, Ludwigshafen	1000 Mark
Farbenfabriken vorm. Bayer & Co., Leverkusen	1000 Mark

Vgl. DZA Potsdam, AA, Zentralstelle für Auslandsdienst, Akte Nr. 1272, Bl. 9 (Schreiben des Frankfurter Nachrichtendienstes an die M. A. N. vom 21. 6. 1915).

[37] So druckte z. B. ein in Spanien veröffentlichtes Informationsblatt, der „Deutsche Nachrichtendienst für Spanien", neben politischen und militärischen Nachrichten

tendenziöser Nachrichten mittels eigens zu diesem Zweck in Deutschland eingerichteter Nachrichtendienste[38] und in Spanien ohne Genehmigung der spanischen Behörden errichteter Telegraphenstationen[39], der Verbreitung deutscher Zeitungen, Zeitschriften und Flugblätter[40], Broschüren und Bücher[41], reichten

Berichte großer deutscher Firmen, wie Krupp, AEG und Siemens-Schuckert, ab (vgl. DZA Potsdam, AA, Zentralstelle für Auslandsdienst, Akte Nr. 1302/2, Bl. 19). Die Maschinenfabrik Augsburg-Nürnberg schickte regelmäßig u. a. Berichte des Kriegsausschusses der deutschen Industrie, des Berliner Handelstages und Veröffentlichungen des deutschen Überseedienstes an ihre Vertreter und einen Teil ihrer Kunden im neutralen Ausland (vgl. DZA Potsdam, AA, Zentralstelle für Auslandsdienst, Akte Nr. 1272, Bl. 134. Verzeichnis der Maßnahmen der M. A. N. zur Unterrichtung des neutralen Auslandes).

38 Vgl. Anmerkung 36 dieses Kapitels.

39 Schon Ende Juli 1914 wurden geheime Telegraphenstationen aufgestellt, die die deutschen amtlichen Funksprüche aufnahmen und in Spanien verbreiteten. Diese Maßnahme wurde eingeleitet, weil die spanischen Funkstationen die deutschen Meldungen zwar aufgenommen, aber nicht an die spanische Presse weitergegeben hatten. Aus dem geheimen Telegraphendienst entwickelte sich dann ein besonderer deutscher Nachrichtendienst in Spanien, der sich zunächst mit der Vervielfältigung und dem Versand der aufgenommenen Meldungen befaßte, später auch Artikel und Nachrichten aus deutschen Zeitungen übersetzte und an die spanische Presse und einflußreiche Persönlichkeiten des politischen und wirtschaftlichen Lebens versandte. Vgl. DZA Potsdam, AA, Zentralstelle für Auslandsdienst, Akte Nr. 1302/3, Bl. 12 (Bericht *August H. Hofers* an das Auswärtige Amt, Berlin, ohne Datum, eingegangen in Berlin am 27. 2. 1915). Vgl. auch Bl. 33 (Aktennotiz vom 19. 2. 1915 über die Entstehung und Tätigkeit des Deutschen Nachrichtendienstes für Spanien).

40 Vgl. DZA Potsdam, AA, Zentralstelle für Auslandsdienst, Akte Nr. 1302/3, Bl. 4–11 (gedrucktes Verzeichnis der Veröffentlichungen des Deutschen Nachrichtendienstes für Spanien). Hunderte von Exemplaren der in spanischer und portugiesischer Sprache herausgegebenen „Hamburger Nachrichten“, der „Welt im Bild“ und anderer Zeitungen, wurden von dem Frankfurter Nachrichtendienst an von deutschen Industriekreisen genannte Adressen versandt. Vgl. DZA Potsdam, AA, Zentralstelle für Auslandsdienst, Akte Nr. 1272 Bl. 5 (Brief des Frankfurter Nachrichtendienstes an die M. A. N. vom 21. 6. 1915) und ebenda, Akte Nr. 92, Bl. 6 (Brief des Frankfurter Nachrichtendienstes vom 14. 9. 1917 an die Zentralstelle für Auslandsdienst). In Spanien selbst wurde von dem Leiter des dortigen deutschen Nachrichtendienstes *August Hofer* seit Januar 1916 eine deutsche Wochenschrift, „Deutsche Warte“ herausgegeben, deren Unkosten die Anzeigen deutscher Firmen deckten. Im Sommer 1917 erschien sie in einer Auflage von 2200 Exemplaren. Vgl. DZA Potsdam, AA, Zentralstelle für Auslandsdienst, Akte Nr. 832, Bl. 2, Anlage Bl. 4 (Brief *August H. Hofers*, Barcelona, vom 28. 6. 1917 an die Zentralstelle für Auslandsdienst).

41 Ebenda; so wurden z. B. u. a. deutsche „Kriegschroniken“ von der Zentrale für Auslandsdienst, also vom AA, unter Tarnung des Absenders verschickt. Vgl. DZA Potsdam, AA, Zentralstelle für Auslandsdienst, Akte Nr. 1655, Bl. 25 (Brief des

sie über Versuche zur Bestechung spanischer Journalisten[42] bis zur direkten Finanzierung von Terrorbanden, die innerhalb der spanischen Arbeiterklasse Stimmung für das imperialistische Deutschland zu machen versuchten und Firmeninhaber, deren Produktion für die Lieferung an die Entente bestimmt war, mit Attentaten bedrohten.[43] Diese Tatsachen zeigen, daß sich die deutsche Propaganda an die verschiedensten Schichten des spanischen Volkes wandte. Bei der gesamten Propagandatätigkeit ist jedoch vor allem bemerkenswert, in welchem Maße die in Spanien interessierten Industrie- und Handelskreise es bereits damals verstanden, den deutschen Staatsapparat für die Förderung ihrer Ziele einzusetzen. Die verschiedenen deutsch-spanischen Vereinigungen, die Nachrichtendienste usw. arbeiteten auf das engste mit dem Auswärtigen Amt[44], den deutschen diplomatischen Vertretungen in Spanien und zum Teil auch mit deutschen Militär-

„Deutschen Überseedienstes" vom 22. 1. 1915 an die Zentralstelle für Auslandsdienst). Das deutsche „Weißbuch über den Kriegsausbruch" wurde in spanischer Sprache in einer Auflage von 3000 Exemplaren verbreitet. Die Verteilung erfolgte über die deutschen Konsulate und über den deutschen Nachrichtendienst in Spanien. Vgl. DZA Potsdam, AA, Zentralstelle für Auslandsdienst, Akte Nr. 1302/3, Bl. 36 (Brief *August H. Hofers*, Barcelona, vom 10. 3. 1915 an die Zentralstelle für Auslandsdienst). Darüber hinaus wurde 1917 eine spezielle „Spanische Bücherei", finanziert von dem damaligen Zentrumsabgeordneten Erzberger und aus dem Fonds des Bücherreferates der Nachrichtenabteilung des AA, ins Leben gerufen. In den Veröffentlichungen dieser Bücherei sollten angesehene zeitgenössische spanische Autoren zu Wort kommen und in Deutschland bekannt gemacht werden, die eine prodeutsche oder zumindest keine ententefreundliche Stellung einnahmen. Auf diese Weise hoffte man, bestimmte literarische Strömungen in Spanien in den Dienst der deutschen Politik stellen zu können. Die Bedeutung, die man dieser als Kulturarbeit getarnten Propaganda beimaß, geht u. a. daraus hervor, daß die „Spanische Bücherei" unter die Schriften fiel, für die die deutsche Regierung trotz des Papiermangels Papier zur Verfügung stellte. Vgl. DZA Potsdam, AA, Zentralstelle für Auslandsdienst, Akte Nr. 748, Bl. 2 (Schreiben des Leiters der Transozean GmbH, Dr. A. Haas, vom 18. 4. 1917 an die Zentralstelle für Auslandsdienst); Bl. 9 (undatierte Aufzeichnung für Mitarbeiter des Auswärtigen Amtes, Berlin); Bl. 21 (Brief des Verlages Georg Müller, München und Berlin, vom 11. 9. 1917 an Dr. A. Haas, Transozean GmbH); Bl. 83 (undatierte Aufzeichnung Legationsrats von Hahn, Auswärtiges Amt, Berlin).

[42] Journalisten, die für die Erhaltung der spanischen Neutralität Artikel schreiben sollten, wurden von der deutschen Botschaft mit Geldprämien gekauft. Vgl. DZA Potsdam, Zentralstelle für Auslandsdienst, Akte Nr. 832, Bl. 2, Anlage Bl. 16 (Brief *August H. Hofers*, Barcelona, vom 27. 9. 1916 an den Deutschen Botschafter in Madrid).

[43] *Brenan, Gerald*, The Spanish Labyrinth. 2. Auflage, Cambridge 1950, S. 68. Vgl. hierzu auch *Maiski, I. M.*, Neuere Geschichte Spaniens. 1808–1917. Berlin 1961, S. 359.

[44] Im folgenden abgekürzt AA.

behörden zusammen[45], nutzten deren Beziehungen zu einflußreichen spanischen Persönlichkeiten aus und wurden von ihnen in jeder Weise unterstützt. Bei der Gründung von sogenannten Neutralitätskomitees (Juntas de la Neutralidad), deren Mitglieder sich vor allem aus zu Deutschland tendierenden Kreisen der spanischen Großgrundbesitzer, der Kirche und der Armee rekrutierten, waren Mitarbeiter der deutschen Botschaft in Madrid sogar federführend.[46] Bei der Propagandaarbeit in diesen „Neutralitätskomitees" wurde besonderer Wert darauf gelegt, daß die in ideologischer und materieller Hinsicht führende Rolle der Deutschen Botschaft der Außenwelt verborgen blieb und die Komitees als Institutionen „rein spanischen Charakters" in Erscheinung traten.[47] Vor allem die Arbeit dieser sogenannten Neutralitätskomitees, so behauptete v. Stohrer, damaliger Legationssekretär der deutschen Botschaft in Madrid und späterer Botschafter bei Franco, in einem im Sommer 1942 an das AA gerichteten geheimen Telegramm, habe es Deutschland im ersten Weltkrieg ermöglicht, „einen Kriegseintritt Spaniens an der Seite unserer Feinde zu verhindern."[48] Wenn auch zweifellos die Wirksamkeit der Propaganda der „Neutralitätskomitees" durch v. Stohrer übertrieben wurde und die „Erfolge" der eigenen damaligen Tätigkeit unterstrichen werden sollten, so erschienen diese Propagandamethoden der deutschen faschistischen Diplomatie 25 Jahre später doch als erprobt genug, um sie im Rahmen der psychologischen Kriegsführung während des zweiten Weltkrieges in noch stärkerem Maße und unter Anwendung weitaus größerer Mittel wiederum in Spanien anzuwenden.[49] Tatsächlich jedoch dürfte die vom deutschen Imperialismus in Spanien während des ersten Weltkrieges betriebene „Neutralitäts"-propaganda zur Beeinflussung der öffentlichen Meinung und der spanischen Außenpolitik in nicht zu unterschätzendem Maße beigetragen haben. Bereits 1915 stellte der Alldeutsche, Prof. Paul Herre, mit Genugtuung fest, es könne mit „voller Sicherheit angenommen werden, daß die deutsche Staatsleitung an manchem Schritte der Madrider Regierung einen geheimen Anteil"[50] gehabt hätte.

[45] Belege für die Zusammenarbeit mit dem AA und den diplomatischen Vertretungen bieten nahezu alle aus den Akten in diesem Zusammenhang angeführten Stellen. Eine Zusammenarbeit mit deutschen Militärbehörden erfolgte in dem beratenden Ausschuß der Zentralstelle für Auslandsdienst des AA, dem u. a. Vertreter der Nachrichtenabteilung des Reichsmarineamtes und der Presseabteilung des stellvertretenden Großen Generalstabes angehörten.

[46] DZA Potsdam, AA, Kulturpolitische Abt., Akte Nr. 48029/1, Bl. 23 (Brief des Deutschen Botschafters in Madrid, *von Stohrer*, vom 20. 1. 1942 an das AA, Berlin).

[47] Ebenda.

[48] Ebenda, Bl. 207/208 (Telegramm des Deutschen Botschafters in Madrid, *von Stohrer*, vom 8. 7. 1942 an das AA, Berlin).

[49] Vgl. hierzu die Ausführungen über den „Großen Plan" in der Schlußbetrachtung dieser Arbeit.

[50] *Herre, Paul*, Spanien und der Weltkrieg. München und Berlin 1915, S. 86.

Wenn Herre aus erklärlichen Gründen seine Behauptung im einzelnen nicht näher belegt, so können wir aus anderen Quellen Beispiele dafür anführen, die auf die Richtigkeit seiner Feststellung deuten und die aktive Förderung der deutschen Kriegsführung durch spanische Industrielle, Armeekreise und Behörden eindeutig beweisen. Weder die Versorgung deutscher U-Boote von spanischen Stützpunkten aus, an der u. a. Juan March, einer der reichsten spanischen Industriellen und nach Auslösung des Franco-Putsches eifriger Finanzier der Francoschen Kriegsführung, riesige Summen verdiente[51], noch das weitverzweigte Überwachungsnetz für den alliierten Schiffsverkehr im Mittelmeer, das der damalige Marineoffizier, der spätere Admiral und Chef der deutschen Abwehr, Canaris, im Auftrage der deutschen Marineleitung gemeinsam mit dem deutschen Marineattaché in Madrid, v. Krohn, Mitarbeitern der dortigen Botschaft und Oberst Kalle, dem Chef der deutschen Spionage in Spanien, im Sommer 1916 aufgebaut hatte[52], waren den spanischen Behörden verborgen geblieben.[52a] Im Gegenteil, diese Aufgaben konnten die Vertreter des imperialistischen Deutschland nur durch die aktive Unterstützung seitens einflußreicher spanischer Kreise und die Mithilfe in Spanien ansässiger deutscher Kaufleute lösen. Darüber hinaus zeigt z. B. die Tatsache, daß die spanische Regierung Canaris mehrmals vor dem Zugriff der Alliierten schützte[53], auf welcher Seite die Sympathien maßgeblicher Schichten innerhalb der herrschenden Klassen Spaniens lagen. Gerade durch die Kontakte,

[51] *Brenan, Gerald*, a. a. O., S. 82, Fußn. 2. Zur Persönlichkeit Juan Marchs und seiner Haltung im ersten Weltkrieg vgl. auch *Maiski, I. M.*, a. a. O., S. 341f.

[52] Vgl. hierzu *Bamler, Rudolf*, Der deutsche militärische Geheimdienst bei der Vorbereitung und Durchführung des zweiten Weltkrieges – Tabu der westdeutschen Geschichtsschreibung. In: Probleme der Geschichte des zweiten Weltkrieges, Protokoll der wissenschaftlichen Tagung der Kommission der Historiker der DDR und der UdSSR in Leipzig vom 25. bis 30. 11. 1957, Bd. II, Berlin 1958, S. 441. Vgl. auch das von *Karl-Heinz Abshagen*, einem Mitglied des deutschen Geheimen Nachrichtendienstes, zur Verherrlichung von Canaris geschriebene Buch: Canaris, Patriot und Weltbürger. Stuttgart 1949, S. 41ff. *Bloch Morhange, Jacques*, Les fabricants de guerres. Espions allemands 1918 bis 1950. Paris 1950, S. 79/80; *Hagen, Walter* (= Hoettl, Wilhelm Georg), Die geheime Front. Organisation, Personen, Aktionen des deutschen Geheimdienstes. 2. Aufl., Linz und Wien 1950, S. 101; *Colvin, Ian*, Admiral Canaris, Chef des Geheimdienstes. (Übersetzung aus dem Englischen.) Wien-München-Zürich 1955, S. 25.

[52a] Das geht z. B. u. a. daraus hervor, daß der Militärattaché an der deutschen Botschaft in Madrid, Oberst Arnold Kalle, Vetter Wilhelm Ferdinand Kalles, des Teilhabers der chemischen Fabrik Kalle & Co in Bieberich a. Rhein und späteren Mitgliedes des Verwaltungsrates der IG Farbenindustrie AG, infolge seiner Spionagetätigkeit auf Verlangen der Entente von der spanischen Regierung zur Abreise veranlaßt wurde. Vgl. Reichshandbuch der deutschen Gesellschaft. Hrsg. vom Deutschen Wirtschaftsverlag, AG, Bd. I, Berlin 1930, S. 875f.

[53] Vgl. hierzu *Bloch Morhange, Jacques*, a. a. O., S. 80/81.

die deutsche und spanische Militärs und andere reaktionäre Kreise in den Jahren des ersten Weltkrieges knüpften, wurde der Grundstein gelegt für die spätere Zusammenarbeit bei der Zersetzung der spanischen Republik in der ersten Hälfte der dreißiger Jahre und für den gemeinsam geführten Kampf zu ihrer militärischen Niederwerfung durch die offene Intervention 1936–1939.

Die besondere Aktivität des deutschen Imperialismus in Spanien während des ersten Weltkrieges war nur das Vorspiel für den in den folgenden Jahren einsetzenden Kampf um Wiedergewinnung, Festigung und Erweiterung der Position des deutschen Monopolkapitals auf der Iberischen Halbinsel.

3. Die Bedeutung Spaniens für das wirtschaftliche und militärische Wiedererstarken des deutschen Imperialismus nach der Niederlage im ersten Weltkrieg

Im Ergebnis des ersten Weltkrieges und dem Ausscheiden Rußlands, eines Sechstels der Erde, aus dem imperialistischen Weltlager, erfuhr das gesamte kapitalistische System eine bedeutende Schwächung. Die imperialistischen Staaten verloren große Kapitalanlagesphären, Rohstoffquellen und Absatzmärkte. Durch die Einengung der Einflußsphäre mußten sich in der allgemeinen Krise des Kapitalismus die Gegensätze der imperialistischen Staaten verschärfen, der Konkurrenzkampf um die Stellung auf den Märkten sich zuspitzen. Da die Möglichkeiten zur ökonomischen Expansion weitgehend abhängig sind von dem Ausmaß der wirtschaftlichen Ressourcen, der innerpolitischen Festigkeit und der Stellung des betreffenden Landes im System des internationalen Kräfteverhältnisses, war die Ausgangsposition des imperialistischen Deutschlands in diesem Kampf bei Ende des ersten Weltkrieges außerordentlich schwach. Militärisch besiegt, hatten die deutschen Imperialisten den Krieg mit der Anerkennung der imperialistischen Friedensbedingungen der Siegermächte bezahlen müssen, durch die Deutschland u. a. zu hohen Kontributionen verpflichtet, in seinem Territorium, der Rohstoffbasis, der militärischen Stärke beschränkt wurde und der Kolonien sowie Auslandsanlagen verlustig ging. Infolge der Verpflichtung zur Ablieferung des größten Teiles der Handelsflotte und einer Reihe besonderer, den deutschen Außenhandel einschränkender Bestimmungen, waren die deutschen Industrie- und Handelsinteressen erheblich getroffen. Von den Alliierten politisch und wirtschaftlich auf die Stufe einer zweitrangigen Macht gedrückt, war die Stellung des deutschen Imperialismus zudem im Innern durch die revolutionären Kämpfe der deutschen Arbeiterklasse in der Novemberrevolution und in den ersten Nachkriegsjahren auf das schwerste erschüttert. Die Konsolidierung der politischen Macht der Bourgeoisie in Deutschland, die das deutsche Monopolkapital, gestützt auf das Bündnis mit der Obersten Heeresleitung und mit Hilfe der rechten sozialdemokratischen Führer sowie der herrschenden Kreise der Westmächte, in relativ kurzer Frist erreichte, bildete die erste Voraussetzung für das Wiedererstarken des deutschen Imperialismus in wirtschaftlicher und außenpolitischer Hinsicht.

Zur Verwirklichung der bereits in den ersten Jahren der Weimarer Republik zutage getretenen revanchistisch-revisionistischen außenpolitischen Zielsetzung der aggressivsten Kräfte des deutschen Monopolkapitals bedurfte es jedoch einer längeren Zeitspanne, in der das wirtschaftliche und rüstungspolitische Potential für einen neuen Waffengang geschaffen werden sollte. Ehe es zur Durchführung seines Programms kommen konnte, strebte das deutsche Monopolkapital danach, zunächst die aus dem Ergebnis des Krieges resultierenden Schwierigkeiten zu überwinden, Rohstoffquellen in seinen Besitz zu bringen und die Produktion wieder in Gang zu setzen, Kapitalanlagesphären und Absatzmärkte wiederzugewinnen und nach Möglichkeiten zu suchen, die frühere militärische Stärke trotz der im Versailler Vertrag festgelegten Beschränkungen wieder zu erreichen. Bei der Wiederingangsetzung der deutschen Wirtschaft, dem Ausbau und der Modernisierung des Produktionsapparates, leisteten die Westmächte, und zwar vor allem die aus dem Krieg als stärkste Macht hervorgegangenen USA, der deutschen Bourgeoisie aktive Hilfe. Durch die Gewährung von Millionen Dollar Anleihen[54], mit denen sie in besonderem Maße die Profitinteressen der herrschenden Klasse ihrer Länder zu befriedigen und die Lenkung der deutschen Innen- und Außenpolitik zu sichern hofften, züchteten sie sich in Wirklichkeit erneut den Rivalen auf den Märkten heran, der ihnen zunächst auf wirtschaftspolitischem Gebiet als ernster Gegner gegenüberstand und der sich nach einem Zeitraum von weniger als 20 Jahren so weit gerüstet glaubte, den Kampf um die Neuaufteilung der Welt auf den Schlachtfeldern zu seinen Gunsten entscheiden zu können.
Aus mehreren Gründen spielte Spanien in den allgemeinen Bestrebungen des deutschen Monopolkapitals, seine Macht in politischer, wirtschaftlicher und militärischer Hinsicht zu entfalten, eine nicht unwichtige Rolle. Trotz der Entwicklung, die die spanische Wirtschaft in den Kriegsjahren gemacht hatte, war die industrielle Zurückgebliebenheit des Landes nicht überwunden worden. Noch immer blieb Spanien in beträchtlichem Maße auf die Einfuhr ausländischer Fertigwaren angewiesen. Außerdem mußte sich Spanien zwangsläufig, wollte es den Absatz seiner Rohstoffe und seiner landwirtschaftlichen Produkte auf den ausländischen Märkten sichern, der Aufnahme der Erzeugnisse seiner Handelspartner gegenüber aufgeschlossen verhalten. Für deutsche Waren hoffte man von einem im Kriege neutral gebliebenen Land eine größere Aufnahmebereitschaft erwarten zu können, als dies bei den ehemaligen Kriegsgegnern zunächst der Fall sein konnte. Darüber hinaus wurde Spanien als Bindeglied und potentieller Vermittler für die Erhaltung und Stärkung der Positionen des deutschen Monopolkapitals in Lateinamerika große Bedeutung beigemessen. Da die Mehrzahl der spanischen Unternehmungen infolge der geringen Stufe der Monopolbildung in der spanischen Wirtschaft über eine sehr geringe Kapitalkraft verfügten, die in der kapitalistischen

[54] Vgl. hierzu *Obermann, Karl*, Die Beziehungen des amerikanischen Imperialismus zum deutschen Imperialismus in der Zeit der Weimarer Republik (1918–1925). Berlin 1952, S. 140; *Kulbakin, W. D.*, Die Militarisierung Deutschlands (1928–1930). (Übersetzung aus dem Russischen.) Berlin 1956, S. 14.

Wirtschaft aber die Voraussetzung für die Modernisierung des Produktionsapparates und die Konkurrenzfähigkeit auf dem Weltmarkt ist, erhoffte man sich auch in bezug auf die deutsche Kapitalausfuhr Anlagemöglichkeiten in der spanischen Wirtschaft und die Sicherung neuer Rohstoffquellen. Aus der Kenntnis der spanischen Verhältnisse heraus wiesen die bereits vor dem Kriege an Spanien interessierten deutschen Wirtschaftskreise daher immer wieder darauf hin, daß sich in Spanien Gelegenheit biete, „Ersatz zu schaffen für so manchen Verlust aus dem Friedensvertrage"[55], wie es in einer streng vertraulichen Denkschrift über Lage und Aufgaben des Deutschtums in Spanien heißt. Wenn auch der auf der Iberischen Halbinsel vorherrschende Einfluß der Westmächte nicht vollends verdrängt werden könne, so wäre es jedoch möglich, ihre dortige Stellung zu erschüttern, Spanien als wichtigen Markt für Deutschland zu gewinnen und die politischen Beziehungen zwischen Deutschland und Spanien zu festigen.[56]

Auch in den geheimen Wiederaufrüstungsplänen des deutschen Imperialismus spielten die im ersten Weltkrieg neutralen Länder eine wichtige Rolle. Die Wiederaufnahme der von den Siegermächten für Deutschland verbotenen Massenproduktion von Waffen war zunächst vor allem angesichts der antimilitaristischen Haltung der Arbeiterklasse und infolge der Aufsicht der Interallierten Kontrollkommission kaum möglich.[57] Da eine Massenproduktion von Waffen auch bei der als notwendig erkannten langfristigen Vorbereitung die Gefahr des schnellen Veraltens eingeschlossen hätte, stand in dem von Seeckt aufgestellten Wiederaufrüstungsprogramm neben der personellen Vermehrung der bewaffneten Kräfte die ständige Vervollkommnung der Kriegstechnik durch Entwicklung und Erprobung neuer Waffentypen im Vordergrund. So wurde bereits während der ersten Jahre der Weimarer Republik in den Entwurfsbüros und Forschungsstätten der deutschen Schwerindustrie, den Laboratorien der chemischen Werke

[55] Denkschrift des damaligen Syndikus der „Deutschen Wirtschaftlichen Vereinigung für Spanien" in Barcelona, Dr. *Hans Elze*, an das Ibero-Amerikanische Institut in Hamburg, Hamburg 1920, S. 3.

[56] Ebenda, S. 4–7.

[57] Die Niederhaltung des deutschen Imperialismus und Militarismus, die den nationalen Interessen des deutschen Volkes und den Interessen der anderen Völker entsprach, hätte nur durch den erfolgreichen Kampf der demokratischen und friedliebenden Kräfte unter Führung der deutschen Arbeiterklasse gewährleistet werden können. Für dieses Ziel ist die Vorhut der deutschen Arbeiterklasse in den Jahren der Weimarer Republik beharrlich und konsequent eingetreten. Dagegen wurde die Einsetzung der Interalliierten Kontrollkommission von den Siegermächten als Instrument zur Durchsetzung ihrer imperialistischen Politik ins Leben gerufen. Nach der Konzeption der imperialistischen Mächte sollte der deutsche Militarismus erhalten, aber dafür Sorge getragen werden, daß er sich nicht noch einmal zu einer Gefahr für die *West*mächte entwickeln könnte. Die Erfahrungen der Geschichte lehren eindringlich, daß derartige Vorstellungen irreal sind. Duldet man die Machtausübung der aggressivsten Kreise des deutschen Imperialismus und Militarismus, so erweist sich jede wirksame Kontrolle und Lenkung als unmöglich.

an der vertraglich verbotenen Entwicklung neuer Waffentypen gearbeitet. Wenn sich auch, wie Krupp im Jahre 1940 mit unverhohlenem Stolz berichtete, die Interalliierte Kontrollkommission in dieser Hinsicht durch die zur Schau gestellte Herstellung von Artikeln der Friedensproduktion vielfach täuschen ließ[58], so stellte selbst deren unvollkommene Aufsicht ein nicht zu unterschätzendes Hindernis für den Bau und die Erprobung der neu entwickelten Waffentypen innerhalb Deutschlands dar.[59] Daher waren Industrie und Reichswehr besonders daran interessiert, in den neutralen Ländern Möglichkeiten zur Auswertung der technischen Neuerungen in der Praxis, d. h. zur direkten Waffenproduktion, sowie für die Ausbildung von Kadern an diesen Waffen, zu erhalten. Bereits in den ersten Jahren der Weimarer Republik wurde innerhalb des deutschen Generalstabs bei der Bearbeitung der Wiederaufrüstungspläne einer besonderen Gruppe speziell die Aufgabe zugewiesen, in Erfahrung zu bringen, in welchem Maße die Industrie anderer Länder, darunter auch die spanische Industrie, zur Mitarbeit bei der Realisierung der deutschen Rüstungspläne herangezogen werden könnte.[60]

Voraussetzung für die Verwirklichung der Interessen des deutschen Imperialismus in Spanien war der Ausbau und die Festigung der Verbindungen zu einflußreichen spanischen Kreisen. In diesem Sinne arbeiteten die während des Weltkrieges in Spanien entstandenen deutschen Propagandavereinigungen. Propaganda ist „heute die einzige uns gebliebene jederzeit zu verwirklichende Möglich-

[58] Internationaler Militärgerichtshof Nürnberg, Bd. I, Nürnberg 1947 (Weitergeführt als IMGN), S. 147.

[59] Die Interalliierte Kontrollkommission hat – vor allem infolge der Obstruktion der deutschen Imperialisten – ihre Aufgabe nicht wirksam lösen können. Dennoch lag der deutschen Heeresleitung vom ersten Tage ihres Bestehens an alles daran, „daß die Kontrolle so schnell wie möglich wieder aufhörte . . . Seeckts ganze Tätigkeit als Chef der Heeresleitung war ein ununterbrochener Kampf gegen die Feindkontrolle." (*Rabenau, Friedrich von,* Seeckt. Aus seinem Leben. Bd. 2, 1918–1936, Leipzig 1940, S. 445.) „As far back as 1921, Minister of Defense Gessler had asked the help of the Foreign Ministry in liberating Germany from this ‚agency of suppression'". (Germany, Heeresarchiv Potsdam, „Papers of General Hans von Seeckt", microfilm in Widener Library, Harvard University, Cambridge, Massachusetts, Roll 21 [June 14, 1921], zitiert nach *Gatzke, Hans W.*, Stresemann and the Rearmament of Germany, Baltimore 1954, S. 15.) Besonders deutlich geht aus dem Bericht der Kontrollkommission über die Ende 1924 durchgeführte Generalinspektion hervor, daß ihr eine Reihe von Verstößen gegen die militärischen Bestimmungen des Versailler Vertrages nicht verborgen geblieben war. Nachdem jedoch bereits der „Geist von Locarno" Platz gegriffen hatte, wurde der Bericht der Kommission von den Regierungen der Westmächte geflissentlich ignoriert, da sie an der Erhaltung des deutschen Militarismus interessiert waren und hofften, dessen Stoßrichtung gegen den Osten lenken zu können. Für die deutschen Imperialisten unerwünscht aber war, daß die Feststellungen der Kommission an die breite Öffentlichkeit im In- und Ausland gelangten.

[60] *Wheeler-Bennett, John W.*, Die Nemesis der Macht. Die deutsche Armee in der Politik 1918–1945. (Übersetzung aus dem Englischen.) Düsseldorf 1954, S. 163.

keit . . ., auf fremde Völker einzuwirken, sie uns . . . zu Entgegenkommen bereitzumachen . . ."; „deutsche Propaganda unterlassen in der Welt, heißt auf Durchdringung der Welt verzichten", wurde in der bereits zitierten Denkschrift der Deutschen Wirtschaftlichen Vereinigung in Barcelona betont.[61] Bemerkenswert ist die bedeutende Rolle, die in diesem Zusammenhang bereits damals den in Spanien lebenden Auslandsdeutschen beigemessen wurde.[62] „Die Auslandsdeutschen sind ein . . . wertvoller Teil der Volkskraft, sind Kapital, das bewußt und nutzbringend angelegt werden muß. Sie sind unentbehrliche . . . Vermittler des deutschen Handels, deutscher Kultur und deutscher politischer Beziehungen, sind die *Tast- und Greiforgane* des Volkskörpers . . ."[63] Wir wissen heute, daß sich in den Jahren der direkten Vorbereitung und im Verlaufe des zweiten Weltkrieges ein Teil der im Ausland lebenden Deutschen im Sinne dieser Aufgabenstellung, als „Tast- und Greiforgane" des deutschen Imperialismus, mißbrauchen ließ, wie das auch in Spanien vor allem in den dreißiger Jahren bei der Unterminierung der spanischen Republik besonders deutlich zum Ausdruck kommen sollte.

Zunächst ließ man jedoch, entsprechend der relativen Schwäche des deutschen Imperialismus nach der Niederlage im ersten Weltkrieg, in der Wahl der Methoden noch Vorsicht walten. Neben der Werbetätigkeit deutscher Firmen beschränkte man sich bei den Bestrebungen zur Beeinflussung der öffentlichen Meinung zugunsten Deutschlands im wesentlichen wiederum auf die als Kulturarbeit getarnte Propaganda. Die Zahl der deutschen Schulen, an denen nicht nur deutsche, sondern auch spanische Schüler Aufnahme fanden, wurde erhöht.[64] Die im Krieg forcierte Aktivität deutscher Clubs, die Durchführung von Sprachkursen und Vortragsreihen, wurde fortgesetzt. Interessierten Kreisen führte man vom Filmreferat der Zentralstelle für Auslandsdienst im Auswärtigen Amt vermittelte Werbefilme vor, in denen „in unaufdringlicher Form das Wiederaufleben

[61] *Elze, Hans*, Denkschrift . . ., a. a. O., S. 12.

[62] Zur Zeit der Abfassung der Denkschrift lebten in Spanien etwa 10000 Deutsche. Vgl. ebenda, S. 15.

[63] Ebenda, S. 13, (Hervorhebungen von mir –, M. E.).

[64] Vor dem ersten Weltkrieg bestanden in Spanien deutsche Schulen in Madrid, Barcelona, Malaga und auf Mallorca. Vgl. „Spanien. Zeitschrift für . . .", 1919, Jg. 1, H. 1, S. 15. 1926 gab es schon darüber hinaus Schulen in San Sebastian, Bilbao, Santander, Sevilla, Vigo und Valencia. DZA Potsdam, RMdI, Akte Nr. 270 09, Bl. 5 (Abschrift eines Berichtes von Dr. *O. Boelitz* über die Besichtigung deutscher Schulen in Spanien im Herbst 1926, vom 30. 12. 1926). Mit dem verstärkten Eindringen deutschen Kapitals stieg die Zahl der Schulen weiter an. In den dreißiger Jahren entstanden u. a. Schulen in Flix (Provinz Tarragona) und in Cartagena. Die in Flix gegründete deutsche Schule wurde hauptsächlich von Kindern der Angestellten des dortigen IG Farbenunternehmens besucht. Ebenda, Bl. 39 (Abschrift eines Berichtes des Direktors der deutschen Oberrealschule in Barcelona vom 28. 11. 1932 über die deutsche Schule in Flix) und Bl. 47 (Abschrift eines Berichtes der Deutschen Botschaft vom 12. 2. 1934 an das AA, Berlin, über die Einweihung der deutschen Schule in Cartagena).

der deutschen Industrie" gezeigt wurde.[65] Der Verstärkung der deutschen Propaganda dienten auch die nach 1922 wieder unternommenen Auslandsfahrten der deutschen Flotte, in deren Verlauf erstmalig im Jahre 1924 spanische Häfen angelaufen wurden.[66] Diese Flottenbesuche, die den Charakter eines Staatsbesuches und einer diplomatischen Mission trugen, führten eine engere Gestaltung der Beziehungen zu spanischen Marine-, Militär- und Zivilbehörden herbei und waren vor allem ein wichtiges Mittel zur Förderung speziell der deutschen Exportinteressen.[67]

Im Kampf der monopolkapitalistischen Länder um die Gewinnung von wirtschaftlichen Einflußgebieten stieß die Bourgeoisie in den Nachkriegsjahren vor allem auf zwei Hemmnisse, die in der allgemeinen Krise des Kapitalismus begründet lagen. Erstens: Die verschärfte Konkurrenz der großen Industriestaaten untereinander infolge der Einengung des kapitalistischen Marktes; zweitens: die Befreiungsbestrebungen der kolonialen und halbkolonialen Länder, die sich in zunehmendem Maße gegen die Beherrschung durch das ausländische Kapital zu wehren begannen. Beide Faktoren wirkten sich auch in Spanien äußerst erschwerend für die Durchsetzung der Interessen des deutschen Monopolkapitals aus.

Wie auf anderen Märkten versuchten die deutschen Imperialisten auch auf dem spanischen Markt in den ersten Jahren nach Kriegsende, die Konkurrenz der Westmächte durch die Politik des Dumpings zu unterbieten. Diese durch die deutsche Inflation begünstigte Handelspolitik mußte den heftigsten Widerstand sowohl der am Handel mit Spanien interessierten Staaten, als auch der im Kriege beachtlich gewachsenen spanischen Industrie[68] hervorrufen. Nachdem es Deutsch-

[65] DZA Potsdam, AA, Zentralstelle für Auslandsdienst, Akte Nr. 1100, Bl. 29 (Brief der Zentralstelle für Auslandsdienst vom 12. 5. 1920 an die Deutsche Wirtschaftliche Vereinigung in Spanien, Barcelona).

[66] 1924 suchten der Kreuzer „Berlin" und die Linienschiffe „Elsaß", „Braunschweig" und „Hannover" spanische Häfen auf.

[67] DZA Potsdam, AA, Abt. II, Akte Nr. 40625 Bl. 2 f. (Bericht des deutschen Konsulats in Cartagena vom 31. 3. 1925); DZA Potsdam, Präsidialkanzlei, Akte Nr. 755, Bd. 1, Bl. 12 f., 45 ff. (Reiseberichte der Marine); in Schreiben des Reichsverkehrsministers (gez. *Groener*) vom 4. 11. 1931 und von *Schleicher* vom 7. 11. 1932 sowie von *Blomberg* vom 17. 9. 1934 an das Büro des Reichspräsidenten wird in bezug auf die Auslandsfahrten deutscher Kreuzer stets betont, daß der Plan für die Reisen im „Benehmen mit dem Auswärtigen Amt und unter Berücksichtigung hier bekannt gewordener Wünsche von auslandsdeutschen und deutschen Überseefirmen aufgestellt wurde". Vgl. DZA Potsdam, Präsidialkanzlei, Akte Nr. 756, Bl. 82 (Schreiben des Reichsverkehrsministeriums vom 14. 11. 1931 an das Büro des Reichspräsidenten); Bl. 88 (Schreiben von *Schleicher* an das Büro des Reichspräsidenten vom 7. 11. 1932); Bl. 97 (von *Blomberg* unterzeichnetes Schreiben vom 17. 9. 1934 an die Präsidialkanzlei).

[68] Da die kriegführenden Staaten damals zu einer außerordentlichen Einschränkung ihres Exports gezwungen waren, ergab sich für die am Kriege nicht beteiligten Länder die Notwendigkeit, ihre wirtschaftlichen Kräfte zur Sicherstellung der eigenen Versorgung maximal auszunutzen und darüber hinaus die

land 1919 und 1920 gelungen war, seine Ausfuhr nach Spanien ganz außerordentlich zu steigern[69], ging die spanische Regierung auf Drängen der sich vom Wettbewerb bedroht fühlenden spanischen Bourgeoisie und unter dem Einfluß Frankreichs und Großbritanniens im Mai 1922 dazu über, die Waren derjenigen Länder mit einem Valutazuschlag von 80% zu belasten, deren Währung mehr als 70% gegenüber dem Vorkriegskurs gefallen war.[70] Die Folge des Valutazuschlages, der auch nach der Stabilisierung der deutschen Währung beibehalten wurde, war das erneute Vordringen vor allem des britischen und französischen Konkurrenten auf dem spanischen Markt.[71]

Die für die am Spanienhandel interessierten Kreise der deutschen Exportindustrie rückläufige Tendenz wurde noch verstärkt infolge der allgemeinen spanischen Hochschutzzollpolitik während der Primo de Rivera-Diktatur. Zu dem umfassenden System von wirtschaftlichen Maßnahmen, die von der spanischen Bourgeoisie während der siebenjährigen Militärdiktatur Primo de Riveras durchgesetzt wurden, gehörte die Einfuhrdrosselung mit Hilfe der Einführung und laufenden Neufestsetzung von „Schutzzöllen". Bemerkenswert ist hierbei, daß sowohl die Festlegung der Zahl der verschiedenen, mit Zollzuschlägen belegten Waren, als auch die Einräumung von Zollvergünstigungen den einzelnen Handelspartnern gegenüber unterschiedlich angewandt wurden.[72]

Gelegenheit, sich in den Welthandel einzuschalten. Der erste Weltkrieg begünstigte die Entwicklung der spanischen Textilindustrie, des Eisenhüttenwesens und der Steinkohlenförderung, deren Erträgnisse z. B. im Jahre 1913 sich auf 7 Millionen, dagegen 1917 auf 30 Millionen Peseten (abgekürzt Pts) beliefen. In besonderem Maße entwickelten sich auch die Erzeugung von Bau- und Eisenbahnmaterial, von Zement, und die Farben-, Optische-, Spielwaren-, Schuh-, Ton- und Glaswarenindustrie. Vgl. Abdruck eines Artikels des spanischen Handelsministers, *Conde de Bugallal*, über die Entwicklung der spanischen Industrie aus „El Sol", Madrid, vom 8. 1. 1920. In: „Spanien. Zeitschrift für . . .", 1920, Jg. 2, H. 1/2, S. 68. In den Kriegsjahren konnte sich Spanien auch in den Welthandel stärker einschalten. Beachtenswert ist hierbei, daß Spanien im ersten Weltkrieg nicht nur seinen Export allgemein steigern konnte, sondern daß neben der Rohstoff- und Lebensmittelausfuhr gerade der Export von Industrieerzeugnissen bedeutend anwuchs. Vgl. *Bauer, Hans Theo*: Spaniens Wirtschaft im letzten Jahrzehnt vor Ausbruch des Bürgerkrieges 1936. Berlin 1942, S. 97/98 (Diss., Heidelberg 1942).

69 *Leonhardt, Ernst Joachim*, Währung und Banken in Spanien. Jena 1925, S. 119.

70 *Staneck, Heinz*, Die deutsch-spanischen Handelsbeziehungen und die Möglichkeiten einer Wiederanbahnung. o. O., 1948, S. 58/59. (Diss. München); Dr. *Rohrbach, Paul*, Deutsch-spanische Wirtschaftsfragen. In: „Deutsche Allgemeine Zeitung" (DAZ), Nr. 179, 17. 4. 1927, Archiv des ehemaligen Landbundes, Bd. 72, H. 6, Bl. 5, Museum für deutsche Geschichte, Berlin (weitergeführt als MfdG).

71 *Staneck, Heinz*, a. a. O., S. 59; *Koch, Erich*, Die Entwicklung der deutsch-spanischen Handelspolitik seit der Jahrhundertwende. Köln 1927, S. 51 (Diss.)

72 Wie unterschiedlich sich die spanische Zolltarifgesetzgebung auf die einzelnen Länder auswirkte, zeigt die nachstehende Tabelle. Sie veranschaulicht sehr

Die verschiedenartige Behandlung Deutschlands auf der einen, Großbritanniens, Frankreichs, der USA und Italiens auf der anderen Seite, hatte politische und wirtschaftliche Gründe. Der von der spanischen Bourgeoisie geforderte hohe „Zollschutz" konnte in dem Fall in besonderem Maße zur Anwendung kommen, wo, wie in Deutschland auf Grund seiner wirtschaftlichen Nachkriegsschwierigkeiten und der geschwächten außenpolitischen Stellung, die geringste politische und wirtschaftliche Rücksichtnahme notwendig erschien. Anders verhielt sich die spanische Regierung gegenüber den imperialistischen Siegermächten. Gegenüber Großbritannien, als der größten Kapitalanlagemacht und dem Hauptabnehmer spanischer Weine und Südfrüchte[73], den USA, dem aus dem Kriege als

deutlich, wie die kapitalanlagemäßig am meisten in Spanien engagierten bzw. ökonomisch stärksten Mächte Großbritannien, Frankreich und die USA (vgl. hierzu die Ausführungen auf S. 33) auch zolltariflich von der spanischen Regierung bevorzugt wurden. Die Benachteiligung des deutschen Handels dürfte vor allem auf den politischen Einfluß Großbritanniens und Frankreichs, der sich auch auf die Gestaltung der spanischen Handelspolitik erstreckte, zurückzuführen sein. Die wahrscheinliche Ursache dafür, daß von diesen Mächten hingegen der aus der Tabelle ersichtlichen relativ günstigen Behandlung Italiens kein Widerstand entgegengesetzt wurde, ist die Tatsache, daß der italienisch-spanische Handel, im Vergleich zu dem der anderen Großmächte, außerordentlich gering und Italien daher kein ernster Rivale war (vgl. hierzu *Ackermann, Georg,* Spanien, wirtschaftlich gesehen. Berlin 1939, S. 108). Von den nach dem spanischen Industrieschutzgesetz vom 9. 7. 1926 mit Erhöhungskoeffizienten belegten 629 Zolltarifpositionen wurden die einzelnen Länder auf Grund der Festlegungen in den bestehenden bilateralen Handelsverträgen nach den Angaben der Deutschen Handelskammer für Spanien wie folgt befreit bzw. betroffen:

	Zahl der Waren, die von Zuschlägen befreit	Zahl der betroffenen Waren	Betroffen in %
Großbritannien	233	396	63
USA	228	401	64
Frankreich	226	403	64
Italien	222	407	65
Schweiz	168	461	73
Belgien	152	477	73
Deutschland	115	514	82

DZA Potsdam, AA, Abt. II, Akte Nr. 41342, Bl. 36 (Jahresbericht der Deutschen Handelskammer für Spanien, 1926, Barcelona, S. 27).

73 Die britische Erzeinfuhr aus Spanien war Anfang der zwanziger Jahre stark zurückgegangen, wodurch die wirtschaftlichen Schwierigkeiten Spaniens erheblich erhöht wurden. Während in den vorangegangenen Jahren stets etwa 6000000 t spanische Erze von Großbritannien importiert wurden, waren es 1921 nur 1000000 t. *Manuel, Frank E.,* The politics of modern Spain. N. Y. und London 1938, S. 32.

stärkste Macht hervorgegangenen Staat, zeigte man sich bei der Gestaltung der handelspolitischen Beziehungen zu Zugeständnissen weit eher bereit; ebenfalls gegenüber Frankreich, mit dessen Afrikapolitik Spanien gerade in der Zeit des bewaffneten Kampfes zur Niederwerfung der um ihre Befreiung ringenden Ryfkabylen auf das engste verbunden war.[74] Auch die Hoffnung auf die Wiedergewinnung Gibraltars, die Einverleibung Tangers und die Erringung eines ständigen Sitzes im Völkerbundsrat glaubte die spanische herrschende Klasse in der damaligen Situation höchstens mit Hilfe Italiens und nur im Einverständnis mit Großbritannien und Frankreich erreichen zu können.

Erschwerend auf die Durchsetzung der wirtschaftlichen Interessen der ausländischen Mächte wirkte sich neben der Zollpolitik die von der spanischen Regierung eingeführte Gesetzgebung zum „Schutz der spanischen Industrie" aus. Da durch die Schutzzollpolitik allein die Absatzkrise der spanischen Industrie nicht wirksam bekämpft werden konnte, hatte die spanische Regierung in mehreren Gesetzen[75] festgelegt, daß alle für öffentliche Zwecke bestimmten und vom Staat durch Steuererleichterungen und andere Maßnahmen geförderten Investitionen und Bauten nur von spanischen Unternehmen und unter ausschließlicher Benutzung einheimischer Produkte auszuführen seien. Ausnahmen sollten nur dann gestattet werden, wenn spanische Erzeugnisse nicht oder in quantitativ und qualitativ ungenügendem Maße hergestellt würden oder wenn sie sich als 15% teurer als ausländische Materialien erweisen sollten.[76] Diese Maßnahmen auf wirtschaftlichem Gebiet, die Primo de Rivera im Interesse der spanischen Nation durchzuführen vorgab, dienten in Wirklichkeit ausschließlich den besitzenden Klassen. Sie wirkten sich auf die Lebenshaltung der Werktätigen infolge der hohen Preise der spanischen Erzeugnisse außerordentlich nachteilig aus. Der Versuch der spanischen Regierung, durch Zoll- und Industrieschutzgesetze der eigenen Industrie auf dem inneren Markt den Absatz zu sichern und auf diese Weise die wirtschaftliche Stellung der spanischen Bourgeoisie zu festigen, konnte nur geringe Ergebnisse zeitigen, solange sie nicht gleichzeitig Maßnahmen einleitete, durch welche die Kaufkraft im Lande erhöht wurde.[77] Diesen Weg beschritt die Primo de Rivera-Diktatur jedoch nicht. Weder wurde die Lage der Bauern und Landarbeiter ver-

[74] Nach den Niederlagen der spanischen Armee in Marokko wurde im Sommer 1925 zwischen Spanien und Frankreich die gemeinsame Fortsetzung des Krieges in Marokko beschlossen. Erst dadurch konnte Abd-el-krim im Frühjahr 1926 vernichtend geschlagen werden. 1927 besetzten spanische Truppen ganz Spanisch-Marokko.

[75] Ein derartiges Gesetz wurde erstmalg 1917 erlassen; erweiternde Gesetze folgten 1924, 1926 und 1927.

[76] *Bauer, Hans Theo,* a. a O., S. 101ff.; *Ballvé, Faustino,* a. a O., S. 38f.; *Ziegler, Friedrich,* Die Industrialisierung Spaniens seit Beginn des Weltkrieges und ihre Zukunftsaussichten. Wuppertal-Elberfeld 1932, S. 36 (Diss. Köln 1932).

[77] *Oliveira, A. Ramos,* Politics, economics and men of modern Spain 1808–1946. London 1946, S. 238.

bessert, noch die Löhne der Industriearbeiter in den Städten erhöht[78]; deren Kampf um bessere Lebensbedingungen beantwortete die Regierung vielmehr mit brutalen Unterdrückungsmaßnahmen.[79]

Durch die spanische Wirtschaftsgesetzgebung, insbesondere ihre unterschiedliche Anwendung auf die einzelnen Staaten, spitzte sich der Konkurrenzkampf der Mächte um den spanischen Markt noch mehr zu. Die im Vergleich zur Vorkriegsperiode verschärfte Rivalität begann sich auf eine Reihe deutscher Industriezweige, wie die Elektro- und Maschinenindustrie, die vor 1914 die führende Stellung auf dem spanischen Markt behauptet hatte[80], sowie die deutschen Kohlenexporteure, bald nach Kriegsende außerordentlich stark auszuwirken. In einem an das Auswärtige Amt gerichteten Bericht über die Marktlage der elektrotechnischen Industrie in Spanien klagten deutsche, in Spanien ansässige Industrielle im Februar 1920 darüber, daß die imperialistischen Staaten ihre Stellung als Siegermächte ausnutzten, um die deutschen Konkurrenten auf dem spanischen Markt auszuschalten. In diesem Bericht wurde darauf hingewiesen, daß „die Schäden . . ., die der Krieg im Geschäftsverkehr Deutschlands mit Spanien verursacht" habe, sehr groß und die Geschäftsmöglichkeiten „äußerst erschwert" seien. „Deutsche Firmen . . . haben ganz besonders unter den feindlichen Maßnahmen zu leiden. Vielen Zulieferanten ist das Geschäft mit Deutschland untersagt, und ebenso geht es mit einer ganzen Reihe von spanischen Kunden, besonders solchen, die von den Alliierten in irgendeiner Weise abhängig sind, sei es für den Bezug von Kohlen, Baumwolle, oder aber in der Lieferung von Erz, Textilwaren usw. Die Engländer gehen darin mit der größten Brutalität und Offenheit zu Werke, lassen sich die Bücher der Geschäftsleute zeigen und drohen ohne jede Rücksichtnahme mit den schärfsten Maßnahmen."[81]

Tatsächlich hatte innerhalb von wenigen Jahren die ausländische Konkurrenz infolge der für sie günstigeren Handelsbedingungen die deutsche Elektroindustrie aus ihrer führenden Stellung auf dem spanischen Markt verdrängt. Während 1913 nahezu 60% der eingeführten elektrotechnischen Erzeugnisse von Deutschland geliefert wurden, waren 1924 nur noch 30% dieser Artikel deutschen Ursprungs.[82] Deutschlands Anteil war größtenteils auf Frankreich übergegangen[83]; daneben hatten sich britische, amerikanische, schwedische und Schweizer Firmen einen Platz auf dem spanischen Markt erobert.[84] In einer ähnlichen Situation befand

[78] Ebenda.

[79] Geschichte Spaniens, Große Sowjet-Enzyklopädie, Reihe Geschichte und Philosophie. Berlin 1955, H. 41, S. 51.

[80] *Grüneberg, Emmy-Ilse*, a. a. O., S. 33

[81] DZA Potsdam, AA, Abt. II, Akte Nr 41342, Bl. 2 (vom AA im April 1920 angefertigte Abschrift aus einem Bericht des „Wirtschaftlichen Ausschusses für Spanien", Barcelona, 4. 2. 1920).

[82] *Grüneberg, Emmy-Ilse*, a. a. O., S. 33.

[83] Ebenda.

[84] Ebenda. Für die Entwicklung und Verschiebung des Weltexportes in der Elektroindustrie sind folgende Zahlen aufschlußreich:

sich zunächst die deutsche Maschinenindustrie. Vor dem Krieg war Deutschland der Hauptlieferant für Lokomotiven, Werkzeug- und landwirtschaftliche Maschinen. Nach der spanischen Statistik betrug die gesamte Maschineneinfuhr Spaniens im Jahre 1913 etwa 97,5 Mill. Pts. Hiervon entfielen auf:

Deutschland	44,2 Mill. Pts = 45,5%
Großbritannien	24,5 Mill. Pts = 25,0%
Frankreich	11,6 Mill. Pts = 12,0%
USA	7,4 Mill. Pts = 8,0%

Demgegenüber betrug im Jahre 1934 bei einer Gesamteinfuhr Spaniens an Maschinen im Werte von etwa 148,5 Mill. Pts der Anteil der einzelnen Länder:

Großbritannien	38,8 Mill. Pts = 26%
Deutschland	27,5 Mill. Pts = 19%
Frankreich	26,5 Mill. Pts = 18%
USA	24,9 Mill. Pts = 17%[85]

Demnach bestritt Deutschland in den ersten Nachkriegsjahren nicht mehr fast die Hälfte, sondern nur noch etwa ein Fünftel des spanischen Maschinenimports. Großbritannien nahm nunmehr den ersten Platz ein. Die USA, die im Jahre 1924 auch hinsichtlich des Kapitalexports ihre Stellung außerordentlich dadurch verstärkten, daß die „International Telephone and Telegraph Corporation of New York" das gesamte spanische Telegraphen- und Telefonnetz unter ihre Kontrolle brachte[86], traten – wie die angeführten Zahlen zeigen – auch handelspolitisch als ernster Konkurrent in Erscheinung.

Das Einfuhrverhältnis verschob sich wieder zugunsten Deutschlands nach dem 1925 abgeschlossenen deutsch-spanischen Handelsvertrag. In diesem Vertrag erhielt Deutschland zwar immer noch nicht die gleichen Vergünstigungen wie seine Konkurrenten, doch fielen die wesentlichsten, die Einfuhr deutscher Waren erschwerenden Festlegungen fort.[87] Deutschland rückte im Maschinenimport Spaniens wieder an die erste Stelle, ohne jedoch seine Vorkriegsstellung wieder zu erreichen.[88]

Von der gesamten elektrotechnischen Ausfuhr aller Länder entfielen

1913	auf Deutschland	45%
	auf die USA	16%
	auf den Rest der exportierenden Staaten	39%
1930	auf Deutschland	29%
	auf die USA	24%
	auf den Rest der exportierenden Staaten	47%

Vgl. die Ausführungen Dr. *C. F. von Siemens* in der Generalversammlung der Siemens & Halske AG, vom 29. 2. 1932. Fotokopie des Originals befindet sich im DWI, Berlin [4594 (2)].

85 *Grüneberg, Emmy-Ilse*, a. a. O., S. 25/26.

86 *Oliveira, A. Ramos*, a. a. O., S. 260.

87 *Grüneberg, Emmy-Ilse*, a. a. O., S. 20.

88 Ebenda, S. 26.

Ein erbitterter Kampf wurde um Spanien als Absatzmarkt für ausländische Kohle geführt. Hier wirkten sich sowohl die zolltarifliche Bevorzugung Großbritanniens als auch die Maßnahmen zum Schutz der spanischen Kohlenindustrie besonders nachteilig für den deutschen Imperialismus aus.[89] Bei einer jährlichen Kohlenförderung von 6–6,5 Mill. t in den Jahren zwischen 1923–1927 betrug der spanische Einfuhrbedarf noch mindestens 2 Mill. t.[90] Während Großbritannien im Jahre 1925 1,8 Mill. t Kohle lieferte (gegenüber 3,9 Mill. t im Jahre 1913), betrug der deutsche Kohlenexport nach Spanien nur 90000 t gegenüber einer Vorkriegsausfuhr von 350000 t[91] trotz des damaligen weit geringeren Standes der Entwicklung der spanischen Industrie. Der deutsche Kohlenexport nach Spanien war somit auf nahezu $^1/_4$ zurückgefallen, der britische dagegen nur um etwas mehr als die Hälfte reduziert.

Angesichts dieser Lage waren die Bestrebungen der deutschen am Handel mit Spanien interessierten Wirtschaftskreise darauf gerichtet, eine Änderung herbeizuführen und zumindest die gleichen Vergünstigungen wie die Konkurrenzländer eingeräumt zu bekommen. Verschiedene Wege wurden zu diesem Zweck beschritten. Eine Methode der deutschen Monopole war die Ausnutzung des von ihnen beherrschten Staatsapparates zur Durchsetzung ihrer handelspolitischen Interessen. Hatte Marx bereits bei der Untersuchung des Kapitalismus der freien Konkurrenz auf den engen Zusammenhang zwischen Staat, auswärtigem Handel und Weltmarkt hingewiesen[92], so mußte in der imperialistischen Epoche und besonders seit der allgemeinen Krise des Kapitalismus, in der Etappe der äußersten Zuspitzung aller Widersprüche des Kapitalismus, dieser Zusammenhang noch deutlicher hervortreten. Auch die stärksten Konzerne konnten, nachdem die politischen und wirtschaftlichen Einflußsphären unter den imperialistischen Mächten aufgeteilt waren, auf sich gestellt, die der Durchsetzung ihrer Interessen entgegenstehenden Schwierigkeiten und Hemmnisse nicht mehr überwinden. Infolge des verschärften Marktproblems waren die Monopole faktisch gezwungen, in weit höherem Maße als früher sich des Staates, ihres Machtinstruments, zur Sicherung von Absatz- und Kapitalanlagesphären zu bedienen. Hierfür finden wir viele Beispiele in den Akten der handelspolitischen Abteilung des Auswärtigen Amtes, die sich vornehmlich mit Fragen der Exportförderung befaßte. In zahlreichen Gesuchen forderten deutsche Monopole, daß der Staat zugunsten des von ihnen geführten Konkurrenzkampfes eingreife. Immer wieder bestürmten u. a.

[89] Zur staatlichen Förderung des spanischen Kohlenbergbaus mit dem Ziel, die qualitativ bessere und auch billigere englische Kohle weitgehend vom Markt zu verdrängen, vgl. *Feßler, Othmar,* Die spanische Volkswirtschaft. In: „Spanienkunde" Frankfurt (Main) 1932, S. 89.

[90] DZA Potsdam, AA, Abt. II, Akte Nr. 42568/1, Bl. 242 (Anschreiben des Reichswirtschaftsministeriums vom 21. 12. 1928 an das AA, Berlin).

[91] Ebenda, Bl. 58 (Brief des Rheinisch-Westfälischen Kohlensyndikats, Essen, vom 15. 1. 1926, an das AA, Berlin).

[92] *Marx, Karl,* Zur Kritik der politischen Ökonomie. Berlin 1951, S. 11.

Krupp[93], Siemens[94], Stinnes[95], Haniel[96] bzw. die Dachorganisationen, denen diese Firmen angeschlossen waren, der Verein Deutscher Eisen- und Stahlindustrieller[97], der Verband der Deutschen Landmaschinen-Industrie[98], die Vereinigung elektrotechnischer Spezialfabriken[99] und das Rheinisch-Westfälische Kohlensyndikat[100] die zuständigen deutschen Behörden, sich im Interesse des Kampfes um den spanischen Markt für die Abschaffung des die deutschen Waren diskriminierenden Valutazuschlages, die Änderung der spanischen Zolltarife sowie der spanischen Wirtschaftsgesetzgebung und die allgemeine Verbesserung der Handelsmöglichkeiten einzusetzen.

Ein weiteres Mittel, das ebenfalls in hohem Maße der Gewinnung des spanischen Absatzmarktes diente, war die Forcierung des deutschen Kapitalexports.

Der Aufschwung, den die spanische Wirtschaft während des ersten Weltkrieges erlebte, hatte das Interesse der Kapital exportierenden großen Industriestaaten an Spanien um ein vielfaches erhöht. Teilzuhaben an den Gewinnen, die damals zum großen Teil in spanischen Kassen zusammenflossen, schien dem ausländischen Finanzkapital ein allzu verlockendes Geschäft. Schon in den letzten Kriegsjahren wurden in Spanien britische und amerikanische Bankfilialen errichtet bzw. Bankneugründungen[101] vorgenommen, mit deren Hilfe man sowohl Einfluß in der

93 DZA Potsdam, AA, Abt. II, Akte Nr. 42573, Bl. 70 (Brief des Verbandes der Deutschen Landmaschinenindustrie vom 1. 7. 1931 an das AA, Berlin).

94 DZA Potsdam, Abt. II, Akte Nr. 41240, Bl. 43f. (Abschrift eines Briefes der Firma Siemens & Halske AG und der Siemens-Schuckert Werke GmbH vom 8. 2. 1924 an das Reichswirtschaftsministerium).

95 DZA Potsdam, AA, Abt. II, Akte Nr. 42568/1, Bl. 185 (Brief der Firma H. Stinnes vom 14. 1. 1928 an das AA, Berlin) und Bl. 196 (Brief der Firma H. Stinnes vom 6. 3. 1928 an das AA, Berlin).

96 DZA Potsdam, AA, Abt. II, Akte Nr. 42568/2, Bl. 51 (Abschrift eines Briefes des Deutschen Industrie- und Handelstages vom 30. 9. 1930 an den Reichswirtschaftsminister).

97 DZA Potsdam, AA, Abt. II, Akte Nr. 41240, Bl. 46f. (Abschrift eines Briefes des Vereins Deutscher Eisen- und Stahlindustrieller vom 9. 2. 1924 an das Reichswirtschaftsministerium) und Bl. 63 (Abschrift eines Briefes der Nordwestlichen Gruppe des Vereins Deutscher Eisen- und Stahlindustrieller vom 21. 2. 1924 an das Reichswirtschaftsministerium).

98 DZA Potsdam, AA, Abt. II, Akte Nr. 42573, Bl. 70 (vgl. Anmerkung 93).

99 DZA Potsdam, AA, Abt. II, Akte Nr. 41801, Bl. 8f. (Brief der Vereinigung elektrotechnischer Spezialfabriken, e. V., vom 14. 3. 1925 an das AA, Berlin).

100 DZA Potsdam, AA, Abt. II, Akte Nr. 42568/1, Bl. 58f.; Bl. 121; Bl. 143f.; Bl. 165f. (Briefe des Rheinisch-Westfälischen Kohlen-Syndikats an das AA, Berlin, vom 15. 1. 1926; 20. 4. 1927; 24. 8. 1927; 11. 10. 1927;) und Bl. 188f. (Brief des AA, Berlin, vom 25. 2. 1928 an die Deutsche Botschaft in Madrid); vgl. auch DZA Potsdam, AA, Abt. II, Akte Nr. 42568/2, Bl. 98 und 103 (Briefe des Rheinisch-Westfälischen Kohlen-Syndikats vom 7. 2. 1933 und 10. 2. 1933 an das Reichswirtschaftsministerium).

101 Großbritannien gründete in dieser Zeit mehrere Zweiginstitute seiner drei großen Amerika-Banken, und zwar der „Anglo South American Bank", der „British

Wirtschaft Südamerikas zu gewinnen als auch Anteile spanischer Unternehmungen – vor allem des Bergbaus – in die Hand zu bekommen trachtete. Als sich nach dem Kriege der Konkurrenzkampf um die Märkte verschärfte, stieg für die Monopole aller industriell entwickelten Länder die Bedeutung des Kapitalexports erheblich an. Keine Vertriebsorganisation eines Monopols konnte einen so sicheren Absatz garantieren und gleichzeitig den politischen Einfluß auf das Absatzgebiet verstärken, wie das durch Beteiligungen an ausländischen Unternehmen und Gründung von Tochtergesellschaften im Ausland geschehen konnte.
In Spanien wurde in den Nachkriegsjahren, besonders während der Periode der Primo de Rivera-Diktatur, die Hereinnahme ausländischen Kapitals außerordentlich begünstigt. Diese Feststellung mag zunächst als ein Widerspruch zu den vorher geschilderten, dem Schutz der eigenen Industrie dienenden Wirtschaftsmaßnahmen der spanischen Regierung erscheinen. Tatsächlich aber war es gerade die spanische Schutzzollpolitik, die zu Investitionen ausländischer Monopole direkt herausforderte. Die Übernahme von Geschäftsanteilen bzw. die Gründung von Tochterfirmen bot die Möglichkeit, den durch die Zolltarife hervorgerufenen Preiserhöhungen zu entgehen und die Konkurrenzfähigkeit ausländischer Firmen zu erhalten. Die Gewährung von Konzessionen für die Anlage ausländischen Kapitals wurde andererseits für die spanische Regierung zu einem Mittel, um das durch den laufenden Einfuhrüberschuß bedingte Passivsaldo der spanischen Handelsbilanz[102] auszugleichen und den besonders infolge der Marokkokrise angespannten spanischen Staatshaushalt zu stützen. Die Furcht der spanischen Bourgeoisie vor einem Anwachsen der Abwehraktionen der Arbeiterklasse gegen den antinationalen und antisozialen Kurs der Primo de Rivera-Diktatur war eine weitere Ursache dafür, daß die herrschende Klasse Spaniens die verstärkte Durchdringung der Wirtschaft mit ausländischem Kapital begünstigte. Auf diese Weise hoffte man, im Kampf gegen das werktätige Volk einen Verbündeten zu gewinnen, mit dessen Hilfe man sich eher in der Lage glaubte, gegebenenfalls die eigene Position behaupten zu können. Durch die Haltung des internationalen Finanzkapitals in den Monaten vor dem Franco-Putsch und während des deutsch-italienischen Interventionskrieges ist die Exaktheit dieser Überlegungen der spanischen Bourgeoisie sehr eindringlich bestätigt worden.

Bank of South America" und der „London and Brazilian Bank". Außerdem entstanden Filialen der „London County and Westminster Bank" und der „London City and Midland Bank". Die USA faßten Fuß durch die „Mercantile Bank of the Americas" und die „National City Bank". Vgl. „Spanien. Zeitschrift für...", 1919, Jg. 1, H. 3, S. 228 und DZA Potsdam, AA, Zentralstelle für Auslandsdienst, Akte Nr. 832, Bl. 4 (Continental Times Correspondenz, 3. Jg., Nr. 1, 20. 9. 1917, S.2); in den Nachkriegsjahren stieg das Eindringen ausländischer Banken noch weiter an. Gegenüber 7 während des Weltkrieges gegründeten ausländischen Banken mit 20 Zweigstellen, gab es bereits 1920 15 ausländische Banken mit 43 Zweigstellen. Vgl. *Leonhardt, Ernst Joachim*, a. a. O., S. 162,

102 „The Economist", 12. 2. 1958, Bd. 130, S. 342.

Auch die Gesetze zum Schutz der spanischen Industrie wirkten sich nicht als Hindernis für das Eindringen ausländischen Kapitals aus. Um ebenfalls in den Genuß der spanischen Unternehmen gewährten Bevorzugung in bezug auf staatliche Auftragserteilung, Steuerfestsetzung und Einfuhrerleichterung zu kommen, gewannen ausländische Firmen spanische Kapitalgruppen als nach außen hin oft allein in Erscheinung tretende Geschäftspartner, veranlaßten ihre Vertreter in manchen Fällen zum Wechsel der Nationalität und ließen ihre Unternehmen vielfach unter spanischem Namen, als „rein spanische" Firmen, laufen.[103] Gerade die Tarnung ausländischer Unternehmen macht die exakte Feststellung des Ausmaßes ausländischer Kapitalinvestitionen in Spanien unmöglich. Fest steht jedoch, daß das englische Kapital, angelegt vor allem in den wichtigsten Industriezweigen wie Eisenerz- und Kupferbergbau, Elektrizitäts- und Wasserversorgung sowie in der Korkindustrie, den größten Einfluß auf die Wirtschaft Spaniens und damit auch auf die spanische Politik ausübte.[104]
In unserem Zusammenhang interessiert aber vor allem zu verfolgen, ob und in welchem Maße es dem deutschen Monopolkapital gelang, Spanien als Kapitalanlagegebiet nach den im Ergebnis des ersten Weltkrieges erlittenen Verlusten neu zu erobern. An dem Wettrennen im Kapitalexport der ausländischen Monopole zur Ausbeutung spanischer Bodenschätze waren in den Nachkriegsjahren nahezu alle großen deutschen Rüstungskonzerne beteiligt. 1924 übernahm Krupp einen

103 *Sasuly, Richard,* IG Farben. Berlin 1952, S. 183/184, 319; *Feßler, Othmar,* a. a. O., S. 97.

104 *Oliveira, A. Ramos,* a. a. O., S. 258f. Der prozentuale Anteil Englands und Frankreichs an dem in Spanien angelegten ausländischen Kapital wird in Veröffentlichungen britischer und französischer Autoren im Interesse der herrschenden Klasse ihrer Länder meist verschleiert und für das eigene Land unter-, für andere Staaten überschätzt. Nach einer spanischen Berechnung von *M. G. Marindaz* aus dem Jahre 1927 entfielen 34,5% auf französisches und 54% auf britisches Kapital (vgl. *Graux, Lucien,* L'Espagne Economique. Rapport à M. le Ministre du commerce et de l'industrie. Paris 1932, S. 437). In einer britischen Schätzung für die dreißiger Jahre wird bezeichnenderweise von einem 60prozentigen Anteil Frankreichs und einem nur 20prozentigen Anteil Großbritanniens gesprochen (vgl. *Monroe, Elizabeth,* The Mediterranean in Politics, London 1939, S. 222, zitiert nach: *Van der Esch, P. A. M.,* Prelude to War. The International Repercussions of the Spanish Civil War (1936–1939). The Hague 1951, S. 16f.). Dagegen gibt *I. M. Maiski* (a. a. O., S. 333) nach einer spanischen Schätzung folgende der Wirklichkeit wohl nahekommende Zahlen für das Jahr 1930 an:

England	40%
USA	23%
Frankreich	18%
Deutschland	9%
Belgien	6%
Schweiz	4%
	100%

Anteil an den Eisenerzgruben, Stahl- und Walzwerke und bedeutende asturische Kohlengruben umfassende „Minas y Fabrica de Mières S. A., Mières (Oviedo)[105]; wenige Jahre später verschaffte er sich erneut – nach einem mehrjährigen Rechtsstreit – den Vorteil des billigen Erzbezuges durch den Wiedererwerb seiner Vorkriegsanteile an der Orconera Iron Ore Company, Bilbao.[106] Neben Krupp brachten u. a. Röchling[107], Haniel[108], Otto Wolff[109], die Metallgesellschaft AG, Frankfurt[110], sowie die Vereinigten Stahlwerke[111] Konzessionen zur Ausbeutung spanischer Bodenschätze bzw. Firmenanteile in ihren Besitz. Auf dem Gebiet des Maschinenbaus in Spanien lag Krupp durch seine 1924 in Barcelona gegründete Firma Maquinista Terrestre y Maritima in heftigen Konkurrenzkampf mit der englischen Tochterfirma von Babcock und Wilcox in Bilbao.[112] Im gleichen Jahr entstand in Barcelona unter starker Beteiligung von Krupp die metallurgische Unternehmen, Schiffswerften und Schiffahrtsgesellschaften umfassende Union Naval de Levante[113], deren Leiter der bereits erwähnte spanische Schmugglerkönig und spätere Finanzier Francos, Juan March, war.[114] Bedeutenden Einfluß gewannen deutsche

Für die Einschätzung des Einflusses ist jedoch nicht allein die Höhe, sondern vor allem die Bedeutung der Industriezweige innerhalb der gesamten Wirtschaft ausschlaggebend, in denen das Kapital angelegt war. Vgl. hierzu ebenfalls *Maiski, I. M.*, a. a. O., S. 333f.

105 Bezeichnend für den Zynismus der Ruhrmagnaten ist die Art und Weise, auf die Krupp den Anteil von Mières erwarb. Im Jahre 1902 hatte Krupp sein neues Patent für die Zündung von Handgranaten an die britische Firma Vickers & Armstrong verkauft. Nach dem Kriege verklagte Krupp die Firma auf die Zahlung von 1 Schilling für jede von der britischen Armee an der Westfront verwandte Handgranate. „Die geforderte Gesamtsumme belief sich auf 6 150 000 Pfund Sterling, was bedeutete, daß 123 Millionen Handgranaten des Kruppschen Typs gegen die Soldaten Deutschlands und seiner Verbündeten geworfen wurden." Auf Grund eines Vergleichs erhielt Krupp für diese Infamie Anteile an den weitgehend im Besitz von Vickers & Armstrong befindlichen Gruben und Werken von Mières. Vgl. *Brockway, Fenner u. Mullally, F.*, Death pays a dividend. London 1945, S. 24f.; „Berliner Börsenzeitung", Nr. 586, vom 13. 12. 1924 (Ausschnittsammlung der Reichskreditgesellschaft [6147-3-], DWI, Berlin).

106 „Vossische Zeitung", Nr. 223, vom 14. 5. 1929, ebenda.

107 DZA Potsdam, AA, Abt. II, Akte Nr. 40831, Bl. 116 (Aktennotiz der Fa. Röchling AG vom 15 1. 1927).

108 *Behrend, Hans (= Norden, Albert)*, Die wahren Herren Deutschlands. Paris 1939, S. 137f.

109 „Berliner Börsen-Zeitung", Nr. 77, vom 15. 2. 1928 (Ausschnittsammlung der Metallgesellschaft [6214], DWI, Berlin).

110 Ebenda.

111 DZA Potsdam, AA, Abt. II, Akte Nr. 41796, Bl. 40 (vertraulicher Brief des Deutschen Generalkonsulats, Barcelona, vom 17. 7. 1926 an das AA, Berlin).

112 DZA Potsdam, AA, Abt. II, Akte Nr. 42573, Bl. 60 (Brief des Deutschen Generalkonsulats, Barcelona, vom 7. 2. 1927 an das AA, Berlin).

113 *Ziegler, Friedrich*, a. a. O., S. 27.

114 *Norden, Albert*, So werden Kriege gemacht. Berlin 1950, S. 57.

Monopole in der spanischen Elektroindustrie. Siemens[115] und AEG[116] riefen eine Reihe von Filialen ins Leben, erwarben Geschäftsanteile an spanischen Firmen und beteiligten sich darüber hinaus an mehreren großen Internationalen Elektrizitätskonsortien[117]; Osram konnte ein Spezialunternehmen für die Herstellung von Glühbirnen und Zählern errichten.[118] Auch auf dem Gebiet der chemischen Industrie drang das deutsche Monopolkapital in die spanische Wirtschaft ein. 50 bzw. 50,3% des Aktienkapitals der spanischen Fabricacion Nacional de Colorantes y Explosivos und der Sociedad Electroquimica de Flix in Barcelona gelangten in die Hand der IG Farben.[119] Dieser Konzern konnte darüber hinaus die Zahl der vor dem ersten Weltkrieg im Besitz seiner Gründerfirmen in Spanien befindlichen chemischen Werke nach der Bildung des Farbtrusts außerordentlich erhöhen.[120]

Eine wichtige Rolle bei der Förderung des Eindringens deutschen Kapitals spielte die Deutsche Überseeische Bank. Sie beschränkte sich nicht nur darauf, den bankmäßigen Teil abgeschlossener Handelsgeschäfte abzuwickeln, sondern stellte ihre Organisation dem deutschen Außenhandel auch in anderer Hinsicht zur Verfügung. Ihre Tätigkeit reichte von der Beschaffung von Auskünften über spanische Firmen, die als Geschäftspartner in Frage kamen, der Unterbreitung von Vorschlägen für geeignete spanische Vertreter deutscher Firmen, der laufenden Berichterstattung über Devisen- und Zollbestimmungen bis zu direkten Bestechungsversuchen einflußreicher spanischer Kreise, die zur Unterstützung der deutschen wirtschaftlichen Interessen gewonnen werden sollten. So wurden z. B. 1924 von der Deutschen Überseeischen Bank, in deren Hand die Führung der vorbereitenden Verhandlungen für die Abschaffung des die Einfuhr deutscher Waren hemmenden Valutazuschlages lag, gemeinsam mit in Spanien interessierten deutschen Firmen, u. a. von Krupp, Siemens und der AEG, 500000 Peseten[121] aufgebracht, die dazu benutzt werden sollten, „in Madrid bei den maßgebenden hohen Stellen eine Persönlichkeit zu finden, die die Bestrebungen des deutschen Außenhandels unter-

115 Siemens war z. B. durch die Siemens-Schuckert Industria Electrica S. A. sowie die S. A. Española Siemens & Halske, vertreten. Vgl. *Bauer, Hans Theo*, a. a. O., S. 148.

116 U. a. AEG-Iberica; vgl. *Koebel-Tusk, Eberhard*, a. a. O., S. 188.

117 Gemeinsam mit einer Reihe spanischer Unternehmen, der International General Electric und der französischen Alsthom beteiligte sich die AEG z. B. 1929 an der General Electrica Española, S. A. (vgl. ebenda).

118 *Bauer, Hans Theo*, a. a. O., S. 148.

119 „Deutsche Bergwerkszeitung", Nr. 16, vom 19. 1. 1929 (Ausschnittsammlung der Reichs-Kredit-Gesellschaft AG betr. IG Farbenindustrie AG, Frankfurt (Main) [6162 [4]).

120 *Feßler, Othmar*, a. a. O., S. 92.

121 DZA Potsdam, AA, Abt. II, Akte Nr. 41240, Bl. 68 (Brief des Leiters des „Ausland-Pressedienst", Depeschen Bureau Europapress, GmbH, Frankfurt a. M., *Max Fleischer*, vom 29. 2. 1924, an Geh. Legationsrat v. Stohrer, Berlin).

stützt . . ."[122]. Ob die gewünschte Verbindung je zustande gekommen ist, geht aus den Akten leider nicht hervor. Nachweisbar ist jedoch, daß von der geplanten Transaktion sowohl der Reichsverband der Deutschen Industrie, die deutschen diplomatischen Vertreter in Spanien und die zuständige Stelle im Auswärtigen Amt in Berlin Kenntnis hatten.[123]

Mit der Schilderung des Eindringens deutschen Kapitals in die verschiedenen Wirtschaftszweige Spaniens ist keineswegs ein vollständiges Bild von dem Stand der deutschen Kapitalinvestitionen gegeben worden. Vielmehr handelt es sich um Beispiele, die deutlich zeigen, daß das deutsche Monopolkapital Spanien als Kapitalanlagegebiet, Rohstoffquelle und Absatzmarkt keine geringe Bedeutung beimaß. Der deutsche Imperialismus faßte nach dem ersten Weltkrieg in Spanien wieder Fuß, ohne jedoch den wirtschaftlichen und politischen Einfluß Großbritanniens, Frankreichs und der USA erreichen zu können.

Das Vordringen des deutschen Monopolkapitals in Spanien trug nicht nur zum wirtschaftlichen, sondern auch zum militärischen Wiedererstarken des deutschen Imperialismus in der Nachkriegsperiode bei. Gerade die Kontakte, die Vertreter deutscher Militär- und Zivilbehörden und Konzerne im Laufe der Zusammenarbeit mit einflußreichen spanischen Kreisen knüpften, halfen die Wege ebnen, um auch in Spanien Möglichkeiten zu erlangen, die zur Verwirklichung der rüstungspolitischen Ziele des deutschen Imperialismus beitragen sollten. Von außerordentlicher Bedeutung in dieser Hinsicht waren vor allem die Verbindungen, die sich zwischen dem spanischen Großindustriellen Echevarrieta, seinem Vertrauensmann, dem Schiffsmagnaten Daniel de Araoz, Baron del Sacro Lirio, und führenden Vertretern der deutschen Marineleitung, der Luftfahrtabteilung des deutschen Verkehrsministeriums, der Deutschen Bank, der Deutschen Überseeischen Bank, der Lufthansa, den Siemens-Werken u. a. entwickelten. Die Beziehungen zu Echevarrieta und Araoz waren von Canaris während des ersten Weltkrieges angebahnt worden. Durch ihre Bekanntschaft mit dem britischen Marineattaché in Madrid hatten sie damals Canaris gute Dienste bei dem von ihm eingerichteten geheimen Überwachungsdienst für den alliierten Schiffsverkehr im Mittelmeer geleistet.[124] Während der mehrfachen, in seiner Funktion als Referent im Stabe des Chefs der deutschen Marineleitung in den Nachkriegsjahren unternommenen und großenteils von deutschen Industrie- und Finanzkreisen direkt finanzierten[125]

[122] Ebenda, Bl. 32f. (Abschrift eines vertraulichen Briefes von *Defries*, Barcelona, vom 26. 1. 1924, an die Firma Otto Wolff & Co., Köln).

[123] Ebenda, Bl. 217f. (Telegramm des deutschen Botschafters *Langwerth*, Barcelona, vom 20. 5. 1924, an das AA, Berlin).

[124] *Colvin, Ian*, a. a. O., S. 169.

[125] Brief des Chefs der Seetransportabteilung der Marineleitung im Reichswehrministerium, *Lohmann*, vom 13. 10. 1926, an Direktor v. Stauß, Deutsche Bank, Berlin und handschriftliche Bemerkung dazu von Dr. *Luck* (Sekretariat von Dir. v. Stauß), ohne Datum. Photokopie des Originals befindet sich im DWI, Berlin (4247). Ausführlicher hierzu vgl. *Einhorn, Marion*, Die Zusammenarbeit der herrschenden Klassen Deutschlands und Spaniens bei der geheimen deut-

Reisen nach Spanien war Canaris erfolgreich bemüht, die während des Krieges mit einflußreichen spanischen Persönlichkeiten angeknüpften Verbindungen zur Beeinflussung der spanischen Politik im Interesse des deutschen Imperialismus auszubauen.

Für den Nutzen, den die deutschen, in Spanien interessierten Kreise aus der Verbindung zu Echevarrieta und Araoz ziehen konnten, ist ein Brief des Direktors der Deutschen Überseeischen Bank in Barcelona, vom 27. 9. 1926, an die Berliner Zentrale dieser Bank, sehr aufschlußreich. In diesem Brief, in dem die Notwendigkeit betont wurde, für den damals bevorstehenden Besuch der einflußreichen spanischen Industriellen in Berlin[126] alle erdenklichen Vorbereitungen zu ihrem Empfang zu treffen, hieß es: „... angesichts der einflußreichen Stellung des Herrn Echevarrieta sowohl bei dem König, dem spanischen Ministerium, wie auch der Handelswelt (haben wir) das weitgrößte Interesse ..., daß diesen Besuchern, wie das letzte Mal, wieder die liebenswürdigsten Aufmerksamkeiten zuteil werden. Wie ich wiederholt Gelegenheit hatte, von diesen zu hören, sind sie den verschiedenen Berliner Persönlichkeiten für die bewiesenen Liebenswürdigkeiten außerordentlich verbunden und suchen sich uns gegenüber, bei jedem Anlaß, hierfür erkenntlich zu zeigen, was unserem Geschäft in erster Linie zugute kommt. *Der Taktik der dortigen Herren ist es zuzuschreiben, daß die bisher zum weitaus größten Teil über England, Frankreich und Amerika vorgenommenen großen Käufe der Echevarrieta-Gruppe jetzt fast ausschließlich Deutschland zugeführt werden.* Die außerordentliche Deutschfreundlichkeit bringen die in Frage stehenden Herren ... offen bei jeder Gelegenheit zum Ausdruck ..."[127] Aus der „außerordentlichen Deutschfreundlichkeit" der spanischen Industriellen hatten sich jedoch nicht nur – was verständlicherweise in diesem Brief verschwiegen wurde – in wirtschaftlicher Hinsicht Vorteile für das deutsche Monopolkapital ergeben. Im Verlauf der bereits erwähnten mehrmaligen Spanienreisen hatte Canaris verschiedentlich mit

schen Wiederaufrüstung in den Jahren der Weimarer Republik. Diskussionsbeitrag auf der Historikertagung, Dezember 1959 in Berlin, abgedruckt in: Der deutsche Imperialismus und der zweite Weltkrieg, Band II, Berlin 1961, S. 678. (Vgl. auch Schriftenreihe Der deutsche Imperialismus und der zweite Weltkrieg, Nr. 1, So begann das Verbrechen. Berlin 1960, S. 71f.).

126 Der Besuch Echevarrietas war der Deutschen Bank auch bereits von der Marineleitung mitgeteilt worden (vgl. Brief von Dir. *v. Stauß* an Dir. Meinhold, Deutsche Überseeische Bank, vom 2. 10. 1926; Photokopie des Originals befindet sich im DWI, Berlin [4247]). Während seines Aufenthaltes in Berlin wurde Echevarrieta von Canaris betreut, der auch das Programm für die Zusammentreffen des spanischen Gastes mit deutschen Militärbehörden und Industriellen festlegte (vgl. Notiz von Dr. *Luck*, Sekretariat Deutsche Bank, vom 2. 10. 1926, für Dir. v. Stauß. Photokopie des Originals befindet sich im DWI, Berlin [4247]).

127 Brief des Dir. der Deutschen Überseeischen Bank, *R. Welsch*, Barcelona, 27. 9. 1926, an Dir. C. Meinhold, Deutsche Überseeische Bank, Berlin. Photokopie des Originals befindet sich im DWI, Berlin (4247). (Hervorhebungen von mir – M. E.)

spanischen Reedereien über Möglichkeiten zur Produktion bestimmter Waffengattungen beraten, die Deutschland auf Grund der militärischen Bestimmungen des Versailler Vertrages verboten worden war. Über seine Verbindungen zum spanischen König, zu Primo de Rivera und Echevarrieta gelang es ihm bereits im Jahre 1925, in einer in Cadiz errichteten, aus Mitteln des Deutschen Reiches finanzierten und von deutschen Konstrukteuren geleiteten Fabrik, die Produktion neuentwickelter deutscher Torpedotypen durchzusetzen, mit denen die spanische Marine beliefert werden sollte.

Angesichts der „Verdienste", die sich Echevarrieta bei der Unterstützung des wirtschaftlichen und militärischen Wiedererstarkens des deutschen Imperialismus um die Mitte der zwanziger Jahre erworben hatte, ist es nicht überraschend, daß von Seiten des deutschen Finanzkapitals und der Militärs alles getan wurde, um diese Verbindung zu pflegen und auszubauen. Diesem Zweck diente u. a. auch der von der Deutschen Bank während des Berliner Aufenthaltes von Echevarrieta im Herbst 1926 im Hotel Kaiserhof zu seinen Ehren gegebene Empfang, dessen Teilnehmerliste allein bereits Rückschlüsse über die Richtung der dort geführten Verhandlungen zuläßt. Wie aus den Akten der Deutschen Bank hervorgeht, waren bei dem Essen zugegen[128]:

Echevarrieta	
Baron del Sacro Lirio	
De Agramonte y Cortijo	(span. Botschaftsrat in Berlin)
Kapitän Lohmann	(Chef der Seetransportabteilung der Marineleitung und Verwalter der geheimen Sonderfonds der Marineleitung)
Korvettenkapitän Canaris	(damals Referent im Stabe des Chefs der Marineleitung)
Kapitän Lahs	(damals Referent für Luftfahrt in der Marineleitung, später Präsident des Reichsverbandes der deutschen Luftfahrtindustrie)
Ministerialrat Brandenburg	(Leiter der Luftfahrtabteilung im Verkehrsministerium)
Direktor von Stauß	(Vorstandsmitglied der Deutschen Bank, Aufsichtsratsmitglied zahlreicher Konzerne, u. a. der Lufthansa, der Ufa, der Daimler-Benz AG, der Bayrischen Motorenwerke; späterer Staatsrat und Vizepräsident des „großdeutschen" Reichstages)
von Schröder	(Mitinhaber des Bankhauses H. J. Stein, Köln, Teilhaber der New Yorker Schröderbank, die enge Verbindung zur Wall Street hatte. Aktiver Förderer der NSDAP)

[128] Vgl. Brief Dir. *Merkels* vom 7. 10. 1926 an Dir. v. Stauß und Ergänzungsnotiz für die Tischordnung. Photokopie der Originale befinden sich im DWI, Berlin (4247).

Direktor Meinhold	(Deutsche Überseeische Bank)
Heck	(Deutsche Continental-Gas-Gesellschaft, Dessau, stellv. Vorsitzender des Aufsichtsrats der Lufthansa und Mitglied des Aufsichtsrats weiterer Konzerne)
Bausback .	(Direktor der Ufa)
Ryss	(Siemenswerke)
Dr. Weigelt	(Direktor der Deutschen Bank)
Dr. Luck	(Deutsche Bank)
Direktor Merkel	(Lufthansa)
Direktor Milch	(Lufthansa, später Staatssekretär im Reichsluftfahrtministerium)
Direktor Wronsky	(Lufthansa)

Beisammen waren hier führende Vertreter der aggressivsten Kreise des deutschen Monopolkapitals und ihre militaristischen Vertrauensmänner, die schon damals mit außerordentlicher Aktivität alle Möglichkeiten auszuschöpfen suchten, um die wirtschaftlichen und rüstungspolitischen Voraussetzungen für die Neuaufteilung der Welt mittels des Krieges zu ihren Gunsten zu schaffen.
Tatsächlich machten sich die Beziehungen zu Echevarrieta auch in den folgenden Jahren bezahlt. Wiederum durch die Vermittlung von Canaris konnte die deutsche Marineleitung im Jahre 1928 auf der Werft von Echevarrieta in Cadiz mit dem Bau und der Erprobung eines neuen Typboots der U-Bootwaffe beginnen. Aus Tarnungsgründen trat nach außen hin nur Echevarrieta als Unternehmer des U-Bootbaus in Erscheinung. Tatsächlich aber war die deutsche Marineleitung sowohl in personeller als auch in finanzieller Hinsicht Träger des Projekts.[129]
Spanien war nicht nur für den Wiederaufbau der deutschen Kriegsflotte, sondern auch für andere Zweige der geheimen deutschen Wiederaufrüstung von Bedeutung. Obwohl laut Versailler Vertrag die deutsche Produktion von Kriegsmaterial streng begrenzt und nur zur Ausrüstung des 100000-Mann-Heeres zugelassen war, zählte Deutschland in den Nachkriegsjahren zu den größten Waffenlieferanten für ausländische Heere. Nach einer Statistik des Völkerbundes über den Im- und Export von Waffen war Deutschland im Jahre 1939 für 13 Länder, darunter auch für Spanien, der Hauptlieferant von Waffen und Munition.[130] Die Lieferungen von Geschützen, Telegrapheneinrichtungen u. ä. wurden vor allem für Krupp, die AEG und Siemens zu einem glänzenden Geschäft.[131] Sehr wahrscheinlich hatten sich auch hier die Beziehungen zu Echevarrieta als äußerst nützlich erwiesen, da

129 Ausführlicher vgl. dazu *Einhorn, Marion*, a. a. O., S. 680 bzw. Schriftenreihe..., a. a. O., S. 73.

130 *Engelbrecht, H. C., Hanighen, F. C.*, Merchants of Death. New York 1934, S. 240f.; *Sasuly, Richard*, a. a. O., S. 101.

131 *Castellan, Georges*, Le Réarmement Clandestin du Reich 1930–1935. Paris 1954, S. 289.

dieser sich auch als Waffenhändler betätigte.[132] Die Waffenlieferungen ins Ausland förderten sowohl finanziell wie waffentechnisch die Entwicklung der deutschen Rüstungsindustrie.

Auch bei dem geheimen Aufbau der deutschen Luftwaffe „bewährte" sich die Zusammenarbeit der herrschenden Klassen Deutschlands und Spaniens. Die von der Hitlerregierung aufgestellte und heute noch von einem Teil der westdeutschen Geschichtsschreibung aufrechterhaltene Behauptung, daß die Göringsche Luftwaffe erst nach 1933 in wenigen Jahren aus dem Boden gestampft worden sei[133], gehört zu den zahlreichen Geschichtsfälschungen, mit denen im konkreten Fall viererlei bezweckt wurde: 1. den frühzeitigen Beginn der Luftrüstung zu leugnen; 2. die dabei angewandten Methoden zu verschleiern; 3. die nach 1933 vollbrachten „Leistungen" auf diesem Gebiet hervorzuheben, aber auch 4. die Niederlagen der Göringschen Luftwaffe während des zweiten Weltkrieges nicht der Überlegenheit der Gegner zuzuschreiben, sondern mit dem „allzu jähen Aufstieg zu schwindelnder Höhe"[134] der „zu jungen Waffe" zu entschuldigen. Das alles ist bereits verschiedentlich, u. a. äußerst beweiskräftig im Verlauf des Nürnberger Kriegsverbrecherprozesses, widerlegt worden.[135] Es ist erwiesen, daß die deutsche Flugzeugindustrie in mehreren Ländern, darunter in Italien, Dänemark und Schweden, Konzessionen zur Errichtung von Tochterfirmen erhalten hatte, in denen bereits in den Jahren der Weimarer Republik Kriegsflugzeuge entwickelt wurden, deren Herstellung in Deutschland verboten war.[136] Zum Teil diente auch die Produktion von Passagierflugzeugen insofern der Luftwaffenrüstung, als Typen entwickelt wurden, die binnen kurzer Frist in Aufklärungs-, Bomben- oder Transportflugzeuge verwandelt werden konnten.[137] Eine Reihe von Modellen der in den Jahren der Weimarer Republik entwickelten deutschen Kriegsflugzeuge wurde beim Aufbau der spanischen Luftwaffe übernommen. So erhielten z. B. die Construcciones Aeronauticas S. A., Madrid, (Casa) im Dezember 1929 von dem deutschen Junkerskonzern die Lizenz zur Produktion deutscher

132 Vgl. *Brenan, Gerald*, a. a. O., S. 284.

133 Vgl. Aussage *Görings*, IMGN, Bd. IX, S. 315.

134 *Görlitz, Walter*, Der zweite Weltkrieg 1939–1945. Bd. 1, Stuttgart 1951, S. 418.

135 IMGN, Bd. XXXIV, Dok. 156-C, S. 578ff. Vgl. auch *Churchill, Winston Spencer*, Der II. Weltkrieg, Bd. I, 1. Buch, Stuttgart/Hamburg 1949, S. 69 u. 149; *Knight-Patterson, W. M.*, Germany from defeat to conquest. London 1945, S. 403ff.; *Scheele, Godfrey*, The Weimar Republik. Overture to the third Reich. London 1946, S. 109.

136 Tochtergesellschaften wurden z. B. von Dornier in Pisa (Italien), von Rohrbach in Kopenhagen (Dänemark), von Junkers in Limhamn bei Malmö (Schweden) errichtet. IMGN, Dok. 156-C.

137 So wurde z. B. die von Junkers 1930 hergestellte G-38 das spätere klassische Truppentransportflugzeug der Luftwaffe, die Ju-52. Vgl. *Scheele, Godfrey*: a. a. O., S. 109; für weitere Beispiele in dieser Hinsicht vgl. *Woodman, Dorothy*: Hitler rearms. An Exposure of Germany's War Plans. London 1934, S. 128f.

Kriegsflugzeuge.[138] Bestimmte von Dornier entwickelte Typen wurden ebenfalls in spanischen Flugzeugwerken gebaut.[139]
Auch der Ausbau des zivilen Verkehrsstreckennetzes der Deutschen Lufthansa unterstützte indirekt die Entwicklung der deutschen Luftwaffe. Während in den Siegerstaaten des ersten Weltkrieges die zivile Luftfahrt von der Entwicklung und dem serienmäßigen Bau militärischer Flugzeuge und der Ausbildung des Flugpersonals profitierte, war es in Deutschland gerade umgekehrt. Hier leisteten die mit erheblichen Mitteln staatlich subventionierten Luftverkehrsgesellschaften, die unter maßgeblichem Einfluß der Reichswehrführung 1926 zur Deutschen Lufthansa zusammengeschlossen wurden, dem Staat die entsprechenden Dienste.
Spanien war für den Ausbau des deutschen Luftverkehrs von außerordentlicher Bedeutung. Die Luftverbindung Europa–Südamerika, an der die deutsche Bourgeoisie aus verkehrstechnischen und wirtschaftlichen Gründen besonders interessiert war, führte von Deutschland über die Iberische Halbinsel an der afrikanischen Westküste entlang bzw. über die ihr vorgelagerten Canarischen und Cap Verdischen Inseln zur südamerikanischen Ostküste. Die Deutsche Lufthansa strebte deshalb danach, flugtechnisch in Spanien Fuß zu fassen und die Durchflugskonzession über spanischem Hoheitsgebiet sicherzustellen. Zu diesem Zweck gründete die Lufthansa Fluggesellschaften, die sich nach außen hin als spanische Unternehmen[140] ausgaben, so z. B. den „Aero Lloyd Español" und die „Iberia", die nunmehr mit den bestehenden britischen und französischen Fluglinien in Konkurrenz traten und an denen von spanischer Seite wiederum Echevarrieta und Baron del Sacro Lirio beteiligt waren.[141] Daß es sich hierbei jedoch nicht allein um wirtschaftliche Interessen

[138] *Radandt, Hans,* Hugo Junkers – ein Monopolist und Korrespondierendes Mitglied der Preußischen Akademie der Wissenschaften. In: Jahrbuch für Wirtschaftsgeschichte, 1960, Teil 1, hrsg. vom Inst. f. Geschichte der Deutschen Akademie der Wissenschaften zu Berlin, Berlin 1960, S. 113.

[139] *Woodman, Dorothy,* a. a. O., S. 129.

[140] Über einen bezeichnenden Zwischenfall, der sich bei der Eröffnung der von der Iberia beflogenen Strecke Barcelona-Madrid abspielte und der für die Art des Vorgehens der Lufthansa aufschlußreich ist, berichtet Direktor Wronsky von der Lufthansa: Bei der Eröffnung der zum großen Teil mit deutschem Personal und deutschen Flugzeugen beflogenen Strecke, bei der u. a. auch der spanische König und Primo de Rivera auf dem Flugplatz in Madrid anwesend waren, entdeckte Wronsky zu seinem „Schrecken, daß die . . . erbetene Übermalung der Maschine mit spanischem Hoheitszeichen durch den Regen abgewaschen war" . . . und das deutsche Kennzeichen zum Vorschein kam. „Mit der gewünschten Kamouflierung war es dann aber schließlich ganz zu Ende, als der deutsche Pilot auf die Begrüßung hin antwortete: ‚Mit dem geringen Tagegeld kommen wir aber in Spanien nicht aus.'" Vgl. *Wronsky, H. M.,* „15 Jahre Luftfahrt. Ernste und heitere Erinnerungen aus 15jähriger Tätigkeit in der Deutschen Luftfahrt." Mai 1940 (hektographiert), S. 24 (DWI, Berlin).

[141] Konsortialvertrag zur Gründung dieser Gesellschaften und Notiz von Dr. *Luck* (Deutsche Bank) zu diesem Vertrag, vom 8. 10. 1926. Photokopien der Originale befinden sich im DWI, Berlin (4247).

handelte, geht u. a. daraus hervor, daß sowohl Canaris als auch Göring, der in den zwanziger Jahren bereits enge Verbindung zur Lufthansa unterhielt, deren Tätigkeit in Spanien mit großer Aufmerksamkeit verfolgten und direkt beeinflußten.[142]
Neben den genannten Gründungen von Fluggesellschaften durch die Lufthansa war in den Jahren 1926–1933 in Spanien von deutscher Seite die Firma Junkers an der Luftverkehrsgesellschaft Union Aérea Española, Madrid, beteiligt.[142a]
Zusammenfassend kann man feststellen, daß Spanien die geheime deutsche Entwicklung einer Reihe von Waffengattungen förderte, die von den deutschen Imperialisten zur Unterstützung der Franco-Putschisten und gleichzeitig zur „Erprobung“ für den Weltkrieg gegen das spanische Volk gerichtet wurden!
Im Kampf der deutschen Imperialisten um die Verstärkung ihres wirtschaftlichen und politischen Einflusses in Spanien führten die Auswirkungen der Weltwirtschaftskrise einen Rückschlag herbei. Alle von der Krise betroffenen kapitalistischen Großmächte erstrebten in erhöhtem Maße infolge der Schrumpfung ihres Binnenmarktes danach, ihre bisherigen Absatzgebiete und Rohstoffquellen zu behaupten und neue dazu zu gewinnen. Der Kampf der imperialistischen Mächte um die Auslandsmärkte verschärfte sich außerordentlich; die Gegensätze zwischen den kapitalistischen Staaten spitzten sich zu. Die Versuche der Bourgeoisie, in den einzelnen Ländern die inneren Widersprüche durch Erweiterung des Außenhandels zu lösen, stießen auf den heftigsten Widerstand der herrschenden Klasse anderer kapitalistischer Staaten. Dadurch wurde in dieser Periode – wie im Rechenschaftsbericht an den XVII. Parteitag der KPdSU (B) Ende Januar 1934 festgestellt wurde – „der Boden für kriegerische Zusammenstöße geschaffen“ und der „Krieg als Mittel zur Neuaufteilung der Welt und der Einflußsphären zugunsten der stärkeren Staaten auf die Tagesordnung gestellt“.[143]
Ebenso wie in anderen Ländern leitete auch die spanische Bourgeoisie Gegenmaßnahmen gegen die Überflutung des Landes mit ausländischen Waren ein. Von den in Spanien am 22. Juli 1930 gesetzlich verfügten Zollerhöhungen und der Ende 1931 eingeführten Einfuhrkontingentierung wurde auch die deutsche Exportindustrie ungünstig beeinflußt[144]; betroffen von den Ende 1931 und im Laufe des Jahres 1932 besonders in Erscheinung tretenden Auswirkungen waren vor allem die deutsche Metallwaren-, Maschinen-, Farben-, Seiden- und Kunstseidenindustrie.[145] Im Vergleich zu dem außerordentlich starken Rückgang der

[142] Notiz von Dr. *Luck* vom 28. 9. 1926 über einen Bericht von *Canaris* über die Tätigkeit der Deutschen Lufthansa in Spanien sowie Brief *Görings* vom 31. 5. 1929 an Dir. Milch, Deutsche Lufthansa. Photokopie der Originale befinden sich im DWI, Berlin (4247).

[142a] *Radandt, Hans*, a. a. O., S. 90.

[143] *Stalin, J. W.*, Werke, Bd. 13, Berlin 1955, S. 260.

[144] Vgl. *Ziegler, Friedrich*, a. a. O., S. 61 u. 64.

[145] DZA Potsdam, RMdI, Akte Nr. 25781/1, Bl. 214 (aus dem „Spanien-Jahresbericht 1931“ der Deutschen Botschaft in Madrid vom 20. 1. 1932 an das AA, Berlin). Betroffen, aber nicht in dem gleichen Maße, waren weiterhin die Gummi-

Warenausfuhr Großbritanniens und Frankreichs in der gesamten Etappe der Weltwirtschaftskrise aber verringerte sich – wie die nachstehenden Zahlen verdeutlichen – der Anteil der deutschen Exportindustrie am Spanienhandel weitaus weniger als der ihrer britischen und französischen Konkurrenten. Der proportionale Anteil der imperialistischen Staaten am Import Spaniens betrug[146]:

	1929	1932
USA	15,9%	16,4%
Großbritannien	13 %	10,6%
Frankreich	12,8%	7,6%
Deutschland	10,5%	10,3%

Die USA, deren Export nach Spanien zu einem erheblichen Teil aus Rohstoffen und Grundnahrungsmitteln wie Rohbaumwolle, Treibstoffen und Weizen bestand, konnte, wie aus der Tabelle hervorgeht, in diesen Jahren ihre Stellung auf dem spanischen Markt sogar geringfügig verbessern.

Vor allem aber wirkten sich die politischen Folgen der Weltwirtschaftskrise innerhalb Spaniens als retardierendes Moment für die Durchsetzung der Interessen des deutschen Monopolkapitals auf der Iberischen Halbinsel aus. Am 28. Januar 1930 hatte das spanische Volk den Sturz der verhaßten Primo de Rivera-Diktatur erzwungen. Es unterliegt keinem Zweifel, daß das imperialistische Deutschland, ebenso wie das faschistische Italien, das den Zusammenbruch der spanischen Militärdiktatur als eine unerwünschte Schwächung der antiparlamentarischen Regierungssysteme ansah[147], die Verdrängung Primo de Riveras aus dem politischen Leben mit außerordentlicher Besorgnis betrachtete. Der Rücktritt Primo de Riveras, so schrieb der deutsche Botschafter Welczeck am 10. März 1930 an das AA, „bei dem es auf Grund guter persönlicher Beziehungen öfters gelang, unsere Wünsche auch gegen das Votum seiner Beamten durchzusetzen", dürfte für Deutschland „als draw-back zu buchen sein . . ."[148] Bereits in ihrem Jahresbericht für 1931 und in anderen politischen Berichten klagte die Deutsche Botschaft in Spanien über die seit Anfang 1930 besonders stark in Erscheinung getretene Ausrichtung der spanischen Politik auf die Westmächte, insbesondere auf Frankreich.[149] Anlaß zu Befürchtungen für ihre Kapitalinteressen gab dem internatio-

waren-, Glas- und Porzellan-, Textil-, Automobil-, Papierwaren-, die elektrotechnische- sowie die Lederwarenindustrie. Ebenda.

[146] DZA Potsdam, AA, Abt. III, Akte Nr. 44423, Bl. 22 (Pressebericht des amerikanischen State Department vom 17. 9. 1934).

[147] DZA Potsdam, RMdI, Akte Nr. 25781/1, Bl. 126 (Bericht des deutschen Botschafters in Rom, *v. Neurath*, vom 3. 2. 1930, an das AA).

[148] DZA Potsdam, RMdI, Akte Nr. 25781/1, Bl. 139 (Politischer Bericht *Welczecks* vom 10. 3. 1930 an das AA).

[149] Ebenda, Bl. 211 (aus dem „Spanischen Jahresbericht" 1931 der Deutschen Botschaft vom 20. 1. 1932 an das AA) sowie DZA Potsdam, AA, Abt. II, Akte Nr. 41611, Bl. 230 (Abschrift des politischen Berichts des deutschen Botschafters

nalen Finanzkapital auch die wachsende Zahl der Streikkämpfe im Jahre 1930[150], die ein deutliches Zeichen dafür waren, daß die spanische Arbeiterklasse nicht mehr gewillt war, die durch die doppelte Ausbeutung verschärfte Unterdrückung widerstandslos hinzunehmen. Die revolutionäre Bewegung begann auch in zunehmendem Maße die Bauern zu erfassen, die sich in einigen Bezirken mit den kämpfenden Arbeitern verbündeten.[151] Als das spanische Volk im April 1931 zum ersten Mal seit 8 Jahren die Möglichkeit hatte, bei den Gemeindewahlen seinen politischen Willen kundzutun, wurde der Monarchie das Todesurteil gesprochen. Der Block der bürgerlichen Republikaner und der Sozialistischen Partei Spaniens errang einen eindeutigen Sieg. Am 14. April 1931 wurde Spanien zur Republik erklärt; die bürgerlich-demokratische Revolution nahm ihren Anfang.

Im Zeitalter des Imperialismus aber kann in den entwickelten kapitalistischen Staaten die bürgerlich-demokratische Revolution nur dann zum Siege geführt werden, wenn es der geeinten und mit der Bauernschaft verbündeten Arbeiterklasse unter Führung einer marxistisch-leninistischen Partei gelingt, die Hegemonie in der Revolution zu erringen, eine antiimperialistische Staatsmacht der Arbeiter und Bauern zu errichten, die die demokratische Umwälzung entsprechend dem Minimalprogramm der revolutionären Partei durchzuführen imstande ist.[152] Diese Voraussetzungen aber fehlten in der damaligen Situation in Spanien. Die spanische Arbeiterklasse war gespalten. Es standen sich nicht nur, wie in den anderen westeuropäischen Ländern, das reformistische und das revolutionäre, marxistische Lager gegenüber, sondern es bestand zudem noch ein einflußreicher anarcho-syndikalistischer Flügel.[153] Die Spaltung der Arbeiterklasse in Sozialdemokraten, Anarchisten und Kommunisten bildete das Haupthindernis für die Koordinierung des Kampfes der Industriearbeiter und die Herstellung des Bündnisses mit der Bauernschaft.[154] Die Kommunistische Partei, die den Kampf um die Errichtung eines Arbeiter-und-Bauern-Staates führte, war 1931 gerade erst aus acht Jahren schwerster Illegalität hervorgetreten. Ihr Kampf um die Gewinnung der Massen, die Entwicklung der Einheitsfront-Taktik, hatten erklärlicherweise noch nicht die Stufe erreicht, die nötig war, um die führende Rolle im revolutio-

in Madrid,, *Welczeck*, vom 21. 2. 1931, an das AA, über seine Unterredung mit Außenminister Graf *Romanones*).

150 Gegenüber 100 Streiks im Jahre 1929 wurden 1930 bereits 527 Streikkämpfe gezählt, an denen 1 Million Streikende teilnahmen. Vgl. Geschichte Spaniens, Große Sowjetenzyklopädie . . ., a. a. O., S. 52.

151 Ebenda.

152 Vgl. hierzu *Lenin, W. I.*, Zwei Taktiken der Sozialdemokratie in der demokratischen Revolution. Insbesondere Abschnitt 6, 10 und 12, in: Werke, Bd. 9 (ins Deutsche übertragen nach der vierten russ. Ausgabe), Berlin 1957, S. 35 ff.

153 Über die wichtigsten Ursachen der Verwurzelung des Anarchismus in Spanien vgl. *Varga, Eugen*, Spanien in der Revolution, a. a. O., S. 882, sowie *Maiski, I. M.*, a. a. O., S. 343f.

154 *Varga, Eugen*, a. a. O., S. 882.

nären Kampf übernehmen zu können.[155] So konnte die Klasse der adligen Gutsbesitzer und die Bourgeoisie unter Opferung der Monarchie die Durchführung der Hauptaufgaben der Revolution – die revolutionäre Veränderung des Staatsapparates, die Lösung der Agrar- und der nationalen Frage – verhindern. Die statt einer revolutionären Bodenverteilung zögernd eingeführte Agrarreform erleichterte nicht die furchtbare Lage der Mehrheit der Bauern und der Landarbeiter.[156] Nur etwas mehr als 12000 Bauernfamilien erhielten bis zum Volksfrontsieg im Februar 1936 Land zugeteilt.[157] Im Rahmen der Lösung der nationalen Frage wurde nur Katalonien im Herbst 1936 eine beschränkte Selbstverwaltung eingeräumt. Den ebenfalls nationale Autonomie fordernden Basken und Galiciern wurde diese – selbst in eingeschränktem Maße – verweigert.[158] Die Machtverhältnisse, die während der Monarchie bestanden hatten, dauerten faktisch unverändert fort. Die Tatsache, daß nur die Regierungsform verändert, die Demokratisierung des Staatsapparates und damit auch der Armee, in der monarchistische Offiziere das Übergewicht hatten, nicht in Angriff genommen wurde, sollte sehr bald besonders unheilvolle Folgen haben.

Nach der Errichtung der spanischen Republik griff der deutsche Imperialismus in seinem Kampf um die Behauptung und Erweiterung seiner Stellung in Spanien zu neuen Mitteln, zu Methoden, die mit der Machtübertragung an den Faschismus in Deutschland zur Staatsdoktrin wurden.

155 Nach dem Ausschluß trotzkistischer Elemente aus ihren Reihen entwickelte sich die Kommunistische Partei Spaniens zu einer marxistisch-leninistischen Partei, die seit 1932 von den hervorragenden Revolutionären José Diaz und Dolores Ibarruri geführt wurde. Ihre Mitgliederzahl und ihr Einfluß unter den Massen stieg bereits in den ersten Jahren nach der Errichtung der Republik sprunghaft an. Vgl. hierzu im einzelnen *Gannes, Harry u. Repard, Theodore,* a. a. O., S. 53.

156 Von der unsagbar schweren Lage der Bauern erhält man bereits durch die Zahlen über die Verteilung des Grund und Bodens eine Vorstellung: 67% des bestellbaren Ackerlandes befanden sich in der Hand der Großgrundbesitzer, die aber nur 2% der Landbesitzer ausmachten. Dagegen besaßen 39% der Bauern Parzellen von weniger als 1 ha! Vgl. Geschichte Spaniens . . ., a. a. O., S. 53. Die Landarbeiterlöhne in Spanien betrugen – nach den Angaben des internationalen Arbeitsamtes – im Jahre 1930 nur 40% der Löhne der Landarbeiter in Großbritannien. Schätzungen zufolge waren 1931 60% der spanischen Landarbeiter ohne Anstellung. Vgl. *Gannes, Harry* u. *Repard, Theodore,* a. a. O., S. 205f.

157 Vgl. Geschichte Spaniens . . ., a. a. O., S. 53.

158 Ebenda, S. 53f.

Kapitel II

Der Anteil des faschistischen deutschen Imperialismus an der Unterminierung der spanischen Republik (1933 bis Februar 1936)

1. Die Rolle Spaniens im Rahmen der Kriegsvorbereitungen des faschistischen deutschen Imperialismus in den Jahren 1933–1936

Als das deutsche Monopolkapital sich angesichts der Zuspitzung der revolutionären Krise in Deutschland im Herbst 1932 nicht mehr in der Lage sah, seine Herrschaft mit den alten Methoden zu sichern, übertrug es die Ausübung der Macht an die Führer der Nazipartei. Der Machtantritt des Faschismus war „nicht die einfache Ersetzung einer bürgerlichen Regierung durch eine andere, sondern die Ablösung einer Staatsform der Klassenherrschaft der Bourgeoisie, der bürgerlichen Demokratie, durch eine andere, durch die offene terroristische Diktatur".[1] Es war der Endpunkt eines sich bereits seit längerer Zeit anbahnenden Prozesses, der sich im Laufe der Weltwirtschaftskrise immer deutlicher in den Bestrebungen des deutschen Monopolkapitals abgezeichnet hatte, die wachsenden ökonomischen und politischen Schwierigkeiten auf dem Wege der forcierten Aufrüstung, des Abbaus der Demokratie und der Abwälzung der Lasten auf die Werktätigen zu überwinden. Gegen diese Politik begannen sich Anfang der dreißiger Jahre immer größere Teile des deutschen Volkes zur Wehr zu setzen. In der zunehmenden Zahl und Intensität der revolutionären Massenkämpfe, zu denen die Kommunistische Partei Deutschlands aufgerufen hatte, kam, ebenso wie in den Ergebnissen der Reichstagswahlen, der wachsende Einfluß der Partei Ernst Thälmanns zum Ausdruck. Auf der anderen Seite fiel infolge der ständigen Verschlechterung der Lebenslage der Massen die soziale und nationalistische Demagogie der Nazis auf fruchtbaren Boden und führte zu einem Anwachsen ihrer Stimmenzahl, während sich große Teile der Wähler von der SPD abwandten und die Deutschnationalen sowie die bürgerlichen Mittelparteien erheblich an Stimmen verloren. Nachdem die Notverordnungspolitik Brünings gescheitert war und die Polarisierung der Kräfte im

[1] Bericht *Georgi Dimitroffs* auf dem VII. Weltkongreß der Kommunistischen Internationale, 1935. In: Die Kommunistische Internationale (Auswahl von Dokumenten und Reden vom VI. Weltkongreß bis zur Auflösung der Kommunistischen Internationale, 1928–1943), hrsg. von der Parteihochschule „Karl Marx" beim ZK der SED, Berlin 1956 (als Manuskript gedruckt), S. 361.

Klassenkampf sich mehr und mehr zuspitzte, orientierten sich die am meisten reaktionären und chauvinistischen Teile des Monopolkapitals immer offener auf die mit ihrer Unterstützung großgezogene Nazipartei. Das mit sozialistischen Phrasen verbrämte Programm der Nazis entsprach völlig ihren Interessen, da es in Wirklichkeit die Festigung der Herrschaft der Großbourgeoisie und der Junker, die Neuaufteilung der Welt mittels des Krieges und die Vernichtung der Demokratie in Deutschland vorsah. Die Errichtung der faschistischen Diktatur, in der die herrschende Klasse Ende 1932 schließlich den einzigen Ausweg zur Rettung ihrer Macht erblickte, wurde ermöglicht durch die von den rechten Führern der SPD und der Gewerkschaften aufrechterhaltene Spaltung der Arbeiterklasse, für deren Überwindung sich die KPD beharrlich, aber erfolglos, eingesetzt hatte. Das Fehlen einer geeinten deutschen Arbeiterbewegung, um die sich die Hitlergegner aus anderen Bevölkerungsschichten scharen konnten, gestattete den deutschen Imperialisten die Festigung ihres Terrorregimes.

Im Prozeß der Errichtung und Konsolidierung der faschistischen Diktatur gelang es den ökonomisch stärksten Gruppen des Finanzkapitals, sich den Staatsapparat vollends unterzuordnen, um ihn für die Durchsetzung ihrer wirtschaftlichen und politischen Ziele ausnutzen zu können. Von Anbeginn der faschistischen Diktatur war die gesamte Innen- und Außenpolitik des deutschen Imperialismus darauf gerichtet, günstige Ausgangspositionen für die geplante Expansion mittels des Krieges zu schaffen. Zu den wichtigsten Voraussetzungen gehörte: das Hinterland durch die gewaltsame Niederwerfung der Arbeiterklasse und aller demokratisch gesinnten Kräfte in Deutschland zu sichern, in kurzer Zeit eine schlagkräftige Kriegsmaschine aufzubauen, Rohstoffquellen im In- und Ausland zu erschließen, um den Aufbau der deutschen Rüstungsindustrie zu vervollkommnen, das kriegswirtschaftliche Potential der künftigen Gegner zu schwächen, das bestehende Bündnissystem der Westmächte in Europa zu unterminieren und die Verwirklichung des von der Sowjetunion angestrebten Systems der kollektiven Sicherheit zu verhindern. Die Realisierung dieser Aufgaben hat der deutsche Imperialismus bekanntlich schrittweise in den Jahren nach 1933 in Angriff genommen. Im Zusammenhang mit unserem Thema gilt es zu untersuchen, ob und inwiefern die deutschen Imperialisten der Verstärkung ihres Einflusses in Spanien im Rahmen ihrer Kriegsvorbereitungen Bedeutung beimaßen.

Das Interesse der herrschenden Klasse in Deutschland an Spanien nahm in den Jahren der Vorbereitung der Aggression aus verschiedenen Gründen erheblich zu.

Spanien spielte in den militärischen Planungen des faschistischen deutschen Imperialismus von Anfang an eine bedeutende Rolle. Das wurde bereits von General Faupel, dem späteren ersten Botschafter Hitlerdeutschlands bei Franco, in einem Artikel „Wehrpolitische Gedanken über Spanien", veröffentlicht in der kriegswissenschaftlichen Zeitschrift „Wissen und Wehr" im Mai 1933, offen ausgesprochen. Faupel betonte, daß der Iberischen Halbinsel „infolge ihrer geopolitischen Lage eine entscheidende Bedeutung" zufalle: „Spanien beherrscht die Straße von Gibraltar durch den Besitz Marokkos ... Die Halbinsel mit dem Balearenriegel flankiert das Mittelmeer und damit die französischen und italienischen Kraftlinien. Die Balearen sind seestrategisch der Schlüsselpunkt des westlichen Mittelmeeres."[2] Ähnliche Gedanken wiederholte die offizielle Zeitschrift der Reichswehr, die „Deutsche Wehr", am 19. Dezember 1935.[3] Die strategische Bedeutung Spaniens für die deutschen Militaristen lag jedoch nicht nur in der Möglichkeit, durch die Errichtung von Flotten- und Flugstützpunkten im Mittelmeer und Atlantik die für Großbritannien und Frankreich vor allem im Kriegsfalle lebenswichtigen Verbindungen zu ihren Kolonien zu erschweren und ihre Stellung im Mittelmeer zu schwächen. Der militärische Wert Spaniens für die deutschen Imperialisten bestand vor allem darin, daß sie im Falle der Beherrschung Spaniens in die Lage versetzt worden wären, Frankreich und Großbritannien direkt zu bedrohen.[4] Mit der „spanischen Fliege in Frankreichs Nacken" hätte die schon von Bismarck 1870 angestrebte Möglichkeit bestanden, zum gewünschten Zeitpunkt mit militärischen Drohungen gegen Frankreich an der Pyrenäengrenze operieren zu können. Ein mit Deutschland verbündetes Spanien hätte Frankreich der Umklammerung durch den deutschen Imperialismus preisgegeben, die Bindung einer Anzahl französischer Armeekorps an den Pyrenäen notwendig gemacht, wodurch die Verteidigungsmöglichkeiten der Rheingrenze geschwächt worden wären. Für die Absicht des deutschen Imperialismus, Frankreich als Militärmacht zu zerstören, wären damit günstige Voraussetzungen entstanden. Auch Großbritannien, dessen wichtiger Stützpunkt auf dem spanischen Festland, Gibraltar, im Falle eines deutsch-spanischen Bündnisses zur Bedeutungslosigkeit herabsinken mußte, hätte von deutschen Stützpunkten an der Atlantikküste aus direkt bedroht werden können.

Neben den militärstrategischen Gesichtspunkten waren es wirtschaftliche und speziell rüstungspolitische Erwägungen, die das Interesse der herrschenden Klasse des faschistischen Deutschlands an Spanien anwachsen ließen. Im Rahmen der wirtschaftlichen Kriegsvorbereitungen stieg die Bedeutung Spaniens für den deutschen Imperialismus vor allem als Lieferant kriegswichtiger Rohstoffe, als Kapitalanlage- und Warenabsatzmarkt. Die Ausrüstung des Heeres, der Flotte

[2] Zitiert nach *Ulbricht, Walter*, Zur Geschichte der deutschen Arbeiterbewegung. Bd. 2, Berlin 1953, S. 179.

[3] Vgl. ebenda, S. 132.

[4] Diesbezügliche Erwägungen sind in zahlreichen Veröffentlichungen des deutschen faschistischen Militärwissenschaftlers, Prof. *E. Banse*, zu finden. Sie riefen in Großbritannien und Frankreich heftige Erregung hervor. Die Empörung über die Banseschen Veröffentlichungen nahm in Großbritannien ein derartiges Ausmaß an, daß die Deutsche Botschaft in London sie in einem Bericht vom 12. 9. 1934 über die „englische Einstellung zu Deutschland und die Möglichkeiten ihrer Beeinflussung" als einen der Faktoren wertete, der den Bestrebungen der herrschenden Klasse Großbritanniens für die Verständigung mit Hitlerdeutschland äußerst hemmend entgegengewirkt habe. DZA Potsdam, Präsidialkanzlei, Akte Nr. 707, Bl. 154 (Abschrift eines Berichts der Deutschen Botschaft in London vom 12. 9. 1934).

und Luftwaffe erforderte die Einfuhr[5] von Rohstoffmengen in einer Höhe, die bei der angespannten Devisenlage[6] nur unter Schwierigkeiten gesichert werden konnte.[7] Das deutsche Monopolkapital erstrebte daher vor allem neue Möglichkeiten des Kapitalexports, durch den sowohl die Beschaffung gewisser Rohstoffmengen ohne Beanspruchung von Devisen gesichert, Extraprofite garantiert, als auch der Absatz deutscher Waren auf dem spanischen Markt gefördert werden würde. Die Steigerung des Warenexportes gehörte wiederum zu den Voraussetzungen für die Fortführung der Aufrüstungspolitik, da bekanntlich die aus dem Auslande bezogenen erforderlichen Rohstoffimporte nur bezahlt werden konnten durch Exporterlöse von Fertigwaren. Die Erhöhung des Exports war jedoch außerordentlich erschwert durch die damals bereits beginnende Einschränkung der Produktion von Konsum- und Exportwaren, die bei der nur begrenzt vorhandenen Rohstoffdeckung die Umstellung der deutschen Industrie auf die Erzeugung von kriegswichtigen Gütern nach sich zog.[8] Tatsächlich war statt einer Erhöhung des Exports nach den Berechnungen des Statistischen Reichsamtes – im Gegensatz zu der Entwicklung des britischen Exports im gleichen Zeitraum – die deutsche Fertigwarenausfuhr rapide gesunken. Die Schrumpfung des

[5] Durch die forcierte Förderung inländischer Erze (vgl. hierzu IMGN, Bd. XXXVI, Dok. 497-EC) konnte die Lage zwar erleichtert, die Schwierigkeiten auf dem Gebiet der Eisenerz- und Kupferbeschaffung jedoch nicht überwunden werden.

[6] Die Zuspitzung der Devisenknappheit war die Folge der Auswirkung der Weltwirtschaftskrise und der faschistischen deutschen Handelspolitik. Viele Länder, darunter die USA, England, Frankreich, Holland, die Schweiz, die Skandinavischen Länder und die Sowjetunion, waren durch die Errichtung von Zollschranken in Deutschland und die verminderte Aufnahme ihrer Waren auf dem deutschen Markt geschädigt. Als sie daraufhin ihrerseits in stärkerem Maße dem deutschen Export ihre Märkte verschlossen, verschlechterte sich die deutsche Handelsbilanz. Auch der vor allem in den USA durchgeführte Boykott deutscher Waren als Ausdruck des Protestes gegen die Judenverfolgungen in Deutschland und gegen das im Juni 1933 von der Hitlerregierung verkündete Transfermoratorium, mit dem die Zahlung der Zinsen in Valuta für die von Deutschland in den Jahren 1924 bis 1929 aufgenommenen Auslandsanleihen eingestellt und die Gläubiger geschädigt wurden, wirkte sich nachteilig auf den deutschen Export aus. Die Verschlechterung der Handelsbilanz spiegelte sich in der Devisenposition der Reichsbank unmittelbar wider. Während die Notenbankreserve an Gold und Devisen vor der Krise von 1931 3 Milliarden RM betragen hatte, war sie bis Ende 1933 allmählich auf rund 400 Millionen RM zusammengeschmolzen. Vgl. Bericht von *E. W. Schmidt* über das deutsche Devisenproblem, 5. 5. 1934. Photokopie des Originals befindet sich im DWI, Berlin (Deutsche Bank 5961 [6]).

[7] Für die ständig steigenden Forderungen der Wehrmacht an kriegswichtigen Rohstoffen, insbesondere an Kupfer und Blei, erklärte sich Ende 1935 Reichswirtschaftsminister H. Schacht nicht in der Lage, die nötigen Devisen beschaffen zu können. Vgl. IMGN, Bd. XXXVI, Dok. 293-EC.

[8] Vgl. hierzu auch S. 109ff. der vorliegenden Arbeit.

deutschen Außenhandelsvolumens im Vergleich zu Großbritannien geht aus nachstehender Tabelle deutlich hervor:

Fertigwarenausfuhr Deutschlands und Großbritanniens[9] (1931 = 100)

	I. Werte		II. Mengen	
	Deutschland	Großbritannien	Deutschland	Großbritannien
1932	61	94	68	103
1933	51	96	63	106
1934	44	104	57	115
1. Halbj. 1934	44	100	57	110
1. Halbj. 1935	42	110	58	120

Während die britische Ausfuhr in dem angegebenen Zeitraum von $3^1/_2$ Jahren – mengenmäßig – von 103 auf 120 stieg, d. h. um 16,5% zunahm, konnte das Absinken der deutschen Ausfuhr nicht aufgehalten werden; das deutsche Ausfuhrvolumen ging um 14,7% zurück. Die allmähliche Geschäftsbelebung auf dem Sektor der Produktion von Produktionsmitteln[10] im Vergleich zur Lage während der Weltwirtschaftskrise resultierte aus dem Anwachsen der staatlichen Rüstungsaufträge und blieb auf den Inlandsmarkt beschränkt. Auf dem Gebiete der Elektroindustrie, des Maschinenbaus, ja, selbst bei der zu den widerstandsfähigsten Exportindustrien zählenden chemischen Industrie, wurde eine spürbare Verminderung an Auslandsaufträgen verzeichnet.[11] Der Ausfuhrrückgang entfiel vor allem auf die großen westeuropäischen Absatzgebiete. So war 1934/1935 z. B. die Ausfuhr nach Holland um 32%, nach Frankreich um 30%, nach der Schweiz um

[9] Archiv der Deutschen Notenbank, Berlin, Akte Nr. 6155/53 (23), unpag. (Zusammenfassendes Ergebnis einer Analyse der Weltkaufkraftparitäten, unterzeichnet von *Benning*.) In der Analyse wird betont, daß der Rückgang der deutschen Fertigwarenausfuhr wertmäßig noch erheblich stärker gewesen sei. Der Verfasser der Analyse legte Wert auf den Nachweis des mengenmäßigen Anstieges des britischen Exports, um die innerhalb deutscher Wirtschaftskreise damals vertretene Ansicht, daß die britische Ausfuhr sich nur in Sterling, d. h. in entwerteter Währung, erhöht habe, während jedoch das Ausfuhrvolumen abgenommen hätte, zu widerlegen.

[10] Im Mai 1935 erreichte die deutsche Schwerindustrie wieder das Niveau von 1928, d. h. den Stand vor Beginn der Weltwirtschaftskrise; in den folgenden Jahren schritt sie weit darüber hinaus. Vgl. hierzu im einzelnen *Kuczynski, Jürgen*, Die Geschichte der Lage der Arbeiter in Deutschland. Bd. II, Berlin 1953, S. 57 und 61. Die wachsende Erzeugung von Produktionsmitteln diente vor allem der Rüstung und nicht der Ausrüstung der Konsumgüterindustrie mit neuen Maschinen.

[11] Bericht Direktor *Wintermantels*, Deutsche Bank, vom 30. 5. 1934, im Brandenburgischen Beirat der Deutschen Bank. Photokopie des Originals befindet sich im DWI, Berlin (5961 [6]).

28%, nach Belgien um 24% und nach England um 12% gesunken.[12] Da auch Spanien mit seinen Schutzzoll- und Kontingentierungsmaßnahmen den deutschen Export von Fertigwaren erschwerte, dürfte das deutsche Monopolkapital in dieser Situation an der politischen Beherrschung Spaniens und der damit verbundenen Möglichkeit der Beeinflussung der spanischen Wirtschaftspolitik außerordentlich interessiert gewesen sein. Darüber hinaus hoffte die deutsche Bourgeoisie durch die Festigung und den Ausbau ihrer wirtschaftlichen und politischen Position auf der Iberischen Halbinsel der Verwirklichung des jahrzehntelangen Traumes des deutschen Imperialismus, in Marokko und anderen Gebieten des afrikanischen Kontinents Fuß zu fassen, näher zu kommen. Auch für die Durchsetzung der Bestrebungen des deutschen Monopolkapitals, die USA aus ihrer Vormachtstellung auf den südamerikanischen Märkten zu verdrängen und deren Platz einzunehmen, sollte Spanien als Sprungbrett dienen.
Zusammenfassend können wir feststellen, daß der deutsche Imperialismus an der Erweiterung seines Einflusses in Spanien sowohl aus militärstrategischen und rüstungspolitischen als auch aus ökonomischen Gründen interessiert war. Voraussetzung für die Verwirklichung seiner Pläne war die Ausübung der Macht in Spanien durch eine Regierung, die sich außenpolitisch auf das faschistische Deutschland ausrichtete und die im Innern die wachsende revolutionäre, antifaschistische Bewegung der spanischen Werktätigen auf das schärfste unterdrückte.

2. Die innerspanische Entwicklung bis zum Wahlsieg der spanischen Rechtsparteien im November 1933

Der Sturz der Monarchie und die Errichtung der Republik führte einen erneuten Aufschwung der revolutionären Massenbewegung herbei. Die Arbeiterklasse, die nach der im Dezember 1931 angenommenen republikanischen Verfassung wichtige demokratische Rechte und damit bessere Voraussetzungen für die Fortsetzung des Kampfes errungen hatte, wie u. a. Freiheit der Rede, der Presse, Versammlungsfreiheit, Einführung des Achtstundentages und der Sozialversicherung, setzte den Kampf um die Sicherung ihrer Rechte und die Weiterführung der Revolution fort. In großen Streikbewegungen[13], die teilweise in bewaffnete Kämpfe übergingen[14],

[12] Bericht Dr. *E. W. Schmidts* über die allgemeine Wirtschaftslage Mitte Mai 1935. Photokopie des Originals befindet sich im DWI, Berlin (5961 [6]). Für absolute Zahlen vgl. Statistisches Jahrbuch für das Deutsche Reich 1935, hrsg. vom Statistischen Reichsamt, Berlin 1935, S. 231 und Statistisches Jahrbuch für das Deutsche Reich 1936, Berlin 1936, S. 133.

[13] „Vom 14. April 1931 bis zum 14. April 1932 erfolgten 3693 Streiks, darunter 30 Generalstreiks und 20 politische Streiks". Vgl. Geschichte Spaniens . . ., a. a. O., S. 54.

[14] Ebenda.

erzwang sie die Bewilligung politischer und ökonomischer Forderungen.[15] Auf dem Lande gingen Bauern und Landarbeiter zur Selbsthilfe über, nahmen gutsherrliche Ländereien in Besitz und bildeten Landarbeiter- und Bauernkomitees.[16]
Abgrundtiefer Haß und entschlossene Kampfbereitschaft gegen die eigene und ausländische Reaktion kamen besonders deutlich in den Aktionen zum Ausdruck, mit denen revolutionäre spanische Arbeiter den Machtantritt des Faschismus in Deutschland beantworteten. Bereits im Februar und März 1933 wurden zum Protest gegen die Errichtung des Terrorregimes in Deutschland Demonstrationen vor dem deutschen Generalkonsulat in Barcelona durchgeführt.[17] Im Verlaufe einer dieser Demonstrationen Anfang März wurden durch Steinwürfe einige Fensterscheiben des Konsulatsgebäudes beschädigt. Nicht der im Grunde geringfügige Schaden rief das Entsetzen der deutschen diplomatischen Vertretung hervor, sondern die Tatsache, daß mit den Steinen Flugblätter in spanischer Sprache in das Gebäude flatterten, in denen es hieß: „Nieder mit Hitler! Nieder mit dem Faschismus! Es lebe das revolutionäre deutsche Proletariat! Es lebe die Kommunistische Partei Deutschlands! Nieder mit den Unterdrückern!"[18] Durch das Ausmaß der wiederholten Aktionen sah sich der deutsche Botschafter Welczeck veranlaßt, in einer an das spanische Außenministerium gerichteten Note zu fordern, die spanische Polizei solle in Zukunft nicht nur die Demonstranten zerstreuen, sondern die Teilnehmer festnehmen und ihre Identität feststellen.[19] Ein anderer Vorfall im Hafen von Sevilla, über den der deutsche Botschafter im Mai 1933 an das AA berichtete[20], dürfte symptomatisch für die Haltung des revolutionären Teiles der spanischen Arbeiterklasse gewesen sein. Das Hissen der Hakenkreuzfahne auf dem deutschen Dampfer „Klio" hatten die Hafenarbeiter Sevillas zum Anlaß genommen, die Löschungsarbeiten zu verweigern. Die Bezirksleitung der Kommunistischen Partei Spaniens in Sevilla und die Leitung der Antifaschistischen Arbeiter- und Bauernmiliz wandten sich in einem Flugblatt[21] an die Matrosen des deutschen Schiffes, die Nazifahne herunterzuholen und dadurch ihre Ablehnung des Faschismus und die gemeinsame Kampffront deutscher und spanischer Arbeiter für Freiheit und Demokratie zu manifestieren. Erst nachdem von der Polizei unter den Hafenarbeitern zahlreiche Verhaftungen vorgenommen worden waren und der spanische Zivilgouverneur mehrfach gedroht hatte, im Falle der Fortsetzung der Arbeitsverweigerung das Schiff durch Militär löschen zu lassen[22],

[15] *Gannes, Harry u. Repard, Theodore*, a. a. O., S. 54.
[16] Geschichte Spaniens . . ., a. a. O., S. 54.
[17] DZA Potsdam, RMdI, Akte Nr. 25781/1, Bl. 242 (Bericht des deutschen Botschafters in Madrid, *Welczeck*, vom 21. 3. 1933 an das AA, Berlin).
[18] Ebenda, Bl. 243 (Bericht des deutschen Generalkonsulats für Spanien in Barcelona, vom 8. 3. 1933).
[19] Ebenda, Bl. 242 (Bericht *Welczecks* an das AA vom 21. 3. 1933).
[20] Ebenda, Bl. 246 (Abschrift des Berichts *Welczecks* vom 27. 5. 1933).
[21] Ebenda, Bl. 252 (Abschrift des Flugblattes).
[22] Ebenda, Bl. 247 und 250 (Bericht des Konsulatsverwesers *Draeger*, Sevilla, 26. 5. 1933, an die Deutsche Botschaft in Madrid).

nahmen die Arbeiter schließlich die Arbeit wieder auf. In den ersten Monaten des Jahres 1934 war der Proteststurm spanischer Werktätiger und ihrer Organisationen gegen die Verhaftungswelle in Deutschland und die Verschleppung deutscher Antifaschisten in Konzentrationslager derart angewachsen[23], daß der deutsche Botschafter Welczeck es vorzog, sich von Beauftragten der spanischen Geheimpolizei bewachen und ständig begleiten zu lassen.[24] Wenn man der Beweise des gemeinsamen Kampfes spanischer und deutscher Arbeiter gegen Faschismus und Kriegsgefahr gedenkt, so darf man sich daher nicht ausschließlich die Jahre des national-revolutionären Krieges des spanischen Volkes vor Augen führen, in denen sich deutsche Antifaschisten Seite an Seite mit Vertretern anderer Nationen in die gemeinsame Front zur Verteidigung der spanischen Republik einreihten. Die geschilderten Beispiele zeigen, daß spanische Werktätige im Geiste des proletarischen Internationalismus auf die vielfältigste Weise den schweren Kampf der deutschen Antifaschisten gegen die Herrschaft des deutschen Faschismus unterstützten. Solidarität mit den in Deutschland verfolgten Klassengenossen und die Erkenntnis, daß die Unterdrückung der demokratischen Kräfte in Deutschland gleichzeitig ein schwerer Schlag gegen die friedliebenden Menschen in aller Welt war, der abgewehrt werden mußte, wenn das Erstarken der Reaktion in anderen Ländern verhindert und Europa die Schrecken des Krieges erspart werden sollten, ließen die Vorhut der spanischen Arbeiter und Bauern ihre Anstrengungen im Kampf für die Demokratie und den Weltfrieden vervielfachen. Die Teilnahme deutscher Arbeiter, Schriftsteller und Künstler an den bewaffneten Kämpfen gegen die Errichtung des Franco-Regimes war somit auch die Erfüllung einer Dankespflicht für die zahlreichen Beweise des Widerstandes gegen Faschismus und Krieg, die von spanischen Werktätigen erbracht worden waren.

Für die geschworenen – spanischen und ausländischen – Feinde der revolutionären, demokratischen Bewegung der Werktätigen drohte das Anwachsen des Kampfes der Massen zu einer ernsten Gefahr zu werden. Sollte es tatsächlich gelingen, wirklich tiefgreifende Veränderungen des politischen, wirtschaftlichen und sozialen Lebens durchzusetzen, dann würde es endgültig um die Privilegien der weltlichen und kirchlichen Großgrundbesitzer, um die vorhandenen und potentiellen Profitmöglichkeiten der spanischen und ausländischen Kapital-

[23] „. . . während Anfang des Jahres (bei der deutschen Botschaft – M. E.) etwa 5 bis 6 Briefe pro Woche eingingen, hat sich diese Zahl inzwischen fast verzehnfacht; gestern war sogar ein Eingang von 32 derartigen Schreiben, Telegrammen und Telefonaten zu verzeichnen . . ." Der Protest richtete sich vor allem gegen die geplante Verurteilung Ernst Thälmanns zum Tode. (Aus der Abschrift eines Briefes des deutschen Botschafters *Welczeck* vom 29. 5. 1934 an das AA.) DZA Potsdam, RMdI, Akte-Nr. 25781/2, Bl. 23. Die Solidaritätsaktionen der spanischen Arbeiter zur Unterstützung der deutschen Antifaschisten rissen nicht ab. Sie erreichten besonders in der Zeit der sich bildenden Einheits- und Volksfront in Spanien, Ende 1935/Anfang 1936, einen neuen Höhepunkt. Vgl. hierzu „Rundschau" (Basel), Nr. 2, 1936, S. 62.

[24] DZA Potsdam, RMdI, Akte Nr. 25781/2, Bl. 23 (vgl. Anmerkung 23).

magnaten geschehen sein. Darüber hinaus hätte ein Sieg der spanischen Arbeiter und Bauern beispielgebend und ermutigend auf die Werktätigen der anderen kapitalistischen Länder gewirkt und besonders dem Kampfeswillen der vom Faschismus unterdrückten Massen in Deutschland und Italien bedeutenden Auftrieb gegeben. Diese Befürchtungen kamen sehr deutlich in der Einschätzung der Situation in Spanien durch den deutschen Botschafter in Madrid, Welczeck, zum Ausdruck, der in einem „ganz geheimen" Bericht vom 18. Februar 1933 an das AA in Berlin darauf hinwies, daß „die linksradikale revolutionäre Bewegung in Spanien . . . seit dem vergangenen Herbst . . . nicht unerhebliche Fortschritte gemacht" habe und daß nur „eine starke Hand, die bereit und in der Lage ist, zuzufassen, diesem Spuk (sic!) ohne weiteres ein Ende machen" könne.[25] Das war die unverhüllte Forderung nach Errichtung eines diktatorischen Gewaltregimes in Spanien, erhoben von einem Vertreter des deutschen diplomatischen Korps, dessen Mitarbeiter – wollte man den Lügen westdeutscher Politiker und bürgerlicher westdeutscher und ausländischer Historiker Glauben schenken – nur als „passive Beobachter" oder sogar als „Gegner" der Politik des deutschen Faschismus gewirkt haben sollen!

Bestrebungen zur Einsetzung einer „starken Hand" im Sinne der Welczeckschen Formulierung waren in Spanien besonders deutlich seit der Errichtung der Republik im Gange. Kleinere faschistische Gruppen[26] waren bereits 1930 entstanden, die im deutschen Faschismus ihr Vorbild sahen.[27] Die Bedeutung dieser

[25] DZA Potsdam, RMdI, Akte Nr. 25781/1, Bl. 235.

[26] So die Gruppe unter der Führung von Giménez Caballero und Ramiro Ledesma Ramos, die sich 1931 zur Partei „Las Juntas de Ofensiva Nacional-Sindicalista" (JONS) entwickelte. Diese wie auch die von Jesuiten gegründete Gruppe unter Leitung von Onésimo Redondo, die sich der JONS anschloß, waren zahlen- und einflußmäßig schwach; sie verfügten über kaum mehr als ein paar hundert Mitglieder. Vgl. *Foltz, Charles, Jr.*, The Masquerade in Spain. Boston 1948, S. 61ff.; faschistischen Charakter trug auch die Gruppe „Renovación Española (spanische Erneuerung), die sich um den Monarchisten Antonio Goicoechea gesammelt hatte. Die Anhänger dieser Partei, im wesentlichen Vertreter des Adels, hatten früher die Diktatur Primo de Riveras unterstützt. Vgl. *Mendizabal, Alfred*, The Martyrdom of Spain. London 1938, S. 263.

[27] R. Ledesma Ramos lebte in diesen Jahren hauptsächlich davon, für Madrider Zeitungen und Zeitschriften Artikel aus dem Deutschen zu übersetzen. Seine Vorbilder waren u. a. Nietzsche und Hitler. Vgl. *Foltz, Charles, Jr.*, a. a. O., S. 62. Onésimo Redondo hatte in Deutschland studiert. Das Programm seiner Gruppe war eine Kopie des Naziprogramms. Auch die Grußformen u. a. wurden vom deutschen Faschismus übernommen. Ebenda, S. 64; die von Redondo herausgegebene Wochenzeitschrift „Libertad" war die erste, die spanische Leser mit Hitlers „Mein Kampf" bekannt machte. Vgl. *Hamilton, Thomas J.*, Appeasement's Child. The Franco Regime in Spain. London 1943, S. 47. Der Schriftsteller und Druckereibesitzer Giménez Caballero war für Juni 1934 von einer deutschen faschistischen „Kultur"-Organisation nach Berlin eingeladen worden. DZA

Gruppen im politischen Leben Spaniens war jedoch derart gering, daß in einem an das AA in Berlin gerichteten Bericht der deutschen Botschaft in Madrid noch im Dezember **1933** festgestellt werden mußte, daß „die faschistische Bewegung . . . hier noch völlig im Anfangsstadium"[28] sei.

Hier ist zunächst ein Hinweis auf die Besonderheiten des spanischen Faschismus notwendig. Der spanische Faschismus war nicht, wie der Deutschlands und Italiens, der ausschließliche Interessenvertreter des reaktionärsten und chauvinistischsten Teils des Monopolkapitals, sondern – entsprechend dem Stand der historischen Entwicklung Spaniens – gleichzeitig Repräsentant größtenteils monarchistisch gesinnter weltlicher und kirchlicher Feudalkreise.[29]

In Spanien wurde dem Faschismus der Weg zur Macht durch die katholische Kirche geebnet, deren Einfluß sich bis zur Errichtung der spanischen Republik auf alle Gebiete des Lebens erstreckt hatte. Im Besitz eines außerordentlich hohen Anteils des spanischen Kapitals und des Grund und Bodens[30], war die Kirche in Spanien seit Jahrzehnten als Todfeind selbst der geringsten liberalen Tendenzen aufgetreten.[31] In den dreißiger Jahren wurde die katholische Kirche zu einer militanten Gegnerin der spanischen Republik, die einen Teil der kirchlichen Reichtümer verstaatlicht und ihren Einfluß durch die gesetzliche Trennung von Kirche und Staat stark zurückgedrängt hatte. Das Rad der Geschichte zurückzudrehen wurde das vordringliche Anliegen des Vatikans und des spanischen hohen Klerus; mit allen verfügbaren Mitteln nahm sie den Kampf um die „Wiederherstellung der kirchlichen Rechte" und gegen die republikanische Regierung auf.[32] Der außerordentlich starke Einfluß der Kirche erschwerte es der spanischen Reaktion, sich eine offen faschistische Massenpartei mit einer kleinbürgerlichen Basis nach deutschem und italienischem Muster zu schaffen.

Potsdam, RMdI, Akte Nr. 25781/1, Bl. 330 (Bericht des deutschen Botschafters in Madrid, *Welczeck*, vom 29. 1. 34 an das AA.).

28 DZA Potsdam, RMdI, Akte Nr. 25781/1, Bl. 316 (Politischer Bericht der deutschen Botschaft [gez. *Völckers*] an das AA, vom 15. 12. 1933).

29 Vgl. hierzu *Ercoli (= Togliatti, Palmiro)*, Über die Besonderheiten der spanischen Revolution. In: „Rundschau" (Basel), Nr. 47, 1936, S. 1924.

30 Vor dem ersten Weltkrieg war ein Drittel des spanischen Kapitals in der Hand der Kirche konzentriert. Vgl. *Manhattan, Avro*, Der Vatikan und das XX. Jahrhundert. Berlin 1958, S. 82. Als größter Grundbesitzer war die Kirche der erklärte Gegner jeder Agrarreform. Vgl. *Gannes, Harry* u. *Repard, Theodore*, a. a. O., S. 229.

31 Vgl. dazu *Manhattan, Avro*, a. a. O., S. 80f.

32 Ebenda, S. 85; an der Unterminierung der spanischen Republik hatte der Kleriko-Faschismus einen außerordentlichen großen Anteil. Nach der Auslösung des von ihm mit vorbereiteten Militär-Staatsstreiches stellte sich die spanische Kirchen-Hierarchie mit wenigen Ausnahmen sofort auf die Seite Francos. Über die Rolle des spanischen hohen Klerus und des Vatikans bei der Unterstützung der Putschisten vgl. *Manhattan, Avro*, a. a. O., S. 91ff.; *Mendizabal, Alfred*, a.a.O., S. 46; *Plenn, Abel*, a. a. O., S. 81ff.

Mit dem Kleriko-Faschismus, der sich bereits wenige Monate nach der Errichtung der spanischen Republik durch die auf Initiative der Jesuiten gegründete Katholische Partei, die Acción Popular, ein Sammelbecken für die Anhänger der Kirche aus den besitzenden Klassen und den gerade unter dem Einfluß der Kirche zurückgebliebensten Teilen der Landbevölkerung[33] schuf, erwuchs den demokratischen Kräften Spaniens der gefährlichste Feind. Die Taktik der Klerikalfaschisten zielte darauf hin, durch Abkommen über eine Zusammenarbeit mit bürgerlich-liberalen Parteien in bestimmten Fragen das republikanische Lager aufzusplittern und gestützt auf die erhoffte Massenbasis bei den Wahlen auf legalem Wege die Macht übernehmen zu können. An die Spitze der Acción Popular trat Gil Robles, Mitherausgeber der konservativ-klerikalen Tageszeitung „El Debate" und durch Heirat einer der größten Grundbesitzer Spaniens, der seiner Bewunderung des deutschen Faschismus, u. a. durch seine Teilnahme an dem Parteitag der Nazis in Nürnberg[34] im Jahre 1933, offen Ausdruck gab. Da der deutsche Imperialismus an der Stärkung des politischen Einflusses der katholischen Kirche jedoch nicht interessiert war[35], galt seine Aufmerksamkeit nicht der klerikal-faschistischen Partei Gil Robles, sondern den offenen faschistischen Gruppierungen, wie der 1933 von José Antonio Primo de Rivera, einem Sohn des gestürzten spanischen Diktators, gegründeten faschistischen Partei „Falange Española". Bei der Gründung der Falange, die ebenso wie die Acción Popular die Interessen des Großgrundbesitzes und des Finanzkapitals vertrat, standen das faschistische Deutschland und Italien direkt Pate. Das kam u. a. darin zum Ausdruck, daß Antonio Primo de Rivera bereits vor der Gründung der Partei enge Fühlung mit Mussolini aufnahm[36] und Anfang 1934 zum ersten Mal von Hitler empfangen wurde.[37] Auf die außerordentliche Bedeutung der Deutschlandreise und des Zusammentreffens Antonio Primo de Riveras mit führenden Vertretern des Naziregimes hatte wiederum der deutsche Botschafter in Madrid, Welczeck, in einem Bericht vom 29. Januar 1934 an das AA hingewiesen. Welczeck betonte, daß dem spanischen Faschisten Gelegenheit gegeben werden müsse, „mit maßgebenden Führern der Partei in Verbindung zu kommen, von dem Herrn Reichskanzler, dem Herrn Stellvertreter des Führers, dem Herrn preußischen Ministerpräsidenten und dem

[33] Die Folge der von der Kirche bis 1931 faktisch ausgeübten Monopolstellung im Schulwesen war, daß nach dem Zensus von 1930 45,5% der spanischen Bevölkerung weder lesen noch schreiben konnten. (*Gannes, Harry* u. *Repard, Theodore*, a. a. O., S. 228f.). Bei der Landbevölkerung erreichte das Analphabetentum 80% (*Manhattan, Avro*, a. a. O., S. 86).

[34] *Brenan, Gerald*, a. a. O., S. 267.

[35] Vgl. Akten zur Deutschen Auswärtigen Politik 1918–1945. Aus dem Archiv des Deutschen Auswärtigen Amtes. Ser. D, Bd. III, Baden-Baden 1951 (weitergeführt als Akten III) Dok. 80, S. 75.

[36] *Foltz, Charles, Jr.*, a. a. O., S. 68. Foltz behauptet, daß Antonio Primo de Rivera bei dieser Unterredung nicht um eine direkte Unterstützung der Falange seitens Italiens gebeten und Mussolini auch keine diesbezügliche Zusage gemacht habe.

[37] *Gannes, Harry* u. *Repard, Theodore*, a. a. O., S. 58.

Herrn Propagandaminister empfangen zu werden und die Organisationen der Partei, der SA und SS, insbesondere in Berlin und München, kennenzulernen. *Primo sieht schon heute in unserem Führer seinen Meister und er bemüht sich, das Gedankengut der NSDAP auf die spanischen Verhältnisse zu übertragen.*"[38] Auch nach außen hin wurde die Verbundenheit mit den deutschen und italienischen Diktatoren manifestiert. So wurden Hitler und Mussolini schon in der ersten, von Mitbegründern der Falange herausgegebenen Nummer der Wochenzeitschrift „El Fascio" offen verherrlicht.[39] Anfang 1934 verschmolzen sich die zuvor erwähnten kleineren faschistischen Gruppen mit der Falange.

Das Programm der Falange ähnelte stark dem des deutschen und italienischen Faschismus. Es propagierte die Errichtung eines Ständestaates, in dem das Führerprinzip herrschen sollte.[40] In außenpolitischer Hinsicht war die Wiederherstellung des spanischen Imperiums, das nicht nur die ehemaligen Besitzungen wie Gibraltar, die Philippinen, eine Reihe südamerikanischer Staaten usw., sondern unausgesprochen auch Portugal umfassen sollte[41], als Ziel gesetzt. Mit der den Faschisten eigenen Demagogie wurde u. a. die Nationalisierung der Banken und Eisenbahnen sowie die energische Durchführung der Agrarreform gefordert[42], während andererseits jeglicher Klassenkampf abgelehnt und die „Klassenharmonie" gepredigt wurde.[43] Das bedeutete natürlich in Wirklichkeit den Verzicht auf jede Umwälzung der sozialen Verhältnisse, auf jegliche Besserung der Lage der spanischen Volksmassen.

Nicht nur in ihrem Programm, auch in den Kampfmethoden glich die Falange ihren deutschen und italienischen Vorbildern. Sie war das gefügige Werkzeug der Unternehmer im Kampf gegen streikende Arbeiter, bei der Auflösung von Arbeiterversammlungen und Demonstrationen. Terror und Mord waren das Handwerk der Falangisten.

In den ersten zwei Jahren nach ihrer Gründung hatte die Falange keine Massenbasis.[44] Ihre zahlenmäßig geringe Anhängerschaft rekrutierte sich anfangs vornehmlich aus deklassierten Elementen des Kleinbürgertums, aus Universitätsstudenten[45] und jungen, monarchistisch gesinnten Aristokraten[46], die in einer faschistischen Diktatur eine Übergangsetappe für die angestrebte Wiederherstel-

[38] DZA Potsdam, RMdI, Akte Nr. 25781/1, Bl. 330 (Bericht *Welczecks* vom 29. 1. 1934, an das AA). (Hervorhebungen von mir – M. E.)

[39] *Foltz, Charles, Jr.*, a. a. O., S. 68.

[40] *Brenan, Gerald*, a. a. O., S. 309; *Plenn, Abel*, a. a. O., S. 39.

[41] *Brenan, Gerald*, a. a. O., S. 309. Gerade den Hispanidad-Gedanken der Falange hoffte sich der deutsche Imperialismus für seine Ziele nutzbar machen zu können.

[42] Ebenda, S. 308.

[43] Ebenda, S. 309.

[44] Ebenda, S. 308; *Plenn, Abel*, a. a. O., S. 40; *Gannes, Harry* u. *Repard, Theodore*, a. a. O., S. 58.

[45] *Gannes, Harry* u. *Repard, Theodore*, a. a. O., S. 58; *Plenn, Abel*, a. a. O., S. 38.

[46] DZA Potsdam, RMdI. Akte Nr. 25781/1, Bl. 318 (Politischer Bericht der deutschen Botschaft in Madrid vom 15. 12. 1933 an das AA).

lung der Monarchie sahen.[47] Der Mehrheit der spanischen Bevölkerung aber war die Diktatur Primo de Riveras noch in schlechter Erinnerung, so daß sie wenig geneigt war, den hochtönenden Phrasen seines Sohnes ihr Ohr zu schenken. Die antifaschistische Haltung des revolutionären Teiles der spanischen Arbeiterklasse wurde bereits behandelt. Lediglich in die Reihen anarcho-syndikalistischer Arbeiter gelang es der Falange, bis zu einem gewissen Grade einzudringen.[48] In besonderem Maße bemühte sich Antonio Primo de Rivera, in der spanischen Armee, und zwar vor allem unter den Offizieren, Einfluß zu gewinnen.[49] Örtlich gesehen bestanden die Hauptstützpunkte der Falange neben Madrid im südlichen Teil Andalusiens[50], in dem der Großgrundbesitz vorherrschte; ein Gebiet, das somit nicht zufällig gleich zu Beginn des Interventionskrieges in die Hand der Putschisten fiel.

Bei den im November 1933 durchgeführten Parlamentswahlen gelang es den Klerikalfaschisten, im politischen Leben Spaniens die Oberhand zu gewinnen. Die neue Zusammensetzung der Cortes, in denen die Rechten die Mehrheit hatten, spiegelte nicht die tatsächliche, demokratische und antifaschistische Stimmung im Lande wider. Der Wahlsieg wurde erreicht, weil die Rechten unter Führung Gil Robles vorübergehend eine gemeinsame Kampffront gebildet hatten[51], während die linken republikanischen Parteien zersplittert in den Wahlkampf getreten waren.[52]

Da auf Grund des neuen Wahlgesetzes für Parteien- und Kandidatenlisten gewählt werden mußte, befanden sich diejenigen, die zur Blockbildung übergegangen waren, im Vorteil gegenüber den zersplittert auftretenden Kräften. Obwohl die Zahl der für die Rechtsparteien abgegebenen Stimmen geringer war als die für die nicht vereinigten demokratischen Parteien, erhielt die Reaktion auf Grund des Wahlmodus die doppelte Anzahl der Sitze im Parlament im Vergleich zu den Linken und Republikanern.[53]

Die Regierungszeit des neugebildeten Kabinetts unter dem Rechtsrepublikaner Lerroux, dessen stärkste Stütze die klerikalfaschistische Partei Gil Robles war, und der später folgenden Rechtsregierungen, ist unter der Bezeichnung die „zwei schwarzen Jahre" in die Geschichte Spaniens eingegangen. Ihre Politik diente dem „Schutz"

[47] Ebenda, Bl. 331 (Bericht des deutschen Botschafters *Welczeck*, vom 29. 1. 1934 an das AA). Hieraus erklärt sich auch, daß ein großer Teil der spanischen Geldgeber der Falange Monarchisten waren. Ebenda.

[48] *Brenan, Gerald*, a. a. O., S. 308.

[49] DZA Potsdam, RMdI, Akte Nr. 25781/1, Bl. 318 (Politischer Bericht der deutschen Botschaft vom 15. 12. 1933 an das AA).

[50] *Brenan, Gerald*, a. a. O., S. 308.

[51] Gil Robles hatte 1933 die spanischen Rechtsparteien in einer Konföderation, der CEDA (= Confederaciòn Española de Derechás Autónomas, d. h. Spanischer Bund der Unabhängigen Rechtsparteien) zusammengeschlossen.

[52] Die Hauptursache der Niederlage der demokratischen Parteien lag in der Weigerung der spanischen Sozialdemokraten, mit den linken Republikanern ein Wahlabkommen über die Kandidatenaufstellung zu treffen. Vgl. *Brenan, Gerald*, a. a. O., S. 265.

[53] Ebenda.

der Interessen von Großgrundbesitzern und Bourgeoisie sowie der Wiederherstellung der Vorrechte der Kirche.[54] Die demokratischen Errungenschaften der vorhergehenden Periode wurden wieder beseitigt. Während die Löhne der Arbeiter in den Städten gesenkt, 30000 Bauernfamilien von ihrem Grund und Boden vertrieben, die Arbeiterorganisationen unterdrückt, die Kommunistische Partei wiederum in die Illegalität gedrängt und der Abwehrkampf der Arbeiterklasse gegen das Vordringen der Reaktion mit den brutalsten Mitteln beantwortet[55] wurden, genossen monarchistische und faschistische Elemente alle Freiheiten. Die Hoffnung der deutschen Imperialisten, die in einem Bericht der deutschen Botschaft in Madrid Mitte Dezember 1933 offen ausgesprochen wurde, daß die Regierung Lerroux der faschistischen Bewegung „mehr Spielraum und Entwicklungsfreiheit gewähren"[56] müsse, ging in Erfüllung. Die Periode der intensiven Zusammenarbeit des faschistischen deutschen Imperialismus mit den reaktionärsten Kreisen Spaniens zur Unterminierung der Republik und Errichtung einer faschistichen Diktatur in Spanien war gekommen.

3. *Der gemeinsame Kampf der deutschen und spanischen Faschisten zur Vernichtung der Demokratie in Spanien 1933/1934*

Die Unterhöhlung der spanischen Demokratie, die vom deutschen Imperialismus in den nun folgenden Jahren mit äußerster Aktivität betrieben wurde, ist ein aufschlußreiches Beispiel für die in vielen Ländern angewandte Methode zur Durchsetzung seiner aggressiven Politik. Die Bestrebungen zur Züchtung einer Fünften Kolonne, mit deren Hilfe fremde Länder bereits vor dem direkten Angriff von innen her sturmreif gemacht werden sollten, gehörten zu der in „Friedenszeiten" praktizierten Methode der psychologischen Kriegführung und waren damit ein wichtiger Bestandteil der allgemeinen Kriegsvorbereitung des deutschen Imperialismus. Es ist kaum anzunehmen, daß das ganze Ausmaß der in dieser Hinsicht geübten verbrecherischen Tätigkeit je im einzelnen dargelegt werden kann, da die Akten der daran aktiv beteiligten deutschen Konzerne – vor allem der IG Farben, Krupps, Siemens, der AEG, der Frankfurter Metallgesellschaft usw. – soweit sie nicht Kriegseinwirkungen zum Opfer fielen –, inzwischen zweifellos von den belasteten Konzernvertretern in der Nachkriegszeit wohlweislich vernichtet worden sein dürften. Aussagekräftige andere Materialien, die in den Archiven der Bonner Bundesrepublik verwahrt werden, wie die Akten der politischen Abteilung des Auswärtigen Amtes für die uns interessierende Periode und andere Bestände,

[54] Die im Dezember 1931 angenommene republikanische Verfassung hatte die Trennung von Kirche und Staat, die Beschlagnahme des Eigentums der kirchlichen Kongregationen und die Auflösung des Jesuitenordens vorgesehen.

[55] Über die gewaltsame Niederwerfung des Oktoberaufstandes in Asturien 1934 s. S. 64f. dieses Kapitels.

[56] DZA Potsdam, RMdI, Akte Nr. 25781/1, Bl. 316 (Politischer Bericht der deutschen Botschaft in Madrid, vom 15. 12. 1933, an das AA).

sind der marxistischen Forschung nicht zugänglich.[57] Einen Einblick in die Zersetzungsarbeit des deutschen Imperialismus speziell in Spanien gestatten neben den wenigen, im DZA Potsdam vorhandenen Materialien, die von republikanischer Seite drei Tage nach der Auslösung des Franco-Putsches in Barcelona beschlagnahmten Dokumente der Landesgruppenleitung der Auslandsorganisation der NSDAP[58], deren Echtheit auch von bürgerlichen Historikern nicht angezweifelt wird.[59] Diese Materialien enthüllen die Kampfmethoden deutscher Monopole, die, um ihre wirtschaftlichen Expansionspläne durchsetzen zu können, unter Ausnutzung des von ihnen beherrschten Staatsapparates in engster Zusammenarbeit mit spanischen reaktionären Gruppierungen die Vernichtung der Demokratie in Spanien vorbereiteten.

Die uns zur Zeit bekannten Dokumente reichen auf jeden Fall vollends aus, um zu beweisen, daß die reaktionären Kreise Spaniens lange vor der Auslösung des Franco-Putsches vom faschistischen deutschen Imperialismus im Kampf für die Niederwerfung der spanischen Republik auf die vielfältigste Weise unterstützt wurden.[60]

Die Maßnahmen, die zur Beeinflussung der öffentlichen Meinung in Spanien zugunsten des deutschen Imperialismus vor allem in Zeiten politischer Krisen – wie während des ersten Weltkrieges und in den ersten Nachkriegsjahren – eingeleitet wurden, sind bereits im vorhergehenden Kapitel umrissen worden.[61] Nach der Errichtung der faschistischen Diktatur in Deutschland stellten sich die zahlreichen in Spanien bestehenden deutschen Vereinigungen in den Dienst der faschistischen Propaganda[62]; die deutschen Schulen wirkten als Propagandainstitutionen für Hitlerdeutschland.[63] Über die Fortsetzung der alten, in der Vergangenheit in

[57] Der Antrag des Verfassers, das Archiv des AA in Bonn benutzen zu können, wurde abschlägig beantwortet.

[58] Ein Teil dieser Dokumente wird in dem im folgenden mehrfach herangezogenen Buch von *Spielhagen, Franz*, Spione und Verschwörer in Spanien. Paris **1936**, photokopiemäßig wiedergegeben. Die Übersetzung dieses Buches ins Englische wurde von Emile Burns besorgt und in London **1937** unter dem Titel „The Nazi Conspiracy in Spain" herausgebracht.

[59] Vgl. z. B. *Van der Esch, P. A. M.*, a. a. O., S. 25; sowie *de Jong, Louis*, Die deutsche fünfte Kolonne im zweiten Weltkrieg. Stuttgart **1959**, S. 25 und 261f.

[60] In ihrer Dissertation „The relations of General Franco and the Spanish nationalists with the Axis powers, **1936–1945**". Aberystwyth (Wales), **1956**, S. 35, behauptet *Elizabeth J. Parr-Sartagba* zu Unrecht, es gäbe wenig Belege dafür, daß die spanischen Rechtskreise vor dem Franco-Putsch von Deutschland und Italien unterstützt worden seien. Sie ist hier offensichtlich ein Opfer der Herausgeber des Aktenbandes zur Deutschen Auswärtigen Politik, Ser. D, Bd. III, die in einer Anmerkung (S. 3) diese Behauptung aufstellten.

[61] Vgl. Kap. I, S. 12ff. u. 22ff.

[62] *O. V.*, Das Braune Netz. Paris **1935**, S. 73.

[63] Auf die „bedeutsame" Arbeit in dieser Hinsicht wurde z. B. in einem an das Reichsministerium des Innern gerichteten Bericht Dr. *Lohmeyers*, Mitglied des Gutachterausschusses für das deutsche Schulwesen im Auslande, vom **21. 8. 1933**,

Spanien „bewährten" Praxis hinaus aber ging der faschistische deutsche Imperialismus zur Anwendung neuer Methoden über. Die vom faschistischen deutschen Staat bei der Niederschlagung der revolutionären Arbeiterbewegung und der demokratischen Kräfte im Innern „erprobten" Gewaltmethoden wurden nun auch in fremden Staaten – darunter in Spanien – angewandt.

An der Organisierung der im Interesse und unter aktiver Mitwirkung deutscher Monopole durchgeführten Unterminierungsarbeit in Spanien waren die verschiedensten faschistischen deutschen Organisationen und Reichsbehörden beteiligt: Die Auslandsorganisation der NSDAP[64] unter Wilhelm Bohle, das von Alfred Rosenberg geleitete Außenpolitische Amt der NSDAP[65], die deutschen diplomatischen Vertretungen in Spanien, das in engster Verbindung mit dem Auswärtigen Amt stehende Büro Ribbentrop[66], das Goebbelssche Propagandaministerium, die Gestapo und die Reichswehr. Die Tätigkeit all dieser Instanzen in Spanien diente einem Ziel: Der Unterwerfung Spaniens unter den wirtschaftlichen und politischen Einfluß des faschistischen deutschen Imperialismus.

Die Unterminierungsarbeit des deutschen Imperialismus in Spanien war schon vor der Errichtung der faschistischen Diktatur in Deutschland in die Wege geleitet

hingewiesen und die Notwendigkeit der Förderung dieser Schulen betont. Vgl. DZA Potsdam, RMdI, Akte Nr. 26946, Bl. 114.

[64] Im folgenden abgekürzt: AO. Die organisierte Auslandsarbeit der Nazipartei begann im Herbst 1930. Die damals in Hamburg gegründete erste Dienststelle für die Auslandsarbeit konstituierte sich am 1. 5. 1931 offfziell als „Auslandsabteilung der Reichsleitung der NSDAP", Sitz Hamburg. Am 3. 10. 1933 wurde sie dem „Stellvertreter des Führers", Rudolf Hess, unmittelbar unterstellt. Ihr Leiter war Ernst Wilhelm Bohle, der am 30. 1. 1937 im Range eines Staatssekretärs ins AA berufen wurde. Die Bezeichnung „AO der NSDAP" datiert seit dem 17. 2. 1934. Im März 1935 wurde ihr Sitz von Hamburg nach Berlin verlegt. Zwischen 1935 und Anfang 1937 erhöhte sich die Zahl ihrer hauptamtlichen Mitarbeiter von 170 auf über 700. 1935 hatte die AO 548 Ortsgruppen und Stützpunkte im Ausland, die in 45 Landesgruppen und Kreisen zusammengefaßt waren. Bis 1937 besaß die AO keine eigene große Zeitung. Die AO der Deutschen Arbeitsfront aber gab die Monatsschrift „Der Deutsche im Auslande" heraus, die unter den Auslandsdeutschen für den Faschismus Propaganda machte und Mitglieder für die Naziorganisationen warb. Über das Ausmaß der verbrecherischen Tätigkeit in aller Welt und über die Entstehung und Entwicklung der AO vgl. IMGN, Bd. XXXII, Dok. 3258-PS; Bd. X, S. 20ff., sowie die Schrift von *Ehricht, Emil*, „Die Auslandsorganisation der NSDAP", Schriften der Deutschen Hochschule für Politik, H. 13, hrsg. von *Meier-Benneckenstein, Paul*, Berlin 1937, S. 9ff.

[65] Das u. a. von Krupp finanziell unterstützte Außenpolitische Amt der NSDAP (vgl. IMGN, Bd. I, S. 149) befaßte sich vor allem mit der Werbung und Propaganda unter Ausländern, während die Auslandsorganisation der NSDAP die deutschen Staatsbürger im Ausland zu erfassen suchte. Über Aufbau und Arbeit des Rosenbergschen Amtes vgl. IMGN, Bd. XXX, Dok. 2319-PS, Bd. XXV, Dok. 003-PS sowie Bd. V, S. 64f.

[66] Diese halbamtliche Parteidienststelle war Anfang 1933 vornehmlich zur Beratung Hitlers in außenpolitischen Fragen geschaffen worden.

worden. Bereits im Jahre 1931 begannen Vertreter der späteren AO von Portugal aus unter den in Spanien ansässigen Deutschen mit dem Aufbau von Stützpunkten.[67] Mit der Machtübernahme des Faschismus in Deutschland erhöhte sich die Aktivität der Auslandsabteilung der Nazipartei in allen Ländern. Staatlich nunmehr sanktioniert und subventioniert, wurde sie in Spanien durch den Machtantritt der rechtsgerichteten Kreise bedeutend erleichtert. In den folgenden „zwei schwarzen Jahren" überzog der faschistische deutsche Imperialismus Spanien und Spanisch-Marokko mit einem Netz von rund 50 Ortsgruppen der NSDAP und ihrer Gliederungen, wie DAF, HJ, BdM usw.[68] Mit allen Mitteln wurde versucht, die in Spanien lebenden Auslandsdeutschen der Befehlsgewalt und Kontrolle der deutschen faschistischen Partei zu unterstellen, sie zu „Tast- und Greiforganen" des deutschen Imperialismus zu machen, wie das bereits von in Spanien interessierten Wirtschaftskreisen im Jahre 1920 empfohlen worden war.[69] Die gegen das spanische Gastland gerichtete und in engster Zusammenarbeit mit den deutschen diplomatischen Vertretungen durchgeführte Diversionstätigkeit, die vom AA stets „pflichtgemäß bestritten"[70] wurde, stellte eine neue Qualität der Auslandsarbeit des deutschen Imperialismus und einen offenen Eingriff in die Souveränitätsrechte der spanischen Republik dar. Sie stand in schärfstem Widerspruch zu allen Grundregeln des Völkerrechts.

Um das Vorgehen in bezug auf Umfang und Methoden im einzelnen festlegen zu können, suchten die deutschen Imperialisten sich zunächst ein klares Bild von dem Kräfteverhältnis zwischen Demokratie und Faschismus in Spanien zu verschaffen. Angesichts der antifaschistischen Haltung der Arbeiterparteien, Gewerkschaften und der Arbeiterjugendverbände warnte der deutsche Botschafter in Madrid, Welczeck, noch im Januar 1934 vor einem vorzeitigen Losschlagen der Falange oder anderer, offen faschistischer Gruppierungen. „Diejenige Partei, die zuerst schlägt, wird bei der gegenwärtigen politischen Konstellation nicht nur die Machtmittel der Regierung, sondern den überwiegenden Teil der jeden Gewaltakt ablehnenden öffentlichen Meinung gegen sich haben. Für den Erfolg eines faschistischen Putsches ... ist der Boden noch nicht genügend vorbereitet. Selbst wenn er

[67] *Spielhagen, Franz*, a. a. O., S. 17f.; *Ulbricht, Walter*, Zur Geschichte der deutschen Arbeiterbewegung, Bd. 2, Berlin 1953, S. 129, 179.

[68] *Spielhagen, Franz*, a. a. O., S. 20, 33.

[69] Vgl. Kap. I, S. 23; tatsächlich ließ sich die Mehrzahl der in Spanien lebenden Deutschen bzw. spanischen Bürger deutscher Nationalität für die Interessen des faschistischen deutschen Imperialismus mißbrauchen. Von den vor Beginn des Interventionskrieges dort ansässigen 12000–15000 Deutschen (vgl. Akten III, Dok. 455, S. 409) gehörten rund 3000 (vgl. *Spielhagen, Franz*, a. a. O., S. 33) faschistischen Organisationen an. Nicht außer acht gelassen werden darf die Tatsache, daß auch große Teile der mitgliedsmäßig nicht erfaßten Deutschen die Politik der faschistischen Organisationen unterstützten.

[70] DZA Potsdam, AA, Büro RAM, Akte Nr. 60974, Bl. 40 (Anlage zu einem Brief [Abschrift] des Staatssekretärs und Chefs der Reichskanzlei, Dr. *Lammers*, vom 30. 4. 1936, an Reichsminister Hess).

gelänge, wäre es für den Faschismus außerordentlich schwer, die Macht in der Hand zu behalten. Bei der mangelhaften Organisation der faschistischen Gruppen würde ein vorzeitiges Losschlagen eine große Gefahr für die ganze Bewegung bedeuten..."[71] Wir haben hier ein klassisches Beispiel dafür, wie der bei der spanischen Regierung akkreditierte diplomatische Vertreter des faschistischen Deutschlands durch seine Hinweise sowohl auf die Richtung der faschistischen Zersetzungsarbeit als auch auf den Zeitpunkt zum Losschlagen gegen die spanische Republik aktiv einwirkte. Die noch schwachen faschistischen Organisationen sollten gestärkt, die öffentliche Meinung stärker beeinflußt, der Boden vorbereitet werden.
Die Spitzeltätigkeit der deutschen Botschafts- und Konsularbehörden richtete sich sowohl gegen demokratisch gesinnte, spanische als auch gegen deutsche und andere ausländische auf der Iberischen Halbinsel lebende Bürger und deren Organisationen. Im März 1934 wurden die deutschen diplomatischen Vertretungen in Spanien ersucht, Mitteilung darüber zu machen, ob und in welcher Stärke in ihrem Bezirk faschistische Vereinigungen bestünden. Gleichzeitig sollten linke und speziell marxistische Organisationen angeführt werden. Die zahlreichen Berichte der Konsulatsvertreter, die vom Auswärtigen Amt in Berlin an das RMdI, die Gestapo und das Goebbelssche Propagandaministerium weitergeleitet wurden[72], bestätigten erneut die Schwäche der spanischen faschistischen Bewegung.[73] Inzwischen hatte die deutsche Botschaft ein spezielles System zur Überwachung von im öffentlichen Leben stehenden Persönlichkeiten aufgebaut. Durch Vertrauensmänner, die wiederum ihre Gewährsleute in spanischen Organisationen und Institutionen, darunter auch in der spanischen Geheimpolizei, hatten[74], wurde über die Einstellung spanischer Minister und Abgeordneter des Parlaments bis ins einzelne berichtet. Die Ergebnisse leitete die deutsche Botschaft ebenfalls zur „weiteren Bearbeitung" nach Berlin weiter.[75] Während auf spanischem Territorium deutsche jüdische Flüchtlinge und sozialdemokratische und kommunistische Emigranten „dauernd beobachtet" und über ihre „staatsfeindliche" Betätigung, d. h. über ihr gegen die Kriegsvorbereitungen Hitlerdeutschlands gerichtetes Auftreten, fortlaufend Meldungen erstattet wurden[76], hatte die deutsche Botschaft

[71] DZA Potsdam, RMdI, Akte Nr. 25781/1, Bl. 332 (Bericht des deutschen Botschafters, *Welczeck*, vom 29. 1. 1934 an das AA, Berlin).

[72] DZA Potsdam, RMdI, Akte Nr. 25781/2, Bl. 2 (Abschrift eines Berichtes des deutschen Vizekonsulats in Salamanca vom 30. 4. 1934 an das AA, Berlin, betr. Erlaß 82-12 17/3 vom 23. 3. 1934).

[73] Ebenda, Bl. 3, 5, 6, 7, 9, 11, 12, 16, 17, 18, 20, 21, 25, 27, 76 sowie ebenda, Akte Nr. 25781/1, Bl. 340, 343, 345.

[74] DZA Potsdam, RMdI, Akte Nr. 25781/2, Bl. 50 (Durchschlag eines vertraulichen Berichts des deutschen Botschafters in Madrid, *Welczeck*, vom 27. 8. 1934, an das AA, Berlin).

[75] Ebenda.

[76] DZA Potsdam, RMdI, Akte Nr. 25781/1, Bl. 256 (Geheimes Schreiben der deutschen Botschaft in Madrid vom 2. 6. 1933 an das AA, Berlin) sowie Bl. 324 (Schreiben der deutschen Botschaft in Madrid vom 4. 1. 1934 an das AA, Berlin).

ihren besonderen Schutz deutschen Agenten zuteil werden lassen, die wegen ihrer vor dem Machtantritt der Regierung Lerroux betriebenen illegalen faschistischen Propaganda von den spanischen Behörden verhaftet worden waren.[77]
In ihrer Mehrzahl durch und durch antidemokratisch, haßerfüllt gegen jede wahrhaft revolutionäre und demokratische Bewegung der Volksmassen, einzig und allein die Profit- und Herrschaftsinteressen der besitzenden Klassen im Auge, wurden die Vertreter der deutschen Diplomatie zum willigen Werkzeug des verbrecherischen deutschen und internationalen Faschismus. Die Behauptungen der bürgerlichen westdeutschen und ausländischen Geschichtsschreibung, daß die deutschen Diplomaten dem faschistischen Regime großenteils ablehnend gegenübergestanden hätten und daß sie über die außenpolitischen Ziele des faschistischen deutschen Imperialismus in Unkenntnis gehalten worden wären, wird u. a. auch durch die aktenmäßig erwiesene Mitarbeit der deutschen diplomatischen Vertretungen in Spanien im Interesse des Faschismus eindeutig widerlegt.[78]
Dem Vormarsch des in- und ausländischen Faschismus setzten sich die spanischen Volksmassen trotz aller Repressalien entschlossen zur Wehr. Mehrmonatige Streikkämpfe der Industrie- und Landarbeiter[79] erschütterten im Jahre 1934 die Macht der herrschenden Klassen. Die Zahl der Demonstrationen gegen die Politik der Regierung nahm ständig zu. Der Einfluß des linken Flügels um Largo Caballero innerhalb der sozialdemokratischen Partei Spaniens wuchs.[80] Die Mitgliedszahl der Kommunistischen Partei stieg sprunghaft an.[81] Vor allem aber zeichneten sich – und das erkannten die spanischen und ausländischen Faschisten als die ernsteste Gefahr – Erfolge des Kampfes der Kommunistischen Partei um die Herstellung der Einheitsfront sozialdemokratischer und kommunistischer Arbeiter deutlich ab.[82] Einen glänzenden Beweis der Kraft der Aktionseinheit gab die Arbeiterklasse im Oktober 1934. Am 4. Oktober 1934 hatten die herrschenden Klassen die Aufnahme von drei Mitgliedern der verhaßten CEDA, der Parteien Gil Robles, in das Kabinett durchgesetzt. Die Einbeziehung weiterer Klerikalfaschisten in die Regierung war ein Schritt in Richtung auf die Ersetzung der parlamentarischen Herrschaftsform durch eine faschistische Diktatur. Das Vorgehen der herrschenden Klassen deutete darauf hin, daß sie sich angesichts der Linksentwicklung der Volksmassen nicht mehr in der Lage fühlten, mit den bisherigen Mitteln der revolutionären

[77] Ebenda, Bl. 258 (Schreiben der deutschen Botschaft in Madrid vom 31. 5. 1933 an das AA, Berlin).

[78] Zur Auseinandersetzung mit diesen Legenden der bürgerlichen Geschichtsschreibung s. *Fomin, W. T.*, Wahrheit und Legende über die Mitverantwortung der deutschen Diplomaten für die Vorbereitung des faschistischen Aggressionskrieges. In: Probleme der Geschichte des zweiten Weltkrieges, Protokoll der wissenschaftlichen Tagung der Historiker der DDR und der UdSSR in Leipzig, 25.–30. 11. 1957, Bd. II, Berlin 1958, S. 112ff.

[79] Geschichte Spaniens . . ., a. a. O., S. 55.

[80] *Gannes, Harry u. Repard, Theodore*, a. a. O., S. 78.

[81] Ebenda, S. 53; Geschichte Spaniens . . ., a. a. O., S. 55.

[82] *Gannes, Harry u. Repard, Theodore*, a. a. O., S. 79.

Bewegung wirksam entgegenarbeiten zu können und der sich abzeichnenden revolutionären Situation Herr zu werden. Nahezu eine Million Arbeiter folgte dem Aufruf der Kommunistischen Partei und der „Allianzas Obreras", der Organe der Einheitsfront von Kommunisten und Sozialdemokraten, durch die Niederlegung der Arbeit ihren Protest gegen das Vordringen des Klerikalfaschismus zu bekunden. In den wichtigsten Industriegebieten ging der Streik in bewaffnete Kämpfe über, die ihren Höhepunkt in Asturien erreichten. Dort gelang es den bewaffneten und von der Bauernschaft unterstützten Arbeitern zunächst, den Widerstand der Regierungstruppen zu überwinden. In Oviedo und einer Reihe von anderen Städten übernahmen Arbeiter- und Bauernräte die Macht. Unendliche Opfer- und Kampfbereitschaft zeichnete die asturischen Bergarbeiter aus, die trotz des Einsatzes von Bombenflugzeugen und Panzern den Regierungstruppen tagelang standhielten. Erst als General Franco, der wenige Tage zuvor in das Kriegsministerium berufen worden war, marokkanische Einheiten und Fremdenlegionäre gegen die kämpfenden Arbeiter einsetzte, trug die Regierung den Sieg davon. Mit unbeschreiblichem Terror wüteten die unter dem Befehl von Oberst Yaguë, einem der späteren „Kampfgenossen" Francos, stehenden Söldnertruppen. Massenerschießungen und -verhaftungen waren an der Tagesordnung. Mit grenzenloser Brutalität offenbarte die Reaktion ihr antihumanistisches Wesen.
Die Wirkung der Niederlage der spanischen Arbeiter im „Roten Oktober" fiel nicht nach den Wünschen der spanischen und ausländischen Faschisten aus. Durch die bitteren Erfahrungen festigte sich der Wille zur Herstellung der Einheitsfront. Die weitere Verschlechterung der materiellen Lage der Volksmassen[83] führte trotz des andauernden Terrors zum Anwachsen der Arbeiterorganisationen.[84]
In dieser Situation setzten in verstärktem Maße die Gegenmaßnahmen der spanischen und ausländischen Reaktion ein. Die Kette von Massenverhaftungen, Folter, Verurteilungen nach dem Kriegsrecht, Erschießungen, riß nicht ab. Eine Art „moderner Inquisition"[85] wurde eingeführt. Für die erstrebte Errichtung der faschistischen Diktatur aber fehlte noch immer die notwendige Massenbasis.
Deshalb verstärkten die spanischen Faschisten ihre demagogische Propaganda[86], die sich insbesondere an die Arbeitslosen in den Städten[87] und die arme Bauernschaft wandte. Dem gleichen Ziel diente die Propagandaoffensive des deutschen Imperialismus in Spanien, die 1935 ein zuvor nicht gekanntes Ausmaß erreichte.
Aus einer Reihe der in Barcelona beschlagnahmten Dokumente über die Unterminierungsarbeit des deutschen Imperialismus sprach deutlich die Beunruhigung, welche die sich abzeichnende Linkswendung der spanischen Werktätigen hervorgerufen hatte.[88] Daher wurde zur Beeinflussung der öffentlichen Meinung

[83] Ebenda, S. 101f.
[84] Ebenda, S. 95.
[85] Ebenda, S. 92ff.
[86] Ebenda, S. 99.
[87] 1935 gab es 720000 Arbeitslose. Vgl. Geschichte Spaniens . . ., a. a. O., S. 57.
[88] *Spielhagen, Franz*, a. a. O., S. 63.

eine großangelegte Pressekampagne vorbereitet.[89] Ihre Durchführung oblag den dem „Reichsministerium für Propaganda und Volksaufklärung" unterstehenden und den Botschaften sowie den Ortsgruppen der NSDAP im Ausland beigeordneten Presse- und Propagandaattachés. Zu ihrem Aufgabenbereich gehörte neben der Berichterstattung über die innen-, sozial- und kulturpolitische Entwicklung des betreffenden Landes vor allem die Vermittlung eines klaren Bildes „über die politische Stimmung im Auslande in bezug auf Deutschland".[90] Aufschluß über Umfang und Art der Aufgaben erhalten wir durch das Goebbelssche Propagandaministerium selbst, das in einem geheimen Brief an den Reichsinnenminister diese folgendermaßen umriß: „Im einzelnen ist die Tätigkeit der Attachés sehr mannigfaltig und weitragend. Es gehört dazu insbesondere die Überwachung der Landespresse, der fremdsprachigen und der deutschsprachigen Presse, die Ermittlung der politischen und wirtschaftlichen Bindungen der landessprachigen Zeitungen zu fremden Mächten, die Überwachung der Tätigkeit der fremden Nachrichtenbüros in diesen Ländern, die Beeinflussung der landessprachigen Presse, die Überwachung deutschfeindlicher Organisationen . . ."[91] Aus dieser Weisung geht eindeutig hervor, daß die deutschen Pressevertreter nicht nur mit der üblichen Lieferung von Informationen, sondern mit der direkten Agenten- und Spionagetätigkeit gegen die republikanischen und linksgerichteten Kräfte im Interesse des spanischen und ausländischen Faschismus beauftragt wurden.

Unter der Leitung des Pressechefs der Landesgruppe der NSDAP in Spanien, Gustav Reder, der gleichzeitig als Presseberater der deutschen Botschaft in Madrid tätig war[92], gelang es – oftmals auf dem Wege der Korruption – in den verschiedenen rechtsgerichteten spanischen Zeitungen eine Unzahl von Artikeln unterzubringen, in denen gegen die Demokratie gehetzt, der Faschismus propagiert und für Hitlerdeutschland Stimmung gemacht wurde.[93] Nach der Einschätzung Reders, der die gesamte spanische Presse in bezug auf politische Haltung, Auflage, Namen der Redakteure und Geldgeber usw. karteimäßig erfaßt hatte, wurden 22 große spanische Zeitungen als mit dem faschistischen Deutschland sympathisierend angesehen.[94] Das von dem bereits mehrfach erwähnten[95] Schmugglerkönig, Großindustriellen und späteren Finanzier Francos, Juan March, unterhaltene Blatt von Gil Robles, „Informaciones", wurde sogar als „direktes Sprachrohr

[89] Ebenda.

[90] DZA Potsdam, AA, Büro RAM, Akte Nr. 60974, Bl. 5 (Abschrift eines geheimen Briefes des Staatssekretärs im RM f. Volksaufklärung und Propaganda, *Walther Funk*, vom 20. 4. 1936, an den Reichsinnenminister).

[91] Ebenda.

[92] *Spielhagen, Franz*, a. a. O., S. 65.

[93] Ebenda, S. 67f.

[94] Ebenda, S. 71.

[95] Vgl. die Ausführungen im I. Kapitel über die Zusammenarbeit Juan Marchs mit Vertretern deutscher Behörden bei der Versorgung deutscher U-Boote im ersten Weltkrieg, S. 18, sowie über seine Verbindung zu Krupp, S. 34.

Deutschlands" bezeichnet.[96] Während die deutschen Imperialisten rechtsgerichtete und speziell faschistische Presseorgane auch finanziell direkt unterstützten[97], wurden in Deutschland tätige spanische Journalisten republikanischer oder linksgerichteter Blätter wegen ihrer objektiven und antifaschistischen Berichterstattung „überwacht" und verfolgt.[98]
Die Maßnahmen zur Beeinflussung der öffentlichen Meinung im Interesse des deutschen und spanischen Faschismus waren nicht nur auf die Ausnutzung der Presse als Propagandamittel beschränkt; sie wurden durch Film, Rundfunk und regelmäßige Vortragsreihen ergänzt. Die Ortsgruppen der NSDAP führten in geschlossenen Vorstellungen, zu denen Mitglieder spanischer faschistischer Organisationen – vor allem der Falange und CEDA – geladen waren, von der deutschen Botschaft eingeschmuggelte ausgesprochene Propagandafilme, wie „Triumpf des Willens", „Arbeitsdienst", „Erbkrank" u. a. vor[99], in denen Ideologie und Organisationen des deutschen Faschismus verherrlicht wurden. Dem gleichen Zweck dienten die in den Ortsgruppen ebenfalls vor Deutschen und Spaniern gehaltenen Vorträge über Hitlerdeutschland, für die die AO der NSDAP Referenten aus Deutschland entsandte. Ihre Bezahlung erfolgte zum Teil aus einem vom Auswärtigen Amt in Berlin hierfür zur Verfügung gestellten Spezialfonds.[100] Zu den wichtigsten und weitreichendsten Mitteln der Massenbeeinflussung zählt in unserem Jahrhundert das Radio. Mehrmals wöchentlich wurden vom deutschen Rundfunk Sendungen in spanischer Sprache ausgestrahlt[101], in denen die „Erfolge" der Hitlerregierung gepriesen und der Faschismus auch für Spanien als einzige „Rettung" hingestellt wurde. Darüber hinaus konnten durch den Rundfunk weitere Kontakte zu rechtsgerichteten Spaniern hergestellt werden. Adressen spanischer Hörer, die der Aufforderung, durch schriftliche Hinweise zur „Verbesserung des Programms" beizutragen, nachkamen, wurden von der Reichsrundfunkgesellschaft an die AO und von dort der Landesgruppenleitung in Spanien weitergeleitet. Die zuständigen Ortsgruppen sorgten dann für die regel-

96 *Spielhagen, Franz*, a. a. O., S. 72.
97 Ebenda, S. 68ff.
98 Reders Denunziationen spanischer Journalisten führten mehrfach zu ihrer Ausweisung aus Deutschland. Ebenda, S. 73.
99 Ebenda, S. 76f. Aus den Berichten der Ortsgruppen geht hervor, daß 60% der Besucher der Filmvorführungen Spanier waren. Allein im 1. Halbjahr 1936 wurden 347 Vorstellungen veranstaltet.
100 Ebenda, S. 75.
101 Das Propagandamaterial für diese Rundfunksendungen wurde laufend vom Ibero-Amerikanischen Institut in Berlin geliefert, dessen Mitarbeiter auf Grund ihrer genauen Kenntnis der innerspanischen Verhältnisse und ihrer jahrelangen Erfahrung in der Propagandaarbeit im Dienste des deutschen Imperialismus für diese Arbeit besonders geeignet erschienen. DZA Potsdam, Reichskanzlei, Akte Nr. 398, Bl. 4 f. (Brief des Präsidenten des Ibero-Amerikanischen Instituts, *Faupel*, vom 26. 7. 1940, an den Reichsminister und Chef der Reichskanzlei, Dr. Lammers.)

mäßige Belieferung mit faschistischem Propagandamaterial und untersuchten die Möglichkeiten einer weiteren Zusammenarbeit.[102]
Im Rahmen dieser Arbeit ist es nicht möglich, auch nur annähernd den Umfang der gegen die spanische Republik gerichteten Zersetzungsarbeit des deutschen Imperialismus zu beschreiben. Nachdem wir eine Reihe von Methoden und die bei ihrer Anwendung als ausführende Organe wirkenden Institutionen betrachtet haben, müssen wir uns vor allem den Kräften zuwenden, in deren Auftrag und mit deren aktiver Unterstützung diese Politik durchgeführt wurde: den in Spanien interessierten deutschen Monopolen.
Die jahrelange Zusammenarbeit der bedeutendsten deutschen Konzerne mit den verschiedenen Instanzen des Staatsapparates bei der Lösung von Propaganda- und Spionageaufgaben in den verschiedensten Ländern konnten im Verlaufe des Nürnberger Kriegsverbrecher- und der Nachfolgeprozesse beweiskräftig nachgewiesen werden.[103] Gerade die Auslandsvertretungen und Tochterunternehmen deutscher Firmen spielten hierbei eine bedeutende Rolle. Hier haben wir ein aufschlußreiches Beispiel dafür, wie der Kapitalexport als wichtiges Mittel im Kampf um die politische Beeinflussung des betreffenden Landes genutzt wurde. Die Niederlassungen deutscher Monopole im Ausland konnten im Rahmen ihres laufenden Geschäftsverkehrs in unauffälliger Weise die unter Ausnutzung ihrer Verbindungen gewonnenen Informationen politischer, wirtschaftlicher und militärischer Art an die faschistischen Behörden und Organisationen weiterleiten. Sie übergaben Adressen, an die das faschistische Propagandamaterial gesandt werden sollte[104], und sorgten auch selbst für dessen Übermittlung und Verbreitung.[105] Zu einem nicht unerheblichen Teil trugen sie die Kosten der Propagandaaktionen.[106] Ihre Mitarbeiter waren Mitglieder nazistischer Ortsgruppen und unterstützten

[102] *Spielhagen, Franz,* a. a. O., S. 78f.

[103] Vgl. für Krupp u. a. IMGN, Bd. XXXV, Dok. 167-D, Bd. II, S. 265f.; für die IG Farben, deren Spionagetätigkeit eine der Hauptstützen des Heeresnachrichtendienstes und der Nazipartei wurde, u. a. die Berichte des Kilgore-Komitees, auszugsweise abgedruckt im Anhang bei *Sasuly, Richard,* a. a. O., insbesondere S. 326ff.

[104] Vgl. IMGN, Bd. II, S. 265f.

[105] Hierfür sorgten neben den deutschen diplomatischen Vertretungen die deutschen Schiffahrtslinien und die Deutsche Lufthansa. In Spanien wurde durch die vielfach angewandte Methode der Bestechung spanischer Beamter das Material vor dem Zugriff der Zoll- und Polizeibehörden bewahrt und die schnelle Weiterleitung gesichert. Vgl. *Spielhagen, Franz,* a. a. O., S. 51f.

[106] Die deutschen Firmen wurden von der AO der NSDAP angehalten, ihre Geschäftsannoncen vornehmlich in deutschfreundlichen oder wenigstens Hitlerdeutschland gegenüber neutralen Presseorganen unterzubringen. Aus Inseraten deutscher Firmen wurden ganze Sondernummern spanischer Zeitungen über Deutschland finanziert. Es liegt auf der Hand, daß die politische Meinung insbesondere von solchen Zeitungen, die in finanzielle Schwierigkeiten geraten waren, auf diesem Wege vielfach mitbestimmt wurde. Vgl. *Spielhagen, Franz,* a. a. O., S. 69ff.; auch *Sasuly, Richard,* a. a. O., S. 128.

deren antidemokratische Tätigkeit.[107] Vor allem aber erleichterten sie durch den Einbau hauptamtlicher Funktionäre faschistischer Organisationen in ihren Angestelltenstab die Tarnung der Diversionsarbeit der deutschen Faschisten im Ausland. Dafür gibt es gerade in Spanien zahlreiche Beispiele. Hier wurden sowohl die Spitzenfunktionäre der Landesgruppe, als auch sämtliche Ortsgruppenleiter und die unter der harmlosen Bezeichnung „Hafendienst" arbeitenden Agenten der Gestapo von den IG Farben, Siemens, der AEG, Osram und anderen Konzernen bezahlt.[108] Die AO der Nazipartei unterstützte wiederum direkt die wirtschaftlichen Interessen der deutschen Monopole. Den Landes- und Ortsgruppen im Ausland wurden sogenannte Wirtschaftsreferenten, die dem Ende Mai 1934 gegründeten „Außenhandelsamt" der AO[109] unterstanden, beigeordnet. Ihre Arbeit sollte der Förderung des Exports von Waren deutscher Monopole dienen, um deren Profitmöglichkeiten zu erhöhen und gleichzeitig den infolge der Kriegsvorbereitungen des faschistischen deutschen Staates ständig steigenden Bedarf an Devisen, die zur Deckung der Einfuhrkosten kriegswichtiger Rohstoffe und der notwendigsten Lebensmittel benötigt wurden, befriedigen helfen. Bevor wir die Tätigkeit des Außenhandelsamtes in Spanien betrachten, müssen wir einen Blick auf die Entwicklung der Handelsinteressen des deutschen Imperialismus auf dem spanischen Markt werfen.

Nach langwierigen Verhandlungen hatte Deutschland durch eine am 1. März 1933 in Kraft getretene Zusatzvereinbarung zum deutsch-spanischen Handelsabkommen vom Mai 1926 die Gleichstellung mit denjenigen Ländern erreicht, denen von Spanien die uneingeschränkte Meistbegünstigung bei der Einfuhr zugestanden worden war.

Sehr bald danach trat jedoch wieder eine Änderung der spanischen Handelspolitik ein. Bereits im August 1934 kündigte die spanische Regierung die Zusatzvereinbarung. Dies war eine der gegen diejenigen Länder gerichteten Maßnahmen, mit denen nach den Feststellungen der spanischen Regierung die Handelsbilanz für Spanien passiv geblieben war.[110] Durch weitere spanische Zollerhöhungen für eine Reihe von Erzeugnissen, die z. T. nachträglich für Großbritannien, Frankreich, die Schweiz und die Tschechoslowakei wieder aufgehoben wurden[111], sahen sich die deutschen Imperialisten erneut in ihren Interessen auf dem spanischen Markt benachteiligt. Vor allem auf Grund der spanischen Politik der Einfuhrkontingen-

[107] *Sasuly, Richard*, a. a. O., S. 128.

[108] *Spielhagen, Franz*, a. a. O., S. 18, 20f., 36, 162; *Norden, Albert*, Die spanische Tragödie, Berlin 1956, S. 26f.

[109] Vgl. *de Jong, Louis*, a. a. O., S. 262.

[110] Passiv war die Handelsbilanz in diesen Jahren für Spanien mit den USA und Deutschland. Vgl. „Eildienst f. Außenhandel und Auslandswirtschaft", Nr. 47, 23. 2. 1936, Archiv des ehemaligen Landbundes, Bd. 72, H 6, Bl. 84, MfdG, Berlin.

[111] DZA Potsdam, AA, Abt. II, Akte Nr. 41275, Bl. 57 (Brief des „Reichsstandes der Deutschen Industrie" vom 5. 11. 1934 an die Hauptgruppenführer I–VII, an die Wirtschaftsgruppen und landwirtschaftlichen Verbände, an die Mitglieder des handelspolitischen Ausschusses).

tierung, durch die die Einfuhr insgesamt nicht beschränkt, ihre Richtung aber vom spanischen Staat festgelegt wurde, verschärfte sich der Konkurrenzkampf. Unter Berücksichtigung des bedeutenden Aktivsaldos zu seinen Gunsten räumte Spanien vor allem Großbritannien und Frankreich wesentlich höhere Einfuhrkontingente und Zollermäßigungen ein als anderen Ländern.[112] In dem bereits zitierten Brief des Reichsstandes der deutschen Industrie vom 5. November 1934 wurde in diesem Zusammenhang u. a. darauf hingewiesen, daß Deutschland für das zweite Halbjahr 1934 für eine Reihe von Erzeugnissen nur außerordentlich unzureichende Kontingente erhalten habe, die in keinem Verhältnis zu den spanischen Einfuhren aus Deutschland im Laufe des Stichjahres 1933 stünden.[113] Infolge der Verweigerung einer Kontingentszuteilung verlor Deutschland z. B. seine bisherige erste Stelle auf dem spanischen Markt in bezug auf die Einfuhr von Dieselmotoren[114]; durch die Nichtgewährung von Zollvergünstigungen wurde u. a. die Konkurrenzfähigkeit deutscher Kraftfahrzeuge erschwert.[115] Angesichts des enormen Anwachsens des spanischen Automobilbedarfs in den damaligen Jahren[116] war das ein fühlbarer Schlag gegen die Exportinteressen der deutschen Autoindustrie.[117] Die spanische Handelspolitik mache es unerläßlich, heißt es in einem Schreiben des Reichswirtschaftsministeriums vom August 1934 an das AA, „daß

[112] *Bauer, Hans Theo,* a. a. O., S. 220.

[113] Wie Anmerkung 111; dies betraf u. a. Dieselmotoren, Dynamos, Elektromotoren, Motorräder, Essenzen, feine Waschseifen, Eisenbleche, Holzmasten, vgl. DZA Potsdam, AA, Abt. II, Akte Nr. 41343, Bl. 72 (Bericht der Deutschen Handelskammer für Spanien über die Wirtschaftslage Spaniens im 3. Vierteljahr 1934, S. 7).

[114] DZA Potsdam, AA, Abt. II, Akte Nr. 40827, Bl. 127 (Schreiben des Wirtschaftsministeriums vom 17. 8. 1934 an das AA, Berlin).

[115] Ebenda.

[116] Die spanische Autoeinfuhr hatte sich folgendermaßen erhöht:

	Stückzahl PKW	Stückzahl LKW
Januar–August 1933	6174	2155
Januar–August 1934	8855	5575

„Deutsche Bergwerkszeitung", 1. 11. 1934, Archiv des ehemaligen Landbundes, Bd. 72, H 6, Bl. 67, MfdG, Berlin.

[117] In einem Brief des Reichsverbandes der Automobilindustrie E. V., Berlin, vom 28. 5. 1935 an das AA hieß es, daß der spanische Markt für den deutschen Automobilexport von „ausschlaggebende[r] Bedeutung" sei. Vgl. DZA Potsdam, Abt. II, Akte Nr. 40828, Bl. 80. In den Jahren 1933–1936 hatte sich die von den Nazis aus militärischen Gründen besonders geförderte Autoproduktion Absatzmärkte – zum Teil mittels Dumping – vor allem in Dänemark, der Schweiz, Ungarn, der Türkei, Abessinien und China erobert. Vgl. *Müller, Alfred* (Pseudonym f. *Schreiner, Albert*), Hitlers motorisierte Stoßarmee. Paris 1936, S. 69.

Deutschland sich mit allen zu Gebote stehenden Mitteln gegen die Diskriminierung deutscher Waren zur Wehr" setze.[118] Durch den Ende 1934 erreichten Abschluß einer neuen Zusatzvereinbarung zum Handelsabkommen vom 7. Mai 1936 und eines neuen Zahlungsabkommens[119] konnte ein weiterer Rückgang in den gegenseitigen Handelsbeziehungen verhindert werden. Während Großbritannien und Frankreich in diesen Jahren nicht in der Lage waren, den in der Weltwirtschaftskrise erlittenen starken Rückschlag[120] wieder aufzuholen, konnte Deutschland im Jahre 1935 trotz der geschilderten spanischen Zoll- und Kontingentierungspolitik die 1932 errungene Stellung auf dem spanischen Markt[121] sogar gegenüber dem britischen Rivalen noch weiter verbessern und an die zweite Stelle im spanischen Ein- und Ausfuhrhandel rücken. Der Anteil der Länder am spanischen Gesamthandel betrug 1935 nach der spanischen Statistik[122]:

Deutschland	
Einfuhr	120,34 Mill. Gold pts.
Ausfuhr	74,83 Mill. Gold pts.
Großbritannien (ohne Kolonien und Dominions)	
Einfuhr	91,55 Mill. Gold pts.
Ausfuhr	127,45 Mill. Gold pts.
Frankreich (ohne Kolonialbesitz)	
Einfuhr	48,77 Mill. Gold pts.
Ausfuhr	68,99 Mill. Gold pts.
USA	
Einfuhr	147,64 Mill. Gold pts.
Ausfuhr	55,95 Mill. Gold pts.

Zum Hauptkonkurrenten in der Belieferung des spanischen Marktes mit Fertigwaren hatten sich die USA entwickelt. Das deutsche Konsulat in Sevilla hatte bereits im 1. Quartal 1934 auf die verstärkte Handelswerbung der USA, vor allem in Südspanien, aufmerksam gemacht.[123] In Katalonien wurde die erhöhte Konkurrenzfähigkeit der USA vornehmlich auf dem Gebiet der chemischen und der Werk-

[118] DZA Potsdam, AA, Abt. II, Akte Nr. 40827, Bl. 127 (Eilbrief des Reichswirtschaftsministeriums vom 17. 8. 1934 an das AA, Berlin).

[119] *Bauer, Hans Theo,* a. a. O., S. 222.

[120] Vgl. hierzu S. 42f. dieser Arbeit.

[121] Vgl. ebenda.

[122] „Eildienst für Außenhandel und Auslandswirtschaft", Nr. 47, 23. 2. 1936, Archiv des ehemaligen Landbundes, Bd. 72, H 6, Bl. 84, MfdG, Berlin. Die Ziffern der spanischen Ausfuhr nach Deutschland sind insofern nicht exakt, da für Deutschland bestimmte Lieferungen, die über holländische oder belgische Häfen erfolgten, in der spanischen Statistik stets diesen Ländern zugerechnet und bei Deutschland nicht miterfaßt werden.

[123] DZA Potsdam, AA, Abt. III, Akte Nr. 44423, Bl. 13 (Bericht des deutschen Generalkonsulats für Spanien, Barcelona, 14. 3. 1934, an das AA, Berlin).

zeugindustrie, Zweigen, in denen Deutschland stark gewesen war, festgestellt.[124] Großbritannien war wertmäßig im Export nach Spanien vom deutschen Imperialismus inzwischen überholt worden, was nur, und darin liegt die Bedeutung, ein Beispiel für die Tendenz der allgemeinen Entwicklung des Kräfteverhältnisses zwischen diesen beiden Rivalen auf den europäischen und ebenfalls auf den südamerikanischen Märkten war. Ende der zwanziger Jahre hatte Deutschland begonnen, Großbritannien in der ökonomischen Entwicklung zu überholen.[125] Die daraus resultierende Besorgnis hatte die britische konservative Zeitschrift „The Fortnightly Review" ausgedrückt, indem sie Anfang 1933 warnend schrieb: „Bereits jetzt ist Deutschland das wirtschaftlich stärkste Land in Europa; es besitzt die bestorganisierte und bestausgerüstete Industrie und ist willens, die ganze Welt mit seinen billigen Waren zu überschwemmen. ... Es stellt einen ernst zu nehmenden Konkurrenten und eine wirtschaftliche Gefahr nicht nur für Mitteleuropa, sondern überhaupt für ganz Europa und vor allem für dessen Hauptabnehmer und Industriekontrahenten – für Großbritannien – dar."[126]
Die Tatsache, daß Spanien unter den Abnehmerländern deutscher Fertigwaren im Jahre 1935 erst an dreizehnter Stelle stand[127], darf nicht zu falschen Schlußfolgerungen verleiten. Spanien als vornehmliches Agrarland mit seinem ungeheuren Rohstoffreichtum war – wie Länder ähnlicher Wirtschaftsstruktur – gerade für die in den Dienst der Kriegsvorbereitungen gestellte Handelspolitik des faschistischen deutschen Imperialismus von großer Bedeutung. Die wirtschaftlichen Interessen Hitlerdeutschlands richteten sich bekanntlich auf solche Länder, die im Austausch für ihre landwirtschaftlichen Produkte und Rohstoffe – meist auf dem Wege des Verrechnungsverkehrs – Abnehmer deutscher Industrieerzeugnisse waren. Die Durchführung des von Schacht im September 1934 eingeführten „Neuen Planes"[128], die vor allem eine stärkere handelspolitische Orientierung auf

[124] Ebenda, Bl. 13f.; Farben wurden z. B. von amerikanischen Firmen unter den Weltmarktpreisen so billig angeboten, daß die deutschen Monopole nicht konkurrenzfähig waren.

[125] *Varga, Eugen,* (Hrsg.), Die Weltwirtschaftskrisen 1848–1935, Bd. 1, Moskau 1937, S. 494f. u. 502f. (russ.), zitiert nach *Posdejewa, L. W.*, Die wirtschaftlichen Gegensätze zwischen England und Deutschland vor dem zweiten Weltkrieg (1933–1939). In: „Fragen der Geschichte", 1955, H. 5, deutsche Übersetzung in: „Sowjetwissenschaft", Gesellschaftswissenschaftliche Beiträge, Jg. 1956, H. 6, S. 762.

[126] „The Fortnightly Review". Januar 1933, S. 46f., zitiert nach: *Posdejewa, L. W.*, a. a. O., S. 765f.

[127] „Wirtschaftspolitischer Dienst (W. P. D.), Sonderdienst der nationalsozialistischen Parteikorrespondenz", 15. 6. 1936, Archiv des ehemal. Landbundes, Bd. 72, H 6, Bl. 86, MfdG, Berlin.

[128] Vgl. RGBl. 1934, Teil I, S. 826. Der „Neue Plan" sollte die durch den Devisenmangel hervorgerufenen Exportschwierigkeiten beheben helfen. Vorwiegend kriegswichtige Rohstoffe sowie Lebensmittel wurden im direkten Austausch gegen deutsche Industrieerzeugnisse und Kriegsgerät bezogen. Dabei wurde nie mehr ein- als ausgeführt.

die Staaten Südosteuropas mit sich brachte, bedeutete keineswegs den Verzicht auf die Bestrebungen, die Länder Westeuropas wirtschaftlich vom faschistischen Deutschland abhängig zu machen, sowie weitere Märkte in Afrika, im Nahen Osten und in Südamerika zu erobern.

Im Kampf um die Durchsetzung der wirtschaftspolitischen Ziele des deutschen Monopolkapitals im Ausland erwarb sich das Außenhandelsamt der AO der NSDAP seine „Verdienste". Einblick in die Tätigkeit dieser Dienststelle in Spanien, die von der Gleichschaltung deutscher Firmen bis zur direkten Wirtschaftsspionage reichte[129], erhalten wir u. a. durch ein unter den beschlagnahmten Dokumenten in Barcelona gefundenes Rundschreiben des Außenhandelsamtes, in dem der Aufgabenkreis der den nazistischen Ortsgruppen beigeordneten Wirtschaftsreferenten folgendermaßen festgelegt wurde[130]:

„Der betreffende Referent hat zunächst eine Aufstellung über alle Deutschen seiner Gruppe einzusenden. Die Aufstellung muß möglichst erschöpfend sein und u. a. Auskunft über die Beschäftigung, Einnahmen, Kapital, Lebensweise, Verkehr usw. geben. Die Angaben über Kapital müssen die Bemerkung haben: ob geschätzt oder sichtbar.

Über das Wirtschaftsleben seines Bezirkes oder Bereiches hat er nach folgenden Gesichtspunkten zu berichten:

Import:	Aus welchen Ländern wird importiert? Was wird importiert? Wer importiert? In welchen Mengen oder Einheiten? Zu welchen Preisen? Mit welcher Devise wird bezahlt und Ziel? Wer ist der Vermittler oder wird direkt importiert?
Export:	Was wird exportiert? Wohin und auf welchem Wege? Welche Mengen und welche Preise? Welche Zahlungsbedingungen und Devisen? Durch Vermittler, wer, oder direkt?
Fabrikation:	Aufzählung der Fabrikation, Kleinbetriebe mit mehr als 10 Arbeitern sind einzuschließen. Was wird fabriziert oder fertig gemacht? Woher kommen die Rohstoffe oder Halbfabrikate? Wer hat die Leitung? Nationalität des technischen und kaufmännischen Leiters. Wer ist der Besitzer? Bei Aktiengesellschaften, wer hat die Majorität? Ist ausländischer Einfluß vorhanden? Welcher? Wird der Betrieb vom spanischen Staat oder Provinz etc. gestützt? Preise der Fertigprodukte. Wie steht die Firma?

[129] *de Jong, Louis,* a. a. O., S. 262.
[130] *Spielhagen, Franz,* a. a. O., S. 103f.

Transport-See: Die Referenten der Ortsgruppen am Meer berichten über Ein- und Auslauf ihrer Häfen, indem sie monatlich die Aufstellungen und Berichte der Hafenkommandanten im Original oder Kopie einsenden. Besondere Vorfälle sind sofort zu berichten.

Minen: Welche Minengesellschaften? Welche Erze?
Wohin wird exportiert und wieviel?
Welche Aufbereitung? Preise? Sind es spanische, ausländische oder gemischte Gesellschaften?"

Bei den Bestrebungen zur Ausschaltung der ausländischen Konkurrenz auf dem spanischen Markt bedienten sich die Nazis auch faschistischer spanischer Organisationen, insbesondere der Falange. Das geht u. a. aus dem Appell der Deutschen Arbeitsfront (DAF) in Spanien an die dortigen deutschen Firmen hervor, die 1936 von Ledesma Ramos gegründete Wochenschrift „Nuestra Revolucion" durch Inserate und Spenden zu unterstützen. „Dieses Blatt wird den verderblichen Einfluß des englischen Kapitalismus in Spanien anprangern. Es wird den englischen Kapitalismus auf der Halbinsel zugunsten des ehrlichen nationalsozialistischen Handels (! – M. E.) diskreditieren."[131]
Mit diesen Worten wies die DAF in ihrem an deutsche Firmen gerichteten Schreiben auf die Unterstützung hin, die den wirtschaftlichen Interessen des deutschen Monopolkapitals von der Falange zuteil wurde.
Das Außenhandelsamt der AO der NSDAP unterstützte auch die Bemühungen des deutschen Monopolkapitals um die stärkere Ausnutzung Spaniens als Rohstoffquelle und die Gewinnung neuer Möglichkeiten des Kapitalexports. In den in Barcelona sichergestellten Dokumenten fanden sich hinreichende Belege dafür, wie die Wirtschaftsreferenten ihrem Auftrag, laufend über neu erschlossene Erzvorkommen zu berichten, nachkamen.[132] Ihre Tätigkeit diente u. a. der Vorbereitung von Verhandlungen über die Gewährung neuer Grubenkonzessionen, die in den Jahren 1934/1935 zwischen der Frankfurter Metall AG, dem in der deutschen Industrie der Nichteisenmetalle führenden Unternehmen, in dessen Aufsichtsrat neben Vertretern des englischen Monopolkapitals u. a. Direktoren der IG Farben, der Deutschen Bank und von Siemens vertreten waren, und dem damals einflußreichsten Führer der spanischen Reaktion, Gil Robles, mit einem für die deutsche Rüstungsindustrie positiven Ergebnis geführt wurden.[133]
Der Kampf der spanischen Volksmassen gegen das Treiben der in- und ausländischen Reaktion aber drohte auch die Durchsetzung der wirtschaftlichen und politischen Ziele des deutschen Imperialismus zunichte zu machen. Die Massen rüsteten sich zur Abwehr der Anschläge der Konterrevolution.
Seit dem Frühjahr 1935, insbesondere seit dem Eintritt Gil Robles in die Regierung, waren die Vorbereitungen zum militärischen Staatsstreich immer offener

[131] Ebenda, S. 154.
[132] Ebenda, S. 117.
[133] Vgl. hierzu *Norden, Albert,* So werden Kriege gemacht. S. 57 und derselbe: Die spanische Tragödie. S. 27.

zutage getreten. Der Staatsstreich erschien den reaktionären Kreisen infolge der fehlenden Massenbasis der Faschisten als der einzige Ausweg. Zentrum der Verschwörung wurde der geheime, in ständiger Verbindung mit dem italienischen und deutschen Imperialismus und der Falange stehende spanische Militärverband Unión Militar Española (U. M. E.).[134] Wie der Falange und anderen faschistischen spanischen Organisationen, hatten die deutschen Imperialisten und Militaristen der Unterstützung des spanischen Militärverbandes besondere Aufmerksamkeit zugewandt. Dabei konnte man an die seit Jahrzehnten bestehenden, bereits zur Tradition gewordenen Verbindungen der deutschen zu den spanischen Militärs anknüpfen. Die spanische Offizierskaste war auf Grund ihrer klassenmäßigen Zusammensetzung dem junkerlich-preußischen Offizierskorps wesensverwandt und sah im deutschen Militarismus ihr Vorbild. Von den höheren spanischen Offizierskadern hatten viele – so z. B. auch die Generale Franco und Varela – ihre Ausbildung an deutschen Militärakademien „vervollständigt"[135]; deutsche militärische Lehrmaterialien wurden in der spanischen Armee benutzt.[136] Eine bedeutende Verbindung zwischen den deutschen und spanischen Militärs wurde durch General Wilhelm Faupel, dem späteren ersten deutschen Botschafter bei Franco, unterhalten. Das Ibero-Amerikanische Institut, das aufs engste mit dem AA, dem Reichspropagandaministerium und der AO der NSDAP zusammenarbeitete, und dessen Präsident Faupel seit 1934 war, verbreitete unter den spanischen Militärs eine spezielle Militärzeitschrift in spanischer Sprache[137], die der Festigung des Einflusses der deutschen Militaristen diente. Hatte Botschaftsrat Völckers in seinem Ende 1933 an das AA in Berlin gerichteten Bericht noch darüber geklagt, daß „die Exekutive, Militär und Polizei . . . so unzuverlässig (seien), daß man sich auf sie vorläufig nicht stützen" könne und der „Umweg (bei der Errichtung einer faschistischen Diktatur in Spanien – M. E.) über eine Militärdiktatur . . . sich daher gegenwärtig nicht" abzeichne[138], so sah am Ende der „zwei schwarzen Jahre" die Situation in dieser Beziehung bereits ganz anders aus. Während der Herrschaft der CEDA waren der Republik ergebene Offi-

[134] *Brenan, Gerald*, a. a. O., S. 310.

[135] Franco hatte vor 1933 u. a. in Berlin und Dresden Militärakademien besucht. Vgl. *Schumann, Fred L.*, a. a. O., S. 269; Varela, 1936 einer der Francoschen Generale, Henker Granadas und Badajoz', nahm ebenfalls vor 1933 in Deutschland an Lehrkursen und Manövern teil. Vgl. Archiv des ehemal. Landbundes, Bd. 49, J. 2, Bl. 15, MfdG, Berlin.

[136] DZA Potsdam, AA, Zentralstelle für Auslandsdienst, Akte Nr. 1218, Bl. 47 (Liste der vom Reichswehrministerium zur Verfügung gestellten Lehrfilme) und Bl. 49 (Schreiben des Reichswehrministeriums vom 9. 9. 1920 an das AA, Berlin).

[137] DZA Potsdam, Reichskanzlei, Akte Nr. 398, Bl. 3 f. (Brief *Faupels* vom 26. 7. 1940 an den Reichsminister und Chef der Reichskanzlei, Dr. Lammers). Die Militärzeitschrift trug den Titel: „Ejercito, Marina, Aviacion".

[138] DZA Potsdam, RMdI, Akte Nr. 25 781/1, Bl. 317 (Politischer Bericht der deutschen Botschaft vom 15. 12. 1933 an das AA, Berlin).

ziere aus dem Dienst entlassen, die Militärgerichtshöfe wieder eingeführt[139] und die militärischen Kader insbesondere seit der Übernahme des Kriegsministeriums durch Gil Robles direkt auf den Bürgerkrieg vorbereitet worden.[140]

4. Der Kampf der spanischen Werktätigen für die Bildung der Volksfront

Angesichts der Offensive des Faschismus und der sich immer deutlicher abzeichnenden Gefahr des Staatsstreiches verstärkte die Kommunistische Partei Spaniens ihre Bestrebungen zur Herstellung der Einheitsfront der Arbeiterklasse.[141] Sie allein wies den Weg zur Rettung der Nation. Nur die Überwindung der Spaltung der Arbeiterbewegung und die Sammlung der antifaschistischen Kräfte des Landes um die geeinte, revolutionäre Arbeiterbewegung in der Volksfront bot die Gewähr, das Kräfteverhältnis zwischen Demokratie und Faschismus zugunsten der Interessen der Werktätigen zu verändern. Zu dieser Erkenntnis hatten vor allem die Erfolge der französischen Werktätigen im antifaschistischen Kampf beigetragen. In Frankreich hatte bereits im Juli 1934 die Sozialistische Partei der Forderung ihrer Mitglieder Rechnung getragen und – entgegen dem Willen der Exekutive der II. Internationale – ein Einheitsfrontabkommen mit der Kommunistischen Partei Frankreichs unterzeichnet. An der Aktionseinheit der französischen Arbeiterklasse zerschellten die Versuche der Faschisten, die Politik Frankreichs zu bestimmen.[142]

Die Bedeutung des Anfang 1935 von der französischen Bruderpartei entwickelten Volksfrontprogramms zur Verteidigung der Freiheit und des Friedens sowie zur Verbesserung der Lebenslage der Werktätigen wurde sehr schnell von der spanischen Kommunistischen Partei als richtunggebend erkannt. Bereits im Juni 1935 – noch vor der Verallgemeinerung insbesondere der Kampferfahrungen der französischen und der spanischen Arbeiterklasse und der Herausarbeitung der Einheits- und Volksfrontlinie auf dem VII. Weltkongreß für die internationale Arbeiterbewegung[143] forderte der Generalsekretär der KPSp, José Diaz, die Herstellung eines antifaschistischen Volksblockes zur Abwehr der faschistischen Gefahr.[144]

139 *Plenn, Abel*, a. a. O., S. 20.

140 Insgeheim wurden bereits 1935 u. a. in den Guadarrama-Bergen gegen Madrid gerichtete Betonbefestigungen und Standplätze für schwere Artillerie gebaut sowie Manöver durchgeführt. Vgl. *Gannes, Harry* u. *Repard, Theodore*, a. a. O., S. 99.

141 Seit Ende 1933 hatte die KPSp laufend an die Sozialistische Partei appelliert, eine gemeinsame Kampffront gegen die Lerroux-Regierung zu bilden.

142 Vgl. hierzu im einzelnen *Tillmann, H.*, Volksfront – Frankreich. Gestern und Morgen. Leipzig/Jena 1956, S. 40 ff.

143 Vgl. die Referate von *G. Dimitroff* und *W. Pieck* auf dem VII. Weltkongreß. In: Die Kommunistische Internationale (Auswahl von Dokumenten und Reden vom VI. Weltkongreß bis zur Auflösung der Kommunistischen Internationale, 1928–1943) . . ., a. a. O., S. 285 ff.

144 „Rundschau" (Basel), Br. 12, 1936, S. 491.

Insbesondere die Erfahrungen aus den bewaffneten Kämpfen im Oktober 1934 hatten großen Teilen der Werktätigen die Notwendigkeit des einheitlichen Kampfes gezeigt. Das Verlangen, dem Terrorregime ein Ende zu setzen, jeden neuen Anschlag der Reaktion von vornherein unwirksam zu machen und menschenwürdige Lebensbedingungen zu schaffen, ließ den Gedanken der Einheits- und Volksfront innerhalb der verschiedenen Richtungen der antifaschistischen Kräfte Spaniens immer mehr an Boden gewinnen. Die für den 16. Februar 1936 angesetzten Neuwahlen zum Parlament erforderten entschlossenes Handeln. Genau vier Wochen vor dem Wahltermin, am 16. Januar 1936, unterzeichneten die Kommunistische Partei, die Sozialistische Partei, die „Linken Republikaner", die „Republikanische Union" und die „Linksrepublikaner Kataloniens" das Volksfrontabkommen. Ohne ihre jeweiligen Parteiziele aufzugeben, hatten sich die genannten Parteien auf ein Aktionsprogramm zur Verteidigung der Demokratie geeinigt, das die Amnestie der politischen Gefangenen, die Wiedereinstellung aller aus politischen Gründen entlassenen Arbeiter und Angestellten, die Wiederherstellung der verfassungsmäßig garantierten demokratischen Rechte und Freiheiten sowie verschiedene Maßnahmen zur Verbesserung der Lebenslage der Werktätigen vorsah. Das ausgearbeitete Programm bot die Plattform für die Zusammenarbeit aller antifaschistischen Kräfte, welche die Verhinderung einer faschistischen Diktatur als wichtigste Aufgabe erkannt hatten.

Am 16. Februar 1936 errang die Volksfront bei den Wahlen einen überwältigenden Sieg. 268 von den insgesamt 473 Abgeordnetensitzen im Parlament fielen den Parteien der Volksfront zu. Die sogenannten Parteien der Mitte, die Rechten und die offenen Faschisten verloren gegenüber dem Wahlergebnis von 1933 147 Sitze.[145] Erst wenn man bedenkt, daß der Wahlsieg unter der Herrschaft einer Rechtsregierung[146] errungen wurde, die der Reaktion alle Möglichkeiten zur Führung des Wahlkampfes sicherte, die Parteien der Volksfront dagegen in den Wahlvorbereitungen auf die verschiedenste Weise behinderte[147], kann man die Größe des Erfolges der antifaschistischen Kräfte ermessen. Der Sieg des spanischen Volkes über die Reaktion ist ein Beispiel für die unüberwindliche Kraft der geschlossen und im Bündnis mit der Bauernschaft handelnden Arbeiterklasse, die imstande ist, die demokratisch gesinnten Kreise aus anderen Bevölkerungsschichten um sich zu scharen und im Zusammenwirken mit ihnen das Kräfteverhältnis zugunsten der Demokratie und des Fortschritts zu verändern.

Der Wahlsieg der Volksfront, durch den die Möglichkeit für die Durchführung der bürgerlich-demokratischen Revolution auf friedlichem Wege entstanden war, er-

[145] *Gannes, Harry* u. *Repard, Theodore,* a. a. O., S. 115f.

[146] Durch die Aufdeckung von schweren Korruptionsfällen und den Widerstand der CEDA gegen die geplante Steuerpolitik war die Regierung Lerroux im Oktober 1935 gestürzt worden. Ihr folgten nacheinander die Kabinette unter Chapaprieta (bis zum 9. 12. 1935), dann unter Valladares.

[147] Ausführlich hierzu s. „Rundschau" (Basel), Nr. 6, 1936, S. 236; Nr. 7, 1936, S. 272.

öffnete nicht nur dem spanischen Volke den Weg in eine lichtere Zukunft, sondern war von großer internationaler Bedeutung. „Er war ein Sieg der Demokratie im internationalen Maßstabe ... Er entriß dem Faschismus in Europa die Initiative und drängte ihn in die Verteidigung ..."[148] Er mobilisierte die Volksmassen in den anderen kapitalistischen Ländern zu noch größeren Anstrengungen im Kampf um die Erhaltung der Demokratie und des Friedens. Bereits drei Monate später, im Mai 1936, konnte auch in Frankreich die Volksfront den Sieg im Wahlkampf davontragen. Ansätze zum Zusammenschluß der Antifaschisten zeigten sich bald ebenfalls in England.[149] Den unter der faschistischen Diktatur lebenden klassenbewußten Arbeitern Deutschlands und Italiens gab der spanische Volksfrontsieg Mut und Kraft, im Kampf um die Herstellung der Einheit der Arbeiterklasse und die Sammlung aller antifaschistischen Kräfte in einer gemeinsamen Front nicht nachzulassen.

Die nationale und internationale Bedeutung des Volksfrontsieges ließ die spanischen und ausländischen Faschisten gemeinsam zum Gegenangriff rüsten, zur Vernichtung der Demokratie in Spanien.

[148] *Ulbricht, Walter,* Zur Geschichte der deutschen Arbeiterbewegung. Bd. II, Berlin 1953, S. 124.

[149] Die Entschlossenheit großer Teile der Londoner Bevölkerung zur Abwehr des Faschismus manifestierte sich besonders deutlich Anfang Oktober 1936, als sie – mobilisiert durch die englische Kommunistische Partei – den englischen Faschistenführer Mosley in East London in die Flucht schlug. – Im Januar 1937 wurden die ersten Abmachungen zwischen der Kommunistischen Partei, der Unabhängigen Labour Partei und dem linken Flügel der Labour Partei unter der Führung von Sir Stafford Cripps über die Bildung einer Volksfront getroffen.

B. DIE MILITÄRISCHE INTERVENTION ALS MITTEL IM KAMPF DES DEUTSCHEN IMPERIALISMUS UM DIE ÖKONOMISCHE UND POLITISCHE BEHERRSCHUNG SPANIENS

Kapitel III

Die militärische Intervention des deutschen und italienischen Imperialismus — Ausdruck des verschärften Klassenkampfes der reaktionärsten Kräfte gegen die revolutionäre Bewegung in Spanien

1. Der gemeinsame Kampf des deutschen Imperialismus und der besitzenden Klassen Spaniens um die Beseitigung der Volksfront und die Errichtung der faschistischen Diktatur in Spanien

Die neugebildete Regierung Azaña, die sich ausschließlich aus auf dem rechten Flügel der Volksfront stehenden Vertretern bürgerlicher und kleinbürgerlicher Parteien zusammensetzte, schreckte vor entschlossenen Maßnahmen gegen die Reaktion zurück. Obwohl die Regierung die parlamentarische Unterstützung aller der Volksfront angehörenden Parteien hatte, leitete sie nicht die sofortige Durchführung entscheidender Punkte des Volksfrontprogrammes in die Wege und nutzte so den Wahlsieg der demokratischen Kräfte nicht aus. Zwar wurden die Amnestie für die aus politischen Gründen Inhaftierten, die Wiedereinstellung gemaßregelter Arbeiter, die Wiederherstellung der durch Gil Robles beseitigten Lohnsätze und die stufenweise Durchführung der Agrarreform beschlossen, jedoch von einer durchgreifenden Säuberung des Staatsapparates von reaktionären und ausgesprochen faschistischen Elementen, der Auflösung faschistischer Organisationen, von energischen Maßnahmen zur Beseitigung der wirtschaftlichen Grundlagen der Großgrundbesitzer und Industriemagnaten sowie der Bestrafung der für das Terrorregime nach dem „Roten Oktober" Verantwortlichen zunächst abgesehen. Die zögernde Politik der Regierung gab den faschistischen Kräften Gelegenheit, den durch die Wahlniederlage erlittenen Schock zu überwinden und sich erneut zum Gegenschlag zu sammeln.

Bereits am 17. Februar, als der Wahlsieg der Volksfront bekanntgeworden war, wandten sich Gil Robles und General Franco an den noch amtierenden Premierminister Portela Valladares und forderten, durch die sofortige Errichtung einer Militärdiktatur dem Zusammentritt der neugewählten Cortes zuvorzukommen.[1] Angesichts der Stimmung der Massen konnte Valladares einen derartigen Verfassungsbruch nicht wagen. Nachdem dieser Versuch, zur Macht zu kommen, gescheitert war, traten die Staatsstreichvorbereitungen in ihre entscheidende Phase ein.

[1] Aussage Portela Valladares im Herbst 1937 vor den Cortes in Valencia, wiedergegeben bei *Brenan, Gerald*, a. a. O., S. 300.

Während die Großbourgeoisie und Großgrundbesitzer durch Kapitalflucht, Betriebsschließungen und Aussperrung von Arbeitern, durch Anbausabotage und dergleichen mehr die Wirtschaft zu desorganisieren und die Regierung zu diskreditieren trachteten, arbeiteten die Verschwörer-Generale gemeinsam mit den Führern der Falange detaillierte Pläne für den Staatsstreich aus.[2] Die Falange war nach der Niederlage der größeren Rechtsparteien bei den Februarwahlen zum Sammelbecken enttäuschter Anhänger Gil Robles' geworden und hatte ihre Mitgliedszahl beträchtlich erhöhen können.[3] Ihre Aktivität konzentrierte sich vor allem auf die Inszenierung von Streiks und blutigen Zwischenfällen, durch die die Regierung genötigt werden sollte, gegen die Arbeiter Gewalt anzuwenden. Dabei verfolgte die Falange das Ziel, einen Gegensatz zwischen den mit der Volksfront verbundenen Werktätigen und der Regierung hervorzurufen, um so den Boden für den Staatsstreich vorzubereiten. Die von dem spanischen Militärverband und der Falange koordinierte Zersetzungsarbeit riß selbst dann nicht ab, als sich im April 1936 die Regierung angesichts des Ausmaßes der Bürgerkriegsstimmung auf den Druck der Massen hin veranlaßt sah, José Antonio Primo de Rivera und weitere acht führende Mitglieder der Falange zu verhaften und die Partei zu verbieten. Serrano Suñer brüstet sich in seinen Memoiren, wie er zu den Putschvorbereitungen u. a. dadurch beitrug, indem er als Verbindungsmann zwischen dem verhafteten Faschistenführer und den Generalen wirkte. Suñer konnte Antonio Primo de Rivera verschiedentlich im Gefängnis von Alicante aufsuchen und erhielt von ihm „eine Menge politischer Aufträge"; gleichzeitig hatte er ständige Verbindung zu dem von der Regierung Azaña auf die Kanarischen Inseln versetzten General Franco, den er dort besuchte, sowie zu „Mola, Yaguë und dem einen oder anderen Militär, die zur Führung der Erhebung gehörten. Ich kannte die Pläne und das Datum zum Losschlagen . . ."[4]

Auf das Zusammenwirken von Falange und Militär bei den Putschvorbereitungen wurde deshalb ausführlicher eingegangen, weil von Vertretern der westdeutschen Geschichtsschreibung die Behauptung aufgestellt wurde, daß der Franco-Putsch „zunächst unabhängig von der Falange" erfolgt sei.[5] Bei dieser These handelt es sich um ein Beispiel dafür, wie sich die westdeutsche Geschichtsschreibung in den Dienst der aggressiven Adenauerpolitik stellt. Ebenso wie immer und immer

[2] Für ins einzelne gehende Angaben über die Planung des Militärputsches vgl. *Foltz, Charles, Jr.*, a. a. O., S. 40 u. 175 f.; *Oliveira, A. Rámos*, a. a. O., S. 562 ff.

[3] U. a. schloß sich im April 1936 die Jugendorganisation von Gil Robles unter der Führung ihres Sekretärs, Ramon Serrano Suñer, dem späteren Innen- bzw. Außenminister Francos, der Falange an. Vgl. *Brenan, Gerald*, a. a. O., S. 309.

[4] *Suñer, Ramon Serrano*, Zwischen Hendaye und Gilbraltar (Deutsche Übersetzung), Zürich 1948, S. 28.

[5] *Eschenburg, Theodor*, Die europäischen Demokratien zwischen den Weltkriegen. Eröffnungsvortrag auf der Tagung des Instituts für Zeitgeschichte in Tutzing am 22. 5. 1956, abgedruckt in: Das III. Reich und Europa, Bericht über die Tagung des Inst. f. Zeitgeschichte in Tutzing, Mai 1956, Hrsg. vom Inst. f. Zeitgeschichte, München 1957, S. 14.

wieder versucht wird, zwischen den deutschen Militärs und der Nazipartei eine Kluft zu konstruieren und das deutsche Offizierskorps von der Mitschuld an der Vorbereitung des zweiten Weltkrieges und den furchtbaren Kriegsverbrechen des deutschen Imperialismus reinzuwaschen, bedient man sich bei der Darstellung der spanischen Geschichte einer ähnlichen Zwecklüge. Die enge Verbindung zwischen den spanischen Militärs und der Falange bei den Putschvorbereitungen wird geleugnet, um Franco und seine Generale als „wahre Patrioten" erscheinen zu lassen, die, nicht behaftet mit dem in der Weltöffentlichkeit verhaßten und diskreditierten Faschismus, 1936 „Pioniertaten im Kampf gegen den Bolschewismus" vollbrachten. Damit sollen sie als annehm- und brauchbare Bundesgenossen des westdeutschen Imperialismus ausgewiesen werden, der heute wiederum die Massen mit dem Märchen von der Bedrohung des Abendlandes durch den Bolschewismus zu verdummen trachtet, um diese für die Verwirklichung seiner aggressiven Pläne reif zu machen.

Militärs und Falange wurden nach dem Wahlsieg der Volksfront im Februar in erhöhtem Maße bei ihren Vorbereitungen zur Errichtung eines Diktaturregimes von den deutschen Imperialisten unterstützt. In dieser Situation ging es dem deutschen Imperialismus vor allem darum, die in der Volksfront zusammengeschlossenen demokratischen Kräfte des spanischen Volkes zu schwächen und die sich deutlich abzeichnende Entwicklung der spanischen Arbeiterklasse zur Einheit auf revolutionärer Basis zu verhindern.[6]

Eine antifaschistische spanische Republik, in der die revolutionären Arbeiter und Bauern die Politik bestimmten, wäre ein Aktivposten für die friedliebenden Völker im internationalen Kräfteverhältnis zwischen Demokratie und Faschismus gewesen. Ein antifaschistisches Spanien hätte in dem von den deutschen Imperialisten geplanten Krieg insbesondere für Frankreich eine Stütze bedeutet und die Möglichkeit einer militärischen Einkreisung Frankreichs endgültig ausgeschlossen. Die Niederlage der Volksfront in Spanien hätte dagegen zugleich auch einen Schlag gegen die Volksfrontbewegung in Frankreich dargestellt, die faschistischen Tendenzen innerhalb der französischen Großbourgeoisie gefördert und damit zur Stärkung der reaktionären Kräfte im internationalen Rahmen beigetragen. Außerdem mußte – auf längere Sicht gesehen – die Festigung eines Volksfrontspaniens die Verwirklichung der ökonomischen Expansionsziele des deutschen Imperialismus in Spanien, wie natürlich auch der anderen imperialistischen Mächte, gefährden. Zwar hatte Hitlerdeutschland noch im März 1936 ein günstiges Handels-

[6] Der Wille zur Einheit zeigte sich u. a. in dem Zusammenschluß sozialistisch und kommunistisch geführter Gewerkschaften und des sozialistischen und kommunistischen Jugendverbandes. Auch der von der KPSp an die Sozialistische Partei gerichtete Vorschlag zur Schaffung einer einheitlichen Arbeiterpartei, die als dringendste Aufgabe die Verwirklichung des Volksfrontprogramms sichern sollte, wurde von dem linken Flügel der Sozialistischen Partei unter Largo Caballero positiv aufgenommen. Vgl. *Gannes, Harry* u. *Repard, Theodore*, a. a. O., S. 124f.

abkommen mit Spanien abschließen können[7], durch das die ehemalige schlechtere Stellung deutscher Waren „im internationalen Wettbewerb auf dem spanischen Markt . . . fast restlos beseitigt" wurde[8], doch gab bereits die von Spanien Ende Mai 1936 erlassene neue Zollerhöhung für ausländische Waren Anlaß zu ernsten Befürchtungen, daß „dieser Zollzuschlag . . . sich auf den deutschen Export unliebsam auswirken" werde.[9] Eine derartige Entwicklung hätte nicht nur einen Rückschlag für die von den deutschen Exporteuren auf dem spanischen Markt eroberte Stellung bedeutet, sondern auch die wirtschaftlichen Kriegsvorbereitungen des deutschen Imperialismus erschwert.

Bei den Verhandlungen über das Wirtschaftsabkommen im Frühjahr 1936 hatten die deutschen Imperialisten eine im Vergleich zu den vorangegangenen Jahren beträchtliche Erhöhung spanischer Erzlieferungen für die deutsche Rüstungsindustrie – auf Kosten der Einfuhr spanischer landwirtschaftlicher Produkte – vereinbart.[10] Wenn man bedenkt, daß bei der von Schacht geleiteten deutschen Wirtschaftspolitik der Export der Schrittmacher des Imports war, da ja nicht mehr ein- als ausgeführt werden sollte, so konnte eine etwaige Verminderung des deutschen Exports Schwierigkeiten für den Bezug der von der Kriegsindustrie benötigten Rohstoffe zur Folge haben. Sollte sich Spanien zu einer wirklichen Arbeiter-und-Bauern-Republik hin entwickeln, so mußte auch damit gerechnet werden, daß eine zum ersten Male im Interesse der spanischen Werktätigen durchgeführte Wirtschaftspolitik sich gegen die doppelte Unterdrückung durch die spanischen und ausländischen Unternehmer wenden und weitere Möglichkeiten des Kapitalexports ausschließen würde.

Aus den genannten Gründen wirkte der spanische Volksfrontsieg wie ein Alarmsignal. Unter der Leitung eines Vertrauensmannes der Gestapo[11] wurde im März 1936 mit der Reorganisierung der Landesgruppe Spanien der AO der NSDAP begonnen, um, wie es in einem Schreiben an die AO vom 27. März 1936 heißt,

[7] „Wirtschaftsdienst", Neue Folge, XXI. Jg., 1. Halbjahr 1936, hrsg. vom Hamburgischen Welt-Wirtschafts-Archiv, S. 512.

[8] „Wirtschaftspolitischer Dienst (W. P. D.), . . ." 14. 3. 1936, Archiv des ehem. Landbundes, Bd. 72, H 6, Bl. 85, MfdG, Berlin.

[9] „Wirtschaftspolitischer Dienst (W. P. D.). . .", 15. 6. 1936, ebenda, Bl. 86, MfdG, Berlin.

[10] Die Eisenerz- und Schwefelkiesbezüge aus Spanien waren in den ersten Jahren der faschistischen Diktatur in Deutschland wie folgt gestiegen:

Deutschland importierte aus Spanien in Millionen RM

	Eisenerz	Schwefelkies
1933	5,26	7,49
1934	6,96	8,80
1935	13,20	8,20

Statistisches Jahrbuch für das Deutsche Reich, 1934, 1935 u. 1936 . . ., S. 244, 248 u. 270.

[11] *Spielhagen, Franz,* a. a. O., S. 23.

„die Gruppen in Spanien schlagfertig zu machen".[12] Die Unterminierungsarbeit konnte nur unter Anwendung sorgfältiger Tarnmaßnahmen fortgesetzt werden. Bereits zwei Tage nach dem Wahlsieg der Volksfront, am 18. Februar, wurden den Ortsgruppen der Nazipartei Anweisungen erteilt, deren Befolgung den Zugriff der spanischen Behörden verhindern sollte.[13] Von Ende März an wurde der gesamte Schriftverkehr als „reiner Geschäftsbriefwechsel" getarnt; die Zusammenkünfte der Mitglieder der Nazi-Ortsgruppen fanden nur noch im kleineren Kreise als „gesellige Abende" statt.[14] Ausdrücklich wurde darauf hingewiesen, daß die Änderung der Kampfmethoden nicht zu einem Rückgang der politischen Aktivität führen dürfe.[15]

Die Zusammenarbeit der deutschen und spanischen Faschisten bei den Putschvorbereitungen erreichten ihren Höhepunkt in den frühen Sommermonaten 1936, nachdem führende Vertreter der spanischen Verschwörer in Geheimverhandlungen sich nochmals der Unterstützung der deutschen Faschisten versichert hatten. Anfang Februar 1936, noch vor dem Wahlsieg der Volksfront, wurden zwischen dem Führer der Falange, José Antonio Primo de Rivera, und Vertretern der Nazipartei in Berlin Waffenlieferungen für die spanischen Faschisten vereinbart.[16] Dem gleichen Zweck dienten im März 1936 die ebenfalls in Berlin geführten Besprechungen zwischen General Sanjurjo, Organisator des gegen die spanische Republik gerichteten, jedoch gescheiterten Militärputsches vom August 1932 und vorgesehener militärischer Führer des 1936 geplanten Staatsstreiches[17], mit

[12] Ebenda.

[13] Der Erlaß der Landesgruppenleitung Spanien hatte folgenden Wortlaut:
„An alle OG, Stuepu usw. 18. Februar 1936.
Mit sofortiger Wirkung ist bis auf weiteres jeder Briefwechsel mit den Parteidienststellen in- und außerhalb Spaniens einzustellen.
Sämtliche Parteiakten und Briefbogen mit Parteikopf sind unauffällig auf die amtlichen Vertretungen des Reiches zu bringen; dort verpackt und versiegelt zu deponieren. Wo dieses nicht möglich ist, ist das Material an eine andere sichere Stelle zu bringen.
Vorstehendes Schreiben ist sofort bei Empfang zu verbrennen.
Heil Hitler!
. . . . . Adjutant."
Spielhagen, Franz, a. a. O., S. 25.

[14] Ebenda.

[15] Ebenda, S. 28.

[16] Dieser Punkt spielte auch bei der Anklage der spanischen Republik im Gerichtsverfahren gegen Antonio Primo de Rivera in Alicante im November 1936 eine Rolle. Vgl. „The Times", 20. 11. 1936, S. 15.

[17] Sanjurjo war nach der Niederschlagung seines Militärputsches in Sevilla im August 1932 von der Republik zunächst zum Tode verurteilt, die Strafe jedoch in lebenslängliche Gefängnishaft umgewandelt worden. Von der Regierung Lerroux begnadigt, ging Sanjurjo ins Exil nach Portugal. Von Portugal aus war er aktiv an den Putschvorbereitungen beteiligt. Durch den Absturz des Flugzeuges, das ihn bei Beginn des Militärputsches im Juli 1936 von Portugal nach Spanien bringen sollte, kam er ums Leben.

Vertretern der Nazipartei und der deutschen Rüstungsindustrie. Im Gegensatz zu den 1934 von der italienischen Regierung für den Sturz der spanischen Republik mit spanischen Monarchisten vereinbarten Hilfsmaßnahmen[18] liegen über Verlauf und Ergebnis der deutsch-spanischen Geheimverhandlungen bisher dokumentarische Unterlagen nicht vor, so daß wir die Einzelheiten der deutschen Zusagen und der von spanischer Seite versprochenen Gegenleistungen nicht kennen. Die Tatsache der Verhandlungen[19], ihr Zeitpunkt und die aktenmäßig erwiesene Unterminierungsarbeit der deutschen Imperialisten berechtigen jedoch zu der Schlußfolgerung, daß die Putschpläne mit Vertretern der Nazipartei besprochen und die weitere Unterstützung der Umsturzvorbereitungen zugesagt worden ist.[20]

In den auf die Verhandlungen folgenden Monaten setzten die deutschen Faschisten ihre Propagandaarbeit sowie die Durchführung von Ausbildungskursen für Agitatoren und Instrukteure faschistischer spanischer Organisationen fort.[21] Darüber hinaus wurde – höchstwahrscheinlich im Ergebnis der Besprechungen in Berlin – die Ausrüstung der Falange und anderer Rechtsparteien mit Waffen in Angriff genommen.[22]

Im Juni 1936 schritten die spanischen Faschisten zu immer neuen Provokationen und Terroraktionen. Von der Tribüne des Parlaments, auf Massendemonstrationen und in der Presse entlarvte die Kommunistische Partei Spaniens die faschistischen Staatsstreichvorbereitungen und rief die demokratischen Kräfte, vor allem die Arbeiterklasse, zur Wachsamkeit auf. Den Forderungen der Kommunistischen Partei, das Heer von den reaktionären Kräften zu säubern[23] und andere wirksame

[18] Für den Sturz der spanischen Republik und die Wiedereinführung der Monarchie sagte Italien am 31. 3. 1934 einer Delegation der spanischen Monarchisten bei den Verhandlungen in Rom als erste Unterstützung 1500000 Peseten in bar sowie die Lieferung von 10000 Gewehren, 10000 Handgranaten und 20 Maschinengewehren zu. Vgl. die Dokumentation Italian Intervention in Spain. The Agreements of March, 31, 1934, with the Spanish Monarchist Parties. Veröff. von *Askew, William C.*, in: „Journal of Modern History" 24/1952, S. 181–183.

[19] Der französische Botschafter in Berlin informierte seine Regierung bereits im März oder April 1936 über die Verhandlungen. Vgl. die Angaben von Pertinax in „The Fortnightly Review", August 1937, wiedergegeben bei *Oliveira, A. Ramos*, a. a. O., S. 563; auch die sowjetische Regierung wurde durch den Korrespondenten der „Prawda" am 12. 3. 1936 von den Verhandlungen in Kenntnis gesetzt. Vgl. *Dimitroff, Georgi*, 2 Jahre heroischen Kampfes des spanischen Volkes. In: „Rundschau" (Basel), Nr. 37, 1938, S. 1226.

[20] Vgl. u. a. *Alvarez Del Vayo, Julio*, Freedom's Battle. London 1940, S. 10 u. 50; *Gannes, Harry* u. *Repard, Theodore*, a. a. O., S. 170; *Van der Esch, P. A. M.*, a. a. O., S. 25; *Norden, Albert*, Die spanische Tragödie, S. 14.

[21] *Spielhagen, Franz*, a. a. O., S. 149.

[22] Ebenda, S. 133ff.; nach Feststellungen der spanischen Polizei hatte z. B. ein einziger Naziagent in Madrid zwischen Mai und Juli 1936 492 Pistolen mit dazugehöriger Munition an faschistische spanische Gruppen geliefert. Ebenda, S. 155.

[23] Vgl. z. B. die Rede *J. Diaz* vor den Cortes am 17. 4. 1936, wiedergegeben in „Rundschau" (Basel), Nr. 19, 1936, S. 779.

Maßnahmen gegen die Faschisten durchzuführen[24], wurde von der Regierung nicht entsprochen. Sie lehnte die Bewaffnung der Arbeiterklasse ab[25] und beschränkte sich auf die Sicherstellung aufgedeckter faschistischer Waffenlager[26] und die Verhaftung einer Reihe faschistischer Pogromhelden.[27] Die Wurzel für die zögernde Haltung der Regierung war die Furcht der in ihr vertretenen politischen Parteien des Kleinbürgertums, die Macht an die revolutionären Kräfte des Landes zu verlieren. Die Schwäche und Feigheit der Regierung erleichterte den faschistischen Kräften die Entfesselung des Militärputsches.

2. Die ersten militärischen Maßnahmen Hitlerdeutschlands und Italiens zur Unterstützung Francos

Die Durchführung des faschistischen Militärputsches, der am 17. und 18. Juli 1936 von den Verschwörer-Generalen auf den Kanarischen Inseln und den Balearen, in Spanisch-Marokko und in einer Reihe größerer spanischer Städte ausgelöst worden war, wurde von Anfang an von den faschistischen Mächten Italien und Deutschland unterstützt. Die erste Hilfeleistung Italiens[28] vermittelte Juan March, einer der führenden spanischen Finanzmagnaten, in deren Auftrag die meuternden Generale handelten. March, der selbst zahlreiche Transportschiffe seiner Reedereien den Militärs in Marokko für die Truppenverschiffung nach Spanien zur Verfügung gestellt hatte[29], erwirkte von Mussolini den der italienischen Luftwaffe bereits am 15. Juli erteilten Befehl, 21 Bombenflugzeuge zum Einsatz auf Seiten Francos bereitzuhalten.[30] Wie diese Tatsache, so beweist auch die enge Fühlungnahme Francos mit Funktionären der AO der Nazipartei und deren in allen Stützpunkten sofort einsetzende Aktivität zur Unterstützung der Rebellen[31] während der ersten Tage des Putsches noch einmal die aktive Rolle, welche die faschistischen Mächte bei der Vorbereitung und Durchführung des Staatsstreiches spielten. Am Mittag des 18. Juli verließ Franco in einem von dem spanischen Faschisten Luis Bolin[32] in London gemieteten englischen Flugzeug[33] die Kanarischen Inseln, wo er bereits

[24] *Ibarruri, Dolores*, Der national-revolutionäre Krieg . . ., S. 12.
[25] *Brenan, Gerald*, a. a. O., S. 313.
[26] „Rundschau" (Basel), Nr. 32, 1936, S. 1287.
[27] „The Times", 18. 7. 1936, S. 11; „Rundschau" (Basel) Nr. 32, 1936, S. 1287.
[28] Über die Motive Italiens bei der Intervention vgl. S. 141f. u. 182.
[29] *Plenn, Abel*, a. a. O., S. 27.
[30] Ebenda u. *Schuman, Fred L.*, a. a. O., S. 270.
[31] Vgl. *Spielhagen, Franz*, a. a. O., S. 129, 151, 153; „Rundschau" (Basel), Nr. 36 u. 41, 1936, S. 1470 u. 1695.
[32] Bolin wurde später Francos Pressechef. Vgl. *Schuman, Fred L.*, a. a. O., S. 270.
[33] Vgl. ebenda; auch *Bowers, Claude G.*, My mission to Spain. New York 1954, S. 272; *Foltz, Charles, Jr.*, a. a. O., S. 44; auch *Ibarruri, Dolores*, Der national-revolutionäre Krieg . . ., S. 12.

mit Vertretern der AO der Nazipartei in Kontakt gestanden hatte.[34] Am Morgen des 19. Juli landete er in Tetuan, um sich an die Spitze der meuterndenTruppen in Marokko zu stellen. Hier nahm Franco sofort die Verbindung zu dem deutschen Bergbauingenieur, Leiter der Naziortsgruppe und Beauftragten des deutschen Spionagedienstes[35], Adolf P. Langeheim, auf, der sich bei der Unterminierungsarbeit in Spanisch-Marokko seit Jahren hervorgetan hatte. Langenheim berichtete umgehend über die Ankunft Francos nach Berlin.[36] Wenn wir auch von dem Inhalt der Besprechungen Franco-Langenheim keine Kenntnis haben, so zeigt allein die sofortige Kontaktaufnahme in dieser für die Konterrevolutionäre entscheidenden Situation, wie eng die Fäden zwischen den deutschen Faschisten und den spanischen Verschwörern geknüpft worden waren.

In den ersten Tagen des Putsches konnten die Faschisten lediglich im Süden den Bezirk Sevilla-Cadiz, im Norden Alt-Kastilien, Navarra, Galicien und einen Teil Aragoniens besetzen. „No pasarán" (Sie kommen nicht durch), diese von der Pasionaria[37] am 19. Juli über den Madrider Rundfunk ausgegebene Losung, die den Willen der überwiegenden Mehrheit des spanischen Volkes zur Verteidigung der Demokratie ausdrückte, fand einen für die Konterrevolutionäre völlig überraschenden Widerhall. In den wichtigsten Zentren, in Madrid, Barcelona und anderen Städten gelang es den von den Arbeiter- und republikanischen Parteien mobilisierten, zwar noch ungenügend bewaffneten, aber kampfentschlossenen Massen, den Aufstand nahezu im Keim zu ersticken.

Überall waren die Abgeordneten der Volksfront in ihre Wahlbezirke geeilt, um gemeinsam mit den Vertretern der lokalen demokratischen Organisationen den Widerstand zu organisieren. Unter dem am 19. Juli aus Angehörigen der republikanischen Parteien neu gebildeten Kabinett mit José Giral an der Spitze setzten die demokratischen Parteien und die Gewerkschaften die Rekrutierung von Freiwilligen für die ersten Formationen der Volksmiliz und ihre Bewaffnung durch. Selbst der Madrider Korrespondent der konservativen Londoner „Times" stellte in seinem Bericht fest, daß die Begeisterung dieser Verbände keine Grenzen kannte.[38]

Zum ersten Male in der spanischen Geschichte waren nun in einem Teil Spaniens die Waffen in den Händen der von ihren Organisationen geführten Volksmassen.[39] Die Hoffnung der Putschisten, in Spanien weiteren Boden zu gewinnen, schmolz zu einem Nichts zusammen. Die meuternden Generale, die das Ausmaß des Widerstandes der Volksmassen nicht erwartet hatten, waren in dieser Situation in der

[34] Aus der Erklärung des ehemaligen Obersten der deutschen Wehrmacht und früheren deutschen Militärattachés in Tanger, *H. Remer*, an die Regierung der Sowjetunion am 16. 5. 1946, abgedruckt in der Beilage der Zeitschrift „Neue Zeit", Moskau, Nr. 13, 1. 7. 1946, S. 6.

[35] Ebenda, S. 7, sowie *Spielhagen, Franz*, a. a. O., S. 117, 120.

[36] Aus der Erklärung ... *H. Remers*, a. a. O., S. 7.

[37] Dolores Ibarruri.

[38] „The Times", 21. 7. 1936, S. 16.

[39] *Longo, Luigi*, Die Internationalen Brigaden in Spanien. Berlin 1958, S. 23.

Hauptsache auf die zum großen Teil aus Mauren und Fremdenlegionären zusammengesetzte Kolonialarmee Spanisch-Marokkos angewiesen. Ihre Überführung auf das spanische Festland aber war durch die regierungstreue Haltung der spanischen Luftwaffe und der überwiegenden Mehrheit der Mannschaften der Flotte unmöglich gemacht worden. Vor allem die Weigerung der Marine – die Luftwaffe war zahlenmäßig sehr klein – habe „den ersten Strich durch die Rechnung Francos gemacht . . . (und) den ganzen Plan ins Wanken" gebracht[40], stellte der deutsche Botschaftsrat Voelckers, der, wie wir im vorigen Kapitel gesehen haben, zu den deutschen Diplomaten gehörte, die jahrelang auf den Staatsstreich hingearbeitet hatten, in einer Bilanz der Ereignisse der ersten Monate nach der Auslösung des Putsches bedauernd fest.

In dieser für die Verschwörer aussichtslosen Lage wandten sich die Generale Franco, Queipo de Llano und Mola unter Ausnutzung ihrer engen Verbindungen zu den Vertretern der deutschen Konsulate und Gesandtschaften sowie zur AO an die deutschen Faschisten um Hilfe.[41] Bereits am 22. Juli forderte der Befehlshaber der marokkanischen Truppen, Oberstleutnant Beigbeder, der als früherer spanischer Militärattaché in Berlin gute Beziehungen zu deutschen militärischen Kreisen und besonders zum deutschen Geheimdienst unterhielt[42], im Auftrage Francos dringend 10 Truppentransportflugzeuge „mit möglichst viel Plätzen" an.[43] Am 24. Juli begaben sich zwei spanische Offiziere aus dem Stabe Francos in Begleitung von zwei Funktionären der AO der Nazipartei in einem von den Rebellen beschlagnahmten Flugzeug der Deutschen Lufthansa nach Berlin, um Hitler und Göring Handschreiben Francos mit der Bitte um Unterstützung zu überbringen.[44] Bei den Nazifunktionären handelt es sich um den zuvor erwähnten Adolf P. Langenheim und den in engem Kontakt zu spanischen Militärkreisen[45] stehenden Wirtschaftsstellenleiter der AO der NSDAP in Tetuan, Johannes Bernhardt, der in den folgenden Jahren bei der Entwicklung der wirtschaftlichen

[40] Akten III, Dok. 87, (S. 81).

[41] Über die der Kürze halber nicht wiedergegebenen unabhängig von Franco gestellten Hilfsgesuche *Queipo de Llanos* vom 26. oder 27. Juli und Molas in der ersten Augusthälfte, vgl. Akten III, Dok. 14 (S. 15), Dok. 33 (S. 30f.), Dok. 41 (S. 36).

[42] Akten III, Dok. 5 (S. 8) u. *Bamler, Rudolf*, Der deutsche militärische Geheimdienst . . . In: Probleme . . ., a. a. O., S. 442.

[43] Akten III, Dok. 2 (S. 5).

[44] Akten III, Anmerkung der Herausgeber (S. 3f.) sowie Dok. 6 (S. 9); Dok. 10 (S. 11).

[45] Bernhardt soll über die Putschvorbereitungen der Militärs genauestens informiert gewesen sein und bereits im Juni spanischen Offizierskreisen in Marokko gegenüber die Belieferung der Verschwörer mit Junkersflugzeugen auf Kredit angeboten haben. Obwohl der für die Leitung des Putsches ursprünglich vorgesehene General Sanjurjo, dem das Angebot mitgeteilt worden war, diese Unterstützung abgelehnt hatte, nahm Bernhardt noch im Juni Verhandlungen mit der Firma Junkers auf. Durch die Intervention von Göring, der offenbar die Stärke der Militärs weit überschätzte, wurden die Verhandlungen damals eingestellt. Vgl. *Foltz, Charles, Jr.*, a. a. O., S. 46f.

Beziehungen Hitlerdeutschlands zu Francospanien eine führende Rolle spielte. Während die beiden spanischen Offiziere auf Anraten des deutschen Kriegsministeriums und des Auswärtigen Amtes mit deutschen amtlichen Stellen nicht offiziell in Kontakt traten, sondern bezeichnenderweise als „Gäste der Lufthansa", deren unmittelbare Interessen in Spanien im Kapitel I dieser Arbeit behandelt worden sind, Aufnahme fanden[46], wurden Langenheim und Bernhardt durch die Vermittlung der AO von Hitler empfangen.[47] In einer anschließenden Beratung Hitlers mit Göring, Kriegsminister Generaloberst v. Blomberg und einem Vertreter der Marine kam man grundsätzlich über die Bereitschaft zur Hilfeleistung für Franco überein.[48] Aus der Nichtteilnahme des deutschen Außenministers v. Neurath an dieser Beratung sind von der bürgerlichen Geschichtsschreibung die historische Wahrheit entstellende Schlußfolgerungen gezogen worden. Deshalb erscheint es an dieser Stelle notwendig, auf derartige Behauptungen, wie sie z. B. in den von Geschichtsklitterungen angefüllten Memoiren des zur damaligen Zeit führenden Mitarbeiters der politischen Abteilung des Auswärtigen Amtes und späteren Staatssekretärs, Ernst v. Weizsäcker, auftauchen, näher einzugehen. Nach der Darstellung Weizsäckers sei das Auswärtige Amt von der Nachricht ‚überrascht' worden, daß Deutschland den Putschisten militärische Hilfe leisten werde.[49] Amerikanische Historiker, die infolge der Zusammenarbeit ihrer Regierung mit zahlreichen ehemals führenden Vertretern Hitlerdeutschlands in den Jahren nach 1945 an der Reinwaschung dieser Kreise besonderes Interesse hatten, griffen diese These Weizsäckers auf. So wird in einem amerikanischen Sammelwerk über leitende Mitglieder der diplomatischen Korps der Großmächte hervorgehoben, daß die Politik, die Deutschland gegenüber Franco betrieben habe, die Politik der AO der Nazipartei und nicht die des Auswärtigen Amtes gewesen sei.[50] Obwohl sich der Verfasser G. Craig, als Beleg für die Zersetzungsarbeit der AO auf die auch von uns mehrfach herangezogenen in Barcelona beschlagnahmten Dokumente bezieht, aus denen gerade die enge und von uns behandelte[51] Zusammenarbeit der AO und der dem Auswärtigen Amt unterstehenden diplomatischen Vertreter deutlich hervorgeht, und obwohl verschiedentlich auch Materialien des Auswärtigen Amtes aus dem von den westlichen Alliierten veröffentlichten Aktenband über Spanien zitiert werden, in dem sich zahlreiche Belege für die Unterstützung der Verschwörer-Generale durch die deutschen diplomatischen Vertretungen in Spanien nach der Auslösung des Putsches sowie über die aktive Rolle des Auswärtigen Amtes in Berlin befinden[52], konstruiert er einen Gegensatz zwischen den deut-

[46] Akten III, Dok. 10 (S. 11f.).

[47] Akten III, Anmerkung der Herausgeber (S. 4), insbesondere Fußn. 1.

[48] Ebenda.

[49] *Weizsäcker, Ernst von*, Erinnerungen. München, Leipzig, Freiburg i. Br. 1950, S. 129.

[50] *Craig, Gordon A.* u. *Gilbert, Felix* (Hrsg.), The Diplomats 1919–1939. Princeton, 1953, S. 429.

[51] Vgl. Kapitel II.

[52] Daß sich führende Mitarbeiter der deutschen diplomatischen Vertretungen, darunter der jahrelange Förderer des spanischen Faschismus und zur damaligen

schen Berufsdiplomaten und der in den Augen der Völker völlig diskreditierten Naziorganisation. Das Ziel dabei ist offenkundig. Den amerikanischen Geschichtsschreibern geht es darum, die ihnen klassenmäßig verwandten deutschen Kreise von der Mitschuld an der verbrecherischen Politik der Kriegsvorbereitung freizusprechen und ihrer Wiederverwendung im Dienste des mit den USA verbündeten Bonner Bundesstaates nichts in den Weg zu legen. Das Eingehen der Hitlerregierung auf die Hilfegesuche der faschistischen Generale ist jedoch nicht zurückzuführen auf den Einfluß der AO der Nazipartei oder gar den „plötzlich gefaßten Entschluß" führender Vertreter des Naziregimes, sondern es war unter den neu entstandenen Bedingungen die folgerichtige Fortsetzung der Politik, die der deutsche Imperialismus seit Jahren gegenüber Spanien betrieben hatte. Wenn Vertreter des AA und des Oberkommandos der Wehrmacht in den ersten Wochen nach der Auslösung des Putsches Bedenken gegen eine offene politische und militärische Unterstützung Francos anmeldeten[53], so geschah das nicht, weil sie mit der Linie dieser Politik nicht übereinstimmten, sondern weil sie die Ausweitung des Konfliktes in Spanien zu einem europäischen Krieg befürchteten, für den die kriegswirtschaftlichen, rüstungstechnischen und politischen Vorbereitungen Hitlerdeutschlands noch nicht weit genug gediehen waren.

Die einzelnen Maßnahmen zur Unterstützung Francos wurden Ende Juli in mehreren Besprechungen der führenden Vertreter der Naziregierung, bei denen sich der erprobte „Spanienspezialist", der Chef der deutschen Abwehr, Canaris, aktiv einschaltete[54], festgelegt. Canaris war es auch, der nach eiligst durchgeführten Gesprächen in Rom mit dem ihm befreundeten damaligen Chef des italienischen Nachrichtendienstes, General Roatta, die Zusage Mussolinis für die weitere Unterstützung Francos durch Italien erreichte.[55] Dabei wurde auch die enge Zusammenarbeit des deutschen und italienischen Geheimdienstes in Spanien selbst und von Spanien aus gegen die am Mittelmeer interessierten Staaten Großbritannien und Frankreich vereinbart.[56] An einer aktiven Teilnahme Italiens war Hitlerdeutschland aus verschiedenen Gründen besonders interessiert. Für die Verwirklichung der von den deutschen Imperialisten erstrebten wirtschaftlichen

Zeit in Paris akkreditierte deutsche Botschafter, Graf Welczeck, aktiv für die militärische Hilfeleistung Hitlerdeutschlands einsetzten, geht besonders deutlich aus den Dok. 14 (S. 15), 25 (S. 22f.), 41 (S.36), 43 (S. 38f.) des genannten Aktenbandes (Akten III) hervor. Über die Einschaltung des AA bei der Unterstützung der Meuterer in den folgenden Wochen vgl. u. a. ebenda, Dok. 59 (S. 52), 113 (S. 105f.).

53 Vgl. z. B. Akten III, Dok. 50 (S. 44ff.).

54 Aus der Erklärung des ehemal. Generalleutnants der deutschen Wehrmacht, R. Bamler, über Franco als Agenten des deutschen Spionagedienstes vom 12. 5. 1946 an die Regierung der Sowjetunion, abgedruckt in: Beilage zur „Neuen Zeit", Nr. 13, 1. 7. 1946, S. 4; *Abshagen, Karl-Heinz,* a. a. O., S. 162.

55 Aus der Erklärung ... *R. Bamlers,* a. a. O., S. 4f.; *Abshagen, Karl-Heinz,* a. a. O., S. 162.

56 Aus der Erklärung ... *R. Bamlers,* a. a. O., S. 5.

und politischen Beherrschung Spaniens kam Italien als ernsthafter Rivale nicht in Betracht. Als nennenswerter Konkurrent auf dem spanischen Markt war Italien in der Vergangenheit nicht in Erscheinung getreten. Es hatte auch – im Gegensatz zu Deutschland – in den Jahren vor der Auslösung des Franco-Putsches von Spanien keinerlei konkrete Zusagen auf wirtschaftlichem Gebiet erhalten.[57] Die machtpolitischen, vornehmlich strategischen Interessen, die das imperialistische Italien im Mittelmeerraum verfolgte und deren Verwirklichung Mussolini im Falle der Errichtung einer demokratischen spanischen Republik gefährdet sah, hofften die deutschen Imperialisten zu ihren Gunsten ausnutzen zu können. Eine militärische Bindung Italiens in Spanien als offener Ausdruck des Kampfes um die Verwandlung des Mittelmeeres in ein „italienisches" Meer mußte zwangsläufig die Spannungen zwischen Italien und Großbritannien und Frankreich erhöhen. Bei einer weiteren Verschlechterung der durch den Abessinienkrieg bereits zugespitzten Beziehungen Italiens zu den Westmächten aber war damit zu rechnen, daß Italien mehr und mehr an die Seite Hitlerdeutschlands gedrängt werden, seinen Widerstand gegen die Expansionspläne der deutschen Imperialisten in Mitteleuropa, speziell im Donauraum[58], aufgeben würde und nach einer Festigung der deutsch-italienischen Beziehungen durch den gemeinsamen Kampf in Spanien als direkter Bündnispartner Hitlerdeutschlands gewonnen werden konnte. Die im Oktober 1936 offiziell gebildete „Achse" Berlin-Rom zeigt, daß diese Rechnung der deutschen Imperialisten aufging. Die von Deutschland und Italien am 18. November 1936 vorgenommene Anerkennung Francos als „rechtmäßiges" spanisches Regierungsoberhaupt war bereits ein deutlicher Ausdruck ihrer koordinierten Politik.

Während die deutsche Regierung vor der Weltöffentlichkeit jede Unterstützung der faschistischen Generale durch Hitlerdeutschland leugnete, ließ sie keine Zeit verstreichen, um insgeheim mit der Verwirklichung der zugesagten Hilfe zu beginnen. Als erstes stellte sie eine Gruppe von 18 Transportflugzeugen Ju 52, eine Jagdstaffel von 12 Flugzeugen des Typs He 51 und eine Flakbatterie mit 8,8 cm-Geschützen zur Verfügung.[59] Am 5. August erreichte die erste Einheit der Naziwehrmacht Cadiz.[60]

Mit den von Deutschland gelieferten und von Flugzeugbesatzungen der Deutschen Lufthansa gesteuerten[61] Transportflugzeugen landeten innerhalb von wenigen

[57] DZA Potsdam, AA, Büro RAM, Akte Nr. 67 910, Bl. 129 (anonyme Aufzeichnung für Ministerialdirektor Wiehl, vom 17. 9. 1940).

[58] Noch 1934 hatte sich Mussolini bekanntlich dem Interventionsversuch des deutschen Imperialismus in Österreich erfolgreich widersetzt.

[59] Aus der Erklärung *E. Jaeneckes*, Leiter des Sonderstabes „W" des Reichsluftfahrtministeriums von Oktober 1936–November 1938, an die Regierung der Sowjetunion, abgedruckt in der Beilage der Zeitschrift „Neue Zeit", Nr. 13, 1. 7. 1946, S. 10.

[60] „Die Wehrmacht", Organ des Oberkommandos der Wehrmacht, Nr. 12, 7. 6. 1939, S. 4.

[61] Streng geheimes Schreiben der Deutschen Lufthansa, vom 28. 6. 1939 an den Reichsfinanzhof München. Photokopie des Originals befindet sich im DWI, Berlin (4247).

Tagen 15000 Fremdenlegionäre und Marokkaner mit Franco an der Spitze in Südspanien[62], wodurch die Voraussetzung für die Verbindung der afrikanischen Truppen Francos mit den bewaffneten Kräften Queipo de Llanos geschaffen war. Durch die laufende weitere Versorgung mit Kriegsmaterial in den folgenden Wochen, die zum Teil unter Ausnutzung Portugals[63] als Waffenumladeplatz erfolgte, sicherte die deutsche Regierung den immer wieder von den Francoschen Generalen geforderten Nachschub. Die Entscheidung über die Bewilligung der erbetenen Flugzeuge, Waffen und Munition lag in dieser Periode in der Hand von Canaris, dessen Vertrauensleute in Spanien ihm detaillierte Berichte über die militärische Lage und die Forderungen der spanischen Militärs zukommen ließen.[64] Auch die italienische Regierung hatte bereits Ende Juli die ersten Flugzeuge und Mannschaften zur Verfügung gestellt.[65] – Von außerordentlicher Bedeutung für die Unterstützung der Putschisten war die Konzentration eines großen Teiles der deutschen Kriegsflotte in den spanischen Gewässern. Unter dem Vorwand, den Abtransport deutscher „gefährdeter" Staatsbürger sicherstellen zu müssen, liefen in den ersten Wochen nach der Auslösung des Putsches die Panzerschiffe „Deutschland" und „Admiral Scheer", der Kreuzer „Köln" und die Torpedo- und U-Boote „Seeadler", „Albatros", „Luchs", „Leopard", „Kondor" und „Möwe" spanische Häfen an.[66] Die Zahl der durch italienische und deutsche Handelsschiffe noch ergänzten[67] Kriegsschiffe stand in keinem Verhältnis zu den Notwendigkeiten, die zur Durchführung der Evakuierung deutscher Bürger erforderlich gewesen wären. Hinzuzufügen ist, daß die „Gefährdung" überhaupt nur durch die von den deutschen Imperialisten verfolgte Politik der Förderung der Staatsstreichvorbereitungen und der aktiven militärischen Unterstützung Francos hervorgerufen wor-

[62] General, später Generalfeldmarschall, *Sperrle*, In: „Wir kämpften in Spanien" Sonderheft des Organs des Oberkommandos der Wehrmacht, „Die Wehrmacht", 1939, S. 2.

[63] Das faschistisch regierte Portugal hatte bereits nach der Errichtung der spanischen Republik im Jahre 1931 einer Reihe spanischer Aristokraten, Militärs und offener Faschisten Asyl geboten. Nach der Auslösung des Franco-Putsches verfolgte die portugiesische Regierung Salazar eine Politik der offenen Unterstützung Francos. Sie ermöglichte die Belieferung Francos mit deutschem Kriegsmaterial und stellte den Rebellen auch das drittgrößte Kontingent ausländischer Söldnertruppen zur Verfügung.

[64] Akten III, Dok. 33 (S. 30), 41 (S. 36), 43 (S. 38f.), 44 (S. 39).

[65] Ebenda, Dok. 18 (S. 17).

[66] DZA Potsdam, AA, Politische Abteilung, Akte Nr. 61156, Bl. 249ff. (Geheime Kommandosache. Tätigkeitsbericht des Befehlshabers der Linienschiffe während der Entsendung in die spanischen Gewässer mit den Schiffen Panzerschiff „Deutschland", „Admiral Scheer", Kreuzer „Köln", der 2. Torpedoflottille und den U-Booten „Möwe" und „Kondor" in der Zeit vom 23. 7.–27. 8. 1936, ohne Datum.)

[67] *Giese, Fritz E.*, Die deutsche Marine 1920–1945. Aufbau und Untergang. Frankfurt (Main) 1956, S. 52.

den war. Bei den deutschen Flottenaktionen in spanischen Gewässern handelte es sich um eine zusätzliche Unterstützung der Rebellen und um eine Provokation der rechtmäßigen spanischen Regierung. Daß die deutschen Kriegsschiffe sich faktisch im direkten Einsatz auf Seiten Francos befanden, wurde am deutlichsten durch den demonstrativen Besuch des Panzerschiffes „Deutschland" und des Torpedobootes „Luchs" in Ceuta am 3. August 1936 dokumentiert.[68] Nachdem das Geschwader durch sein beständiges Manövrieren vor dem von der spanischen Regierung eingesetzten spanischen Kriegsschiff „Jaime I" dessen gegen Ceuta gerichtete Geschütze zum Schweigen gezwungen und die Beschießung des Rebellenstützpunktes verhindert hatte[69], wurde der Chef des Geschwaders, Admiral Carls, von Franco in Tetuan offiziell empfangen. Die Aufnahme der deutschen Offiziere, die ihren Höhepunkt in einem zu Ehren des deutschen Kommandanten veranstalteten Frühstück fand, zu dem neben spanischen Stabsoffizieren u. a. auch die inzwischen aus Berlin zurückgekehrten deutschen Emissäre Francos, Langenheim und Bernhardt, geladen waren[70], gestaltete sich zu einer Demonstration des gemeinsamen Kampfes der deutschen und spanischen Faschisten.

Die Entsendung großer Teile der deutschen Flotte in spanische Gewässer diente dem Transport der ersten Kriegsmateriallieferungen[71], schützte die wenigen den Putschisten zur Verfügung stehenden spanischen Schiffe vor Angriffen, sicherte ihnen die Freiheit des Manövrierens zur See und gestattete die Überführung eines Teiles der marokkanischen Truppen auf dem Seeweg nach Spanien.[72] Sie trug zur Hebung der infolge der unerwarteten Niederlagen bereits erschütterten Kampfmoral der

[68] Vgl. hierzu Akten III, Dok. 27 (S. 24 ff.) u. DZA Potsdam. AA, Politische Abt., Akte Nr. 61 156, Bl. 275 ff. (Geh. Kommandosache, Tätigkeitsbericht des Befehlshabers . . .).

[69] „Rundschau" (Basel), Nr. 36, 1936, S. 1465.

[70] Akten III, Dok. 27 (S. 25) u. DZA Potsdam, AA, Politische Abt., Akte 61156, Bl. 277 (Geh. Kommandosache. Tätigkeitsbericht des Befehlshabers . . .).

[71] DZA Potsdam, AA, Politische Abt., Akte Nr. 61 156, Bl. 267, 279 f., 284 f., 296–307 (Geh. Kommandosache. Tätigkeitsbericht des Befehlshabers . . .). Insbesondere durch den sogenannten Kamerun-Zwischenfall erfuhr die Weltöffentlichkeit von der Art des Vorgehens der deutschen Imperialisten. Am 20. August hatte der republikanische Kreuzer „Libertad" innerhalb der 3-Meilen-Grenze in der Straße von Gibraltar den deutschen Dampfer „Kamerun" angehalten. Sofort drohte die deutsche Regierung mit Gewaltmaßnahmen gegen die republikanische Flotte. Die offizielle deutsche Nachrichtenagentur dementierte, daß das Schiff Kriegsmaterial geladen habe und erklärte, der Zweck der Fahrt der „Kamerun" bestände lediglich darin, Flüchtlinge in Cadiz an Bord zu nehmen. Daraufhin wurde von einer Durchsuchung des Kargos durch die Mannschaften des republikanischen Schiffes Abstand genommen und der „Kamerun" die Weiterfahrt gestattet. Nach ihrer Landung in Lissabon am 22. August wurde umgehend die Löschung und Weiterbeförderung des angeblich nicht vorhandenen Kriegsmaterials an Franco in die Wege geleitet. Vgl. Akten III, Dok. 48 (S. 43), 52 (S. 47) sowie *Oliveira, A. Ramos*, a. a. O., S. 586 f.

[72] „Rundschau" (Basel), Nr. 24, 1938, S. 794.

spanischen Faschisten und auch zu ihrer zahlenmäßigen Verstärkung bei. Unter den von der deutschen Flotte zwischen Ende Juli und Spätherbst 1936 abtransportierten 15000 Personen befanden sich über 9000 Ausländer[73], von denen der größte Teil spanische Faschisten waren, die sich auf diese Weise dem Zugriff der republikanischen spanischen Behörden entzogen.[74] Viele von ihnen stellten sich im Rebellengebiet Franco zur Verfügung. Die nach Deutschland beförderten deutschen „Flüchtlinge" bildeten für den deutschen Geheimdienst das Reservoir, aus dem Canaris in den folgenden Jahren den Spanien bearbeitenden Teil seines Abwehrapparates auffüllte.[75]

An der Evakuierung von deutschen „Flüchtlingen" beteiligte sich auch die Deutsche Lufthansa, für die der von ihr speziell eingerichtete „Spaniennotdienst 1936" zu einem denkbar guten Geschäft wurde. Über die vom Reichsluftfahrtministerium im Jahre 1936 bereits für diesen Zweck zur Verfügung gestellten 265800 RM hinaus erhob die Lufthansa für die in diesem Zusammenhang geleisteten Dienste eine weitere Forderung von 202800 RM[76]. Mit der Summe von insgesamt 468600 RM wurden zweifellos die aus der Einstellung ihres Flugdienstes auf der Strecke Barcelona-Madrid[77] bedingten Verluste mehr als wettgemacht.

Es ist nicht Aufgabe dieser Arbeit, im einzelnen die militärischen Maßnahmen und das Ausmaß der Intervention der faschistischen Mächte darzulegen. Wenn das erste militärische Eingreifen des deutschen Imperialismus zugunsten Francos ausführlicher geschildert wurde, so deshalb, um zu zeigen, daß sich der Charakter des als Bürgerkrieg begonnenen militärischen Kampfes bereits in den ersten Tagen nach der Auslösung des von den spanischen und deutschen Faschisten gemeinsam vorbereiteten und in enger Zusammenarbeit durchgeführten Staatsstreiches in einen Interventionskrieg verwandelte, den die deutschen Imperialisten zur Durchsetzung ihrer politischen und ökonomischen Interessen in Spanien zu nutzen

[73] *Giese, Fritz, E.*, a. a. O., S. 53; von der britischen Flotte wurden 6000 Engländer, Franzosen und Amerikaner im Juli 1936 evakuiert. Vgl. „The Times", 22. 7. 1936, S. 15.

[74] DZA Potsdam, AA, Politische Abt., Akte Nr. 61156, Bl. 257, (Geh. Kommandosache, Tätigkeitsbericht des Befehlshabers ...); *J. L. Davies*, langjähriger Korrespondent der liberalen englischen Zeitung „News Chronicle" und Mitglied einer im Herbst 1936 in London gebildeten Kommision zur Untersuchung der faschistischen Intervention in Spanien, konnte anhand aufgefundener Dokumente nachweisen, daß ein Teil der evakuierten spanischen Faschisten sogar von Beauftragten der Naziregierung aus Gründen der Sicherheit mit deutschen Pässen ausgerüstet wurde. Vgl. „Rundschau" (Basel), Nr. 46, 1936, S. 1910.

[75] Aus der Erklärung ... *H. Remers*, a. a. O., S. 7.

[76] Anhang I zum Bericht Nr. 10319 der Deutschen Revisions- und Treuhand-AG, Berlin, über die bei der Deutschen Lufthansa, AG, Berlin, vorgenommene Prüfung des Jahresabschlusses zum 31. 12. 1937, Bl. 23, 25, 50. Photokopie des Originals befindet sich im DWI, Berlin.

[77] Vertraulicher Bericht der Deutschen Lufthansa, AG, über das 3. Vierteljahr 1936, S. 1. Photokopie des Originals befindet sich im DWI, Berlin.

wußten.[78] Gleichzeitig sollte damit das damals in der faschistischen Propaganda zur Rechtfertigung der Intervention der deutschen und italienischen Imperialisten gebrauchte Argument widerlegt werden, daß die „Roten" – eine Bezeichnung, unter der nicht nur die Sowjetunion, sondern groteskerweise auch die Regierungen Frankreichs und Großbritanniens verstanden wurden – als erste zugunsten der spanischen Republik „interveniert" hätten und daß die Unterstützung Francos durch die faschistischen Mächte nur erfolgt sei, um deren Hilfe zu neutralisieren. Die angeführten Tatsachen beweisen, daß die faschistische militärische Intervention unmittelbar nach Beginn des Putsches und keineswegs als „Gegenmaßnahme" gegen irgendwelche Aktionen anderer Mächte erfolgte. Außerdem kann man natürlich überhaupt nicht – wie das in Darstellungen reaktionärer bürgerlicher Historiker häufig geschieht[79] – den von Hitlerdeutschland und Italien mit militärischen Mitteln unternommenen Versuch, die legale demokratische spanische Regierung zu stürzen und eine konterrevolutionäre Minderheit an die Macht zu bringen, gleichstellen mit der Unterstützung, die die rechtmäßige spanische Regierung durch Lebensmittel- und Waffenlieferungen entsprechend früher abgeschlossenen Handelsverträgen mit anderen Staaten sowie durch den Einsatz der für die Demokratie, die Erhaltung des Weltfriedens und die Unabhängigkeit Spaniens kämpfenden Mitglieder der Internationalen Brigaden im Herbst 1936 erhielt.
Für das spanische Volk wurde der bewaffnete Kampf gegen die Verschwörer-Generale durch die militärische Intervention der faschistischen Staaten zu einem Unabhängigkeitskrieg, zu einem national-revolutionären Befreiungskrieg, der trotz nahezu unüberwindlicher Schwierigkeiten infolge des Mangels an Waffen und Munition, an ausgebildeten militärischen Kadern und einer einheitlichen militärischen Leitung mit außerordentlichem Elan und größter Kampfentschlossenheit von den Werktätigen nahezu drei Jahre gegen die eigenen Unterdrücker und die ausländischen Invasoren geführt wurde. Das spanische Volk lieferte der Welt, insbesondere den kleineren, vom deutschen Imperialismus besonders bedrohten Nationen, den Beweis, daß es möglich und notwendig war, den Anschlag der faschistischen Mächte auf die Freiheit und Unabhängigkeit abzuwehren und die Aggressoren in die Schranken zu weisen. Wahre Heldentaten voll-

[78] Vgl. Kapitel IV bis VII.

[79] So wird z. B. in der von *Hermann Mau* und *Helmut Krausnick* verfaßten Deutschen Geschichte der jüngsten Vergangenheit 1933–1945, Stuttgart 1953, in der dem Spanienkrieg ganze 5 Zeilen gewidmet werden (S. 82), eine derartige Gleichstellung vorgenommen. Ähnlich verfährt *Hans Herzfeld*, der sich zwar zu dem Eingeständnis durchringt, daß Francos „Erhebung" von Anfang an durch Deutschland und Italien begünstigt worden sei, jedoch die Intervention der faschistischen Mächte erst darauf zurückführen will, daß „sich sehr bald ein Zustand annähernden Gleichgewichts zwischen beiden Lagern in Spanien ergab" und so „die Versuchung übermächtig" wurde, „den Sieg der eigenen politischen Richtung durch Hilfe von außen her zu suchen". Vgl. Weltmächte und Weltkriege. Die Geschichte unserer Epoche 1890–1945 (Die moderne Welt, T. 2). Braunschweig 1952, S. 313.

brachten die spanischen Werktätigen unter Führung der Kommunistischen Partei Spaniens in diesen Jahren, sowohl in den militärischen Kämpfen an den Fronten, als auch bei der Errichtung der Grundlagen einer volksdemokratischen Ordnung[80], die den spanischen Arbeitern und Bauern zum ersten Male ein Leben in Wohlstand und Frieden auf die Dauer gesichert hätte.

Trotz der Anfangserfolge, die die Francoschen Truppen infolge der deutschen und italienischen Unterstützung während der ersten Wochen des Interventionskrieges mit der Unterwerfung großer Teile der nördlichen sowie der südlichen Provinzen Spaniens errungen hatten, entsprach die militärische Lage nicht den Erwartungen der spanischen und ausländischen Faschisten. Der erbitterte Widerstand der Republikaner, der in verstärktem Maße nach der Bildung der ersten Volksfrontregierung am 4. September 1936 einsetzte, machte es offenkundig, daß die Kräfte der faschistischen Generale nicht ausreichten, um Madrid, das Herz des republikanischen Widerstandes, zu erobern und die Kriegsentscheidung zu erzwingen.[81] Wiederum wurde General Franco aus der nahezu ausweglos erscheinenden Situation durch die Vermittlung seines alten Freundes, des Chefs der deutschen Abwehr, Canaris, befreit. Anfang September hatte sich Canaris in das Francosche Hauptquartier in Cáceres begeben[82], um über Art und Umfang weiterer Hilfsmaßnahmen durch die faschistischen Mächte zu beraten. Im Ergebnis dieser Verhandlungen begann im November 1936 die Masseninvasion deutscher und italienischer Söldnertruppen. Bereits im Oktober waren von dem im Göringschen Luftfahrtministerium gebildeten Sonderstab „W"[83], dem die personelle und mate-

[80] Die Regierung der Volksfront löste das Kernproblem zur Überwindung der Rückständigkeit der spanischen Wirtschaft, indem sie die Agrarreform durchführte. Durch den Beschluß der Übergabe des Landbesitzes faschistischer Gutsbesitzer und kirchlicher Würdenträger an landlose und landarme Bauern erhielten 312 000 Bauernfamilien Grund und Boden. Die Regierung gewährte den neuen Besitzern weitere Unterstützung zur Behebung der Anfangsschwierigkeiten durch Kredite u. ä. Zu den Errungenschaften gehörten weiterhin die Nationalisierung der von ihren Besitzern verlassenen Banken und Industriebetriebe, Einführung der Arbeiterkontrolle und Planung der Produktion, Erhöhung der Löhne, Trennung von Kirche und Staat, Brechung des Bildungsmonopols, Schaffung einer autonomen Regierung im Baskenland und Festigung der Katalonischen Autonomie. Vgl. *Ibarruri, Dolores,* Der national-revolutionäre Krieg . . ., a. a. O., S. 30 f.

[81] Der Oberbefehlshaber der deutschen Flotte, Admiral Raeder, wies bereits in seiner am 22. August sowohl Hitler als auch dem Auswärtigen Amt zugeleiteten Aufzeichnung über die Lage in Spanien darauf hin, es sei „nicht damit zu rechnen, daß die Regierung Franco sich ohne großzügige Unterstützung von außen selbst nach äußeren Erfolgen auf die Dauer halten kann." Akten III, Dok. 50 (S. 45).

[82] *Foltz, Charles, Jr.,* a. a. O., S. 49; *Abshagen, Karl-Heinz,* a. a. O., S. 163; weitere Beratungen über die militärische Hilfe fanden im Oktober 1936, zwischen Canaris und General Franco statt. Vgl. Akten III, Dok. 113, (S. 105 f.).

[83] Die Führung des Stabes hatte der General der Flieger, Wilberg; daher die Bezeichnung Sonderstab „W". Wilberg hatte in den zwanziger Jahren im Rahmen

rielle Versorgung der bereits in Spanien kämpfenden deutschen Verbände oblag, unter strengster Geheimhaltung die organisatorischen Vorbereitungen für die Durchführung der Franco zugesagten umfangreichen deutschen Waffenhilfe getroffen worden.[84] 6500 deutsche „Zivilisten", Angehörige der in der Legion Condor zusammengefaßten Interventionsstreitkräfte, landeten Anfang November 1936 in Cadiz, nachdem sie wenige Tage zuvor in voller Uniform unter Vortäuschung einer Winterübung auf deutschen Handelsdampfern die Ostseehäfen Stettin und Swinemünde verlassen hatten.[85] Mit den für sie in Sevilla bereitstehenden deutschen Flugzeugen, Flakgeschützen, Waffen, Kraftfahrzeugen und dem Nachrichtengerät wurden in kurzer Frist folgende Verbände aufgestellt[86]:

Luftwaffe

1 Kampffliegergruppe zu 4 Staffeln zu je 12 Bombern
1 Jagdgruppe gleicher Zusammensetzung
1 Aufklärungsstaffel mit 12 Flugzeugen
1 Seefliegerstaffel } in wechselnder Stärke
1 Versuchsstaffel }
1 Flakabteilung zu 4 Batterien von je 4 Geschützen von 8,8 cm und zusätzlichen 2-cm-Geschützen
1 Luftnachrichtenabteilung
1 Luftsanitätsabteilung
1 Park der Luftwaffe

Heer

1 Panzerabteilung zu 4 Kompanien mit je 12 Panzern
1 Horchkompanie

Marine

Eine kleinere Marinegruppe wurde ebenfalls – unter der Tarnbezeichnung „Gruppe Nordsee" – der Legion Condor angegliedert.

Der vor der Weltöffentlichkeit geleugnete Einsatz der Legion Condor sowie das nicht verheimlichte Eingreifen der zahlenmäßig weit stärkeren italienischen Truppenverbände[87], die Ausbildung des Francoschen Heeres durch deutsche Offi-

der geheimen Wiederaufrüstungsmaßnahmen die getarnte, aus erfahrenen ehemaligen Fliegeroffizieren gebildete Fliegerabteilung im Reichswehrministerium geleitet. Vgl. *Taylor, Telford,* Sword and Swastika. Generals and Nazis in the Third Reich. New York 1952, S. 30.

84 Vgl. die Erklärungen ... *H. Remers* u. *E. Jaeneckes* ... a. a. O., S. 7ff.

85 Das Unternehmen lief unter der Tarnbezeichnung „Winterübung Rügen". Vgl. die Erklärung ... *E. Jaeneckes,* a. a. O., S. 11, sowie *Sperrle,* a. a. O., S. 2.

86 Aus der Erklärung ... *E. Jaeneckes,* a. a. O., S. 11 u. O. V.: „Die Marinetruppen der Legion Condor". In: „Wir kämpften in Spanien" ..., a. a. O., S. 37.

87 Die ersten italienischen Divisionen trafen im Dezember ein; vgl. Akten III, Dok. 161 (S. 152); die Zahl der allein in den Monaten Dezember 1936 bis Januar 1937 entsandten italienischen Truppenverbände erreichte nahezu 50000 Mann. Vgl. *Longo, Luigi,* a. a. O., S. 156.

ziere[88] und die laufende Versorgung des spanischen Militärs mit deutschem Kriegsmaterial ermöglichten Franco im Laufe von nahezu drei Jahren die allmähliche Eroberung des spanischen Territoriums.

Für die vom deutschen Imperialismus während des zweiten Weltkrieges praktizierte barbarische Kriegsführung wurde Spanien das Übungsfeld. Mit den Terrorbombardierungen spanischer, militärisch nicht bedeutender Städte, unter ihnen Durango und die heilige Stadt der Basken, Guernica, die der damalige Botschafter in London, von Ribbentrop, die Stirn hatte, frech zu leugnen[89] und bei denen bezeichnenderweise die im Besitz deutscher Monopole befindlichen Industrieanlagen im Baskenland keinen Schaden litten[90], wurden auf spanischem Boden die Erfahrungen für das „Ausradieren" offener Städte, für die brutale Vernichtung der Zivilbevölkerung während des zweiten Weltkrieges, gesammelt. „Es war so richtig Krieg, wie wir ihn uns schon lange gewünscht hatten"[91], diese Aussage eines in Spanien eingesetzten deutschen Fliegeroffiziers spiegelte die bei den Angehörigen der Legion Condor vorherrschende Kriegs- und Abenteurerideologie wider. Über die wahren Ursachen der Ereignisse und über die vom deutschen Imperialismus in Spanien verfolgten Ziele von den Machthabern des Dritten Reiches bewußt im unklaren gehalten, verblendet durch die faschistische Propaganda, derzufolge sie als „Retter des Abendlandes vor dem Bolschewismus" eine „Mission" zu erfüllen hatten, ließen sie sich im Interesse des internationalen Monopolkapitals für einen Legionärssold zur Niederwerfung der Freiheit und Demokratie mißbrauchen. „Zwei Jahre Kriegserfahrungen sind nützlicher gewesen als zehn Jahre Ausbildung in Friedenszeiten", erklärte General Reichenau in einem im Sommer 1938 vor deutschen Militärkreisen gehaltenen Vortrag[92], in dem Spanien als die Kriegshochschule Deutschlands bezeichnet wurde. Unter kriegsmäßigen Bedingungen bot sich den deutschen Militärs Gelegenheit, vor allem das von den deutschen Konzernen entwickelte neue Kriegsmaterial[93] auf

[88] Bis Juni 1938 hatten bereits 25000 Offiziere und Offiziersanwärter von deutschen Ausbildungsoffizieren geleitete Kurse besucht. Vgl. Akten III, Dok. 614 (S. 590); insgesamt sollen von der Legion Condor während der drei Kriegsjahre rund 56000 Mann, d. h. nahezu das gesamte Unterführerkorps, ausgebildet worden sein. „Deutsche Allgemeine Zeitung", Nr. 337, 16. 7. 1939, Archiv des ehemal. Landbundes, Bd. 49, Jg. 2, Bl. 12, MfdG, Berlin.

[89] DZA Potsdam, AA, Büro RAM, Akte Nr. 57 926, Bl. 23. „Berliner Lokalanzeiger", Nr. 108, 6. 5. 1937, vgl. auch Akten III, Dok. 251 (S. 239).

[90] *Renn, Ludwig,* Der Spanische Krieg. Berlin 1955, S. 247f.

[91] Hauptmann *Lützow,* „Ein deutscher Flieger erlebt die Brunette-Offensive". In: „Wir kämpften in Spanien" . . ., a. a. O., S. 26.

[92] Der Wortlaut dieses Vortrages wurde im Juli 1938 in der französischen und englischen Presse veröffentlicht. Nach der französischen Zeitung „L'Ordre" wurde sie von der Baseler Rundschau auszugsweise in Nr. 36, 1938, S. 1199f., abgedruckt.

[93] Wie der ehemalige Generalfeldmarschall *v. Kesselring* berichtet, war man vor allem an der Erprobung der in Einführung begriffenen Flugzeuge und Waffen,

seine Brauchbarkeit hin zu erproben sowie den Stand der Ausbildung der Offiziere und Mannschaften zu überprüfen. Durch einen von Göring angeordneten häufigen Wechsel der eingesetzten militärischen Kader[94] wurde dafür Sorge getragen, daß die im „scharfen Schuß" gewonnenen Erfahrungen nicht nur auf einen kleinen Kreis beschränkt blieben.

3. Die „Nichteinmischungspolitik" der Westmächte – eine faktische Unterstützung Francos

Die mit der Entsendung der ersten Formationen der Legion Condor von Hitlerdeutschland begonnene Intervention großen Stils konnten die deutschen Imperialisten wagen, weil ihre aggressive Politik in den vorhergehenden Jahren, der verschiedentliche Bruch des Versailler Vertrages, von den Westmächten stillschweigend geduldet worden war.[95] Auch die unzulänglichen und durch die Haltung Großbritanniens und Frankreichs letztlich zur Farce gewordenen Sanktionen, mit denen der Völkerbund den Überfall Italiens auf Abessinien beantwortet hatte, waren keineswegs dazu angetan, als abschreckendes Beispiel auf die deutschen Aggressoren zu wirken. Wenn die deutsche Intervention in Spanien unter strengster Geheimhaltung durchgeführt wurde, so geschah das, weil die Hitlerregierung im Falle einer offenen militärischen Einmischung des deutschen Imperialismus in die Angelegenheiten eines fremden, souveränen Staates ein Aufflammen des Widerstandes der deutschen Werktätigen und eine solche Empörung der Volksmassen in allen Ländern befürchten mußte, deren Ausmaß die Regierungen der Westmächte zur Unterstützung der rechtmäßigen spanischen Regierung und zu einer entschlossenen Haltung gegenüber dem Aggressor gezwungen haben könnte.[96]

wie Stuka 87, Me 109, 8,8 cm Flak u. a. interessiert. Dieser eingefleischte deutsche Militär und Kriegsverbrecher hob noch im Jahre 1953 voller Stolz hervor, daß die „außerplanmäßige Schulung" der deutschen Luftwaffe in Spanien bei den „glänzenden Erfolgen im Polenkrieg Früchte" trug! Vgl. Bilanz des zweiten Weltkrieges. Erkenntnisse und Verpflichtungen für die Zukunft. Oldenburg/Hamburg 1953, S. 148.

[94] Vgl. Aussage *Görings* im Nürnberger Prozeß, IMGN, Bd. IX, S. 317.

[95] Weder der Wiedereinführung der Wehrpflicht und der offenen Aufrüstung im allgemeinen, noch der Besetzung der entmilitarisierten Rheinlandzone durch Hitlerdeutschland waren die Westmächte wirksam entgegengetreten. Mit der Unterzeichnung des deutsch-englischen Flottenabkommens im Juni 1935 hatte Großbritannien besonders deutlich zum Ausdruck gebracht, daß es die Liquidierung der entsprechenden Punkte des Versailler Vertrages billigte. In diesem Abkommen gestattete Großbritannien den deutschen Imperialisten, die deutsche Flotte auf 35% der Stärke der britischen Flotte zu bringen.

[96] Daß die deutschen Imperialisten mit einer derartigen Möglichkeit rechneten, geht u. a. daraus hervor, daß noch im Dezember 1937 im Rahmen der geheimen Kriegsvorbereitungen vom Reichskriegsministerium der sogenannte „Sonderfall Richard" für den Fall „Kriegerische Verwicklungen mit Rotspanien" ausgearbeitet wurde. Vgl. IMGN, Bd. XXXIV, Dok. 175-C, S. 743.

Durch eine derartige Haltung der Westmächte aber wäre eine Situation eingetreten, die der deutsche Imperialismus unter allen Umständen vermeiden wollte: Die Verwirklichung des von der Sowjetunion beharrlich angestrebten Prinzips der kollektiven Sicherheit, bei dessen konsequenter Anwendung alle Versuche der deutschen Imperialisten zur gewaltsamen Neuaufteilung der Welt bereits im Anfangsstadium zum Scheitern verurteilt gewesen wären.
Die Westmächte beschritten nicht den Weg, der die Erhaltung des Friedens und die Rettung der Demokratie in Spanien ermöglicht hätte. Die auf britische Initiative[97] von den Westmächten eingeschlagene Politik der sogenannten Nichteinmischung, mit der die Regierungen Großbritanniens und Frankreichs die Opposition der fortschrittlichen Menschen in ihren Ländern zu beschwichtigen suchten, war faktisch eine Intervention zugunsten Francos und eine Begünstigung der Aggressionsakte der faschistischen Mächte. Am 9. September 1936 nahm das in London gebildete „Nichteinmischungskomitee", das Vertreter von 26 Nationen umfaßte, seine Tätigkeit auf. Zum Beitritt dringend ersucht, hatten sich auch die Aggressorstaaten Deutschland und Italien dem Komitee angeschlossen. Statt die militärische Einmischung Deutschlands und Italiens zu unterbinden, wies das Komitee zunächst alle von der republikanischen spanischen Regierung und dem Vertreter der Sowjetunion erhobenen Proteste gegen das deutsche und italienische Eingreifen als unbegründet zurück. Auch das an den Völkerbund gerichtete Ersuchen der spanischen Regierung, wirksame Maßnahmen gegen die Intervention zu veranlassen, wurde mit nichtssagenden Resolutionen beantwortet. Während die französischen Werktätigen in Massenkundgebungen ihren Willen zur Verteidigung des spanischen Volkes und damit auch ihrer eigenen nationalen Interessen bekundeten, brach die Regierung Blum unter dem Vorwand „strikter Neutralität" das im Dezember 1935 mit Spanien geschlossene Handelsabkommen, in dem die Lieferung von Waffen im Werte von 100 Mill. Francs pro Jahr festgelegt war. Dadurch wurde der rechtmäßigen spanischen Regierung die militärische Ausrüstung entzogen, die sie nach der Entfesselung des Interventionskrieges um so dringender benötigte. Die Regierungen Großbritanniens und der USA verboten ebenfalls die Ausfuhr von Waffen nach Spanien, wobei sie unzulässigerweise die legitime Regierung mit den Meuterern gleichstellten. Die Verhängung des Waffenembargos, die die amerikanische Regierung durch die Anwendung des „Neutralitätsgesetzes" auf Spanien vornahm, war in der Praxis eine direkte Unterstützung der faschistischen Aggressoren, da Francospanien weiterhin Waffen und Kriegsmaterial über Hitlerdeutschland, Italien und Portugal erhielt. Die von den Groß-

[97] Vgl. *Van der Esch, P. A. M.*, a. a. O., S. 54 ff.; ebenfalls *Bowers, Claude G.*, a. a. O. S. 281f. *Bowers*, amerikanischer Botschafter in Spanien von 1933–1939 und einer der führenden Vertreter der Demokratischen Partei, weist mit Recht darauf hin, daß der zwischen britischen und französischen Politikern und Historikern geführte Streit, welches der beiden Länder Urheber der Nichteinmischungspolitik gewesen sei und die Verantwortung dafür trage, darauf hindeute, daß man sich dieser Politik offensichtlich schäme.

mächten schließlich durchgeführten Kontrollmaßnahmen an den Landgrenzen Spaniens und zur See basierten auf Prinzipien, die zahllose Möglichkeiten zur Umgehung zuließen und allein durch die Mitwirkung der Aggressorstaaten nichts anderes als eine Farce waren.[98]

Eine schwere Schuld dem spanischen Volk, den eigenen wie allen den Völkern gegenüber, die wenige Jahre später Opfer der Aggressionspolitik des deutschen Imperialismus wurden, haben die Regierungen der Westmächte mit der Politik der „Nichteinmischung" auf sich geladen. Durch die Begünstigung der bewaffneten Intervention der faschistischen Staaten wurden das spanische Volk dem Faschismus ausgeliefert und die militärischen, ökonomischen und politischen Kriegsvorbereitungen des deutschen Imperialismus direkt gefördert.

Welches war die Ursache für die wohlwollende Haltung der Westmächte gegenüber den spanischen Putschisten und den ausländischen Interventen? Warum machte die britische Regierung ihren ganzen Einfluß auf Frankreich geltend[99], um die Linie der Nichteinmischungspolitik durchzusetzen, die die innen- und außenpolitische Ausrichtung Spaniens auf Deutschland und Italien förderte, die Erhaltung, Festigung und Ausbaumöglichkeit der errungenen wirtschaftlichen und strategischen Positionen und des politischen Einflusses des britischen Imperialismus in Spanien in Frage stellte, die Bestrebungen Italiens, zur ersten Mittelmeermacht zu werden, unterstützte und die Schwächung des französischen Bundesgenossen durch die Errichtung eines faschistischen Spaniens nach sich ziehen mußte? Weit mehr als die eben genannten Folgen, die die besitzenden Klassen Großbritanniens, Frankreichs und der USA zudem sowohl im Rahmen der von ihnen gegen die Sowjetunion angestrebten Zusammenarbeit mit den faschistischen Staaten Deutschland und Italien durch Vereinbarungen über die Abgrenzung der Einflußsphären, als auch durch direkte Abmachungen mit Franco, abzuschwächen hofften, fürchteten die Westmächte den Sieg der demokratischen Kräfte in Spanien und die Errichtung einer Volksfrontrepublik.[100] In dem voll-

[98] Über die „Nichteinmischungspolitik" im einzelnen vgl. das bereits zitierte Buch von *P. A. M. van der Esch,* das auch ein ausführliches Verzeichnis der Literatur zu diesem Thema enthält. Vgl. dazu ebenfalls *Nekrič, A. M.*, Die letzte Etappe der englischen „Nichteinmischung" in die spanischen Angelegenheiten, in: Izvestija Akademii Nauk SSSR, Serija Istorii i Filosofii, t. VI, Nr. 4 (1949), str. 323–335.

[99] Vgl. *Van der Esch, P. A. M.*, a. a. O., S. 54.

[100] Daß die herrschenden Kreise Großbritanniens ein faschistisches Spanien unter Franco einem Sieg der Republikaner vorzogen, geht eindeutig aus den Dokumenten hervor. So hatte z. B., wie der französische Außenminister Delbos am 1. 8. 1937 dem amerikanischen Botschafter in Paris, Bullitt, berichtet, Eden in einem Gespräch mit Delbos offen geäußert, „that he would prefer to see Franco win and that he believed that Great Britain could make an agreement with Franco which would ensure the departure of Germans and Italians from Spain." Vgl. Foreign Relations of the United States. Diplomatic Papers 1937, vol. I, Washington 1954, S. 369.

ständigen und endgültigen Verlust ihrer Ausbeutungs- und Einflußmöglichkeiten in Spanien, den sie im Falle des erfolgreichen Befreiungskampfes der spanischen Arbeiter und Bauern herannahen sahen, und vor allem in dem Beispiel, das der Arbeiterklasse ihrer eigenen Länder und der vom imperialistischen Kolonialsystem unterdrückten Bevölkerung mit dem Sieg der demokratischen Kräfte gegeben worden wäre, erblickten sie die weitaus größere Gefahr, die mit allen Mitteln abgewendet werden sollte. Franco war daher von Anfang an nicht nur der Mann der spanischen Großbourgeoisie, der Granden und des Finanzkapitals der faschistischen Staaten, sondern gleichzeitig der imperialistischen Großbourgeoisie der Westmächte. Sie alle strebten danach, durch die Errichtung eines faschistischen Regimes in Spanien der gefürchteten Linksentwicklung einen „Damm" entgegensetzen und die Voraussetzungen für die Sicherung ihrer Kapitalinvestitionen und Profitmöglichkeiten schaffen zu können. Dabei rechnete vor allem die britische Großbourgeoisie zuversichtlich darauf, daß infolge ihrer ökonomisch starken Position innerhalb der spanischen Wirtschaft Franco letzten Endes gezwungen sein würde, die Belange der herrschenden Klasse Großbritanniens zu wahren und die Forderungen der Achsenmächte – soweit sie gegen die Interessen des britischen Finanzkapitals gerichtet waren – abzulehnen.[101] Doch wie sich im Laufe der Kriegsjahre in Spanien zeigen sollte, waren es gerade die Auswirkungen der „Nichteinmischungspolitik", die eine außerordentliche Zuspitzung der imperialistischen Gegensätze zur Folge hatten. Schließlich konnten weder die in der Spanienfrage faktisch hergestellte gemeinsame Front der imperialistischen Mächte, noch das Zusammenwirken bei der Preisgabe der Unabhängigkeit der Völker Österreichs und der Tschechoslowakei, die Verschärfung der Widersprüche unter den imperialistischen Staaten verhindern, die schließlich dazu führte, daß der zweite Weltkrieg als Krieg zwischen den imperialistischen Mächten begann.

4. Der Kampf der Sowjetunion und der Antifaschisten aller Länder gegen die faschistischen Kriegsbrandstifter und für die Unabhängigkeit des republikanischen Spaniens

Während die Westmächte Franco und die deutschen und italienischen Interventen unterstützten, kam in der Haltung der Sowjetunion der Wille der fortschrittlichen Menschen aller Länder zum Ausdruck, die den Kampf der spanischen Arbeiter und Bauern gegen den Faschismus als ihr ureigenstes Anliegen betrachteten. Die von der Regierung der UdSSR eingenommene Stellung zu den Ereignissen in Spanien war ein vorbildliches Beispiel der Verteidigung der Unabhängigkeit eines vom Faschismus bedrohten Staates. Sie entsprach den Grundprinzipien der sowjetischen Außenpolitik, dem konsequenten Kampf für die Erhaltung des Friedens und der Demokratie, für die Anerkennung der Souveränität und des Selbstbestimmungsrechtes der Völker.

[101] Vgl. hierzu die Ausführungen auf S. 148f. dieser Arbeit.

Die Sowjetunion war dem Londoner „Nichteinmischungskomitee“ beigetreten, wobei sie weiterhin hoffte, das Prinzip der Verteidigung der kollektiven Sicherheit durchsetzen zu können. Hier und im Völkerbund unternahmen die Vertreter der UdSSR alle Anstrengungen, um gemeinsame Aktionen mit den Westmächten gegen die Interventionsstaaten in die Wege zu leiten. Doch bereits die im August und September 1936 von der Sowjetunion vorgeschlagenen Maßnahmen zur Entwicklung eines Systems der kollektiven Sicherheit stießen bei den Westmächten auf Widerstand. Am 7. Oktober 1936 beantragte der sowjetische Vertreter, die portugiesischen Häfen unter Kontrolle zu stellen, da Deutschland und Italien über Portugal große Mengen Kriegsmaterial nach Spanien einschleusten. Auch dieser Antrag der Sowjetunion wurde abgelehnt. Immer wieder wies die Sowjetunion darauf hin, daß die Anwendung der „Neutralitätspolitik“ auf Spanien unangebracht sei, da es sich um eine von spanischen und ausländischen Faschisten provozierte und durchgeführte Meuterei gegen die rechtmäßige spanische Regierung handelte. Am 23. Oktober 1936 forderte sie in einer Note an die Westmächte, das Recht der spanischen Regierung auf den Ankauf von Waffen anzuerkennen und wiederherzustellen. Um sich die eigene Handlungsfreiheit zu sichern, wurde in dieser Note betont, daß sich die Sowjetregierung im Falle weiterer Interventionsakte „in nicht höherem Maße an das Nichteinmischungsabkommen gebunden erachten werde, als andere Teilnehmer dieses Abkommens“.[102] Bereits am 8. Dezember 1936 beantragte die Sowjetunion im Nichteinmischungskomitee[103], das Verbot der Unterstützung der Putschisten, das sich bisher nur auf die Lieferung von Kriegsmaterial bezogen hatte, auch auf die Entsendung von sogenannten Freiwilligen[104] auszudehnen. Am 16. Februar wurde eine diesbezügliche Übereinkunft erzielt. Während die Regierungen der westlichen Länder im Januar 1937 unter dem Vorwand dieses Beschlusses ihren Bürgern gesetzlich verboten, sich nach Spanien zu begeben und in den Reihen der Internationalen Brigaden für die gerechte Sache aller Völker zu kämpfen, unternahmen sie jedoch weiterhin keine wirksamen Schritte, um die trotz der im „Nichteinmischungskomitee“ getroffenen Festlegungen von Deutschland und Italien fortgesetzten Truppenentsendungen zu unterbinden. Obwohl sich nach den – wahrscheinlich zu niedrigen – Angaben des diplomatischen Vertreters Francos in Italien im Frühjahr 1937 bereits ca. 60000 Italiener und 18000 Deutsche auf Seiten der spanischen Faschisten im Einsatz befanden, dauerte der Zustrom der Interventionstruppen ungehindert fort.[105]

[102] „Prawda“, Nr. 294, 24. 10. 1936, S. 1, zitiert nach *Ibarruri, Dolores*, „Die italienisch-deutsche militärische Intervention . . ., a. a. O., S. 13.

[103] *Van der Esch, P. A. M.*, a. a. O., S. 78.

[104] Zu den Tarnungsversuchen Deutschlands und Italiens gehörte es u. a., die nach Spanien entsandten Söldnertruppen als „Freiwillige“ zu bezeichnen.

[105] Diese Angaben erhielt der amerikanische Botschafter in Rom von Garcia Condé, dem diplomatischen Vertreter Francos in Italien, im April 1937. Vgl. Foreign Relations of the United States . . ., a. a. O., S. 288.

Meisterhaft entlarvten die Vertreter der Sowjetunion die wahren Ziele der faschistischen Staaten in Spanien, die ihre Kriegshandlungen mit der Lüge von der Notwendigkeit des Kampfes gegen den Kommunismus zu „rechtfertigen" suchten. Sie wiesen darauf hin, daß der von den deutschen Imperialisten mit besonderer Lautstärke propagierte Antikommunismus, der Hauptthese ihrer Kriegsideologie – unter dessen Banner seit Jahrzehnten bereits der Kampf zur Niederwerfung aller demokratischen und fortschrittlichen Bestrebungen der Volksmassen geführt worden war – nichts anderes als eine ideologische Verbrämung zur Verdunklung ihrer wahren Aggressionsziele vor den Volksmassen darstellte. „Die Schöpfer dieser Ideologie (des Antikommunismus, d. V.) beginnen jedoch gelegentlich selbst daran zu zweifeln, ob sie bezwingend und annehmbar genug sei, um als führendes internationales Prinzip zu gelten. Dann steigen sie von ihrer ideologischen Höhe herab und geben uns eine prosaische Interpretation ihres antikommunistischen Kriegsrufes. Wir erfahren dann, was wir in keinem einzigen Konversationslexikon finden können, daß Antikommunismus auch eine geologische Bedeutung habe, und ein dringendes Verlangen nach Zinn, Zink, Quecksilber, Kupfer und anderen Mineralien bedeutet. Wenn diese Erklärung sich auch als ungenügend erweist, so wird Antikommunismus erklärt als das Verlangen nach lukrativem Handel . . ."[106] In dieser Klarheit charakterisierte Litwinow den Kampf, den die deutschen Imperialisten – wie noch im einzelnen gezeigt werden wird[107] – um die Durchsetzung ihres Ausschließlichkeitsanspruches auf die kriegswichtigen Rohstoffe Spaniens führten. Die Sowjetunion brandmarkte das Zurückweichen der Westmächte vor den Aggressorstaaten, dem nicht – wie sie behaupteten – als Motiv das Bestreben zugrunde lag, den Konflikt zu lokalisieren und den Weltfrieden zu erhalten, sondern die Hoffnung, mit den faschistischen Mächten zu Vereinbarungen zu kommen und die Richtung ihrer Aggression gegen die Sowjetunion zu lenken.

Die Begünstigung der Intervention der faschistischen Staaten durch die „Nichteinmischungspolitik" der Westmächte rief unter den demokratischen Kräften in allen Ländern die größte Empörung hervor. In der Sowjetunion und den nicht faschistischen kapitalistischen Staaten forderten Arbeiter, Bauern und Angehörige der Intelligenz auf Massenkundgebungen und in Demonstrationen die Beendigung der Politik der sogenannten Nichteinmischung und die sofortige Einstellung der faschistischen Intervention. Durch Geldsammlungen und Sachspenden bekundeten sie ihre Solidarität mit dem republikanischen Spanien und ihren Wunsch, den spanischen Werktätigen konkrete Hilfe zu leisten.

Zu den ruhmreichsten Kapiteln in der Geschichte der Menschheit gehört die Unterstützung, die Antifaschisten aus 53 Ländern, Menschen aus allen sozialen Schichten und der verschiedensten politischen Strömungen, durch ihre Teilnahme an dem bewaffneten Widerstandskampf gegen den Faschismus den spanischen

106 Aus der Rede *Litwinows* im Völkerbund am 21. 9. 1937. Vgl. „Rundschau" (Basel), Nr 41, 1937, S. 1446.

107 Vgl. Kapitel IV–VII.

Arbeitern und Bauern gaben. „Zum ersten Mal in der Geschichte der Kämpfe der Völker wurde durch die Formierung der Internationalen Brigaden das durch seine Größe erstaunliche Schauspiel geboten, ein in seiner Freiheit und Unabhängigkeit bedrohtes Land ... retten zu helfen".[108] Nicht wie die regulären Truppen der faschistischen Interventen mit einem Legionärssold gedungen, von Abenteurerlust getrieben und ohne Wissen um die wahren Ziele, für die sie eingesetzt wurden, sondern in der klaren Erkenntnis, daß das republikanische Spanien „die Sache der Arbeit gegen die Ausbeutung, die Sache der Zivilisation gegen die Barbarei, ... des Friedens und der Verbrüderung der Völker gegen die Kriegstreiber und Kriegsgewinnler"[109] vertrat, eilten sie zu Tausenden nach Spanien, bereit, ihr Leben für Freiheit und Recht einzusetzen. Unter ihnen waren neben parteilosen, christlichen Arbeitern und bürgerlichen Demokraten viele Mitglieder sozialistischer Parteien aus den verschiedenen Ländern, die im Gegensatz zu der opportunistischen Haltung ihrer Führer[110] sich um das Banner der Freiheit scharten und durch ihr Handeln die aktive Solidarität einer niemals proklamierten und niemals offiziell gebildeten Weltvolksfront verwirklichten.[111] Doch den größten Anteil der politisch qualifizierten Freiwilligen stellten die Kommunisten, die – führend bei der Bildung der Internationalen Brigaden[112] – auch in den Kämpfen zahlenmäßig die meisten Opfer zu beklagen hatten. Mit der Unterstützung, die die Freiheitskämpfer aus aller Welt sowohl durch ihren militärischen Einsatz als auch durch die Mitwirkung im Kampf um die Festigung der politisch-moralischen Einheit der Bevölkerung des republikanischen Spaniens leisteten, gaben sie einen beispielhaften Beweis des proletarischen Internationalismus.

Einen ehrenvollen Platz in der gemeinsamen Front nahmen deutsche Antifaschisten ein. Wenn im folgenden nur der Anteil der deutschen Antifaschisten etwas ausführlicher behandelt wird, so geschieht das nicht, um den Heroismus der Freiheitskämpfer aus anderen Ländern zu schmälern, sondern um – gerade in Anbetracht unseres Themas, das die Expansionsziele des deutschen Imperialismus zum Gegenstand hat – zu zeigen, daß es damals, trotz der Anwendung demagogischer Propagandamittel, Unterdrückung und brutalen Terrors gegen die demokratischen Kräfte des deutschen Volkes durch die Faschisten, noch ein anderes

[108] Aus einem Brief von *Dolores Ibarruri* an die Internationalen Brigaden, September 1938, abgedruckt in: Der Freiheitskampf des spanischen Volkes und die internationale Solidarität. Dokumente und Bilder zum national-revolutionären Krieg des spanischen Volkes 1936–1939, hrsg. vom Inst. f. Marxismus-Leninismus beim ZK der SED, Berlin 1956, S. 331.

[109] *Longo, Luigi*, a. a. O., S. 38.

[110] An dem Widerstand der Führer der Sozialistischen Arbeiter-Internationale und des Internationalen Gewerkschaftsbundes scheiterte das Zustandekommen von Vereinbarungen über die Durchführung gemeinsamer Aktionen, für die sich die Kommunistische Internationale unermüdlich eingesetzt hatte. Vgl. ausführlich hierzu *Longo, Luigi*, a. a. O., S. 256ff.

[111] Ebenda, S. 42.

[112] Ebenda, S. 43, 49.

Deutschland als das der Aggression und Hitlerbarbarei gab. Gerade darin liegt die nationale Bedeutung des militärischen Einsatzes deutscher Antifaschisten in den Reihen der spanischen Armee, daß diese deutschen Freiwilligen vor aller Welt ihre Entschlossenheit dokumentierten, auf Spaniens Boden den Kampf gegen die imperialistischen und militaristischen Verderber des deutschen Volkes fortzusetzen und mit der Waffe in der Hand die wahren Interessen der deutschen Nation zu verteidigen.

Bereits am 3. August 1936, wenige Tage nach der Auslösung des Franco-Putsches, hatte die KPD den Appell an alle militärisch ausgebildeten deutschen Antifaschisten im Ausland gerichtet, sich der spanischen Volksfront zur Verfügung zu stellen.[113] Nicht nur deutsche Patrioten, die aus dem Dritten Reich verjagt worden waren, sondern auch Antifaschisten aus Deutschland selbst[114], die heimlich – allen Schwierigkeiten trotzend – die Grenzen überschritten, folgten dem Aufruf. Mehr als 3000 Deutsche reihten sich in den Jahren 1936–1939 in die Internationalen Brigaden ein. Verbunden durch das gemeinsame Ziel, den Sturz des Faschismus, kämpften in Spanien kommunistische, sozialdemokratische und parteilose Arbeiter Seite an Seite. Mitglieder der SPD verwirklichten so auf spanischem Boden die Einheitsfront, obwohl der Prager Parteivorstand der SPD im August 1936 die von der KPD vorgeschlagene gemeinsame Rekrutierung von antifaschistischen Freiwilligen sowie jede gemeinsame Solidaritätserklärung für das spanische Volk abgelehnt hatte. Spaniens Erde bedeckt neben den zahlreichen deutschen kommunistischen Arbeitern, einfachen Parteimitgliedern und Funktionären, viele tapfere sozialdemokratische Kampfgenossen. Ihnen allen galten die Worte, mit denen Wilhelm Pieck im Namen der KPD den heldenhaften Kampf gegen den Faschismus in Deutschland und in Spanien würdigte: „Ruhm und Ehre euch allen, die ihr dem Tollwütigsten der Feinde zum Trotz für die Sache der Arbeiterklasse, des deutschen Volkes und der Menschheit kämpft. Ehre und Ruhm all den teuren Genossen, die in Berlin und vor Madrid, im Ruhrgebiet und in Aragon ihr Leben hingaben für die große Sache der Befreiung der Menschheit von der Geißel des Faschismus."[115]

Auch Vertreter der fortschrittlichen deutschen Intelligenz nahmen aktiv am Freiheitskampf des spanischen Volkes teil. E. Weinert, W. Bredel, L. Renn, E. E. Kisch, B. Uhse, H. Marchwitza, E. Claudius, P. Kast, E. Busch gehörten zu den deutschen antifaschistischen Schriftstellern und Künstlern, die in Spanien die politische, soziale und geistige Freiheit aller Völker verteidigten.

> „Spaniens Freiheit heißt jetzt unsere Ehre.
> Unser Herz ist international.
> Jagt zum Teufel die Fremdenlegionäre!
> Jagt ins Meer den Banditengeneral!

[113] *Ulbricht, Walter,* Zur Geschichte . . ., a. a. O., S. 223f.

[114] Ebenda, S. 603.

[115] *Wilhelm Pieck* auf der Maitagung des ZK der KPD 1938, vgl. „Die Internationale" Nr. 5/6, 1938, S. 40.

Träumte schon in Madrid sich zur Parade.
Doch wir waren da, er kam zu spät.
Vorwärts, Internationale Brigade!
Hoch die Fahne der Solidarität!"[116]

Wie dieses von Erich Weinert aus dem unmittelbaren Erleben geschaffene „Lied der Internationalen Brigaden" entstanden Gedichte, Lieder und Prosawerke, die in künstlerischer Form die Kampfentschlossenheit des spanischen Volkes und der Angehörigen der Internationalen Brigaden widerspiegelten, sie zu neuen Taten begeisterten und die selbst bereits Ausdruck der neuen deutschen sozialistischen Kultur waren.

Der antifaschistische Kampf in Spanien steigerte den Abwehrwillen der Völker gegen den Faschismus und führte auch in Deutschland zu einem Aufschwung der Widerstandsbewegung. Angesichts der akuten Kriegsgefahr, die die deutschen Imperialisten durch die militärische Intervention in Spanien heraufbeschworen hatten, verdoppelte die KPD ihre Anstrengungen im Kampf um die Erhaltung des Friedens, den sie als das entscheidende Kettenglied im Kampf gegen den Faschismus und bei den Bestrebungen zur Sammlung aller Hitlergegner erkannte. Die Sicherung des Friedens lag im Interesse *aller* Schichten des deutschen Volkes, mit Ausnahme der unmittelbaren Nutznießer des Völkermordens, der reaktionärsten Teile des Monopolkapitals. Für Frieden und Demokratie, unter diesen Losungen konnten und mußten sich die Werktätigen in Deutschland zum gemeinsamen Handeln gegen das faschistische Regime vereinen. Da die Hitlerregierung ihr militärisches Eingreifen in Spanien vor der Öffentlichkeit geheimzuhalten suchte[117], sah es die KPD als vordringlichste Aufgabe an, im deutschen Volk die Wahrheit über die Ereignisse in Spanien zu verbreiten, die faschistische Intervention aufzudecken und die Erkenntnis zu vermitteln, daß die deutschen Imperialisten in Spanien den zweiten Weltkrieg vorbereiteten. „... Für jeden Deutschen kann es keine größere Schmach geben, als gekaufter Söldner und Landsknecht im Dienste fremder Kapitalisten und Generäle zu sein, um zusammen mit irregeführten, unwissenden Marokkanern die Freiheit eines Volkes niederzuwerfen. Werktätiges deutsches Volk! Dulde nicht, daß Deine Söhne als Landsknechte eingesetzt werden, damit Krupp Milliarden gewinnt. Dulde nicht, daß Hitler einen Kriegsbrand entfacht, der schließlich Deutschland selbst in Schutt und Asche legen wird ...", hieß es in einem Aufruf des ZK der KPD vom Dezember 1936, der als illegales Flugblatt verbreitet wurde.[118] Gleichzeitig rief die Partei dazu auf, die Reihen der ruhmreichen internationalen Bataillone zu verstärken und in Deutschland mit allen Mitteln gegen die Kriegspolitik der deutschen Imperialisten zu kämpfen. Anhand der militärischen Einmischung der deutschen

[116] *Weinert, Erich,* Camaradas. Berlin 1951, S. 15.

[117] Den Einsatz deutscher Interventionstruppen in Spanien gab Hitler erst am 30. 1. 1939 in einer Reichstagsrede offen zu.

[118] Abgedruckt in: Der Freiheitskampf des spanischen Volkes und die internationale Solidarität ..., a. a. O., S. 108.

Faschisten in Spanien bewies die KPD erneut, daß die zahllosen Friedensbeteuerungen[119] der Nazis nichts anderes als schamloseste Demagogie waren. Die KPD entlarvte die von den Faschisten verbreitete Legende, daß der Nationalsozialismus „im Interesse der Ehre des deutschen Volkes" lediglich gegen die Ungerechtigkeiten des Versailler Vertrages kämpfe. „Wiederherstellung der deutschen Ehre? Spanien gehört nicht zu den Unterzeichnern des Versailler Diktates. Schutz der deutschen Grenzen? Selbst ein Goebbels konnte nicht behaupten, daß Spanien die deutschen Grenzen bedrohe ... Die Maske der Verteidigung fällt."[120] So deckte die KPD den aggressiven Charakter der Politik des deutschen Imperialismus auf, wies auf die politischen, wirtschaftlichen und strategischen Ziele des deutschen Monopolkapitals in Spanien hin und enthüllte damit die wahren Ursachen der faschistischen Intervention. Eine wichtige Rolle bei der Aufklärung des deutschen Volkes spielte der Geheimsender der KPD auf Welle 29,8, der im Februar 1937 seine Tätigkeit aufnahm.[121] Der Sender enthüllte u. a. die Motive der Intervention des deutschen Imperialismus in Spanien, veröffentlichte Verlustlisten mit Namen und Herkunftsort in Spanien gefallener deutscher Soldaten und Offiziere und erbrachte auch auf diese Weise den Beweis der faschistischen Aggression. Die Berichte über Spanien, die Enthüllung des Wesens des Faschismus, Nachrichten über lokale Erfolge des Widerstandskampfes, unterstützten die Antifaschisten in Deutschland bei ihrer schweren Aufklärungsarbeit. Während die Unzufriedenheit unter den Arbeitern und der Widerstand sich in den vorangegangenen Jahren vorwiegend gegen die wirtschaftlichen Zwangsmaßnahmen der faschistischen Diktatur gerichtet hatten, zeigte sich nunmehr ein Anwachsen der Opposition gegen die Ursache aller Unzufriedenheit, die faschistische Kriegspolitik. Losungen, die sich gegen die Kriegspolitik richteten, wurden an Mauern und Zäune gemalt.[122]

119 Am 7. 3. 1936 erklärte Hitler in einer Rede, daß Deutschland keine territorialen Forderungen zu stellen habe und daß die bestehenden Spannungen in Europa durch Kriege nicht gelöst werden können. Vgl. *Ulbricht, Walter,* Zur Geschichte ..., a. a. O., S. 176. Am 22. März 1936 wiederholte Hitler diese Friedensbeteuerungen: „Wir kümmern uns nicht darum, was andere Völker innerhalb ihrer Grenzen tun. Ja, wir halten das überhaupt geradezu als eine Voraussetzung für den Aufbau einer wirklichen Völkerordnung und Völkergemeinschaft. Wir glauben, daß es einer der primitivsten Grundsätze eines wirklichen Völkerverständnisses ist, daß jedes Volk das andere in seinem Raum leben läßt, so wie es leben will." Zitiert bei *Pieck, Wilhelm,* Reden und Aufsätze. Bd. I, Berlin 1950, S. 243.

120 Aus der unter dem Tarntitel „Deutsche Scholle" illegal erschienenen Broschüre. „Kriegsschauplatz Innerdeutschland", 1938, abgedruckt in: *Ulbricht, Walter,* Zur Geschichte ..., a. a. O., S. 176.

121 Im April nahm die Konferenz der deutschen Volksfront in Paris (10./11. 4. 1937) das Angebot der KPD, ihren Geheimsender in den „Deutschen Freiheitssender" der sich bildenden deutschen Volksfront umzuwandeln, begeistert an. Vgl. „Rundschau" (Basel), Nr. 16, 1937, S. 625.

122 *Walter* (= *Walter Ulbricht*), „Kriegsschauplatz Innerdeutschland". Straßbourg 1938, S. 38.

In Düsseldorf und Ratibor fanden Kurzdemonstrationen mit den Rufen „Bringt uns unsere Jungen aus Spanien zurück", „Hoch die spanische Revolution" statt.[123] Immer dringender wurde die Veröffentlichung von Verlustlisten der in Spanien Gefallenen gefordert.[124] Solidaritätsaktionen deutscher Werktätiger mit dem spanischen Volk nahmen konkrete Formen an. Als die deutschen Waffenlieferungen an Franco verstärkt wurden, bildeten Hamburger Hafenarbeiter einen geheimen Kontroll- und Meldeausschuß, der einen „Signaldienst" organisierte, um der spanischen Volksfront Angaben über auslaufende Schiffe mit Kriegsmaterialladungen zu machen. Die Tätigkeit dieses Meldedienstes erleichterte die Enthüllung der ständigen deutschen Intervention vor der Weltöffentlichkeit.[125] In einigen Fällen weigerten sich deutsche Seeleute, Waffen und Munition nach Francospanien zu befördern.[126] In einer Reihe von Betrieben wurden Geldsammlungen für das republikanische Spanien vorgenommen.[127] Diese Sammlungen wurden häufig ebenso wie die um wirtschaftliche Verbesserungen durchgeführten Kurzstreiks von Kommunisten und Sozialdemokraten gemeinsam eingeleitet und so engere Beziehungen zwischen den Mitgliedern beider Parteien angebahnt.[128]
Die wachsende antifaschistische Tätigkeit bezeugte, daß der Gedanke des proletarischen Internationalismus und der Wille zur Abwehr der immer deutlicher zutage tretenden faschistischen Kriegspolitik weder durch Demagogie noch durch Terror in den klassenbewußten deutschen Arbeitern auszulöschen waren. In den Internationalen Brigaden und in Deutschland selbst retteten Deutschlands beste Söhne die Ehre der deutschen Nation.

[123] Meldung des „Daily Herald" vom 8. 2. 1937, zitiert in „Rundschau"(Basel), Nr. 6, 1937, S. 234 u. *Ulbricht, Walter*, Zur Geschichte ..., a. a. O., S. 134.
[124] *Walter* (= *Walter Ulbricht*), a. a. O., S. 33.
[125] Ebenda, S. 36.
[126] Ebenda.
[127] *Winzer, Otto*, Zwölf Jahre Kampf gegen Faschismus und Krieg. Berlin 1955, S. 100 und *Walter* (= *Walter Ulbricht*), a. a. O., S. 36.
[128] *Winzer, Otto*, a. a. O., S. 101 u. *Walter* (= *Walter Ulbricht*), a. a. O., S. 40f.

Kapitel IV

Die ersten Maßnahmen des deutschen Imperialismus zur wirtschaftlichen Ausplünderung Spaniens (Juli bis August 1936)

1. Gründung, Aufgaben und staatsmonopolistischer Charakter der für den Warenverkehr mit Spanien gegründeten Firmen Hisma/Rowak

Für die Entwicklung der wirtschaftlichen und politischen Beziehungen des deutschen Imperialismus zu dem von Franco besetzten Teil Spaniens ergaben sich nach der Auslösung des Militärputsches und der sofortigen Unterstützung der Meuterer durch Hitlerdeutschland völlig neue Bedingungen. Das deutsche Monopolkapital betrachtete die Lage Francos als eine geradezu einmalige Gelegenheit, die es zur Durchsetzung seiner Interessen in Spanien zu nutzen entschlossen war. Francospanien bot sich den deutschen Imperialisten als Rüstungsmarkt an, als Absatzgebiet für Waren, die für Hitlerdeutschland infolge der Militarisierung der deutschen Wirtschaft immer mehr die Hauptproduktion darstellten. Der Waffenexport konnte zu einem wichtigen Mittel bei der Entscheidung des Konkurrenzkampfes um den spanischen Markt zugunsten des deutschen Imperialismus werden.

Da die spanischen faschistischen Generale nicht über ausreichende Devisen- bzw. Goldvorräte verfügten, um das in Deutschland angeforderte Kriegsmaterial zu bezahlen, mußten sie sich zur Entwicklung eines Verrechnungssystems auf der Grundlage des Warenaustausches und der Bewilligung wirtschaftlicher und politischer Konzessionen bereitfinden, ein System, das der damaligen Handelspolitik des deutschen Imperialismus infolge des eigenen Mangels an ausländischen Zahlungsmitteln und den allgemeinen Ambitionen in Spanien entsprach.

Im Rahmen der mit Francospanien zu entwickelnden Wirtschaftsbeziehungen war das vordringliche Interesse Hitlerdeutschlands auf den Bezug kriegswichtiger Rohstoffe gerichtet, über die Spanien in reichlichem Maße verfügte[1] und deren

[1] Spanien befriedigte einen beträchtlichen Teil des Weltrohstoffbedarfs; in den kriegswichtigen Rohstoffen Quecksilber und Schwefelkies hatte es die beherrschende Stellung auf dem Weltmarkt. An Quecksilber deckte Spanien 40–45%, an Schwefelkies sogar über 50% des internationalen Bedarfs. Vgl. *Hubbard, John R.* How Franco financed his war. In: „Journal of Modern History", H. 4, 1953, S. 390. (Fortsetzung der Fußnote s. folgende Seite.)

Sicherstellung zur Erleichterung der angespannten Rohstofflage des Dritten Reiches beitragen sollte. Die kontinuierliche Versorgung der deutschen Rüstungskonzerne bereitete der faschistischen deutschen Regierung 1935/1936 ernste Schwierigkeiten. Während 1934 noch ein 5- bis 6facher Monatsbedarf an Rohstoffen zur Verfügung stand, waren die Vorräte inzwischen auf den 1- bis 2fachen Bedarf zusammengeschmolzen.[2] Die Belieferung der Schwerindustrie mit Eisenerzen hatte sich im Januar 1936 schon derartig verschlechtert, daß selbst so bedeutende Konzerne wie z. B. die Vereinigten Stahlwerke mit der Notwendigkeit der Einschränkung ihrer Eisenherstellung als unausbleibliche Folge zu rechnen begannen.[3] Als erste Auswirkungen des in allen Zweigen der Rüstungsindustrie spürbaren Rohstoff- und Arbeitskräftemangels wurden bereits in zunehmendem Maße Terminverzögerungen bei der Fertigstellung von Kriegsmaterial, Fahrzeugen Schiffen und Anlagen verzeichnet.[4] Noch im Mai 1936 wies Reichswirtschaftsminister Schacht in einer Besprechung des Ministerrates darauf hin, daß mit einer Steigerung des deutschen Exports, die die Bereitstellung größerer Devisenmengen zur Rohstoffbeschaffung ermöglichen würde, nicht zu rechnen sei.[5] Nach der Meinung Schachts würden sogar im Gegenteil die wachsenden Schwierigkeiten, denen der deutsche Export nach Schweden in letzter Zeit begegnete, eine Minderung der deutschen Einfuhr schwedischer Eisenerze nach sich ziehen[6] und somit

Vor Beginn des Spanienkrieges betrug die spanische Erzförderung:

Erze	Jahr	t
Eisenerz	1935	2700000
Schwefelkies		
kupferhaltig	1934	600000
ohne Kupfergehalt	1934	1500000
Kupfer	1934	20610
Quecksilber	1934	1227
Zinn	1935	250
Wolfram	1935	350
Mangan	1935	693
Kalisalze	1935	121372
Schwefel	1934	31130

Vgl. „The Economist", 15. 5. 1937, S. 390.

[2] Ministerialdirigent *Ruelberg* auf der Sitzung des „Gutachterausschusses für Rohstofffragen" am 26. 5. 1936. Nürnberger Dok. NI-5380 (ungedr.), vgl. Denkschrift Hitlers über die Aufgaben eines Vierjahresplanes, als Dokumentation abgedruckt. In: „Vierteljahreshefte für Zeitgeschichte", München, H. 2, 1955, S. 194.

[3] Aktenvermerk (streng geheim!) des Direktors der Deutschen Bank, *K. Kimmich*, vom 17. 1. 1936, Photokopie des Originals befindet sich im DWI, Berlin (4711 [4]).

[4] *Treue, Wilhelm u. Frede, Günther*, Wirtschaft und Politik 1933–1945. Braunschweig 1953, S. 44f.

[5] IMGN, Bd. XXVII, Dok. 1301–PS.

[6] Ebenda; die Einfuhr schwedischer Erze nach Deutschland ging tatsächlich im Februar 1937 um 116872 t zurück im Vergleich zu den Importen im Dezember 1936.

die Situation noch weiter verschärfen. Nach Schweden und Frankreich zählte Spanien damals zu den wichtigsten Eisenerzlieferanten der deutschen Schwerindustrie. Im Jahre 1935 hatte Deutschland aus Spanien 1 320500 t hochwertige Eisenerze bezogen.[7] Das im Frühjahr 1936 abgeschlossene deutsch-spanische Handelsabkommen sah eine weitere Erhöhung der Eisenerzlieferungen vor.[8] Diese Bezüge kamen nach dem Beginn des Interventionskrieges und der Einstellung der Handelsbeziehungen Hitlerdeutschlands zum republikanischen Spanien in Fortfall[9], was zu einer weiteren Verschlechterung der Versorgung der deutschen Rüstungsindustrie mit Eisenerzen führen mußte. Auf dem Gebiet der Nichteisenmetalle war die Lage nicht besser. Die 1936/1937 auf dem Weltmarkt zu verzeichnende Preissteigerung für sämtliche Nichteisenmetalle[10] wirkte sich erschwerend auf den deutschen Import an Kupfer, Blei, Zink usw. aus, da größere Devisen- bzw. Warenmengen beansprucht wurden. Von dem Mangel an Kupfer war vor allem die durch die deutsche Aufrüstung stark beanspruchte elektrotechnische Industrie betroffen. Anfang April 1937 klagte z. B. der Vorstand der AEG, daß die Ausnutzung der Produktionskapazität durch die Rohstoffschwierigkeiten verhindert sei; kapazitätsmäßig könne der Konzern das Exportgeschäft verdoppeln.[11] Auch nach der Verkündung und Inangriffnahme des „Vierjahrplans", im September 1936, durch den Deutschland in allen jenen Stoffen vom Ausland gänzlich unabhängig gemacht werden sollte, „die irgendwie durch die deutsche Fähigkeit, durch unsere Chemie und Maschinenindustrie sowie durch unseren Bergbau selbst beschafft werden können"[12], blieb für die deutsche Kriegswirtschaft die Notwendigkeit des Imports rüstungswichtiger Rohstoffe bestehen. Weder auf dem Gebiet der Eisenerzversorgung[13], noch bei der Bereitstellung von

In den folgenden Monaten lagen die schwedischen Erzbezüge jedoch wieder weit über dem Monatsdurchschnitt von Ende 1936. So wurden im April 808483 t eingeführt (gegenüber 666649 t im Dezember 1936). Im gleichen Monat bezog Deutschland aus Frankreich 560240 t Eisenerze. Vgl. „The Economist", 3. 7. 1937, S. 6.

[7] „The Economist", 31. 7. 1937, S. 245; insgesamt führte Deutschland 1935 14061000 t Eisenerze ein. Im gleichen Jahr betrug Deutschlands eigene Eisenerzförderung 6044000 t. Ebenda.

[8] Vgl. Kap. II, S. 81 f. dieser Arbeit.

[9] Deutsche Lieferungen entsprechend den abgeschlossenen Handelsverträgen wurden im August 1936 eingestellt; seit September hörten die Importe aus dem republikanischen Spanien auf. Vgl. „Frankfurter Zeitung" Nr. 32, 18. 1. 1937, Archiv des ehem. Landbundes, Bd. 72, H. 6, Bl. 94. MfdG, Berlin.

[10] „Frankfurter Zeitung", 23. 1. 1937. (Materialien der Dresdener Bank in Berlin betr. The British Metal Corporation Ltd., London, Nr. 0384, DWI, Berlin).

[11] Aktenvermerk Dir. *Kimmichs* über die Aufsichtsratssitzung der AEG am 9. 4. 1937. Photokopie des Originals befindet sich im DWI, Berlin (4065 [5]).

[12] Aus der Rede *Hitlers* anläßlich der Verkündung des „Vierjahrplanes" am 9. 9. 1936 auf dem Naziparteitag. Schultheß' Europäischer Geschichtskalender 1936, München 1937, S. 122.

[13] Trotz der verstärkten Verhüttung eisenarmer Inlanderze stieg sogar die Menge der verhütteten Auslandserze erheblich an. Vgl. *Lüdemann, Heinz*, Veränderungen

Kupfer, Zinn, Holz für die Herstellung von Faserstoffen u. a., konnte die von den deutschen Faschisten angestrebte Autarkie verwirklicht werden.[14]
Entsprechend dem Wesen imperialistischer „Hilfe" und angesichts der oben gekennzeichneten Rohstofflage nimmt es nicht wunder, daß die nach der Auslösung des Militärputsches durchgeführten deutschen militärischen Hilfeleistungen für Franco sofort auf eine geschäftliche Grundlage gestellt wurden. Zu diesem Zweck wurde bereits Ende Juli 1936 auf Initiative Görings, der sich seit April 1936 in der Funktion als Rohstoff- und Devisenkommissar in die deutsche Wirtschaftsführung eingeschaltet hatte, in Spanisch-Marokko die deutsch-spanische Firma Hisma Ltda[15], gegründet.[16] Die Leitung der Hisma wurde dem Wirtschaftsstellenleiter der AO der NSDAP in Tetuan, Johannes Bernhardt, übertragen. Bernhardt, vor der Machtübernahme Hitlers ein unbedeutender Angestellter einer deutschen Exportfirma in Spanisch-Marokko, hatte sich durch seine Aktivität innerhalb der AO der Nazipartei in Tetuan so hervorgetan, daß er als Vertrauensmann der deutschen wie der spanischen Faschisten galt und im Laufe des Interventionskrieges zum offiziellen Vertreter des „Amtes für den Vierjahresplan" in Francospanien[17] „avancierte". Wie bereits erwähnt, war Bernhardt einer der Emissäre Francos, die am 24. Juli 1936 das Hilfegesuch der Verschwörer-Generale nach Berlin überbracht hatten.[18] Bei den damaligen Besprechungen mit Hitler und Göring muß die Gründung der Firma Hisma bereits festgelegt worden sein. Zunächst wurde die Hisma zur Durchführung der deutschen militärischen Hilfsmaßnahmen herangezogen. Schon am 3. August 1936 organisierte sie in Zusammenarbeit mit dem „Sonderstab W" den Transport marokkanischer Rebellentruppen nach Spanien.[19] In den ersten Augusttagen wurde die Zentrale der Hisma in Sevilla errichtet, die sich innerhalb der 3 Kriegsjahre zu einem Betrieb mit etwa 260 Angestellten, von denen ungefähr die Hälfte Spanier waren, entwickelte.[20] Gleichzeitig mit der Gründung der Hisma in Spanien wurde ebenfalls auf Initiative

im Standortgefüge der eisenschaffenden Industrie Deutschlands als Bestandteil der Vorbereitung des zweiten Weltkrieges durch den faschistischen deutschen Imperialismus. Diskussionsbeitrag auf der 2. Historikertagung, Dezember 1959, in Berlin. Abgedruckt in: Der deutsche Imperialismus und der zweite Weltkrieg, Bd. II, S. 120.

[14] Vgl. die Ausführungen *Hitlers* am 5. 11. 1937 in der geheimen Besprechung mit den Spitzenvertretern der Wehrmacht und Außenminister v. Neurath, deren Inhalt durch die von dem damaligen Wehrmachtsadjutanten Hitlers, Oberst Hoßbach, nachträglich angefertigte Niederschrift bekannt geworden ist. IMGN, Bd. XXV, Dok. 386-PS.

[15] Der Name Hisma ist eine Abkürzung für „Compania Hispano-Marroqui de Transportes Ltda."

[16] Akten III, Dok. 101 (S. 97).

[17] Ebenda, Dok. 491 (S. 458).

[18] Vgl. Kap. 3, S. 87.

[19] Akten III, Anmerkung der Herausgeber, S. 4; über den „Sonderstab W", vgl. Kap. 3, S. 95.

[20] Akten III, Dok. 809 (S. 790).

Görings in Berlin die Parallelfirma Rowak mbH[21] ins Leben gerufen, für die der größte Teil des personellen Stabes von der AO der NSDAP zur Verfügung gestellt wurde.[22] An die Spitze der Rowak trat Major v. Jagwitz, der bis dahin als Vertreter der AO im Wirtschaftsstab Kepplers gearbeitet hatte.[23] Auf beiden Seiten, bei der Leitung der Hisma und der Rowak, war somit die AO der Nazipartei führend beteiligt. An der Organisation beider Firmen hatte wiederum Admiral Canaris mitgewirkt.[24] Die der Hisma und Rowak übertragene Aufgabe bestand darin,

a) „einen Kanal für den sogenannten normalen, d. h. friedensmäßigen Güteraustausch zu schaffen und dafür als Verrechnungsstelle zu dienen;

b) Deutschland mit den für seine Wirtschaft (d. h. Kriegswirtschaft – d. V.) insbesondere den Vierjahresplan notwendigen Rohstoffen und lebenswichtigen Nahrungsmitteln zu versehen;

c) einen Ausgleich für besondere Lieferungen von Kriegsgerät zu schaffen, die nicht in Devisen bezahlt werden können."[25]

Der Schwerpunkt der Arbeit beider Firmen lag in der Sicherstellung und Regelung der deutschen Rohstoffbezüge, für die sie, wie für den gesamten Handel mit Francospanien, das Einkaufs- und Verkaufsmonopol erhielten.[26] Die Monopolstellung der beiden Firmen, die eine nahezu völlige Ausschaltung des spanischen und deutschen privaten Handels nach sich zog, wurde festgelegt, „weil mit Rücksicht auf die Bedürfnisse des Vierjahresplanes eine restlose Erfassung der in Spanien zur Verfügung stehenden und für die deutsche Wirtschaft lebensnotwendigen Rohstoffe und Nahrungsmittel anders nicht gesichert erschien".[27] Deutsche Exporteure, die Waren nach Spanien liefern wollten, mußten diese an die Rowak verkaufen, die dann unter Berechnung einer Vermittlungsgebühr von 2–4% des Fakturenbetrages den Weiterverkauf an die Hisma übernahm.[28] Unter den gleichen Bedingungen führte die Hisma den Verkauf der von Franco als Gegenleistung für die deutschen Kriegsmateriallieferungen bereitgestellten Waren an die Rowak durch. Nach den Weisungen Görings hatte sich die Hisma ausschließlich auf die Beschaffung folgender Waren zu konzentrieren: Eisenerz, Schwefelkies, Quecksilber, Kupfer, Messing und andere Kupferlegierungen, Blei, Okuméholz, Korkholz und Korkplatten, Olivenöl, Terpentinöl und andere äthe-

[21] Der Name „Rowak" ist die Abkürzung für Rohstoff- und Waren-Einkaufsgesellschaft. Die Zentrale der Rowak war in Berlin W 9, Potsdamer Platz 1, Columbushaus.

[22] Akten III, Dok. 99 (S. 94).

[23] Ebenda.

[24] *Colvin, Ian*, a. a. O., S. 42.

[25] Akten III, Dok. 493 (S. 460).

[26] Ebenda, Dok. 101 (S. 97).

[27] Ebenda, Dok. 493 (S. 461).

[28] Ebenda, Dok. 101 (S. 97) und Dok. 809 (S. 791).

rische Öle, Terpentinharz, Wolle, Lamm- und Ziegenfelle, Därme, Schweinespeck, Reis, Fischkonserven, Weinhefe und Weinstein.[29] Die Rowak hatte darauf zu achten, daß die Waren nur auf deutschen Schiffen nach Deutschland transportiert wurden[30], wodurch die Kosten gesenkt und vor allem die größtmögliche Geheimhaltung der Ausplünderung Spaniens durch den deutschen Imperialismus gewährleistet werden sollten. Durch die Monopolstellung der Hisma und Rowak im deutsch-spanischen Handel wurde einmal dafür Sorge getragen, daß nur Güter gehandelt wurden, die für die allgemeine deutsche Kriegsvorbereitung bzw. die gemeinsame Kriegsführung in Spanien notwendig waren; zum anderen erleichterte sie die deutschen Bestrebungen, die durch die militärische Unterstützung Francos bedingte Verschuldung der spanischen Faschisten an Hitlerdeutschland in Grenzen zu halten.[31] Darüber hinaus garantierte sie die Kontrolle der Waffenlieferungen und Verrechnungsbedingungen. Ein weiterer und sehr bedeutsamer Vorteil, der sich speziell aus der Monopolstellung der Hisma ergab, bestand darin, daß die Hisma Pesetenbeträge, die sie als Treuhandgesellschaft zur Abdeckung von Schulden von der Franco-„Regierung" erhielt, zum Erwerb von Bergbaukonzessionen, d. h. für den deutschen Kapitalexport, verwenden konnte.[32] Von dieser neuen Gelegenheit des Eindringens in das spanische Wirtschaftsleben und der damit verbundenen Erhöhung des politischen Einflusses versuchte das deutsche Monopolkapital in der Folgezeit reichlichen Gebrauch zu machen, bot sich doch damit die Aussicht, die englischen, französischen und amerikanischen Rivalen auf dem spanischen Markt aus dem Felde schlagen und der Verwirklichung seiner Gesamtinteressen in Spanien näherkommen zu können.

Die Hisma und Rowak waren nicht Privatfirmen, wie das in der Arbeit von P. A. M. van der Esch behauptet wird[33], sondern Institutionen des staatsmonopolistischen Kapitalismus. In Deutschland hatte unter der faschistischen Diktatur die Entwicklung des staatsmonopolistischen Kapitalismus, d. h. die direkte Unterordnung des Staatsapparates unter die Monopole und die Einschaltung des Staatsapparates in die deutsche Wirtschaft zur Vorbereitung des im Interesse des Finanzkapitals zu führenden Krieges, eine solche Stufe erreicht, wie sie annähernd nur in der Periode des ersten Weltkrieges vorhanden gewesen war. Die Vertreter des Monopolkapitals besetzten die führenden Stellen in den staatlichen Organen, die die Leitung ganzer Wirtschaftszweige unter sich hatten. Durch staatliche Maßnahmen wurde die schrankenlose Ausbeutung der Arbeiterklasse und infolge des Terrors die Einengung ihrer Widerstandsmöglichkeiten durchgesetzt, die Konzentration und Zentralisation des Kapitals forciert und auf diesen und anderen

[29] Archiv der Deutschen Notenbank, Magdeburg, Akte Nr. Re-51-1, unpag. (Abschrift eines von der Reichsstelle für Devisenbewirtschaftung an die Fa. Rowak Handelsgesellschaft mbH gerichteten Schreibens vom 26. 10. 1936).

[30] Ebenda.

[31] Akten III, Dok. 473 (S. 437).

[32] Ebenda; vgl. hierzu die Ausführungen in Kap. V–VII dieser Arbeit.

[33] *Van der Esch, P. A. M.*, a. a. O., S. 36.

Wegen[34] das Ansteigen der Profite des Monopolkapitals gesichert und das kapitalistische System insgesamt künstlich gefestigt. Insbesondere durch den Übergang zur Kriegswirtschaft im Frieden, der mit der Machtübernahme der Faschisten begann und 1936 mit der Verkündung des Vierjahrplans eine neue Stufe erreichte, erschlossen sich neue Quellen der Bereicherung für das deutsche Monopolkapital[35], da der deutsche Inlandsmarkt zu einem mit Staatshaushaltsmitteln finanzierten Rüstungsmarkt[36] wurde, auf dem der faschistische deutsche Staat als Auftraggeber und Käufer das Risiko des Absatzes abnahm. Die einseitige Ausrichtung der deutschen Wirtschaft durch die forcierte Kriegsproduktion aber engte die Möglichkeiten des deutschen Exports ein, da weder die Rohstoffdecke noch das Reservoir an Arbeitskräften groß genug waren, um beide Zweige – Produktion von Kriegsmaterial und von Gebrauchsgütern – gleichmäßig zu entwickeln. Um dennoch die angestrebte Außenhandelsexpansion verwirklichen zu können, ohne die militärische Aufrüstung einschränken zu müssen, waren die einflußreichsten Kreise des deutschen Monopolkapitals auf dem Gebiet des Außenhandels an der Gewinnung von Exportmärkten interessiert, auf denen die in Deutschland zur Hauptproduktion gewordenen Waren des Kriegsbedarfs abgesetzt werden konnten. Zu einem solchen Markt wurde Francospanien. Bei der Entwicklung des deutsch-spanischen Handels unter den Bedingungen des Spanienkrieges kam für das deutsche Monopolkapital als weiterer bedeutsamer Vorteil hinzu, daß Francospanien als Exportmarkt staatsmonopolistischen Charakter trug. Der von den Monopolisten völlig beherrschte deutsche Staat trat nunmehr als alleiniger deutscher Exporteur auf, um die von den Rüstungskonzernen produ-

[34] So z. B. durch Subventionierung bestimmter Industriezweige und des Exports aus Steuermitteln der Werktätigen, durch „Reprivatisierung" vom Staat früher übernommener Betriebe u. a.

[35] So konnte z. B. Krupp seinen Reingewinn von 6,65 Mill. Mark im Jahre 1933/34 auf 17,22 Mill. Mark im Jahre 1936/37 und auf 22,94 Mill. Mark 1938/39 steigern. (Vgl. Jahresberichte der Friedrich Krupp AG, Essen, 1933/34, S. 19; 1936/37, S. 21; 1938/39, S. 23. Für weitere Beispiele vgl. *Ulbricht, Walter*, Der faschistische deutsche Imperialismus, Berlin 1952, S. 81 und *Norden, Albert*, Lehren deutscher Geschichte, Berlin 1947, S. 201. Beachtet werden muß hierbei, daß bei den Angaben des Reingewinns von den Monopolisten durch die verschiedensten Buchungsmethoden (durch „Rücklagen", „Rückstellungen", „Abschreibungen" usw.) eine Gewinnverschleierung vorgenommen wurde und erst die Bilanzen der Rohgewinne ein annähernd wahrheitsgetreues Bild ergeben.

[36] Die Besonderheiten des Rüstungsmarktes kennzeichnet Lenin, indem er schrieb: „Wenn die Kapitalisten für die Landesverteidigung, d. h. für den Staat arbeiten, so liegt es auf der Hand, daß dies schon kein ‚reiner' Kapitalismus mehr ist, sondern eine besondere Art der Volkswirtschaft. Der reine Kapitalismus ist Warenproduktion. Warenproduktion ist Arbeit für einen *nicht bekannten*, freien Markt. Der für die Landesverteidigung ‚arbeitende' Kapitalist aber ‚arbeitet' gar nicht für den Markt, sondern *auf Bestellung* des Staates, in der Regel sogar mit dem Geld, das er vom Staat vorgestreckt bekommt." *Lenin, W. I.* Werke, Bd. 25, Berlin 1960, S. 57f. (Hervorhebungen bei Lenin).

zierten kriegswichtigen Waren aus staatlichen Vorräten zum Verkauf anzubieten, die auf Grund der Zwangslage Francos zu den von Hitlerdeutschland festgelegten Bedingungen akzeptiert werden mußten.[37] Der faschistische deutsche Staat trug also auch hier das Risiko. Das konnte im Grunde auch gar nicht anders sein, da ja wiederum nur durch den Staatsapparat die Maßnahmen durchgeführt werden konnten, durch die der Profit sicherzustellen war: Die ausreichende militärische Unterstützung Francos zur Eroberung des gesamten spanischen Territoriums. Die zur Abwicklung des deutsch-spanischen Handels ins Leben gerufenen Gesellschaften Hisma und Rowak waren daher Institutionen des staatsmonopolistischen Kapitalismus. Beide Firmen waren dem Göringschen Amt für den Vierjahrplan unterstellt. Zur Ingangsetzung des Geschäfts erhielt die Rowak vom Reichsfinanzministerium einen Kredit von zunächst 3 Mill. RM; infolge der finanziellen Unterstützung, die spanische Großgrundbesitzer und Vertreter der Großbourgeoisie bereits vor der Auslösung des Putsches und auch nach Beginn der Kampfhandlungen Franco gewährten, konnten die spanischen Faschisten der Hisma einen Pesetenkredit eröffnen.[38]

[37] Über staatsmonopolistische Exportmärkte als wichtige Erscheinungsform der Ausnutzung des Staatsapparates durch die Monopole zur Förderung ihrer Außenhandelsexpansionsbestrebungen vgl. *J. L. Schmidt* in: Probleme des kapitalistischen Weltmarktes. Bd. 2, Berlin 1959, S. 19f.

[38] Akten III, Dok. 101 (S. 97). Nach einem Bericht der „New York Times" vom 10. 4. 1937, S. 8, unterstützte *Juan March* vor Beginn der Kampfhandlungen die Verschwörer mit £ 15000000 in bar. Nach Angaben der gleichen Zeitung vom 13. 4. 1937, S. 4, haben Vertreter des spanischen Königshauses $ 10000000 gespendet. Vgl. *Hubbard, John R.*, a. a. O., S. 394. Unmittelbar nach der Auslösung des Putsches stellte der Sultan von Spanisch-Marokko Franco die Staatseinnahmen zur weiteren Finanzierung der militärischen Unternehmen zur Verfügung, wie *Franco* am 3. 9. 1936 dem deutschen Admiral Carls, Befehlshaber der zur Unterstützung der Putschisten entsandten deutschen Linienschiffe, mitteilte. (DZA Potsdam, AA, Politische Abt., Akte Nr. 61156, Bl. 276 [Geh. Kommandosache. Tätigkeitsbericht des Befehlshabers der Linienschiffe während der Entsendung in die spanischen Gewässer . . ., a. a. O.].) Nach der Entfesselung des Krieges kamen Angehörige der besitzenden Klassen in dem von Franco besetzten Gebiet und im Ausland dem Appell der spanischen Militärs nach, Goldwertsachen und ausländische Zahlungsmittel an die Franco-Behörden abzuliefern. Vgl. „The Times", 8. 3. 1937, S. 13 u. 23. 12. 1937, S. 9. Weitere Maßnahmen zur Finanzierung des Krieges wurden durch das Verbot der Ausfuhr von spanischen und ausländischen Goldmünzen sowie von Banknoten getroffen. Vgl. Ebenda, 23. 12. 1937, S. 9. Herangezogen wurden ferner alle vor dem 6. 8. 1936 entstandenen Bank- und Sperrguthaben, über die nur mit Genehmigung amtlicher Stellen disponiert werden konnte. (Vgl. Rundschreiben der Deutschen Überseeischen Bank vom 21. 9. 1936, gerichtet an Oswald Rösler, Mitglied des Vorstandes der Deutschen Bank. Photokopie des Originals befindet sich im DWI, Berlin [5955 (5)].)

2. Der Beginn des Raubzuges des deutschen Monopolkapitals

Unmittelbar nach der Auslösung des Franco-Putsches waren für Hitlerdeutschland die Möglichkeiten, Spanien in die deutsche Kriegswirtschaft einzubeziehen, eng begrenzt. Die wichtigen spanischen Rohstoff- und Industriegebiete befanden sich in der Hand der republikanischen Regierung. Um so mehr versuchten die deutschen Imperialisten bereits im Juli und August 1936, von den geringen sich bietenden Gelegenheiten Gebrauch zu machen. Zunächst hoffte Hitlerdeutschland, die Lage zu seinem Vorteil ausnutzen zu können, die sich aus der zeitweiligen Unterbrechung des englisch-spanischen Handels infolge der Kampfhandlungen ergab. Die Bestrebungen im Juli 1936, die auf Grund des noch in Kraft befindlichen englisch-spanischen Zahlungsabkommens für Großbritannien bestimmte Apfelsinenernte Andalusiens mit Beschlag zu belegen, scheiterten jedoch.[39] Ebenso wenig erfolgreich waren damals die Versuche zur Sicherstellung der Eisenerze Spanisch-Marokkos. Als Franco im August 1936 für den Verkauf der Eisenerze der Minas del Riff in Spanisch-Marokko Bedingungen festlegte, die den Bergwerksbesitzern den freien Verkauf gegen eine Barzahlung von 60% des Preises in Devisen gestatteten[40], was den Erfordernissen der Francoschen Kriegsfinanzierung entsprach[41], legte Hitlerdeutschland sofort Protest ein, da es durch eine derartige Regelung infolge des eigenen Devisenmangels von den Rohstoffbezügen ausgeschlossen worden wäre.[42] Hier zeigten sich bereits bestimmte Interessengegensätze zwischen Franco und dem Dritten Reich, die sich im Verlauf der Kriegsjahre keineswegs verringerten und die gerade durch die Gründung der Firmen Hisma und Rowak im Interesse des deutschen Imperialismus überwunden werden sollten.

Die ersten wirtschaftlichen Forderungen, die die deutschen Faschisten nach Beginn des Interventionskrieges durchsetzen konnten, betrafen die Lieferung von Kupfer und Schwefelkies. Nach schweren Kämpfen hatte Franco Ende August 1936 durch die militärische Unterstützung Deutschlands und Italiens die Provinz Huelva vollständig eingenommen, in der sich die größten spanischen Kupfer- und Schwefelkiesvorkommen befanden, die seit den siebziger Jahren des 19. Jahrhunderts von der englischen Firma Rio Tinto ausgebeutet wurden.[43] Unmittelbar nach Wiederaufnahme der Erzförderung, zu der die Bergarbeiter der Rio Tinto-Minen durch die Anwendung brutalster Terrormaßnahmen von den Franco-Behörden gezwungen worden waren[44], setzten die ersten Verhandlungen über die Lieferung

[39] *Hubbard, John R.*, a. a. O., S. 395.
[40] Ebenda.
[41] Die ausländischen Zahlungsmittel wurden dann von den Franco-Behörden beschlagnahmt und den Bergwerksbesitzern eine entsprechende Summe in Peseten gezahlt. Vgl. Ebenda.
[42] Ebenda.
[43] Vgl. Kap. I, S. 6 dieser Arbeit.
[44] Von den Bergarbeitern der Rio Tinto, die den Franco-Putsch sofort mit der Ausrufung des Generalstreiks beantworteten und den bewaffneten Kampf zur Ver-

von Kupfer nach Deutschland ein.[45] Von der vereinbarten Höhe der im August und September zum Versand gekommenen Rohstoffe erhalten wir durch das bisher bekannte Aktenmaterial keinen Aufschluß. Was jedoch aus diesen Dokumenten hervorgeht, ist, daß diese von dem Mitarbeiter im Reichswirtschaftsministerium, Kapitän z. S. Schottky, geführten Verhandlungen zunächst gegen den Willen des Leiters der Hisma aufgenommen wurden.[46] Schottky gehörte zu den Vertretern der deutschen Militärbehörden, die in den Jahren der Weimarer Republik nach der Aufdeckung der geheimen Lohmannschen Rüstungsunternehmungen[47], an der Fortsetzung der sorgfältig getarnten Arbeit für das Wiedererstehen einer kriegsbereiten deutschen U-Bootwaffe maßgeblich beteiligt gewesen waren.[48] Weiterhin dürfte an der Durchsetzung der Kupferforderungen Oberst Walter Warlimont, einer der ersten Befehlshaber der Ende Juli 1936 zur Unterstützung Francos nach Spanien entsandten deutschen militärischen Einheiten, mitgewirkt haben. Nicht zufällig hatte die Hitlerregierung zu Beginn des Spanienkrieges gerade W. Warlimont das Kommando über die deutschen Legionärstruppen[49] und die Wahrnehmung der Interessen des deutschen Imperialismus bei den Franco-Behörden[50] übertragen. Aus mehreren Gründen schien Warlimont für diese Aufgabe besonders geeignet. Als Mitarbeiter des Heereswaffenamtes im Reichswehrministerium hatte er sich im Rahmen der deutschen Kriegsvorbereitungen bereits in den zwanziger Jahren mit der Verbesserung der materialtechnischen Voraussetzungen der Kriegführung, speziell mit der Erweiterung der Versorgungsmöglichkeiten der deutschen Rüstungsindustrie mit kriegswichtigen Rohstoffen, beschäftigt.[51] Im April 1933 wurde der von den amerikanischen Mili-

teidigung der Republik aufgenommen hatten, waren am 1. 9. 1936 bereits 67 Opfer der faschistischen Kriegsgerichte. Vgl. „The Times", 30. 4. 1937, S. 25 und 1. 9. 1936, S. 11; trotz des Terrors setzten Partisanengruppen der Bergarbeiter den Widerstand fort. Nach Angaben der „Times" vom 17. 11. 1936 (S. 16) wurden zwischen August und November 1936 über 1000 Arbeiter der Rio Tinto von den faschistischen Truppen bzw. Behörden erschossen.

[45] Akten III, Anlage zu Dok. 80 (S. 75). Die Beschlagnahme der Produktion der Rio Tinto-Gruben zugunsten der Kupferausfuhr nach Deutschland führte im Januar 1937 zu langen Erörterungen im Hauptuntersuchungsausschuß des Nichteinmischungskomitees. Vgl. Akten III, S. 192, Fußn. 1. Großbritannien, das durch diese Maßnahme am meisten geschädigt worden war, hoffte, daß das Komitee in seinem Interesse intervenieren würde.

[46] Akten III, Dok. 80 (S. 75).

[47] Vgl. Kap. I, S. 36ff. dieser Arbeit. Ausführlicher s. *Einhorn, Marion*, Die Zusammenarbeit der herrschenden Klassen . . . a. a. O., S. 676, bzw. Schriftenreihe, a. a. O., S. 69.

[48] Vgl. IMGN, Bd. XXXIV, Dok. 156-C.

[49] Vgl. die Erklärung *E. Jaeneckes* vom 24. 5. 1946 über Franco und sein Regime, a. a. O., S. 9f.

[50] Akten III, Dok. 103, (S. 99).

[51] So führte W. Warlimont im Auftrage des Reichswehrministeriums z. B. bereits im Juni 1928 Verhandlungen mit Vertretern der Vereinigten Stahlwerke über die

tärbehörden im Rahmen des Prozesses gegen das Oberkommando der Wehrmacht im Oktober 1948 zu lebenslänglicher Haft verurteilte Kriegsverbrecher W. Warlimont zum Gruppenchef der Wirtschaftsabteilung des Heereswaffenamtes ernannt und avancierte im Sommer 1934 zum Chef dieser Abteilung.[52] Zudem war er als Bruder Dr. Felix Warlimonts, des Vorsitzenden des Vorstandes einer der größten europäischen Kupferhütten, der Norddeutschen Affinerie, Hamburg, der gleichzeitig im Aufsichtsrat der an der Norddeutschen Affinerie beteiligten Frankfurter Metallgesellschaft saß, auch persönlich eng mit den Interessen des deutschen Monopolkapitals auf dem Gebiet der Nichteisenmetalle und speziell der Kupferversorgung verbunden. „Dank der verständnisvollen Unterstützung der amtlichen Stellen" könne die Rohstoffversorgung als befriedigend bezeichnet werden, hieß es im Bericht der Norddeutschen Affinerie für das Geschäftsjahr vom 1. Oktober 1936 bis 30. September 1937.[53] Zu diesem Ergebnis, das erreicht wurde, obwohl der Kupferpreis auf dem Weltmarkt im Frühjahr 1937 auf das Doppelte des Preises vom Herbst 1936 gestiegen war und auch im September 1937 noch weiter über dem Stand des Vorjahres lag[54], hat die Einbeziehung des von Franco besetzten Gebietes in die deutsche Kriegswirtschaft nicht unerheblich beigetragen.[55] Abgesichert durch deutsche Kriegsschiffe transportierten zahlreiche deutsche Handelsdampfer schon im Oktober und November 1936 größere Ladungen südspanischen Kupfers nach Hitlerdeutschland.[56] Im Januar 1937 konnte die Hisma nach Berlin berichten, daß sie von den Franco-Behörden die schriftliche Zusicherung hinsichtlich der Überlassung von bis zu 60% der gesamten Rio Tinto-Produktion, also für Kupfer und Schwefelkies, erhalten habe.[57] Dieser erste Erfolg bei der Ausplünderung Spaniens war bereits ein Ergebnis des Drucks der deutschen Schwerindustrie auf die Vertreter der Hisma, die Durchsetzung der deutschen Forderungen bei Franco aktiver zu betreiben.

Am 27. August, in den Tagen der Einnahme der Rio Tinto-Gruben, hatte sich Eberhard Messerschmidt als Vertreter der zur Reichsgruppe Indu-

Vorbereitung der Errichtung der Hüttenwerke in Salzgitter, der späteren H. Göring-Werke. Vgl. *Lüdemann, Heinz,* a. a. O., S. 129.

52 Vgl. Fall 12. Das Urteil gegen das Oberkommando der Wehrmacht. Berlin 1960, S. 251. Warlimont war in den folgenden Jahren u. a. als Chef der Abt. Landesverteidigung im OKW und als Stellvertreter Jodls, des Leiters des Wehrmachtsführungsamtes und später des Wehrmachtsführungsstabes, maßgeblich an der unmittelbaren Vorbereitung und Durchführung des zweiten Weltkrieges beteiligt.

53 Geschäftsbericht der Norddeutschen Affinerie 1936/1937, unpaginiert.

54 Ebenda.

55 Deutschlands eigene Kupfervorkommen konnten nicht mehr als ein Viertel des Bedarfs decken. Vgl. „The Economist", 3. 7. 1937, S. 6.

56 DZA Potsdam, AA, Politische Abt., Akte Nr. 61156, Bl. 215 (Geh. Kommandosache. Tätigkeitsbericht des Befehlshabers der Panzerschiffe während der Entsendung in die spanischen Gewässer ... in der Zeit vom 1. 10. 1936 bis 19. 11. 1936).

57 Akten III, Dok. 208 (S. 194).

strie[58] gehörenden Ausfuhrgemeinschaft für Kriegsgerät (AGK) über Lissabon nach Sevilla und Caceres, dem damaligen Hauptquartier Francos, begeben. Der im November 1935 gegründeten AGK, in der im Jahre 1936 75 deutsche Rüstungsfirmen zusammengeschlossen waren, oblag vor allem die Aufgabe, bei der Übernahme von Exportaufträgen für Kriegsmaterial die gegenseitige Preisunterbietung der einzelnen Firmen zu verhindern und mit der Ausfuhr von Kriegsgerät möglichst große Devisenbeträge bzw. zumindest wertvolle Rohstoffe einzutauschen, um die Fortführung der deutschen Aufrüstung sichern zu helfen. Von 1937 an wurde die Ausfuhrgemeinschaft für Kriegsgerät von der Hitlerregierung ausschließlich für Tarnungsgeschäfte benutzt, d. h. für solche Exportgeschäfte, bei denen der Lieferant des Geräts in Unkenntnis des Bestimmungslandes bleiben sollte. Im Ergebnis von Besprechungen, die Messerschmidt als Abgesandter der Rüstungsindustrie u. a. mit General Franco, dem Chef der spanischen Luftwaffe, General Kindelan, sowie mit dem Direktor der Hisma führte, mußte er feststellen, daß der Zweck seiner Reise, direkte Geschäftsverbindungen mit den Franco-Behörden anzubahnen, nicht zu verwirklichen war.[59] Messerschmidt, der erst in Spanien von der Monopolisierung der Kriegsgerätlieferungen und des sich daraus ergebenden deutsch-spanischen Handels durch die Hisma/Rowak erfuhr, blieb nichts weiter übrig, als die Möglichkeiten der AGK der Hisma zur Verfügung zu stellen.[60]

[58] Zur Verwirklichung der Ziele der deutschen Schwerindustriellen vom Reichsverband der deutschen Industrie, die absolute Führung aller Unternehmerverbände übernehmen und durch staatliche Zwangsmittel die wirtschaftlichen Bedingungen diktieren zu können, erfolgte am 19. Juni 1933 der Zusammenschluß des Reichsverbandes der deutschen Industrie und der Vereinigung der deutschen Arbeitgeberverbände zum „Reichsstand der deutschen Industrie", an dessen Spitze Krupp trat. Während die industriellen Arbeitgeberverbände im Herbst 1933 ihre Selbstauflösung beschlossen, blieben die Fachgruppen des ehemaligen Reichsverbandes der deutschen Industrie bestehen. Aus ihnen entwickelten sich die durch das am 27. Februar 1934 erlassene Gesetz zur „Vorbereitung des organischen Aufbaues der Wirtschaft" geschaffenen Reichsgruppen. Während die Unternehmer sich früher mehr oder weniger freiwillig zur Wahrnehmung ihrer wirtschaftlichen Interessen in privaten Verbänden zusammengeschlossen hatten, herrschte für die staatlichen Charakter tragenden Reichsgruppen Industrie, Banken, Handel usw. Beitrittszwang. In dem jeweiligen Industriezweig war die Reichsgruppe die alleinige Interessenvertretung. In Verwirklichung des „Führerprinzips" konnten in den Reichsgruppen die stärksten Konzernherren ihre unumschränkte Herrschaft durchsetzen, indem sie über Art und Menge der Erzeugung, Rohstoffbeschaffung, Zuteilung von Arbeitskräften, Preisgestaltung, Auftragsverteilung, Patentverwertung usw. entschieden. Vgl. *Ulbricht, Walter*, Der faschistische deutsche Imperialismus (1933–1945). Berlin 1952, S. 65f.

[59] Akten III, Anlage zu Dok. 80 (S. 73).

[60] Ebenda. Tatsächlich hat die Hisma von diesem Angebot Gebrauch gemacht. So konnte die AGK für 1937 mit Portugal einen Abschluß über Kriegsmaterial im

Dieser Versuch der sofortigen Einschaltung der deutschen Rüstungsindustrie ist aus mehreren Gründen aufschlußreich. Einmal bestätigt er sehr anschaulich die Tatsache, daß von den Rüstungsmagnaten jeder Krieg, in diesem Falle die Entstehung des europäischen Kriegsherdes in Spanien, als willkommene Möglichkeit zur Erschließung neuer Profitquellen betrachtet wurde und wird. Daß diese Bereicherung mit der Vernichtung von Tausenden von Menschenleben und der Zerstörung unschätzbarer Sachwerte verbunden war, spielte für das Monopolkapital dabei keine Rolle. Während die einfachen Soldaten der in Spanien eingesetzten deutschen Truppen – unwissend, um welche Interessen es eigentlich ging – ihre Haut zu Markte trugen, wetteiferten die Vertreter ihrer eigenen herrschenden Klasse untereinander um den größtmöglichen Anteil am Gewinn!

Das ist jedoch nur die eine Seite, die durch die Verhandlungen des Abgesandten der deutschen Rüstungsindustrie beleuchtet wird. Zum anderen wird hier besonders deutlich, wie die entscheidenden Kreise des deutschen Monopolkapitals die Richtung der Politik der Hitlerregierung gegenüber Francospanien bestimmten, und wie sie den ihnen völlig untergeordneten Staatsapparat zur Durchsetzung ihrer Ziele ausnutzten. In seinem dem AA in Berlin zugeleiteten Bericht über die Ergebnisse der Spanienreise kritisierte Messerschmidt die seiner Auffassung nach ungenügende Intensität, mit der die Vertreter der Hisma die Festlegung Francoscher Gegenleistungen betrieben. Der Leiter der Hisma, Bernhardt, der sich nach Meinung Messerschmidts durch die Vermittlung der deutschen militärischen Hilfeleistungen bei Franco persönlich beliebt machen wollte, müsse nunmehr „seine Rolle als Weihnachtsmann" aufgeben und solche Abkommen durchsetzen, die den Zukunftsinteressen der deutschen Industrie in Spanien entsprächen.[61] Jetzt sei der Augenblick gekommen, „um sich einen Rahmenvertrag, *wie er früher schon ins Auge gefaßt war*[62], zu sichern, in dem für mehrere Jahre festgelegt wird, welche Rohstoffe uns Spanien zu liefern hat und in welchem Umfang Spanien von uns fertiges Material kaufen muß."[63] Solange Franco noch unter einem gewissen Druck stände, müsse Deutschland Zusicherungen bezüglich des wirtschaftlichen „und vielleicht sogar politischen späteren Einflusses" erreichen.[64] Messerschmidt wies darauf hin, daß nur durch das Einschlagen einer solchen Politik verhindert werden könne, daß sonst „England oder Italien im letzten Augenblick auftreten und sich als die eigentlichen Macher hinstellen (würden), um ihren Einfluß zu

Werte von 4,1 Mill. RM gegen Devisen tätigen, das nicht im Lande selbst verblieb. Dieses Tarngeschäft wurde durch die von den spanischen Militärs in Lissabon errichtete Materialbeschaffungsstelle abgewickelt, die unter dem Decknamen Fernandez Aguilar von einem Bruder General Francos geleitet wurde. (Vgl. Akten III, Dok. 80 u. Anlage zum gleichen Dok. [S. 72f.].)

61 Akten III, Anlage zu Dok. 80 (S. 75f.).

62 Hervorhebungen von mir (M. E.).

63 Ebenda, S. 76.

64 Ebenda, S. 75.

bewahren."[65] Deutlicher konnten die wirtschaftlichen und politischen Ziele, die das deutsche Monopolkapital mit der militärischen Intervention verfolgte, kaum ausgesprochen werden: Die Sicherung Spaniens als Rohstoffquelle, die Eroberung des spanischen Absatzmarktes und damit die Entscheidung des Konkurrenzkampfes zugunsten der deutschen Industriellen; die Unterwerfung Spaniens unter den politischen Einfluß des faschistischen Deutschlands, durch die auch die Verwirklichung der dortigen strategischen Interessen des deutschen Imperialismus gewährleistet sein würde. Tatsächlich wurde im weiteren Kriegsverlauf der Kampf um den Abschluß bindender wirtschaftlicher und politischer Verträge zum Leitmotiv der Aktivität des faschistischen Deutschlands gegenüber Francospanien.

[65] Ebenda.

Kapitel V

Hitlerdeutschlands terroristische Kriegsführung und innerpolitische Einmischung als Mittel zur Durchsetzung der Aggressionsziele während des ersten Kriegsjahres

1. Die militärische und politische Unterstützung der spanischen Faschisten durch Hitlerdeutschland bis zur Eroberung des rohstoffreichen Baskenlandes

Von größerem „praktischen Wert" konnte sich die vom deutschen Monopolkapital erstrebte vertragliche Bindung Spaniens jedoch erst dann erweisen, wenn die politische und wirtschaftliche Macht des Vertragspartners wenigstens in einem Teil des spanischen Territoriums gesichert war. Das wiederum war eine Frage des militärischen Verlaufes des Krieges.

Die militärischen Vorstöße der Francotruppen hatten jedoch trotz der Unterstützung an Menschen und Material durch Deutschland und Italien nicht die von ihnen gewünschten territorialen Gewinne gebracht. Außer der Eroberung von Badajoz am 14. August 1936, die die Vereinigung der Süd- und Nordarmee ermöglichte, und der Einnahme Iruns und San Sebastians in der ersten Septemberhälfte, durch die die Verbindung der spanischen Republik mit Frankreich im Nordwesten abgeschnitten und für die Rebellengenerale der Zugang zur See gewonnen wurde, hatten Franco und Mola keine größeren Erfolge errungen. Italienische Truppen besetzten im September die strategisch wichtigen Baleareninseln Mallorca und Ibiza und errichteten dort Flotten- und Flugzeugstützpunkte. Insbesondere der Stützpunkt Palma diente in der Folge als Base für die Terrorbombardierungen Barcelonas, Valencias und anderer spanischer Städte, die von der italienischen Luftwaffe durchgeführt wurden. Mit Ausnahme der Provinz Huelva im Süden aber waren die entscheidenden Rohstoff- und Industriegebiete noch immer in der Hand des republikanischen Spaniens. Im Oktober begann sich in den Erfolgsaussichten Francos eine Wende abzuzeichnen. Am 15. Oktober durchbrachen die faschistischen Truppen die Front an den näheren Zufahrtsstraßen nach Madrid und drangen in den ersten Novembertagen bis zur Peripherie der Hauptstadt vor. Die beabsichtigte Einkreisung und Eroberung Madrids drohte Wirklichkeit zu werden. Die Gefahr war so groß, daß die republikanische Regierung sich zum Verlassen der Hauptstadt gezwungen sah und nach Valencia übersiedelte. Doch in sechs Tagen harter und opferreicher Kämpfe, in deren Verlauf aus jedem von der Invasion bedrohten Haus eine Festung, aus jeder Straße eine Barrikade gemacht wurde, gelang es den von heldenhaftem Widerstandswillen beseelten spanischen Milizen und internationalen Kämpfern, den Angriff der Faschisten abzuschlagen und ihnen den Einmarsch in die spanische Hauptstadt zu versperren. Auch durch den zweiten, von Franco Anfang Januar 1937 begonnenen Großangriff auf Madrid konnten die Faschisten ihr Ziel nicht erreichen. Zu einer vernichtenden Niederlage für Franco und die zu seiner Unterstützung eingesetzten drei motorisierten italienischen Divisionen aber wurde die dritte gegen Madrid im März 1937 eingeleitete Offensive bei Guadelajara. Obwohl zahlenmäßig um das fünffache überlegen[1], in weit höherem Maße mit den modernsten technischen Kampfmitteln ausgerüstet[2] als die republikanischen Truppen, konnte dieser Angriff auf Madrid nicht nur abgewehrt, sondern die faschistischen Divisionen 18 km weit zurückgeworfen werden.

Der Sieg der Republikaner bei Guadelajara wirkte sich für Franco nicht nur als ein ungeheurer militärischer Rückschlag aus, sondern führte auch die Zuspitzung der sich bereits seit Monaten abzeichnenden innenpolitischen Krise herbei. Nach der Auslösung des Militärputsches hatten in den von Franco besetzten Gebieten eine Reihe rechtsgerichteter politischer Gruppierungen[3] ihre Tätigkeit wieder aufgenommen. Die verschiedenen monarchistischen und klerikal-faschistischen Organisationen, die sich zum Teil untereinander und mit der Falange befehdeten[4], hofften, daß ihre jeweiligen politischen Anschauungen von Franco nach Kriegsende als Grundlage für die innenpolitische Ausrichtung des spanischen Staates anerkannt werden würden. Von diesen Parteien hatte nur die Falange ein fest umrissenes Programm. Infolge ihrer zahlenmäßigen Schwäche – im Juli 1936 gehörten ihr nicht mehr als etwa 10000 Mitglieder an[5] – und der ihr mangelnden inneren Geschlossenheit, die seit der Verhaftung ihres Führers Antonio Primo de Rivera[6] immer deutlicher zutage trat, wurde die Falange jedoch von den Rebellengeneralen nicht als brauchbare Stütze anerkannt. Franco versuchte zu-

[1] *Longo, Luigi*, a. a. O., S. 202.

[2] Das Verhältnis der eingesetzten Flugzeuge war drei zu eins. Vgl. Ebenda.

[3] An ausgeprägten rechtsgerichteten Gruppierungen bestanden im Franco-Gebiet:
a) die Falange,
b) die aus früheren karlistischen Verbänden hervorgegangenen, stark vatikanistischen und reaktionären Requetés.
c) die Renovación Española, deren Mitglieder ein faschistisches Regime anstrebten, dessen Führung in der Hand Alfons XIII. liegen sollte,
d) die Anhänger der Accion Española, einer kleinen, hauptsächlich aus monarchistischen Intellektuellen zusammengesetzten Partei, die für ein autoritäres Regime eintrat,
e) die klerikal-faschistische Accion Popular Gil Robles',
f) die Tradicionalistas, die für die Wiedereinführung der Monarchie, aber gegen die Wiedereinsetzung Alfons XIII., eintraten.

Vgl. Akten III, Dok. 455 (S. 408) u. „The Times", 2. 3. 1937, S. 15.

[4] Akten III, Dok. 128 (S. 119).

[5] „The Times", 2. 3. 1937, S. 15.

[6] Zur Verhaftung Antonio Primo de Riveras, vgl. Kap. 3, S. 80.

nächst zwischen den verschiedenen politischen Strömungen zu lavieren und orientierte sich auf die Armee als Rückhalt.[7]
Die Uneinheitlichkeit im Franco-Lager und der Widerstand, der den Militärs aus den Reihen der Arbeiterklasse entgegengesetzt wurde, hatten die deutschen Imperialisten sehr bald als eine der Ursachen für die ihrer Meinung nach ungenügende Mobilisierung der Bevölkerung für den Krieg und für das allzu langsame militärische Vordringen der Rebellengenerale erkannt.[8] Damit erwies sich die mangelnde Einheit zugleich als hemmender Faktor bei der Verwirklichung der politischen und ökonomischen Ziele des deutschen Monopolkapitals in Spanien. Die Unterstützung der innenpolitischen Festigung des Franco-Lagers wurde daher für die deutschen Imperialisten zu einer der vordringlichsten Aufgaben, die nach der am 18. November 1936 von Deutschland und Italien gleichzeitig vorgenommenen offiziellen Anerkennung Francos als „rechtmäßiges Regierungsoberhaupt"[9] der zum ersten deutschen Geschäftsträger bei der „Burgos-Regierung"[10] ernannte General Faupel unverzüglich in Angriff nahm.
Die von den faschistischen Staaten ursprünglich erst nach der Eroberung Madrids geplante[11] diplomatische Anerkennung Francos war zunächst selbst eine Maßnahme zur Stärkung der „Franco-Regierung". Die de-jure-Anerkennung der Rebellen und der gleichzeitige Abbruch der diplomatischen Beziehungen zu der rechtmäßigen republikanischen spanischen Regierung stellte einen neuen offenen Akt der Einmischung und einen weiteren Verstoß gegen jedes internationale Recht dar. Durch sie wurde nunmehr faktisch vor der Weltöffentlichkeit von den faschistischen Mächten die Tatsache ihrer Intervention in Spanien eingestanden.
Bei der Ernennung Faupels zum Leiter der deutschen diplomatischen Vertretung hatte Canaris, der damals den Aufbau der deutschen Abwehr im Franco-Gebiet vorbereitete[12], entscheidenden Einfluß ausgeübt.[13] Daß seine Wahl gerade

[7] *Suñer, Ramon Serrano*, a. a. O., S. 123.
[8] Vgl. die Telegramme des Gesandtschaftsrates *Schwendemann*, Madrid, an das AA, vom 23. u. 25. 7. 1936, Akten III, Dok. 4 (S. 7) u. Dok. 11 (S. 13).
[9] Mit Rücksicht auf Personal- und Parteischwierigkeiten hatte Franco von der Bildung einer Regierung und dem Aufbau von Ministerien abgesehen. Die Regierungsgeschäfte wurden von einem „Technischen Ausschuß" (Junta Técnica del Estado) versehen. Am 1. 10. 1936 nahm Franco – nach Rücksprache mit deutschen Stellen (vgl. Akten III, Dok. 96 [S. 91]) – den Titel „Staatschef" an.
[10] Burgos wurde die offizielle Hauptstadt des Franco-Gebietes. Sitz des militärischen Hauptquartiers aber war der Bischofspalast in Salamanca; in Salamanca befanden sich auch die wenigen diplomatischen Vertretungen der Länder, die mit den spanischen Faschisten offen sympathisierten (Guatemala und El Salvador hatten Franco am 8. 11. 1936 anerkannt) bzw. sie – wie Deutschland und Italien – direkt unterstützten.
[11] Akten III, Dok. 92 (S. 88), 109 (S. 103), 110 (S. 104), 113 (S. 106), 114 (S. 107).
[12] Vgl. „Von Jodl verfaßtes dienstliches Tagebuch (Chef L) vom 4. 1. 1937 bis 25. 8. 1939", in: IMGN, Bd. XXVIII, Dok. 1780-PS.
[13] Aus der Erklärung . . . *H. Remers*, a. a. O., S. 7.

auf diesen Exponenten des deutschen Militarismus fiel, wird niemanden verwundern, der die Vergangenheit Faupels[14] auch nur in Umrissen kennt. Seine Erfahrungen bei der blutigen Unterdrückung revolutionärer Bewegungen sowie die spezielle Kenntnis der Verhältnisse in Südamerika, die Faupel in seiner Anfang der zwanziger Jahre übernommenen Funktion als deutscher Militärberater der argentinischen und später der peruanischen Armee und als Cheforganisator eines Netzes deutscher Agenten in den südamerikanischen Staaten gewonnen hatte, ließen ihn 1934 für den Posten des Präsidenten des Ibero-Amerikanischen Instituts besonders geeignet erscheinen. Auf den Anteil, den er insbesondere durch seine Verbindungen zu reaktionären spanischen Militärs an der Unterminierung der spanischen Republik hatte, wurde bereits näher eingegangen.[15]

Als wichtigste Aufgabe war Faupel vor seinem Amtsantritt in Burgos von der deutschen Regierung der Auftrag erteilt worden, „sich besonders um die Ausgestaltung der handelspolitischen Beziehungen Deutschlands zu Spanien zu kümmern" und die damals für Deutschland „günstige Zeit auszunutzen, damit nicht in einem späteren Stadium das kapitalkräftige England ... den Markt wegnähme".[16] Aus der Tatsache, daß Faupel auf den Wunsch Hitlers von der AO der NSDAP ein Fachmann für Propaganda und ein Spezialist für Fragen der Organisation der Falangisten[17] beigegeben wurde, wird die Linie deutlich, die man zur Durchsetzung der Ziele des deutschen Monopolkapitals einzuschlagen entschlossen war: Zunächst Stärkung der Falange, d. h. Festigung der den deutschen Faschisten politisch am nächsten stehenden spanischen Partei, die, zur Massenpartei entwickelt, die alleinige Stütze Francos werden sollte. Neben der Fortsetzung der militärischen Hilfsmaßnahmen schien die erneute Unterstützung der falangistischen Bestrebungen innerhalb Spaniens durch Hitlerdeutschland[18] den deutschen Imperialisten das sicherste Mittel, um ihren politischen Einfluß zu erhöhen und zu erreichen, daß sich Spanien bereitfand, in wirtschaftlicher und militärstrate-

[14] Seine ersten Sporen hatte sich Faupel bei den blutigen Kolonialfeldzügen des deutschen Imperialismus erworben. Als junger Offizier war er an der bestialischen Niederschlagung der Ihotwan-Bewegung in China und des Hereroaufstandes in Südwestafrika beteiligt. Nach dem ersten Weltkrieg, an dem er als Generalstabschef verschiedener Armeekorps teilgenommen hatte, tat er sich in der Novemberrevolution im Kampf um die Entmachtung der Soldatenräte und in den folgenden Jahren, u. a. durch seine aktive Unterstützung des Kapp-Putsches, bei der Niederwerfung der revolutionären deutschen Arbeiter hervor. Über die dunkle Karriere Faupels vgl. *Wheeler-Bennett, John, W.*, a. a. O., S. 47 u. 110; *Foltz, Charles, Jr.*, a. a. O., S. 147f.; *Plenn, Abel*, a. a. O., S. 231; *Buchwitz, Otto*, 50 Jahre Funktionär der deutschen Arbeiterbewegung. Berlin 1950, S. 99; Berliner Lokal-Anzeiger Nr. 202, 24. 8. 1937 (Archiv des ehemal. Landbundes, Bd. 18 E. 21, Bl. 64, MfdG, Berlin).

[15] Vgl. Kap. II, S. 67 u. vor allem S. 75, dieser Arbeit.

[16] Akten III, Dok. 132 (S. 123).

[17] Ebenda, Dok. 125 (S. 117).

[18] Über die Förderung der Falange vor der Auslösung des Franco-Putsches, vgl. Kap. II.

gischer Hinsicht die Rolle zu spielen, die ihm vom deutschen Imperialismus im Rahmen seiner Aggressionspläne zugedacht worden war.
Maßnahmen zur Stärkung der Falange hatten Vertreter deutscher Behörden und Institutionen bereits vor dem Amtsantritt Faupels vorbereitet. Seit Ende Juli 1936 hatten Mitarbeiter der AO der NSDAP, des AA in Berlin und der Leitung der nach Spanien entsandten deutschen Kriegsschiffe gemeinsam mit spanischen Faschisten mehrere, jedoch erfolglose Versuche zur gewaltsamen Befreiung des in Alicante inhaftierten Falangeführers Antonio Primo de Rivera unternommen.[19] Nachdem jedoch die aktive Beteiligung der deutschen Botschaft und des deutschen Konsulats in Alicante an den eingeleiteten Maßnahmen in der spanischen Öffentlichkeit bekannt geworden war, hatten sich die Vertreter der genannten deutschen Dienststellen im Einklang mit dem AA in Berlin schließlich genötigt gesehen, von dem geplanten Rettungsvorhaben für den von den deutschen Faschisten seit Jahren unterstützten Falangeführer endgültig abzusehen.[20]
Mit der Errichtung der deutschen diplomatischen Vertretung in Salamanca ergaben sich für Hitlerdeutschland neue Möglichkeiten, sich in die innerpolitischen Verhältnisse im Franco-Gebiet einzumischen. Die bei der Botschaft ins Leben gerufene deutsche Pressestelle überschüttete die Falange laufend mit Propagandamaterial, in dem das faschistische Deutschland verherrlicht und Einzelheiten über die Organisation der Nazipartei und ihrer Gliederungen vermittelt wurde.[21] Durch von Faupel organisierte Propagandareisen nach Deutschland[22] erhielten Funktionäre der Falange und andere interessierte Kreise Gelegenheit, den als Vorbild gepriesenen faschistischen deutschen Staat aus eigener Anschauung kennenzulernen. Von Faupel dazu angeregt, wurden von der AO der NSDAP in größerer Zahl ausgesuchte sogenannte deutsche Spanienflüchtlinge als Instrukteure bei der Falange und später auch bei den Francotruppen eingesetzt.[23] Die Einmischung der deutschen Imperialisten in die innerpolitischen Verhältnisse führte jedoch nicht den gewünschten Erfolg herbei. Im Gegenteil, die außerordentlich hohen Forderungen Hitlerdeutschlands, die häufigen Eingriffe Faupels in innerpolitische Fragen, die Art seiner Verhandlungsführung bei der Durchsetzung der Interessen des deutschen Monopolkapitals[24] und um die Jahreswende 1936/1937 vor allem die

[19] DZA Potsdam, AA, Politische Abt., Akte Nr. 61156, Bl. 220–223 (Geh. Kommandosache. Tätigkeitsbericht des Befehlshabers der Panzerschiffe während der Entsendung in die spanischen Gewässer . . in der Zeit vom 1. 10.–19. 11. 1936).

[20] Ebenda u. Akten III, Dok. 102 (S. 97f.), 104 (S. 99). Am 20. 11. 1936 wurde das gerichtlich ausgesprochene Todesurteil an Antonio Primo de Rivera vollstreckt.

[21] Akten III, Dok. 455 (S. 408).

[22] *Suñer, Ramon Serrano*, a. a. O., S. 55.

[23] Akten III, Dok. 187 (S. 176), 390 (S. 346).

[24] DZA Potsdam, AA, Politische Abt., Akte Nr. 61157, Bl. 23 (Bericht eines spanischen V-Mannes, Mitglied der Junta Técnica in Burgos, vom 12. 9. 1937 über die deutsch-spanischen Beziehungen), vgl. auch *Suñer, Ramon Serrano*, a. a. O., S. 53.

offene Unterstützung der spanischen faschistischen Partei[25] drohten Hitlerdeutschland in Gegensatz zu den hinter Franco stehenden ausschlaggebenden Kreisen des Großgrundbesitzes und der Finanzoligarchie zu bringen. Das hatte seine Ursache darin, daß der als Urfalange bezeichnete Flügel der damals in sich gespaltenen Falange – das demagogische Programm der Partei ernst nehmend – Franco auf die sofortige Durchführung sozialer Reformen drängte[26] und in Widerspruch zu den besitzenden Klassen geriet. Die Übertragung der Gegensätze dieser Kreise mit der Falange auf ihre Haltung zu Hitlerdeutschland konnte den deutschen Imperialisten gefährlich werden. Befürchtungen in dieser Richtung brachte der langjährige Spanienkenner, der damalige deutsche Botschafter in Paris, Welczeck, in einem Schreiben an Außenminister v. Neurath vom 27. Dezember 1936 zum Ausdruck. Welczeck, der sich durch die Art des Vorgehens von Faupel bereits um die Ergebnisse seiner früheren Madrider Tätigkeit[27] betrogen sah, beklagte, daß Faupel mit seiner offenen Unterstützung der Falange, die nur einen kleinen Teil des Francoschen Heeres bildete, Fehler mache, die „unserer Sache außerordentlich schaden können . . .“. Nach einer Warnung vor weiteren „Experimenten“, die Hitlerdeutschland bei den leitenden spanischen Stellen unbeliebt machen würden, wies Welczeck darauf hin, daß es außerdem bedauerlich wäre, „wenn wir durch den Übereifer einzelner Proselytenmacher um die Früchte unserer Arbeit gebracht würden“.[28] Nachdem sich die Differenzen in den ersten Monaten des Jahres 1937 zu einer akuten innerpolitischen Krise zugespitzt hatten, die die Kriegsführung gefährdete, mußte Faupel auf die Weisung von Berlin hin in der Folgezeit bei der Zusammenarbeit mit der Falange größere Zurückhaltung an den Tag legen.[29]

Im März/April 1937 hatten sich die zwischen den verschiedenen politischen Gruppierungen bestehenden Spannungen infolge der durch die Kette der militärischen Mißerfolge hervorgerufenen allgemeinen Unzufriedenheit außerordentlich verschärft. In dieser Situation führte Franco selbst – wenn auch in modifizierter Form – die von den deutschen Imperialisten propagierte Linie durch, indem er im April 1937 zur Überwindung der politischen Krise den Zusammenschluß der rivalisierenden Hauptgruppen, der Falange und der monarchistisch-klerikalen Traditionalisten, zu einer „Einheitspartei“[30] dekretierte, die Tätigkeit aller anderen Parteien verbot und sich selbst an die Spitze der neu gegründeten

[25] DZA Potsdam, AA, Politische Abt., Akte Nr. 61157, Bl. 23 (Bericht eines V-Mannes . . .).

[26] *Brenan, Gerald*, a. a. O., S. 330.

[27] Über den Anteil Welczecks an der Unterminierung der spanischen Republik durch den faschistischen deutschen Imperialismus vgl. Kap. II.

[28] DZA Potsdam, AA, Büro RAM, Akte Nr. 60964, Bl. 46f.

[29] Akten III, Dok. 455 (S. 408).

[30] Nunmehr „Falange Española Tradicionalista“ (FET). Auf Grund des Dekrets vom 19. 4. 1937 wurden auch die Gruppen der „Spanischen Aktion“ und der „Spanischen Erneuerung“ mit gleichgeschaltet. Vgl. *Suñer, Ramon Serrano*, a. a. O., S. 48.

Partei stellte. Indem sich Franco der Falange bediente, ohne seine bisherige Hauptstütze – Armee und Klerus – aufzugeben, gelang es ihm in der Folge, seine Herrschaft in dem von den Faschisten eroberten Gebiet einigermaßen zu stabilisieren.[31]
Das wichtigste Mittel für die deutschen Imperialisten zur Festigung des Franco-Systems aber blieb nach wie vor die Fortsetzung der militärischen Intervention. In militärischer Hinsicht verfolgte Deutschland die Linie, Franco durch die Entsendung von Instrukteuren und vor allem von Kriegsmaterial zu unterstützen[32], größeren Einfluß auf die Leitung der Operationen und ihre „sachgemäße" Durchführung zu gewinnen[33], „im übrigen aber den ... Italienern möglichst den Vortritt (zu) lassen".[34] Während sich die deutsche Regierung den wiederholten und von Faupel warm befürworteten Forderungen Francos nach weiteren größeren deutschen Truppenverstärkungen verschloß[35], wurde Italien veranlaßt, auch weiterhin personalmäßig die Hauptlast zu tragen.[36] Auf diese Weise würde es nicht nur in Spanien für den deutschen Imperialismus die Kastanien aus dem Feuer holen, sondern infolge der starken Truppenbindung auf der Iberischen Halbinsel auch wenig Möglichkeiten haben, sich der Verwirklichung der deutschen Expansionsziele im Donauraum zu widersetzen, der im Rahmen der allgemeinen Kriegsvorbereitung des deutschen Imperialismus damals bereits die Hauptaufmerksamkeit galt.[37] Die Leitung der militärischen Kampfhandlungen Francos ging dagegen

[31] Der anfangs von einigen Führern der sogenannten Urfalange gegen das Vereinigungsedikt vom 19. 4. 1937 entgegengesetzte Widerstand wurde von Franco unter Anwendung terroristischer Maßnahmen unterdrückt. Vgl. hierzu u. a. *Suñer, Ramon Serrano*, a. a. O., S. 47; Akten III, Dok. 248 (S. 236f.), 252 (S. 240), 254 (S. 242), 286 (S. 264f.) 296 (S. 270).

[32] DZA Potsdam, AA, Büro RAM, Akte Nr. 60964, Bl. 35 (Schreiben *v. Neuraths* vom 22. 12. 1936 an Botschafter v. Hassell, Rom).

[33] Akten III, Dok. 214 (S. 200).

[34] DZA Potsdam, AA, Büro RAM, Akte Nr. 60964, Bl. 35 (Schreiben *v. Neuraths* vom 22. 12. 1936 an Botschafter v. Hassell, Rom).

[35] Akten III, Dok. 144 (S. 134), 145 (S. 134f.), 148 (S. 139f.), 151 (S. 142), 155 (S. 145).

[36] Die Festlegung der militärischen Politik der Achsenmächte gegenüber Franco erfolgte am 14. Januar 1937 durch die Verhandlungen Görings mit Mussolini in Rom. Vgl. Akten III, Dok. 203 (S. 191), 204 (S. 191f.); *Taylor, Telford*, a. a. O., S. 135. Über den Inhalt der Besprechungen wurde nur wenig Material im Archiv des AA aufgefunden. Vgl. Akten III, S. 187, Fußn. 3.

[37] Im Frühjahr 1937 war die Vorbereitung der Annexion Österreichs durch den deutschen Imperialismus bereits in vollem Gange. Die Unterminierungsarbeit der deutschen Faschisten in Österreich lief schon auf Hochtouren. Die offene Verletzung des im Juli 1936 geschlossenen deutsch-österreichischen Abkommens, in dem sich Deutschland zur strikten Einhaltung des Grundsatzes der Nichteinmischung in die inneren Angelegenheiten des österreichischen Staates verpflichtet hatte, konnte von den österreichischen Behörden im Mai 1937 im Ergebnis einer Haussuchung in dem Organisations-Hauptbüro der NSDAP in Wien erstmalig dokumentarisch nachgewiesen werden. Vgl. Akten zur deutschen auswärtigen Politik 1918–1945, Ser. D, Bd. 1, Baden-Baden 1950, Dok. 223 (S. 345).

in stärkerem Maße[38] auf beide Achsenmächte über. Unzufrieden mit der wenig erfolgreichen Kriegführung Francos hatten Göring und Mussolini im Laufe ihrer Besprechungen in Rom im Januar 1937 über die weitere militärische Unterstützung der spanischen Generale die Einsetzung eines deutsch-italienischen Generalstabes beim Francoschen Oberkommando festgelegt.[39] Seine Aufgabe war es, entscheidenden Einfluß auf alle Einzelheiten der Führung der Operationen, der Ausbildungs-, Organisations- und Nachschubfragen zu nehmen. Die Tätigkeit dieses Generalstabes erfolgte in enger Fühlungnahme mit den obersten deutschen Militärbehörden, die den Kriegsverlauf aufmerksam verfolgten. Große Lagekarten mit genauer Eintragung von Standort, Stärke, Art der Bewaffnung, Namen der Divisionen und ihrer Führer usw.[40] wurden laufend den führenden deutschen Militärs sowie Vertretern des AA zugeleitet[41] und auch regelmäßig dem deutschen Außenminister vorgelegt.[42]

[38] Wiederholt wurde noch von Deutschland und Italien darüber Klage geführt, daß Franco die Ratschläge der Militärberater beider Länder nur ungenügend befolge. Vgl. Akten III, Dok. 247, (S. 234), 255 (S. 243); DZA Potsdam, AA, Büro RAM, Akte Nr. 60964, Bl. 114, 117 (Schreiben *Faupels* vom 23. 4. 1937 an Außenminister v. Neurath).

[39] Ebenda, Bl. 117f.

[40] Zwei derartige Lagekarten mit dem Stand vom 28. 4. 1937 befinden sich – unter der Bezeichnung „Geheime Kommandosache" – in den Akten des DZA Potsdam, AA, Büro RAM, Akte Nr. 60963, Bl. 19 u. 20.

[41] Nach dem auf den Karten angegebenen Verteiler erhielten folgende Stellen eine Ausfertigung:

1.	Wehrmachtsamt	General Keitel
2.	,,	Oberst Jodl
3.	,,	Oberstltn. Scholler
4.	,,	Admiral Canaris
5.	Ob. d. L.:	Oberst Bodenschatz
6.	,,	
7.	,,	
8.	,,	
9.	,,	} zu Hd. Hptm. Grube
10.	,,	} zu Hd. Hptm. Grube
11.	,,	} zu Hd. Hptm. Grube
12.	OKH	Oberst Hoßbach
13.	,,	Oberstltn. Müller
14.	,,	Oberst v. Tippelskirch
15.	,,	Major Siewert
16.	OKM	Kpt. z. S. Arps
17.	,,	Freg. Kpt. Schiller
18.	,,	Korv. Kpt. Wagner
19.	AA	Legationsrat Frh. v. d. Heyden-Rynsch
20.	General Wilberg	
21.	Ia	
22.	V	

[42] Ebenda, Bl. 18.

Trotz des hohen Anteils der deutschen und italienischen Militärs an der Leitung der Operationen und der materialmäßigen und personellen Unterstützung Francos durch Deutschland und Italien war es den republikanischen Kämpfern wiederholt gelungen, die Faschisten an den Fronten Madrids zurückzuschlagen. Nach der katastrophalen Niederlage der faschistischen Truppen bei Guadelajara sah sich Franco gezwungen, zunächst auf die Fortsetzung des Kampfes um die Eroberung der spanischen Hauptstadt zu verzichten. Statt dessen wurde der Angriff auf die Nordfront konzentriert. Auf diese Weise hoffte Franco, der Republik die als Ausgangspunkt für weitere republikanische Offensiven gefürchtete Basis zu nehmen, durch die Inbesitznahme der rohstoffreichen Gebiete des Baskenlandes und Asturiens, der wichtigsten spanischen Schwerindustriezentren, die republikanische Kriegswirtschaft zu schwächen und vor allem mit der Sicherung der begehrten Rohstoffquellen neue Möglichkeiten zu finden, um den eingegangenen Verpflichtungen gegenüber den Interventionsmächten hinsichtlich der Bezahlung ihrer „Hilfe" leichter nachkommen zu können.
In den monatelangen Kämpfen um die Einnahme der Nordprovinzen stellten die deutschen militärischen Führer unter Beweis, was sie unter der von ihnen geforderten „sachgemäßen"[43] Durchführung militärischer Operationen verstanden: Die Offensive wurde am 31. März 1937 mit der Terrorbombardierung Durangos (nahe von Bilbao) eröffnet, über deren Ergebnis der Direktor der Deutschen Lufthansa AG, Wronsky, nach seiner Dienstreise nach Spanien dem Vorsitzenden des Aufsichtsrates der Lufthansa, Direktor der Deutschen Bank und vielfachem Aufsichtsratsmitglied, Staatsrat v. Stauß, zynisch berichtete, daß von diesem Städtchen „ohne jede Artillerie-Beschießung, allein durch *Flugzeug-Bombardement* ... kaum ein einziges Haus erhalten" geblieben sei.[44] Am 26. April erreichte der Feldzug zur Vernichtung der baskischen Bevölkerung mit der Zerstörung Guernicas, der heiligen Stadt der Basken, einen neuen Höhepunkt. Wie der Ministerpräsident des Baskenlandes an Hand von unwiderleglichen Materialien nachweisen konnte, war dieser von 120 deutschen Flugzeugen modernster Typen durchgeführte Terrorangriff auf den ausdrücklichen Befehl des deutschen Generalstabes vorgenommen worden.[45] Durango und Guernica, das waren damals die „Spitzenleistungen" der deutschen Luftwaffe, die Vorübung für den totalen Luftkrieg, dem wenige Jahre später Warschau, Rotterdam, Coventry und andere offene Städte zum Opfer fallen sollten. Während Millionen Menschen in allen Ländern ihre Empörung über diese Beispiele faschistischer Bestialität zum Ausdruck brachten, beglückwünschten sich die Aggressoren zu diesen Akten systematischen Massenmordes. Völlig ungerührt und voller Stolz registrierte Wronsky in dem oben zitierten Bericht, daß sich der Francosche Luftwaffenchef, Kindelan, „der sonst still und zurückhaltend ist, in

[43] Vgl. S. 129 dieses Kapitels
[44] Bericht *Wronskys* vom 23. 6. 1937 über seine Dienstreise zum Chef der spanischen Luftfahrt, General Kindelan. Photokopie des Originals befindet sich im DWI, Berlin (4247). (Hervorhebungen im Bericht *Wronskys*.)
[45] „Rundschau" (Basel), Nr. 19, 1937, S. 721.

wärmster Form und mit Worten höchster Anerkennung" über diese „Leistungen der deutschen Luftfahrt" geäußert habe.[46]
Nachdem Anfang Mai 1937 der in Barcelona von trotzkistischen Elementen gemeinsam mit Agenten Francos[47] sowie deutschen und italienischen Gestapo- bzw. Ovrabeamten inszenierte POUM[48]-Putsch durch die entschlossene Abwehr der demokratischen Kräfte gescheitert war, der das republikanische Hinterland schwächen und die Eroberung der Nordprovinzen erleichtern sollte, und damit die Hoffnung auf die Wirksamkeit der Fünften Kolonne sich als illusorisch erwiesen hatte, griffen die deutschen Imperialisten erneut zu ungeheuerlichen Gewaltmaßnahmen. Am 29. Mai, am gleichen Tage, an dem vom Völkerbund in einer Resolution die faschistischen Bombenangriffe auf offene Städte verurteilt worden waren, eröffnete das Panzerschiff „Deutschland", das sich außerhalb der deutschen Seekontrollzone[49] befand, das Feuer auf republikanische Flugzeuge, die einen Erkundungsflug über der zu den Balearen gehörenden Insel Ibiza durchführten.[50]

[46] Bericht *Wronskys* vom 23. 6. 1937, a. a. O.

[47] Akten III, Dok. 254 (S. 243).

[48] POUM = Abkürzung des Namens der trotzkistischen angeblichen „Arbeiterpartei der marxistischen Einigung" (Partido Obrero de Unificación Marxista). Die 1930 entstandene und zahlenmäßig schwache POUM sah während des Interventionskrieges ihre Aufgabe darin, Mißtrauen gegen die republikanische Regierung zu säen, den Volksfrontblock der antifaschistischen Kräfte zu zersetzen und durch provokatorische Losungen und Terrorakte die Lage der Republik zu erschweren. Der Putsch am 3. 5. 1937 forderte nach den Angaben der Londoner „Times" 950 Todesopfer und 3000 Verletzte. Vgl. „The Times", 12. 10. 1938, S. 13. An der Organisierung des Aufstandes war u. a. der heutige sozialdemokratische Bürgermeister von West-Berlin, Willy Brandt, beteiligt, der sich damals seine ersten Sporen als Unruhestifter und Störenfried erwarb. Vgl. „Iswestija" vom 22. 3. 1959, zitiert nach „Die Presse der Sowjetunion", Nr. 39, 1959, S. 941. Für ausführliche Darstellungen der Zersetzungstätigkeit der POUM und ihrer Zusammenarbeit mit deutschen und italienischen Faschisten vgl. „Rundschau" (Basel), Jg. 1937, Nr. 4, 5, 6, 9, 16, 18, 20, 22, 23, 27, 38, 44, 45, 49 (S. 146, 212, 226 u. 250ff., 378ff., 640, 709, 755, 809f., 831, 982, 1361, 1591, 1631f., 1683 u. 1863); Jg. 1938, Nr. 7, 24, 51, 52, 53, 54, 55, (S. 232, 740ff., 1732 u. 1736ff., 1765f., 1808ff., 1833f., 1885ff.).

[49] Laut Beschluß des „Nichteinmischungskomitees" führten Einheiten der englischen, italienischen und deutschen Kriegsflotte seit dem 12. 3. 1937 in den für sie festgelegten Gewässern längs den spanischen Küsten eine sogenannte Seekontrolle durch.

[50] Der eigentliche Zweck, der mit dem von den deutschen Faschisten provozierten „Deutschlandzwischenfall" verfolgt wurde, bestand darin, einen Vorwand zu finden, um das Seeüberwachungssystem zu sprengen, das sich weniger gegen die spanische Republik als gegen Franco auswirkte. Nach dem „Deutschlandzwischenfall" weigerten sich Deutschland und Italien weiterhin an dem Kontrollsystem teilzunehmen. Nachdem Großbritannien und Frankreich verkündet hatten, daß ihre Seestreitkräfte die bisherigen deutschen und italienischen Kontrollzonen

Ähnlich wie beim Reichstagsbrand im Jahre 1933 und bei zahllosen anderen Ereignissen, versuchte die Hitlerregierung, die Tatsachen in ihr Gegenteil zu verkehren. Unter der verlogenen Behauptung, daß die „Deutschland" bei der Ausübung ihrer Kontrollpflichten von republikanischen Flugzeugen attackiert worden sei, wurde als „Vergeltungsmaßnahme" zwei Tage später die offene Stadt Almeria von einem deutschen Flottengeschwader bombardiert.[51] Wiederum hatte die spanische Zivilbevölkerung durch diesen Terrorakt, der eine direkte Kriegsprovokation darstellte und ein weiteres Beispiel der besonderen Aggressivität des deutschen Imperialismus war, zahllose Opfer zu beklagen. Unter den Stimmen der empörten Weltöffentlichkeit war es von deutscher Seite auch diesmal einzig und allein die KPD, die die verbrecherischen Aktionen der Hitlerregierung auf das schärfste verurteilte und dem spanischen Volk ihre Anteilnahme und Verbundenheit versicherte, deren überzeugendster Ausdruck die Verpflichtung zu noch größeren Anstrengungen im Kampf gegen die faschistischen deutschen Kriegsbrandstifter war.[52]

Trotz schwerster Bedingungen hielt die Bevölkerung des republikanischen Spaniens den Einschüchterungsversuchen der deutschen Imperialisten und den Angriffen an den Fronten weiter stand. Mit größerer Entschlossenheit als das Kabinett unter Caballero[53] leitete die Mitte Mai 1937 neu gebildete Volksfrontregierung mit dem Sozialisten Juan Negrin an der Spitze Maßnahmen in die Wege, um von der Defensive in die Offensive überzugehen. Erst nach wochenlangen schweren Kämpfen gelang dem zahlen- und materialmäßig überlegenen Gegner der Vorstoß ins Baskenland. Am 19. Juni 1937 fiel Bilbao, die bedeutendste Industriestadt an der Biscaya und einer der wichtigsten Häfen Nordspaniens, in die Hand der Faschisten, während der Kampf um die Besetzung Asturiens sich noch bis in den Oktober hinzog.

mit übernehmen würden, machten die faschistischen Staaten ihr Ausscheiden wieder rückgängig.

[51] Noch heute machen sich Vertreter der westdeutschen Geschichtswissenschaft die faschistische Version der Ereignisse zu eigen, ein klassisches Beispiel für die „Bewältigung" der Vergangenheit! Vgl. z. B. *Hubatsch, Walter,* Der Admiralstab und die obersten Marinebehörden in Deutschland 1848–1945. Frankfurt a. M. 1958, S. 208. Derartige Darstellungen werden dadurch erleichtert, daß bezeichnenderweise die von den Westmächten veröffentlichte Aktenpublikation „Akten zur deutschen auswärtigen Politik 1918–1945", Ser. D., Bd. III, die den „Deutschlandzwischenfall" und Almeria betreffenden Dokumente aus der Feder faschistischer deutscher Politiker kommentarlos wiedergibt. Vgl. Akten III, Dok. 267 (S. 251), 268 (S. 252), 270 (S. 253), 271 (S. 253), 273 (S. 255), 274 (S. 256), 278 (S. 257), 294 (S. 269), 295 (S. 270).

[52] Telegramm des Zentralkomitees der KPD an die Zentralkomitees der Kommunistischen Partei und der Sozialistischen Partei Spaniens, anläßlich der Beschießung Almerias, Juni 1937, vgl. „Der Freiheitskampf des spanischen Volkes und die internationale Solidarität", . . ., a. a. O., S. 194.

[53] Die Regierung Caballero hatte die Umtriebe der Trotzkisten geduldet und weder die Frage des einheitlichen Kommandos der Armee und der notwendigen Reserven gelöst, noch das Funktionieren der Kriegsindustrie gesichert.

2. Der Abschluß wirtschaftlicher Geheimverträge zwischen Hitlerdeutschland und Francospanien

Mit der Einnahme des rohstoffreichen Baskenlandes[54] wurde für die deutschen Interventen die vertragliche Bindung Francos zur Sicherung der ökonomischen Interessen des deutschen Imperialismus immer dringender. 300000 t Eisenerze lagen im Juli 1937 allein an Vorräten auf den Halden der baskischen Bergwerke, deren Produktion in den vorangegangenen Monaten nahezu vollständig von England bezogen worden war.[55] Wenige Wochen nach der Einnahme Bilbaos hatte ein leitender Vertreter der Rowak in einem Bericht an die handelspolitische Abteilung des AA darauf hingewiesen, daß man zwar in Zukunft die nunmehr für die Francosche Kriegswirtschaft arbeitenden baskischen Hütten mit dem notwendigen Eisenerz für ihren Betrieb versehen müsse, man jedoch hoffen könne, „daß alles andere Erz zunächst für absehbare Zeit nach Deutschland gehen werde . . ."[56] Mit größerer Sicherheit aber konnten die deutschen Imperialisten auf die Zustimmung der Franco-Behörden, diese begehrten Rohstoffmengen ausschließlich an Hitlerdeutschland zu liefern, erst dann rechnen, wenn die von ihnen bereits seit Monaten geführten Verhandlungen über eine vertragliche Regelung der wirtschaftlichen Beziehungen zwischen Francospanien und Deutschland[57] zu einem günstigen Abschluß gelangten. Bindende wirtschaftliche Vereinbarungen wurden vor allem deshalb als außerordentlich dringend angesehen, weil britische und französische Wirtschaftskreise in den von ihnen bereits im November und Dezember 1936 aufgenommenen Wirtschaftsverhandlungen mit den Franco-Behörden den Versuch unternommen hatten, ihre Handelsbeziehungen zu diesem Teil des spanischen Marktes in Gang zu bringen und die Durchsetzung der Kupfer- und Schwefelkiesforderungen Hitlerdeutschlands aus den in ihrem Besitz befindlichen südspanischen Erzgruben zu unterbinden.[58] Neben den britischen und französischen Bestrebungen, einer Verdrängung vom spanischen Markt vorzubeugen, die das deutsche Monopolkapital durchkreuzen wollte, war es der Widerstand von Teilen der spanischen Bourgeoisie gegen die von der Hisma für den deutschspanischen Warenaustausch festgelegten, für den spanischen Handel außerordent-

[54] 40–45% der gesamten spanischen Eisenerzförderung erzeugte die Provinz Viscaya, Santander etwa 16%. Vgl. „Deutsche Allgemeine Zeitung", Nr. 161, 20. 7. 1937. Archiv des ehem. Landbundes, Bd. 72, H. 6, Bl. 100, MfdG, Berlin.

[55] Akten III, Dok. 391 (S. 346).

[56] Ebenda (S. 347).

[57] Vgl. Akten III, u. a. Dok. 163 (S. 153), 180 (S. 170), 187 (S. 176), 196 (S. 186), 206 (S. 193), 223 (S. 207ff.), 256 (S. 244f.).

[58] Vgl. „Eildienst für Außenhandel und Auslandswirtschaft", 27. 11. 1936, Archiv des ehemal. Landbundes, Bd. 72, H. 6, Bl. 92 MfdG, Berlin; „Frankfurter Zeitung", 18. 1. 1937, ebenda, Bl. 94; „Nachrichten für Außenhandel", 9. 2. 1937, ebenda, Bl. 95. Über die Entwicklung der wirtschaftlichen Beziehungen der Westmächte zu Francospanien, vgl. S. 154ff. dieser Arbeit.

lich nachteiligen Geschäftsbedingungen[59], den Hitlerdeutschland durch den Abschluß bindender wirtschaftlicher Vereinbarungen zu überwinden hoffte.
Die Anfang 1937 aufgenommenen deutsch-spanischen Handelsbesprechungen verliefen zunächst nicht nach den Wünschen der deutschen Imperialisten. Franco brachte die Klagen spanischer Handelskreise über die Monopolstellung der Hisma und deren ständig weitergehende, gegen die Interessen Francospaniens gerichteten Forderungen[60] zum Ausdruck und sprach sich für die Normalisierung des deutsch-spanischen Handels aus, die auch die Möglichkeit des Verkaufs spanischer Rohstoffe und Waren an andere Staaten gegen dringend benötigte Devisen offenlassen sollte.[61]
Die Francosche Forderung nach Normalisierung des deutsch-spanischen Handels, die die spanischen Faschisten durch den Abschluß eines Waren- und Verrechnungsabkommens durchzusetzen hofften, wurde auch von Kreisen der deutschen Exportindustrie erhoben, zu deren Sprecher sich die Deutsche Überseeische Bank machte.[62] Die Behinderung des freien Handels durch die staatsmonopolistischen Firmen Rowak/Hisma hatte unter einer Reihe am Spanienhandel interessierter deutscher Exporteure zu einer starken Mißstimmung geführt.[63] Infolge des Interventionskrieges trat für zahlreiche Firmen, die nicht unmittelbar zu Kriegslieferungen herangezogen wurden, eine erhebliche Schädigung des Exportgeschäftes ein.[64] Das war um so schwerwiegender, als die deutsche Exportindustrie im zweiten

[59] Anlaß zur Kritik gaben u. a. die oftmals außerordentlich hohen Provisionsforderungen der Hisma und die Festlegung, daß spanische Firmen die gesamte Kaufsumme für Waren, die sie in Deutschland über die Hisma bestellt hatten, die Deutschland jedoch erst nach mehreren Monaten zu liefern in der Lage war, bereits bei der Bestellung an die Hisma zu zahlen hatten, wenn ihnen nicht ein Aufschlag von 14% bei der Lieferung berechnet werden sollte. Vgl. DZA Potsdam, AA, Politische Abt., Akte Nr. 61157, Bl. 26 (Bericht eines spanischen V-Mannes, a. a. O.).

[60] Spannungen zwischen Franco und der Hisma entstanden in der 2. Januarhälfte 1937 wegen der Bezahlung der deutschen Kriegsmateriallieferungen und der Waffenkäufe Francos in anderen Ländern. Angesichts der Tatsache, daß Franco durch einen nach London entsandten Vertreter in verschiedenen Staaten Waffen gegen Devisen gekauft hatte, während die deutschen Lieferungen nur zu einem geringen Teil, und zwar ausschließlich in Waren bezahlt worden waren, stellte Hitlerdeutschland durch den Leiter der Hisma, Bernhardt, und den deutschen Geschäftsträger in Salamanca, Faupel, die Forderung, daß sämtliche Franco zur Verfügung stehenden Devisen der Hisma ausgehändigt werden sollten. Gleichzeitig wurde von den Vertretern Hitlerdeutschlands darauf hingewiesen, daß nach den letzten großen deutschen Lieferungen für Franco keine Notwendigkeit mehr bestehe, aus anderen Ländern überhaupt noch Kriegsmaterial zu beziehen. Vgl. Akten III, Dok. 213 (S. 198f.).

[61] Ebenda, u. a. Dok. 98 (S. 94), 223 (S. 207f.).

[62] Ebenda, Dok. 231 (S. 214).

[63] Ebenda, Dok. 223 (S. 208), 231 (S. 214), 455 (S. 409).

[64] Vgl. „Berliner Börsenzeitung", Nr. 486, 15. 10. 1936. Archiv des ehemal. Landbundes, Bd. 72, H. 6, Bl. 93, MfdG, Berlin.

Halbjahr 1936 die Folgen der Währungsabwertung in Frankreich, der Schweiz, Holland, Italien und der Tschechoslowakei zu spüren bekam, durch die der Absatz deutscher Waren in diesen Ländern[65] schwieriger wurde und der Wettbewerb sich auf den übrigen Märkten verschärfte.[66] Hinzu kamen die Auswirkungen des Interventionskrieges, von denen vor allem die deutschen Konzerne betroffen waren, deren Tochterfirmen bzw. Vertriebsgesellschaften sich im republikanischen Spanien befanden.[67] So waren z. B., wie aus einer Notiz des Aufsichtsratsmitgliedes und Vertreters der Deutschen Bank bei den Siemens-Schuckert-Werken, Schlitter, hervorgeht, allein für diesen Konzern „im Spaniengeschäft RM 15 Mill. gefährdet", während bei Siemens & Halske „etwa RM 4,8 Mill. Engagements einschließlich

[65] Die genannten Länder hatten zuvor 30%, d. h. einen erheblichen Teil des deutschen Gesamtexports, aufgenommen. Vgl. „The Times", 10. 10. 1936, S. 11.

[66] Ebenda.

[67] Ein umfassendes Bild über die Lage dieser Firmen konnte aus den wenigen zu diesem Problem in den Akten aufgefundenen Materialien nicht gewonnen werden. Wir müssen uns daher auf einige Einzelangaben beschränken. Die Firma „Neumaticos Continental" in Torrelavega (Provinz Santander), ein Tochterunternehmen der Continental-Gummi-Werke, Hannover, wurde z. B. nach der Auslösung des Franco-Putsches stillgelegt, die Mehrheit des deutschen Personals zum Verlassen Spaniens veranlaßt. Nach der Anerkennung Francos durch Hitlerdeutschland wurden die noch in Spanien verbliebenen deutschen Angestellten zur Rückkehr nach Deutschland aufgefordert, die Fabrik unter den Schutz des Schweizer Konsuls gestellt. Im Frühjahr 1937 brachten spanische Arbeiter das Werk wieder in Gang, dessen Produktion (Reifendecken, Schläuche, Gasmasken, Puffer für Panzer usw.) für die Kriegsführung von Bedeutung war. „Der Geschäftsbetrieb war ordentlich aufgezogen; alle Vorgänge sind buchhalterisch festgehalten, mit den hereinkommenden Geldern ist der Betrieb finanziert, Löhne und Gehälter bezahlt, wie auch ein großer Teil der aus unserer Betriebsperiode stammenden Lieferantenrechnungen – teilweise sehr erhebliche Beträge – reguliert worden. Der Maschinenpark ist sehr sorgfältig gepflegt worden . . .", heißt es in einem Bericht eines Vertreters der Deutschen Überseeischen Bank, der das Werk im Oktober 1937, nach der Eroberung des Gebietes durch Francotruppen, besichtigte. (Vgl. Bericht vom Dir. *Schmelz* vom 22. 10. 1937 über seinen Besuch in Spanien und die Lage der oben genannten Firma. Photokopie des Originals befindet sich im DWI, Berlin [4166]). Durch diesen und andere Berichte von Direktoren und leitenden Mitarbeitern der Deutschen Überseeischen Bank (vgl. die Berichte des Direktors der DÜB, *Ullmann*, vom 17. 8. 1936 sowie vom 7. 3. 1937. Photokopien der Originale befinden sich im DWI, Berlin) [5955 (3) und 4166]. werden die von der faschistischen deutschen Hetzpropaganda verbreiteten Lügen über Gewalttaten der Bevölkerung im republikanischen Spanien gegenüber deutschem Eigentum (vgl. u. a. Akten III, Dok. 455 [S. 409]) widerlegt. Unter der Francoherrschaft wurde die infolge eines faschistischen Bombenangriffs zerstörte Fabrik wieder aufgebaut und die im November 1937 anlaufende Produktion für die Francosche Kriegsführung genutzt, und zwar in einem solchen Ausmaß, daß die Fabrik 1938 erweitert wurde. (Vgl. Bericht von Dir. *Schmelz*, a. a. O., und „Berliner Börsenzeitung", Nr. 522, 7. 11. 1938, DWI, Berlin [4166]).

Osram, Siemens-Reiniger und Bauunion" auf dem Spiel standen.[68] Um die wirtschaftlichen Fäden in Spanien nicht vollends abreißen zu lassen, war für die am Export interessierten deutschen Konzerne die Fortsetzung ihrer Beziehungen zu dem von Franco besetzten Gebiet von größter Bedeutung. In ihrem Auftrag unternahm die Deutsche Überseeische Bank, die selbst durch die Auswirkungen des Interventionskrieges hinsichtlich ihres Spaniengeschäftes besonders stark in Mitleidenschaft gezogen war[69], im Frühjahr 1937 eine Reihe von Vorstößen[70], um die im Franco-Gebiet von ihr vielfach mit Pesetenkrediten ausgerüsteten deutschen Firmen[71] wieder in den Spanienhandel einzuschalten. Indem sie die Verhandlungen deutscher Importeure unterstützte, hoffte sie zugleich damit ihre eigene Geschäftstätigkeit weiter beleben zu können.

Nach den Feststellungen der Rowak hatten sich jedoch die verschiedenen Versuche deutscher Firmen, „mit Spanien Privatkompensationen zu machen, ... nicht günstig ausgewirkt. Insbesondere habe sich bei Holz und bei Fellen gezeigt, daß Kaufangebote von privater deutscher Seite im Wege von privaten Kompensationen nur zu Preissteigerungen und zur Zurückhaltung der spanischen Verkäufer geführt hätten"[72], während z. B. die von der Rowak geführten Kaufverhandlungen für Wolle „überraschend gut" verlaufen seien.[73] Vor allem aber bot die Einschaltung privater deutscher Handelskreise geringere Möglichkeiten, auf die Franco-Behörden einen ständigen Druck zur Durchsetzung des deutschen Ausschließlichkeitsanspruches auf die spanischen Erze auszuüben und die Bestrebungen Francos, die für die deutsche Rüstungsindustrie wichtigen Rohstoffe gegen Devisen an andere Länder zu verkaufen, zu vereiteln.[74] Da allein die staatsmonopolistischen Firmen Hisma/Rowak infolge der durch sie vermittelten Kriegs-

[68] Notiz über eine Mitteilung von *O. Schlitter*, ohne Datum (wahrscheinliches Datum etwa 2. 11. 1936); Photokopie des Originals befindet sich im DWI, Berlin 4594[4]; angesichts der oben genannten Tatsachen hatte der Vorsitzende des Vorstandes der Siemens-Schuckert-Werke, Carl Köttgen, die Entwicklung in Spanien für den Konzern „als Erdrutsch, die Valutaentwicklung in den Abwertungsländern als Hagelschlag" bezeichnet. Ebenda.

[69] Der Madrider Filiale der DÜB war durch Regierungserlaß vom 23. 12. 1936 jede neue Geschäftstätigkeit untersagt worden; ebenso der Filiale in Barcelona, die jedoch die Aufhebung dieser Maßnahme erreichen und unter Kontrolle der Behörden der Katalanischen Generalidad weiterarbeiten konnte. (Vgl. Bericht des Vorstandes der DÜB, Berlin, vom 24. 3. 1937, Photokopie des Originals befindet sich im DWI, Berlin [5955 (6)]). In dem von Franco besetzten Gebiet war für die DÜB infolge des Hisma/Rowak-Monopols die Vermittlung neuer Verrechnungsgeschäfte mit spanischen Geschäftspartnern deutscher Firmen bis auf wenige Ausnahmen nicht möglich (vgl. ebenda).

[70] Akten III, Dok. 231 (S. 214).

[71] Vgl. Bericht des Vorstandes der DÜB, Berlin, vom 24. 3. 1937, a. a. O.

[72] Akten III, Dok. 231 (S. 214).

[73] Ebenda.

[74] Ebenda, Dok. 223 (S. 207).

materiallieferungen über „entsprechende Druckmittel"[75] verfügten, waren das Göringsche Amt für den Vierjahresplan und das AA entschlossen, die Mißstimmung bestimmter deutscher Ex- und Importeure, deren Forderungen zunächst vom Wirtschaftsministerium Schachts unterstützt worden waren[76], in Kauf zu nehmen[77] und auf jeden Fall die Aufrechterhaltung des Hisma/Rowak-Monopols durchzusetzen.[78] Am 21. Mai 1937 konnte Faupel nach Berlin berichten, daß sich Franco auf den Druck der deutschen Wirtschaftsdelegation hin nunmehr bereit erklärt habe, auf das von ihm angestrebte Verrechnungsabkommen zu verzichten, die Regelung durch die Hisma/Rowak beizubehalten und den Abschluß eines allgemeinen deutsch-spanischen Wirtschaftsabkommens vorzubereiten.[79] Erleichtert wurde diese Mitteilung über die veränderte Haltung Francos von Göring aufgenommen, der zum damaligen Zeitpunkt angesichts der bevorstehenden Eroberung Bilbaos an einer starken Stellung der Hisma/Rowak gegenüber Franco vor allem wegen der Auslieferung der baskischen Eisenerze an Hitlerdeutschland auf das äußerste interessiert war.[80]

Die seit Monaten geführten Wirtschaftsverhandlungen gelangten im Juli 1937 zum Abschluß. Außer dem am 12. Juli in Burgos geschlossenen Ergänzungsabkommen zum deutsch-spanischen Wirtschaftsvertrag vom 7. Mai 1926, indem sich beide Länder die Meistbegünstigung einräumten[81], wurden am 12., 15. und 16. Juli nach wiederholtem deutschen Drängen zwischen Hitlerdeutschland und Francospanien drei Geheimprotokolle unterzeichnet, die den deutschen Imperialisten weitgehende wirtschaftliche Vorteile zusicherten. Neben der Festlegung,

[75] Ebenda.

[76] Akten III, Dok. 101 (S. 96f.), 223 (S. 208); die verschiedenen Auffassungen über die Regelung des deutsch-spanischen Handels waren ein Teil der grundsätzlichen Meinungsverschiedenheiten zwischen Schacht und Göring über die Frage, auf welchem Wege Deutschlands wirtschaftliche Kriegsbereitschaft am besten zu erreichen sei. Bekanntlich wandte sich Schacht gegen die übermäßige Inanspruchnahme der deutschen Industrie durch Rüstungsaufträge, die nicht genügend Möglichkeiten für den von ihm als oberstes Gebot bezeichneten Export ließen, und forderte eine zeitweilige Drosselung der Rüstung. (Vgl. IMGN, Bd. XXXVI, Dok. 286-EC, S. 282ff. u. Dok. 497-EC, S. 567 ff.). In bezug auf die Regelung des deutsch-spanischen Handels geht aus einer Mitteilung des Leiters der Rowak vom 17. 3. 1937 hervor, daß Schacht schließlich auf die von Göring und dem AA vertretene Linie, die Hisma/Rowak beizubehalten, einschwenkte. Vgl. Akten III, Dok. 231 (S. 214).

[77] Akten III, Dok. 256 (S. 245).

[78] Ebenda, Dok. 223 (S. 208), 231 (S. 214), 256 (S. 244f.).

[79] Ebenda, Dok. 263 (S. 248f.).

[80] Ebenda, Dok. 301 (S. 272f.).

[81] RGBl. 1937, T. 2, S. 521; lediglich dieses Abkommen, das die deutsche Presse als ein für beide Länder sehr befriedigendes Ergebnis kommentierte, wurde der Öffentlichkeit bekannt gegeben. Vgl. „Deutsche Allgemeine Zeitung", Nr. 161, 20. 7. 1937, Archiv des ehem. Landbundes, Bd. 72, H. 6, Bl. 100, MfdG, Berlin.

daß die gegenseitigen Handelsbeziehungen so weit wie möglich ausgebaut werden[82], umfassende Vereinbarungen über die deutsch-spanischen Handelsbeziehungen jedoch einem späteren Zeitpunkt vorbehalten bleiben sollten[83], sagte Franco zu, daß Deutschland das erste Land sein werde, mit dem eine allgemeine vertragliche Regelung des Handels vereinbart werden würde. Vor der Aufnahme von Wirtschaftsverhandlungen mit anderen Ländern sicherte Franco zu, Deutschland rechtzeitig zu informieren, um Gelegenheit für den vorherigen Abschluß eines Wirtschaftsvertrages zu geben.[84] Für die durch die deutschen Kriegsmateriallieferungen entstandene Schuld Francospaniens wurde ein Zinssatz von 4% jährlich in RM festgelegt und als Sicherung in Anrechnung auf die deutschen Forderungen die Lieferung vor allem von Rohstoffen nach Deutschland vereinbart.[85] Die weitestgehende und für die deutschen Imperialisten bedeutungsvollste Zusicherung Francos betraf die Gewährung neuer Möglichkeiten für den deutschen Kapitalexport. In den Artikeln II und III des Protokolls vom 16. Juli verpflichtete sich Francospanien ausdrücklich zur Bereitstellung von Fonds für deutsche Investitionen in Spanien und Spanisch-Marokko[86] sowie dazu, „die Gründung von spanischen Gesellschaften für die Erschließung und ... Nutzung von Bodenschätzen und sonstigen Rohstoffen und für andere ... wirtschaftliche Zwecke unter Beteiligung deutscher Staatsangehöriger oder deutscher Firmen im Einklang mit den allgemeinen spanischen gesetzlichen Bestimmungen" nach Möglichkeit zu erleichtern."[87]

Der Inhalt dieser Geheimprotokolle enthüllt außerordentlich deutlich die mit der Intervention verfolgten ökonomischen Ziele des deutschen Imperialismus in Spanien, für deren Durchsetzung unter Ausnutzung der militärischen, wirtschaftlichen und politischen Lage Francos nunmehr die vertragliche Grundlage geschaffen worden war.

[82] Akten III, Dok. 394 (S. 350).
[83] Ebenda, Dok. 392 (S. 347).
[84] Ebenda; die gleiche Behandlung Italiens behielt sich Franco mit Zustimmung von Hitlerdeutschland vor. Ebenda (S. 348).
[85] Ebenda, Dok. 397 (S. 354).
[86] Ebenda.
[87] Ebenda (S. 354 f.); an der Formulierung dieses Artikels, dessen Auslegung in der Folge zu ernsten Spannungen zwischen Francospanien und dem Dritten Reich führte, hatte Franco persönlich maßgeblich mitgewirkt. (Vgl. ebenda, Dok. 482 [S. 448].)

Kapitel VI

Der Kampf der deutschen Imperialisten um die Verwirklichung des Montaña-Projektes (Juli 1937 bis September 1938)

1. Die Verschärfung der Widersprüche zwischen den imperialistischen Staaten infolge des erhöhten Eindringens des deutschen Monopolkapitals in die spanische Wirtschaft

Mit der Eroberung des Baskenlandes durch die faschistischen Truppen und der Unterzeichnung der Geheimprotokolle begann eine neue Etappe im Kampf des deutschen Imperialismus um die wirtschaftliche Vormachtstellung in Spanien. Im Laufe des ersten Kriegsjahres hatte sich die Hisma bei ihren Transaktionen im wesentlichen darauf beschränkt, durch laufende Rohstoffbezüge aus Francospanien zur Befriedigung der Gegenwartsforderungen der deutschen Rüstungsindustrie beizutragen. Seit der zweiten Hälfte des Jahres 1937 leitete sie nunmehr darüber hinaus entscheidende Maßnahmen in die Wege, um die ökonomischen Interessen des deutschen Monopolkapitals auf lange Sicht zu verwirklichen. Das wichtigste Mittel hierbei war der Kapitalexport. Unter Berufung auf Art. III des Geheimprotokolls vom 16. Juli 1937[1] begann die Hisma über die ihr ursprünglich übertragene Aufgabenstellung, den Handels- und Zahlungsausgleich zwischen beiden Ländern zu regeln, hinauszugehen und zahlreiche Bergwerke in eigene Regie zu nehmen. Die hierfür benötigten Mittel wurden den von den Franco-Behörden zur Abdeckung der Schulden für Hitlerdeutschland gezahlten bzw. gutgeschriebenen Pesetenbeträgen entnommen.[2] In welchem Umfang die Hisma den deutschen Kapitalexport betrieb, geht daraus hervor, daß sie allein in den ersten 3 Monaten nach dem Abschluß der deutsch-spanischen Wirtschaftsvereinbarungen 73 Bergwerkskonzessionen erworben hatte.[3]

Mit der Aneignung spanischer Gruben verfolgt die Hisma das Ziel, dem deutschen Monopolkapital Maximalprofite zu sichern, durch die Modernisierung der Bergwerke die Erzförderung zu steigern, die deutschen Rohstoffbezüge zu erhöhen und für die Zukunft zu garantieren, die Möglichkeiten Francos, kriegswichtige Bodenschätze an Großbritannien und andere interessierte Länder zu liefern, einzuschränken und durch den Einfluß auf die spanische Grundstoffindustrie günstige

[1] Vgl. S. 139.
[2] Akten III, Dok. 473 (S. 437).
[3] Ebenda, Dok. 484 (S. 449), 490 (S. 455).

Positionen für die Entscheidung des jahrzehntelang geführten Kampfes um die Beherrschung des spanischen Absatzmarktes zu erlangen. Aus den genannten Gründen bildeten die Bestrebungen Hitlerdeutschlands, den spanischen Erzbergbau zu monopolisieren und das sogenannte Montaña-Projekt zu verwirklichen, in ökonomischer Hinsicht das Hauptziel der militärischen Intervention des deutschen Imperialismus. Durch die Eroberung der Schlüsselpositionen der spanischen Wirtschaft sollten darüber hinaus günstigere Voraussetzungen geschaffen werden, den Einfluß des deutschen Imperialismus auf die spanische Politik für die Zukunft zu sichern.

Mit dem wachsenden Eindringen Hitlerdeutschlands in die spanische Wirtschaft spitzten sich die Gegensätze zwischen den imperialistischen Mächten zu. Ebenso wie die deutschen arbeiteten die italienischen Imperialisten seit Beginn des Interventionskrieges daraufhin, sich den größtmöglichen Anteil an der spanischen Beute zu sichern. Großbritannien, Frankreich und die Vereinigten Staaten waren ihrerseits entschlossen, den Expansionsbestrebungen der Achsenmächte mit den ihnen zu Gebote stehenden Mitteln zu begegnen. Je mehr sich infolge der deutschen und italienischen Unterstützung das Herrschaftsgebiet Francos erweiterte, um so schärfer wurde der Kampf unter den rivalisierenden Mächten um die Beherrschung Spaniens.

In dem Wettrennen zwischen Deutschland und Italien, aus Francospanien wirtschaftliche Vorteile als Gegenleistung für die militärische Hilfe herauszuholen, befanden sich die italienischen Imperialisten in einer weitaus ungünstigeren Situation als ihre Bündnispartner. Bereits zu Beginn des Interventionskrieges mußte es für das italienische Monopolkapital klar sein, daß die Franco-Behörden in viel stärkerem Maße an einer engen Gestaltung der Wirtschaftsbeziehungen zu Hitlerdeutschland als zu Italien interessiert sein würden. Infolge der Gleichartigkeit der Erzeugung zahlreicher Produkte – sowohl Spanien als auch Italien waren Exporteure von Südfrüchten, Wein, Oliven und Olivenöl; Quecksilber, Schwefelkiesvorkommen fanden sich in beiden Ländern – war der italienische Markt für Spanien von vornherein begrenzt. Demgegenüber konnte Franco bei Deutschland auf eine größere Aufnahmebereitschaft für spanische Waren rechnen. Außerdem schien auch die deutsche Industrie für die Deckung der Bedürfnisse der Francoschen Kriegs- und Nachkriegswirtschaft weit besser als die italienische gerüstet.

Die objektiv ungünstigere Ausgangsposition Italiens bedeutete natürlich nicht, daß von seiner Seite nicht alle Versuche unternommen wurden, um neben den machtpolitisch-strategischen Ambitionen auch in wirtschaftlicher Hinsicht greifbare Ergebnisse durchzusetzen. Bereits in den ersten Wochen nach Beginn des Interventionskrieges gründete Italien zur Regelung des Waren- und Zahlungsverkehrs mit Franco die Firma Safni (Sociedad anomonica financiera nacional italiana).[4] Ähnlich wie die Hisma konzentrierte sich die Safni vor allem darauf, als Gegenleistung für die italienische militärische Hilfe Lieferungen dringend benötigter

[4] „New York Times", 3. 9. 1937, S. 4, zitiert nach *Hubbard, John R.*, a. a. O., S. 397.

Rohstoffe für die italienische Rüstungsindustrie[5] zu erreichen.[6] Spaniens Eisenerze, Kupfer und andere Metalle waren somit von beiden Interventionsmächten gleich begehrt, so daß sich zwischen ihnen trotz der äußeren deutsch-italienischen Übereinstimmung in bezug auf die Unterstützung Francos Gegensätze handelspolitischer Art entwickeln mußten. Im Vergleich zu den von Hitlerdeutschland erzielten Erfolgen bei der Ausplünderung Spaniens blieb Italien jedoch weit zurück. Im Januar 1937 wußte der deutsche Geschäftsträger bei Franco, Faupel, zu berichten, daß Italien für die bis dahin durch die Intervention verausgabten ca. 800 Mill. Lire „als Entgelt so gut wie nichts aus Spanien herausgeholt" habe.[7] Auch in bezug auf die Höhe des Exports nach Spanien ließ die deutsche Industrie ihren italienischen Konkurrenten weit hinter sich.[8] Ende November 1937 betrugen trotz großer Abschreibungen oder Streichungen die „Kriegsschulden" Francos bei Italien, die hauptsächlich durch die laufenden Truppenentsendungen entstanden waren, bereits 3 Md. Lire.[9] Angesichts dieser Situation dürfte es für Juan March, den langjährigen Finanzier des spanischen Faschismus und damaligen Beauftragten Francos bei Mussolini[10] keine leichte Aufgabe und nur unter Hinweis auf die Sicherung der strategischen Interessen Italiens möglich gewesen sein, Mussolini zu weiteren Kriegsmateriallieferungen und zur Entsendung immer neuer Truppenverbände zu bewegen.

Infolge des Kampfes der Achsenmächte, den spanischen Erzbergbau zu monopolisieren und den spanischen Markt zu beherrschen, mußten sich zwangsläufig die wirtschaftlichen und politischen Gegensätze zwischen ihnen und den Westmächten, vor allem zu den britischen und amerikanischen Hauptrivalen auf dem spanischen Markt[11], verschärfen. Tatsächlich wurde Spanien zu einem der Schauplätze des vom deutschen Imperialismus geführten Wirtschaftskrieges, der lange

[5] Die italienische Kriegswirtschaft war vor allem an der Einfuhr von Kohle, Eisenerzen, Kupfer, Mangan und Blei interessiert. In der Rüstungsindustrie war Ende 1936 infolge der starken Beanspruchung durch Flottenaufträge ein akuter Mangel an Eisenerzen spürbar. Vgl. „The Economist", 25. 12. 1937, S. 627; im September 1937 gab der Rohstoffmangel führenden italienischen Industriekreisen bereits Anlaß zu der Befürchtung, daß die italienischen Hilfsmaßnahmen für Franco nur noch kurze Zeit fortgesetzt werden könnten. Vgl. Ciano's Hidden Diary 1937/1938 Ed. M. Muggeridge, New York 1953, S. 13.

[6] Ein provisorisches italienisch-spanisches Handelsabkommen, in dem sich Franco zu einer Vorzugsbehandlung Italiens verpflichtete und die Bezahlung der italienischen materiellen und personellen Hilfe durch Rohstoff- und Lebensmittellieferungen garantierte, wurde am 28. Januar 1937 unterzeichnet. Vgl. DZA Potsdam, Büro RAM, Akte Nr. 67910, Bl. 15 (Übersetzung des provisorischen Handelsabkommens zwischen Italien und Spanien).

[7] Akten III, Dok. 207 (S. 194).

[8] Ebenda, Dok. 455 (S. 409).

[9] Ebenda, Dok. 473 (S. 438).

[10] Vgl. „New York Times", 9. 4. 1937, S. 7, 12 u. 14, zit. nach *Hubbard, John R.*, a. a. O., S. 397.

[11] Vgl. hierzu Kap. I, insbesondere S. 28ff. sowie Kap. II, S. 71f.

vor der Auslösung der bewaffneten Auseinandersetzungen im zweiten Weltkrieg um die Beherrschung vornehmlich der europäischen und südamerikanischen Märkte begonnen worden war.
Durch die deutsch-italienische Intervention war der Handel zwischen Großbritannien und Spanien zunächst nicht unterbrochen worden. Auf den beiden in Spanien entstandenen Märkten traten britische Wirtschaftskreise als Verkäufer und Käufer auf. Großbritannien lieferte an die spanische Republik u. a. Kohle und Lebensmittel und bezog in der Hauptsache Rohstoffe[12], vor allem die von seiner Industrie begehrten nordspanischen Eisenerze. Für die britischen Hochöfen, die zu etwa 30–40% auf die Zufuhr ausländischer Eisenerze angewiesen waren[13], stellte die spanische Eisenerzförderung seit Jahrzehnten eine der wichtigsten Bezugsquellen dar. Das hatte seine Ursache nicht nur in der günstigen geographischen Lage der nordspanischen Gruben, die bei geringen Frachtkosten den Transport der Erze nach England gestatteten, sondern vor allem in der besonderen Qualität dieser sogenannten gutmütigen Erze, auf die die britische Stahlindustrie zu einem erheblichen Teil angewiesen war, um reibungslos arbeiten zu können.[14]
Gleichzeitig unterhielt Großbritannien in größerem Umfang als Frankreich nach Beginn des Spanienkrieges Handelsbeziehungen zu dem von Franco besetzten Gebiet. Insbesondere in den ersten Kriegsmonaten, als Franco mit Schwierigkeiten bei der Finanzierung des Krieges zu kämpfen hatte, erleichterten die von Großbritannien getätigten Käufe andalusischer Südfrüchte die angespannte Finanzlage[15] und damit die Kriegführung gegen das spanische Volk. Direkter noch wurde Franco hierbei von den USA unterstützt. Während die amerikanische Regierung ein Embargo über Waffenlieferungen an die spanische Republik ver-

[12] Großbritannien blieb bei weitem der beste Kunde der spanischen Republik. An zweiter Stelle als Abnehmer stand Frankreich. Vgl. hierzu „The Economist", 12. 2. 1938, S. 342. Hinsichtlich des Bezuges von Eisenerzen, Schrott und Eisenkies konnte Großbritannien infolge seiner Handelsbeziehungen zur spanischen Republik und des Ausscheidens Deutschlands von diesem Markt seine Einfuhr zu Beginn des Krieges sogar erhöhen. So importierte Großbritannien nach den amtlichen Angaben des Board of Trade wertmäßig:

	Eisenerz und Schrott	Eisenkies
1. Halbjahr 1935	£ 474,881	£ 110,515
1. Halbjahr 1936	£ 504,484	£ 119,629
1. Halbjahr 1937	£ 519,679	£ 162,967

Vgl. „The Times", 3. 9. 1937, S. 11.

[13] *Reichert, J. W.*, „Das britische Weltreich auf dem Wege zur Selbstversorgung mit Eisen und Stahl". Sonderabdruck aus „Stahl und Eisen", H. 45, 1932, S. 1086.

[14] Akten III, Dok. 391 (S. 347).

[15] Vgl. *Hubbard, John R.*, a. a. O., S. 394.

hängte und damit einen schweren Schlag gegen das Opfer der Aggression führte, verkauften führende amerikanische Autofirmen Franco tausende von Lastkraftwagen[16] und versorgte die Standard Oil Gesellschaft die faschistischen Truppen – zum Teil sogar auf Kredit – mit den dringend benötigten Benzinmengen und Schmierölen, die den deutschen und italienischen Flugzeugen die Bombardierung spanischer Städte ermöglichten.[17] Darüber hinaus erhielt Franco amerikanische Waffen und Ausrüstungen, und zwar sowohl über die von den USA belieferten Achsenmächte als auch über andere Staaten, wie Holland, Belgien, Portugal und selbst über Großbritannien, mit denen die USA im Waffengeschäft standen.[18]
Obwohl eine Reihe westlicher „Demokratien" Handelsbeziehungen zu den spanischen Faschisten unterhielt und z. B. der Export aus Francospanien nach den Sterling-Ländern im Jahre 1937 sogar mit $ 60000000 wertmäßig das Doppelte der von Deutschland durch die Hisma erreichten Bezüge betrug[19], wurden dennoch die wirtschaftlichen Interessen dieser Mächte auf dem spanischen Markt durch den Krieg und das Vordringen des deutschen Imperialismus erheblich getroffen. Für viele in Friedenszeiten importierte Waren bestand in Spanien infolge des Krieges kein Interesse mehr; die Einfuhr benötigter Artikel blieb auf das Mindestmaß beschränkt.[20] Bereits 1937 hatte Großbritannien einen beträchtlichen Rückgang seines Exports nach Spanien zu verzeichnen. Über den schweren Verlust der britischen Industrie auf dem spanischen Absatzmarkt geben die nachfolgenden Zahlen Aufschluß:

Großbritannien exportierte nach Spanien[21] (*wertmäßig in* £)

	Chemische Erzeugnisse	Kohle	Maschinen	Autos, Lokomotiven, Schiffe, Flugzeuge
1. Halbjahr 1935	238 279	783 467	206 618	334 177
1. Halbjahr 1936	145 201	571 040	251 258	326 934
1. Halbjahr 1937	113 227	495 141	26 848	17 075

Insgesamt verringerte sich der britische Export in der genannten Periode von £ 3454474 auf £ 1184154[22], d. h. um nahezu zwei Drittel. Auffallend stark ging

[16] *Foltz, Charles, Jr.*, a. a. O., S. 52.
[17] Ebenda; vgl. hierzu ausführlicher *Hubbard, John R.*, a. a. O., S. 404.
[18] Vgl. *Norden, Albert*, Die spanische Tragödie. Berlin 1956, S. 58.
[19] *Hubbard, John R.*, a. a. O., S. 404.
[20] In beiden Teilen Spaniens unterlag die Einfuhr ausländischer Waren dem Genehmigungszwang. Vgl. „The Times", 29. 3. 1937, S. 9.
[21] Die Ziffern über den britischen Export geben keine Aufteilung zwischen der spanischen Republik und Francospanien. Für die angegebenen Zahlen vgl. „The Times", 3. 9. 1937, S. 11.
[22] Ebenda.

ebenfalls die Ausfuhr der USA nach Spanien zurück. Während die amerikanische Industrie 1935 für 41 Mill. Dollars Waren nach Spanien lieferte, war ihr Export 1937 auf 6 Mill. zusammengeschrumpft.[23] Eine völlig andere Entwicklung nahm demgegenüber der Absatz deutscher Waren in Francospanien. Obwohl sich auch die deutsche Ausfuhr, die im ersten Vierteljahr 1936 eine monatliche Höhe von 9,5 Mill. RM erreicht hatte, infolge des Spanienkrieges im vierten Vierteljahr 1936 zunächst auf 1,5 Mill. verringerte, erreichte sie in der ersten Hälfte des Jahres 1937 bereits wieder die monatliche Durchschnittsziffer von annähernd 6 Mill. RM.[24] Damit war der deutsche Export nach Francospanien 1937 nur um ein Drittel geringer als der vor Beginn des spanischen Krieges nach Gesamtspanien! Hierbei ist zu berücksichtigen, daß diese von den deutschen Faschisten offiziell angegebenen Zahlen natürlich nicht die deutschen Kriegsmateriallieferungen einschließen, vielmehr handelt es sich um den durch die Rowak vermittelten Export vornehmlich von Werkzeugmaschinen, Kraftfahrzeugen, elektrotechnischen und pharmazeutischen Erzeugnissen.[25] Mit dem bereits im ersten Kriegsjahr erzielten Ergebnis bei der Eroberung des spanischen Absatzmarktes konnte die deutsche Industrie mehr als zufrieden sein.

Ebenso erfolgreich war Hitlerdeutschland während der ersten Kriegsmonate in der Durchsetzung seines Ausschließlichkeitsanspruches auf die Bodenschätze im Franco-Gebiet, wodurch wiederum vor allem der britische Konkurrent geschädigt wurde. Infolge der Beschlagnahme der Förderung der britischen Rio Tinto-Minen durch die Franco-Behörden und der Bewilligung der deutschen Kupferforderungen[26] sank die für Großbritannien billige Kupfereinfuhr aus Spanien im Jahre 1937 auf den Nullpunkt.[27] Erschwerend für den Geschäftsgang der Rio Tinto und anderer in Südspanien tätiger britischer Gesellschaften wirkte sich weiterhin eine Reihe von Verordnungen aus, die die Richtung ihres Exports und dessen Bezahlung betrafen. Am 4. Februar 1937 verhängte Franco – zweifellos auf den Druck Hitlerdeutschlands hin – ein Verbot für die Ausfuhr von Schwefelkies nach Frankreich, das kurz darauf auf die Tschechoslowakei, Belgien, Holland und das Memelland ausgedehnt wurde.[28] Das Embargo sollte eine empfindliche Schädigung der

[23] Auch hier gelten die Zahlen für beide Teile Spaniens: vgl. „Nachrichten für Außenhandel", Nr. 158, 9. 7. 1940, Archiv des ehem. Landbundes, Bd. 72, H 6, Bl. 119, MfdG, Berlin.

[24] „Münchener Neueste Nachrichten", Nr. 249, 13. 9. 1937, und „Wirtschaftspolitischer Dienst (W. P. D.)", Folge 212, 15. 9. 1937, Archiv des ehem. Landbundes, Bd. 72, H 6, Bl. 103, MfdG, Berlin.

[25] „Zeitungsdienst", Nr. 70, 24. 3. 1939, ebenda, Bl. 108, MfdG, Berlin.

[26] Vgl. S. 117–119 dieser Arbeit.

[27] „The Times", 3. 9. 1937, S. 11; selbst die der Rio Tinto-Gesellschaft gehörenden Raffinierien in Port Talbot (Südwales) waren schon im Oktober 1936 ohne spanische Zulieferungen. Akten III, Dok. 218 (S. 203).

[28] Vgl. den Bericht des Vorsitzenden des Vorstandes der Rio Tinto-Ltd., Sir *Auckland Geddes*, über das Geschäftsjahr 1936, gegeben am 29. 4. 1937 auf der 64. ordentlichen Generalversammlung der Rio Tinto-Ltd., vgl. „The Times", 30. 4.

Rüstungsindustrie dieser Länder herbeiführen, deren Hauptlieferant für den wichtigen Grundstoff Schwefelkies Spanien gewesen war.[29] Während der Zweck der Maßnahme nicht erreicht wurde, da die betroffenen Staaten Verträge mit Produzenten in Portugal, den skandinavischen Ländern und Jugoslawien – allerdings zu erhöhten Kosten – abschließen konnten[30], waren die britischen Firmen in Spanien insofern geschädigt, als sich nunmehr für die außerhalb Spaniens abbauenden Gesellschaften die Möglichkeit der Monopolstellung vor allem auf dem bedeutenden französischen und tschechoslowakischen Markt eröffnete.[31] Hauptabnehmer des spanischen Schwefelkieses wurde Hitlerdeutschland.[32] 1937 bezog die deutsche Rüstungsindustrie aus Spanien 956000 t Schwefelkies[33], während die spanischen Lieferungen im Jahre 1934 nur 532661 t, 1933 sogar nur 393263 t betrugen.[34] Aber die Garantie des Absatzes der britischen Firmen bedeutete keineswegs schon die Sicherung des Profits. In dieser Beziehung wirkte sich die Verordnung Francos nachteilig aus, derzufolge alle Deviseneinnahmen ausländischer Firmen – ausgenommen der deutschen und italienischen – den spanischen faschistischen Behörden abgeliefert werden mußten, für die Burgos den Gegenwert zu einem festgesetzten und natürlich ungünstigen Kurs[35] in Peseten zur Verfügung stellte. Auf die gleiche Weise erfolgte die „Bezahlung" der von Franco beschlagnahmten Rohstoffbestände, die dann den Achsenmächten geliefert wurden. Während Franco sich auf diese Weise Devisen zur Bezahlung von Kriegsmaterialkäufen im Ausland[36] verschaffte, sammelten sich bei den ausländischen Firmen nicht transferierbare Pesetenbeträge an, für die diese keine bzw. nur

1937, S. 25, s. auch „Deutsche Allgemeine Zeitung", Nr. 101, 2. 3. 1937, Archiv des ehem. Landbundes, Bd. 72, H 6, Bl. 97, MfdG, Berlin.

29 So pflegte Spanien z. B. zwei Drittel des französischen Pyritbedarfes zu decken. Vgl. „Nachrichten für Außenhandel", Nr. 14, 9. 2. 1939, a. a. O., Bl. 106, MfdG, Berlin.

30 Vgl. den Bericht Sir *Auckland Geddes*, „The Times", 30. 4. 1937, S. 25.

31 „Deutsche Bergwerkszeitung", 22. 7. 1938, Materialien der Dresdener Bank betr. Esperanza Copper & Sulphur Ltd., London, Nr. 03913, DWI, Berlin.

32 „Deutsche Allgemeine Zeitung", Nr. 187, 20. 7. 1937, Archiv des ehem. Landbundes, Bd. 72, H 6, Bl. 100, MfdG, Berlin.

33 Akten III, Dok. 507 (S. 481); allein die Duisburger Kupferhütte, ein mit dem internationalen Chemiekapital verflochtenes Unternehmen des IG Farben-Konzerns, verbrauchte 500000–600000 t an spanischem Schwefelkies jährlich. Im Juni 1938 konnte die Duisburger Kupferhütte den Bezug auf 1,2 Mill. t steigern und Vorräte von diesem wichtigen Rüstungsrohstoff lagern. (Vgl. Akten III, Dok. 608 [S. 586]). Hier zeigt sich deutlich, welche Vorteile die Aggression des deutschen Imperialismus in Spanien führenden deutschen Monopolen brachte!

34 Statistisches Jahrbuch für das Deutsche Reich 1935. Berlin 1935, S. 248.

35 Während nach dem sogenannten schwarzen Kurs £ 1 = 100 Pts waren, setzte der amtliche Kurs £ 1 mit 42 Pts gleich. Akten III, Dok. 205 (S. 192).

36 Durch deutsche „Vertrauensleute" ließ z. B. Canaris in Zusammenarbeit mit der spanischen Botschaft in Berlin Waffenkäufe in Amerika und in der Tschechoslowakei tätigen. Vgl. *Abshagen, Karl Heinz*, a. a. O., S. 164.

geringe Verwendung hatten.[37] Nach den Angaben des Vorsitzenden des Vorstandes der Rio Tinto betrug der Wert der angehäuften Peseten allein für die Jahre 1936 und 1937 bereits £ 1750000, für die die Gesellschaft sich nicht in der Lage erklärte, Dividenden an ihre britischen und französischen Aktienbesitzer auszuzahlen.[38] In einer ähnlichen Situation wie die Rio Tinto befanden sich auch zahlreiche andere britische Gruben im Franco-Gebiet, z. B. die vor allem in Andalusien arbeitende Tharsis und die Esperanza Copper und Sulphur Ltd.[39]

Angesichts der Erfahrungen der britischen Firmen in Südspanien verfolgte die britische Großbourgeoisie mit nicht geringer Sorge den Kriegsverlauf im Baskenland. Dort waren 40% aller Eisenerzgruben in britischem Besitz[40]; monatlich 50000 t Eisenerze[41] hatte Großbritannien auf Grund günstiger Abmachungen mit der baskischen Regierung im ersten Halbjahr 1937 beziehen können. Mit dem Fall Bilbaos mußte Großbritannien befürchten, daß Hitlerdeutschland auch hier sehr schnell seine Hand auf das Erz legen würde, zumal das zwischen Francospanien und Deutschland am 12. Juli unterzeichnete Wirtschaftsabkommen, in dem sich die Vertragspartner die Meistbegünstigung zugesichert hatten[42], bekannt war. In dieser Situation standen der herrschenden Klasse Großbritanniens objektiv zwei Wege offen: Sie konnte – natürlich nicht aus demokratischen Erwägungen heraus, sondern zur Wahrung der eigenen imperialistischen Interessen – die Fortsetzung der „Nichteinmischungspolitik" aufgeben, die das Anwachsen des politischen und wirtschaftlichen Einflusses des deutschen Rivalen in Spanien außerordentlich begünstigt hatte und durch das Eingehen auf die von der Sowjetunion geforderte Politik der kollektiven Sicherheit das weitere Vordringen des deutschen Imperia-

[37] Bericht Sir *Auckland Geddes*, „The Times", 30. 4. 1937, S. 25; vgl. auch *Hubbard John R.*, a. a. O., S. 398. Mit dieser Maßnahme verfolgte Franco neben den finanzpolitischen auch wirtschaftliche Ziele. Die Verordnung erleichtert die Einfuhrkontrolle und -steuerung und sollte darüber hinaus vor allem die ausländischen Monopole zur Reproduktion in Spanien zwingen, um damit dem Kapitalmangel abzuhelfen. Vgl. Wirtschaftsdienst, Neue Folge, XXIII. Jg., 1. Halbjahr, 1938, S. 696.

[38] Geschäftsbericht Sir *Auckland Geddes* für das Jahr 1937, gegeben auf der 65. ordentl. Generalversammlung der Rio Tinto-Ltd. am 29. 4. 1938, vgl. „The Times", 30. 4. 1938, S. 21.

[39] „Deutsche Bergwerkszeitung", 23. 4. 1938, Materialien der Dresdener Bank betr. Tharsis Sulphur & Copper Co., Ltd., Nr. 01247, DWI, Berlin und „Frankfurter Zeitung", 26. 7. 1938, vgl. Materialien der Dresdener Bank betr. Esperanza Copper & Sulphur Ltd., Nr. 03913, DWI, Berlin.

[40] Akten III, Dok. 391 (S. 346).

[41] „Financial News", 10. 7. 1937, zitiert nach *Hubbard, John R.*, a. a. O., S. 391, Fußn. 4; in einem vom 9. 7. 1937 datierten Bericht *Faupels* an das AA wird sogar behauptet, daß Großbritannien nach der deutschen Botschaft in Salamanca zugegangenen Mitteilungen in den letzten Monaten je 100000 t Eisenerze, d. h. 20% seiner Gesamteinfuhr, aus Bilbao bezogen habe (vgl. Akten III, Dok. 390 [S. 343]).

[42] Vgl. S. 138 dieser Arbeit.

lismus in Spanien verhindern. Ein derartiger Schritt hätte dazu beigetragen, das spanische Volk vor dem Faschismus zu retten und die Gefahr der Aggression des deutschen Imperialismus gegen die Völker Europas herabzumindern, wobei gleichzeitig die handelspolitischen Interessen Großbritanniens mit Spanien gewährt worden wären, da die spanische Republik nach einer siegreichen Beendigung des Krieges zur Pflege enger wirtschaftlicher Beziehungen mit allen Ländern zum Nutzen der Völker bereit gewesen sein würde. Die zweite Möglichkeit bestand darin, durch Verhandlungen mit Franco eine Übereinkunft auf Kosten des deutschen Konkurrenten, vor allem aber auf Kosten des spanischen Volkes, zu suchen. Das englische Finanzkapital wählte diesen zweiten Weg, der eine weitere Verschärfung der imperialistischen Gegensätze nach sich ziehen mußte und die Menschheit dichter an den Abgrund des zweiten Weltkrieges führte.

Die britische Bourgeoisie betrachtete die Partie in Spanien noch keineswegs als verloren. Im Juni 1937 verstärkte sie ihre Bemühungen, die mit Franco bereits Anfang März 1937 eingeleiteten Wirtschaftsverhandlungen[43] zu einem günstigen Abschluß zu bringen. Trotz der aus den militärischen und politischen Hilfeleistungen entstandenen Bindungen Francos an die Achsenmächte sprach für die Erfolgsaussichten die Überlegung, daß sich Franco schwerlich den Forderungen Großbritanniens, der bedeutendsten Kapitalanlagemacht in Spanien[44] und des traditionsmäßig wichtigsten Abnehmers spanischer Erzeugnisse[45], verschließen würde. Darüber hinaus spekulierte Großbritannien darauf, aus seiner Stellung als Finanzhochburg Nutzen ziehen zu können. Die britische Bourgeoisie konnte damit rechnen, daß Spaniens Kreditbedürfnisse während und vor allem nach Beendigung des Krieges für den Wiederaufbau der zerstörten Städte und Dörfer, der Industrieanlagen und des Verkehrswesens, von den Interventionsmächten infolge ihrer durch die Aufrüstung angespannten Finanz- und Wirtschaftslage nicht zu befriedigen sein würden.[46] In dieser Hinsicht war Großbritannien in einer weitaus

[43] Die von Vertretern des Board of Trade und der britischen Botschaft in Hendaye mit den Franco-Behörden in Burgos und Salamanca geführten Verhandlungen betrafen vor allem Fragen des Zahlungsverkehrs. Vgl. „The Times", 9. 3. 1937, S. 15 und 15. 3. 1937, S. 13.

[44] Britischen Schätzungen zufolge betrug das in Spanien investierte englische Kapital etwa £ 40000000, vgl. „The Times", 9. 3. 1937, S. 15. Vgl. hierzu auch die Ausführungen in Kapitel I dieser Arbeit, S. 8 u. 33.

[45] Vgl. Kapitel I, S. 26 dieser Arbeit.

[46] Über diesbezügliche in britischen Finanzkreisen verbreitete Auffassungen berichtet u. a. der damalige deutsche Militärattaché in London, Geyr v. Schweppenburg, in seinen Memoiren. „Jede zukünftige spanische Regierung" – so erklärte ihm gegenüber ein englischer Finanzpolitiker – „wird arm sein. Weder Frankreich noch Amerika werden Geld geben wollen. Können Sie es vielleicht geben?" Als Schweppenburg verneinte, fuhr sein Gesprächspartner fort: „Wir können den Moment abwarten, bis Spanien unser Geld braucht." *Schweppenburg, Geyr von,* Erinnerungen eines Militärattachés. London 1933–1937. Stuttgart 1949, S. 36f.; daß es sich hier nicht um eine vereinzelte Ansicht eines britischen Finanzpolitikers handelte, wird aus dem Bericht des amerikanischen Geschäftsträgers in

günstigeren Situation. Dort hoffte man zuversichtlich, daß sich auf lange Sicht gesehen auf Grund seiner finanziellen und industriellen Stärke die Möglichkeit ergeben würde, durch die Gewährung materieller „Hilfe", speziell durch Kredite, d. h. vor allem auf dem Wege des Kapitalexports, letzten Endes als Sieger aus dem Kampf um die Vormachtstellung in Spanien hervorgehen und sogar noch an dem Wiederaufbau Spaniens erheblich verdienen zu können.
Gegenstand der Wirtschaftsverhandlungen zwischen Großbritannien und Francospanien, die sich mehrere Monate hinzogen, waren u. a. die britischen Bergwerksinteressen in Spanien[47], insbesondere die Wiederaufnahme der im Juli 1937 völlig unterbrochenen Belieferung der britischen Industrie mit baskischen Eisenerzen[48], Fragen der Zahlungsbedingungen[49] und der Kreditgewährung.[50] Über den Verlauf dieser Verhandlungen im einzelnen erhalten wir durch die veröffentlichten Akten keine Kenntnis.[51] So viel geht jedoch hervor, daß Franco sich verpflichtete, nach Möglichkeit einer Reihe britischer Forderungen nachzukommen.[52] Ein deutlicher Beweis für die Einhaltung der Francoschen Zusicherung war u. a. die Tatsache, daß in den letzten Monaten des Jahres 1937 wieder größere Mengen baskischer

Großbritannien, Johnson, vom **23. 8. 1937** an den amerikanischen Staatssekretär deutlich. Dort heißt es: „... There have been a number of indications of a growing feeling in official circles, particularly since the fall of Bilbao, that it is time for Great Britain to start trimming her sails for the possibility of a Franco victory, or at least Franco in control of the greater part of Spain – and geographically the most important part of Spain from Great Britain's point of view ... Franco is doubtless badly in need of money and since Italy and Germany have none to spare, the British Government should be able to make a satisfactory deal with Nationalist Spain in return for financial support from the City. Furthermore, under ordinary circumstances Great Britain is Spain's best customer." Foreign Relations of the United States ..., a. a. O., S. **374**f.
(Insbesondere nach dem Fall von Bilbao gab es eine Reihe Anzeichen für die in offiziellen Kreisen wachsende Stimmung, daß es Zeit für Großbritannien sei, sich auf die Möglichkeit eines Francoschen Sieges einzustellen oder zumindest darauf, daß Franco den größeren Teil Spaniens –, und zwar den in geographischer Hinsicht bedeutendsten Teil Spaniens vom Standpunkt Großbritanniens aus ... kontrollieren würde. Franco braucht zweifellos sehr dringend Geld und da Italien und Deutschland keins erübrigen können, sollte die britische Regierung in der Lage sein, eine zufriedenstellende Übereinkunft mit Nationalspanien zu treffen als Gegenleistung für eine finanzielle Unterstützung der City. Außerdem ist Großbritannien unter normalen Verhältnissen der beste Kunde Spaniens.)

47 Akten III, Dok. **384** (S. **338**), **454** (S. **406**f.).

48 Ebenda, Dok. **382** (S. **336**), **454** (S. **406**) u. „The Economist", Sondernummer: Commercial History and Review of **1937**, **12. 2. 1938**, S. **18**.

49 Akten III, Dok. **454** (S. **405**f.).

50 Ebenda, Dok. **382** (S. **336**f.).

51 Der diesbezügliche Schriftwechsel wurde nicht gedruckt. Vgl. Akten III, Dok. **384** (S. **338**, Anmerkung **1**, **2** u. **3**).

52 Ebenda, Dok. **454** (S. **406**).

Eisenerze in britischen Häfen entladen werden konnten[53], während der Hauptteil der spanischen Eisenerzförderung weiterhin nach Deutschland geliefert wurde.[54] Das in Burgos gezeigte Entgegenkommen bestätigte die Richtigkeit der Überlegungen der britischen Großbourgeoisie. Für Franco stand es fest, daß Spanien in den kommenden Jahren bei der Überwindung der Kriegsfolgen auf die finanzielle und wirtschaftliche Hilfe Großbritanniens angewiesen sein würde. An eine brüske Ablehnung der britischen Forderungen war allein aus diesem Grunde nicht zu denken. Speziell in der damaligen Situation eröffnete das von den Westmächten bewiesene Interesse, in engere Beziehungen zu Francospanien zu treten – auch die französische Regierung hatte sich zu Beginn des Jahres 1937 um die Anknüpfung von Handelsbeziehungen bemüht[55] –, für Franco die Möglichkeit, die Frage der Bewilligung ökonomischer Zugeständnisse als Druckmittel sowohl gegenüber Deutschland und Italien, als auch gegenüber den Westmächten im Kampf um die von den spanischen und ausländischen Faschisten nachdrücklich geforderte Zubilligung der Rechte als Kriegführende[56] zu benutzen. Franco kam

[53] „The Economist", Sondernummer, a. a. O., S. 18.

[54] Nach einem Geheimbericht des Direktors der Hisma bezog Deutschland im Jahre 1937 an Erzen aus Spanien und Spanisch-Marokko:

Eisenerz	1620000 t
Schwefelkiese	956000 t
Diverse Erze (Kupfer, Wolfram u. a.)	7000 t
Insgesamt	2583000 t

Vgl. Akten III, Dok. 507 (S. 480f.).

[55] Mit der Begründung, daß Frankreich die spanische Republik unterstütze, hatte Franco die Aufnahme von Handelsbeziehungen damals abgelehnt. Vgl. ebenda, Dok. 221 (S. 206). In den folgenden Monaten verstärkten die faschistischen Kreise in Frankreich um Laval ihre Bemühungen für eine enge Zusammenarbeit mit Franco „gegen den Kommunismus". Ebenda, Dok. 244 (S. 230).

[56] Die Forderung, Franco die Rechte als kriegführende Macht zuzubilligen, wurde von Deutschland und Italien erhoben, nachdem sie ihre Mitarbeit bei der Seekontrolle gekündigt hatten und eine Fortsetzung der Seekontrolle durch die anderen daran beteiligten Mächte unmöglich machen wollten. Die Zubilligung dieser Rechte hätte faktisch die Anerkennung der meuternden faschistischen Generale als rechtmäßige Regierung des von ihnen besetzten spanischen Territoriums und die Gleichstellung mit der Regierung der spanischen Republik bedeutet. Damit wäre auch die militärische Hilfe der Interventionsstaaten legalisiert worden. Im Falle der Zuerkennung hätten die spanischen Faschisten, die inzwischen infolge der zahlreichen von Italien zur Verfügung gestellten U-Boote und Schiffe über eine weit stärkere Kriegsflotte als die spanische Republik verfügten, die Befugnis erhalten, zur See die Rechte wie ein kriegführendes Land auszuüben, d. h. Schiffe anzuhalten, zu durchsuchen, Konterbande zu beschlagnahmen und Blockaden gegen die Häfen des republikanischen Spaniens zu verhängen. Die Sowjetunion wandte sich konsequent gegen die Bewilligung der Forderung der spanischen und ausländischen Faschisten, solange nicht alle Truppenkontingente der Interventionsmächte aus Spanien zurückgezogen worden seien. Schließlich war es so,

es daher nur darauf an, die Großbritannien gegebenen wirtschaftlichen Zugeständnisse in Grenzen zu halten, um die von den deutschen Imperialisten angesichts der offensichtlichen Annäherung an Großbritannien wiederholt zum Ausdruck gebrachte Besorgnis[57] zu zerstreuen.
Die Aufnahme der spanisch-britischen Wirtschaftsbesprechungen und der Wunsch Francos, mit Großbritannien zu einer Verständigung zu kommen, wurde von den deutschen Imperialisten als ernste Gefahr für die Erhaltung ihrer inzwischen eroberten Position auf dem spanischen Markt und die Sicherung der spanischen Bodenschätze angesehen. Am 16. Oktober 1937 wies das AA die deutsche Botschaft in Salamanca noch einmal ausdrücklich darauf hin, daß jede Verhandlung Francos mit einem dritten Land die Gefahr in sich berge, „unsere auf wirtschaftlichem Gebiet in Spanien gewonnene Vormachtstellung zu beeinträchtigen. Insbesondere gilt dies im Verhältnis zu England; denn deutsche und englische Interessen begegnen sich bekanntlich auf spanischem Boden gerade bei den für Deutschland besonders wichtigen Eisenerzen und bei Kupfer und Schwefelkies, so daß es besonderer Bemühungen bedarf, den in bezug dieser Rohstoffe gewonnenen Vorrang solange und so weit wie möglich zu behaupten".[58] Falls Franco den deutschen Ansprüchen nicht Rechnung trage, werde sich die deutsche Regierung auf die in den Geheimprotokollen erreichten Zusagen berufen, „die nicht zum wenigsten deshalb gefordert und durchgesetzt worden (seien), um den Bezug der oben genannten Rohstoffe zu sichern".[59] In dieser Situation war Franco ständig bemüht, die Beibehaltung seiner deutschfreundlichen Politik und die Bereitschaft, die deutschen Interessen zu berücksichtigen, zu betonen.[60] Daß es sich bei diesen Beteuerungen jedoch um Beruhigungsmanöver handelte, bewiesen die Maßnahmen, mit denen Franco im Oktober 1937 der außerordentlichen Aktivität der Hisma zu begegnen suchte, die im Rahmen ihres „Montaña-Projektes"[61] zahlreiche spanische Bergwerke in ihren Besitz genommen hatte.

daß – während das Nichteinmischungskomitee über die Frage monatelang beriet – Franco im Mittelmeer die Rechte als Kriegführender faktisch ausübte. Vgl. *Van der Esch, P. A. M.*, a. a. *O.*, S. 83f., 109–129. Diese Tatsache wurde übrigens von den deutschen Militärbehörden eingestanden. In einem Entwurf einer Stellungnahme des Wehrmachtsamtes vom 1. 11. 1937 zur Frage der Anerkennung der Rechte Kriegführender heißt es, daß Franco-Spanien im Gegensatz zur spanischen Republik – „eine Art Piratenkrieg (führe), indem es vollständig unberechtigt Schiffe kapert, durch U-Boote warnungslos versenkt (entgegen dem von allen Hauptseemächten anerkannten Londoner Protokoll vom 6. 11. 1936), durch Überwasserstreitkräfte beschießt und durch ‚unbekannte' Flugzeuge neutrale Dampfer bombardiert. Zu einem aktiven Minenkrieg ist Franco wohl in erster Linie aus Materialmangel noch nicht übergegangen . . ." DZA Potsdam, AA, Politische Abt., Akte Nr. 61157, Bl. 111f.

57 Akten III, Dok. 384 (S. 338), 411 (S. 369).
58 Ebenda, Dok. 440 (S. 391).
59 Ebenda.
60 Ebenda, Dok. 389 (S. 342), Dok. 454 (S. 406).
61 Vgl. S. 140f. dieser Arbeit.

2. Die Ausnutzung der Gegensätze zwischen den imperialistischen Staaten durch Franco

Am 9. Oktober 1937 erließ Franco ein Gesetz über die Vergebung von Bergwerksrechten, in dem alle seit Beginn des Interventionskrieges erworbenen Rechtstitel für null und nichtig erklärt wurden.[62] Dieser Erlaß ist keineswegs als Zeichen dafür zu werten, daß Franco sich zum Sachwalter der nationalen Interessen des spanischen Volkes, zum Verteidiger der Unabhängigkeit Spaniens, aufgeworfen hatte. Er war vielmehr deutlicher Ausdruck der Bestrebungen der spanischen Finanzoligarchie, im Interesse der Festigung ihrer eigenen Stellung sich die im Kampf um den spanischen Markt entstandenen Gegensätze unter den imperialistischen Staaten zunutze zu machen und ähnlich wie in der Periode der Primo de Rivera-Diktatur die Politik des Lavierens gegenüber den imperialistischen Großmächten fortzusetzen.[63] Mit dem Dekret gab Franco dem Druck spanischer, insbesondere baskischer Bank- und Bergwerkskreise nach[64], die sich gegen die beherrschende Stellung des deutschen Monopolkapitals im spanischen Bergbau gewandt hatten, da sie durch das Vordringen des deutschen Imperialismus die Erschwerung bzw. völlige Unterbrechung ihrer jahrzehntelangen Geschäftsverbindungen zur britischen Industrie- und Finanzwelt befürchteten.[65] Diese traditionellen, bereits in der Zeit der Primo de Rivera-Diktatur erprobten Verbindungen, die erheblich dazu beigetragen hatten, daß die herrschenden Klassen Spaniens ihre Machtstellung gegen den wachsenden Ansturm der revolutionären Bewegung im Lande behaupten konnten, wurden von einflußreichen Kreisen des Adels und der Großbourgeoisie als weitaus wichtiger und auf die Dauer vorteilhafter angesehen als eine Neuorientierung auf das imperialistische Deutschland, dessen militärische Unterstützung man nur als vorübergehende Notwendigkeit betrachtete.

Für das deutsche Monopolkapital führte die Anwendung des Dekrets vom 9. Oktober 1937 einen nicht erwarteten Rückschlag in der Tätigkeit der Hisma zur Monopolisierung des spanischen Bergbaus herbei. Von Protesten und Drohungen bis zur direkten Erpressung reichte die Skala der Maßnahmen, mit denen die Hitlerregierung die Aufhebung des Dekrets oder die Gewährung einer Ausnahmestellung für die Hisma zu erzwingen suchte. Die von den Westmächten seit der zweiten Hälfte des Jahres 1937 immer stärker zum Ausdruck gebrachten

[62] Akten III, Dok. 435 (S. 387).

[63] Vgl. hierzu Kap. I, S. 25ff. und Kap. II, S. 69f.

[64] Akten III, Dok. 463 (S. 424f.), 490 (S. 456).

[65] Der britische Einfluß war im Baskenland besonders stark. (Vgl. hierzu auch Kap. I, S. 6 dieser Arbeit). Das hatte bereits während des ersten Weltkrieges dazu geführt, daß dort – im Gegensatz zu der vielfach in spanischen Industriekreisen vorherrschenden Stimmung für das wilhelminische Deutschland – starke Sympathien für Großbritannien zum Ausdruck kamen. Vgl. „The Economist", 28. 5. 1938, S. 479.

Bestrebungen, in engere wirtschaftliche und diplomatische Beziehungen zu dem von den faschistischen Truppen besetzten Gebiet zu treten, ermöglichten es Franco jedoch monatelang, die Politik des Lavierens beizubehalten und sich dem deutschen Druck zu widersetzen. Die von Franco angewandte Taktik, die Forderungen Hitlerdeutschlands im Prinzip anzuerkennen, ihnen jedoch nur – aus Furcht die Westmächte und hier vor allem Großbritannien zu brüskieren – äußerst zögernd nachzukommen, hatte zur Folge, daß der von den deutschen Imperialisten zur Durchsetzung ihrer ökonomischen Interessen ununterbrochen geführte Kampf sich über ein Jahr hinzog.

Wir können davon absehen, das Feilschen der Hitlerregierung um die Sicherstellung der Kriegsbeute bis in alle Einzelheiten hier wiederzugeben. Über 40 Dokumente legen dafür allein in dem von den Westmächten veröffentlichten Teil der Akten des AA[66] Zeugnis ab. Wir beschränken uns darauf, aus der Fülle des Materials die Hauptlinie zu skizzieren, um die Art des Vorgehens des deutschen Imperialismus zu verdeutlichen.

Am 12. Oktober, d. h. drei Tage nach der Veröffentlichung des Dekrets, protestierte die Hisma zum ersten Male gegen die Beeinträchtigung ihrer Bemühungen, spanische Bergwerke in deutsches Eigentum zu überführen.[67] Diese wie auch die spanischerseits erbetene und am 20. Oktober überreichte schriftliche Darlegung der Forderungen der Hisma versuchte man zunächst dilatorisch zu behandeln.[68] Ein derartiges Vorgehen aber widersprach den Interessen des deutschen Monopolkapitals, bedeutete doch, wie es offen in einer Aufzeichnung Bernhardts vom 4. November 1937 ausgesprochen wurde, „. . . das Projekt der Montaña den ganzen Sinn und Zweck unserer Hilfe in Spanien auf wirtschaftlichem Gebiet . . .; denn all unsere Rohstoffbeschaffung durch Einkauf . . . bedeutet nichts bleibendes, sondern eine Rohstoffbeschaffung von der Hand in den Mund. – Zweck unserer wirtschaftlichen Interessennahme in Spanien muß das tiefe Hineingehen in die Hauptquellen des spanischen Reichtums sein, nämlich in Landwirtschaft und Bergbau . . . Auf eine klare Formel gebracht, kann man sagen, daß mit der Lösung oder dem Scheitern unserer Bemühungen im spanischen Bergbau wir unsere Hilfeleistung nach Spanien als erfolgreich oder mißlungen bezeichnen können . . .“[69]

Am 3. November stellte Nicolas Franco in einer Unterredung mit Bernhardt der Hisma anheim, durch eine Eingabe in Burgos die spezielle Genehmigung zu beantragen, um die auf zahlreichen Gruben begonnenen Aufschluß- und Förderarbeiten fortsetzen zu können.[70] Wie wenig aussichtsreich dieser Vorschlag bereits damals von deutscher Seite angesehen wurde, geht aus dem bereits erwähnten Bericht Bernhardts über den Stand der Verhandlungen in der Montaña-Angelegenheit deutlich hervor. Dort heißt es, daß die Hitlerregierung das Montaña-Problem

[66] Akten III.
[67] Akten III, Fußn. 1 (S. 423).
[68] Ebenda sowie Dok. 463 (S. 423f.).
[69] Ebenda, Dok. 464 (S. 427).
[70] Ebenda (S. 426).

„mit allen zur Verfügung stehenden Mitteln" verwirklichen müsse. „Es muß hier festgestellt werden, daß diese Mittel auf allen Gebieten gefunden und eingesetzt werden müssen, daß wir also zur Erreichung dieses einzigen Zweckes unserer wirtschaftlichen Festsetzung diplomatisch, militärisch und kulturell Einfluß nehmen müssen."[71] Ersetzt man das gemäßigt klingende „Einflußnehmen" durch das den Tatsachen entsprechende „Druckausüben", so entspricht die Bernhardtsche Formulierung der Marschroute für das Vorgehen der Hitlerregierung in den nächsten Monaten.

Die wiederholten Beteuerungen, daß die deutschen Interessen hinsichtlich der Bergbaukonzessionen berücksichtigt werden würden, die Franco gegenüber dem deutschen Botschafter v. Stohrer, dem Nachfolger Faupels[72], im Laufe mehrerer wegen des Minendekrets im November und Dezember 1937 geführter Rücksprachen gab[73], wurden in Berlin mit äußerster Skepsis aufgenommen.[74] Anlaß zu der Auffassung, daß Franco der Hitlerregierung gegenüber „nicht mit offenen Karten spiele"[75], hatte vor allem das sichtbare Fortschreiten der Annäherung Francospaniens an Großbritannien gegeben.

Am 16. November 1937 war Sir Robert Hodgson von der britischen Regierung zum ersten Beauftragten (agent) bei Franco ernannt worden.[76] Mit der Errichtung einer britischen „Agentur" in Salamanca verwirklichte London eine in den zwischen Großbritannien und Francospanien vorangegangenen Wirtschaftsverhandlungen in Aussicht gestellte Zusage, die von der Bewilligung bestimmter wirtschaftlicher Forderungen abhängig gemacht worden war.[77] Trotz aller gegen-

[71] Ebenda.

[72] Insbesondere die offene Einmischung Faupels in die innerpolitischen Auseinandersetzungen im Franco-Lager im Frühjahr 1937, seine Parteinahme für die Urfalange und deren Führer Hedilla (vgl. S. 126f. dieser Arbeit) hatten zu Spannungen zwischen Franco und Faupel geführt. Da sich auch zwischen dem Kommandeur der Legion Condor, General Sperrle, und Faupel erhebliche Differenzen ergeben hatten (vgl. Akten III, Dok. 399, S. 359f.), wurde letzterer im August 1937 von seinem Posten abberufen. Die Ernennung seines Nachfolgers, Eberhard v. Stohrer, erfolgte am 27. 8. 1937. Er trat sein Amt am 19. September 1937 in Salamanca an. (Ebenda, S. 368, Fußn. 1); von Stohrer galt als in schwierigen Zeiten erprobter Spanienkenner (über seine Tätigkeit in Madrid während des ersten Weltkrieges vgl. Kap. I, S. 17).

[73] Akten III, Dok. 469 (S. 433), 480 (S. 446).

[74] Ebenda, Dok. 470 (S. 433f.), 472 (S. 435f.).

[75] Ebenda, Dok. 470 (S. 434).

[76] „The Times", 17. 11. 1937, S. 15; bei seiner Ankunft in Salamanca am 16. 12. 1937 gab Hodgson sehr deutlich seine Visitenkarte ab, indem er – wie die „Times" noch lobend hervorhob – zum Beweise seiner Sympathie mit dem Faschismus bei den Klängen der faschistischen spanischen Nationalhymne die Hand zum Gruße der Falange erhob! „The Times", 20. 12. 1937, S. 11.

[77] Akten III, Dok. 432 (S. 385). Zu den wichtigsten britischen Forderungen, die inzwischen von Franco erfüllt worden waren, gehörte die Freigabe von sieben in spanischen Häfen zurückgehaltenen britischen Schiffen sowie Entschädigung

teiligen, nur zur Beschwichtigung der öffentlichen Meinung in Großbritannien abgegebenen Erklärungen von Seiten Chamberlains und Edens[78] bedeutete die Ernennung des britischen Beauftragten die de facto-Anerkennung des Franco-Regimes, die Legalisierung der Rebellion durch eine Macht, die von sich stets behauptete, die Verteidigung der Freiheit und Demokratie auf ihre Fahnen geschrieben zu haben. Die hinter dem diplomatischen Kuriosum einer „Agentur" verborgene Aufnahme von Konsularbeziehungen[79] beinhaltete die Anerkennung der Souveränität Francos über das mit deutschen und italienischen Bajonetten eroberte spanische Territorium und war für Franco ein weit größerer Erfolg als die offizielle Zubilligung der Rechte als kriegführende Macht, die sich die spanischen Faschisten in der Praxis sowieso bereits angemaßt hatten. Der Schritt der britischen Regierung, der zur Festigung des Franco-Regimes und zur Hebung seines Prestiges im internationalen Maßstab beitrug, war ein erneuter Schlag gegen die rechtmäßige Regierung der spanischen Republik und ein weiterer Beweis für die Verlogenheit der angeblichen Nichteinmischungspolitik.

Die Entsendung Hodgsons wurde mit der Notwendigkeit des Schutzes der britischen Kapital- und Handelsinteressen begründet. Tatsächlich standen für das britische Finanzkapital – außer der Sicherung seiner strategischen Interessen, insbesondere Gibraltars – allein an Investitionen die ungeheure Summe von ca. 40 Mill. Pfund Sterling[80], angelegt in den größten spanischen Kupfer- und Eisenerzminen und in zahlreichen Industriezweigen, auf dem Spiel. In seiner Rede im Unterhaus zur Begründung der Ernennung Hodgsons wies Eden u. a. auch auf die Bedeutung des francospanischen Absatzmarktes hin. Er hob hervor, daß neben anderen britischen Erzeugnissen allein für £ 500000 Kohle in den letzten neun Monaten dorthin exportiert werden konnte, „die anderenfalls von Deutsch-

für die im Sommer 1937 erfolgte Beschlagnahme zweier für Großbritannien bestimmter Eisenerzladungen. „The Times", 9. 11. 1937, S. 16.

78 Vgl. die am 8. 11. 1937 zur Begründung des geplanten Schrittes von Eden im Unterhaus gehaltene Rede, „The Times", 9. 11. 1937, S. 16, sowie den Wortlaut des Regierungskommuniqués, „The Times", 12. 11. 1937, S. 16.

79 Am 22. November 1937 ernannte Franco seinerseits den Herzog von Alba, der zusätzlich den Titel eines englischen Herzogs von Berwick trug und auf dieser Linie mit W. S. Churchill verwandt war, zum Vertreter des faschistischen Spaniens in London. Alba, dem von der britischen Regierung die gleichen diplomatischen Rechte gewährt wurden wie einem akkreditierten Botschafter, begegnete man im Foreign Office mit weit größerer Zuvorkommenheit, als das gegenüber dem Vertreter der spanischen Republik der Fall war. Bei der Übernahme seines Postens feierte Alba in einer der Presse übergebenen Erklärung Großbritannien als den besten Kunden Spaniens und versicherte, daß man in Salamanca die Intensivierung der Handelsbeziehungen zwischen Großbritannien und Francospanien sehr begrüße. Akten III, Dok. 488 (S. 453) und *Bowers, Claude G.*, a. a. O., S. 366.

80 „The Times", 9. 3. 1937, S. 15.

land gekauft worden wäre".[81] Wie bereits erwähnt[82], bestand zwischen Großbritannien und Deutschland schon in den zwanziger Jahren eine erbitterte Rivalität um die Gewinnung Spaniens als Kohlenabsatzmarkt, die sich Mitte der dreißiger Jahre zwischen beiden Mächten noch außerordentlich verstärkt hatte, zumal auf einer Reihe anderer westeuropäischer Märkte der Konkurrenzkampf in dieser Hinsicht eindeutig zugunsten des deutschen Imperialismus entschieden worden war.[83] Die durch die Errichtung einer britischen Agentur in Salamanca gegebene Möglichkeit direkter Verhandlungen mit den Franco-Behörden sollte – wie Eden weiter ausführte – in Zukunft dazu beitragen, den Zustand zu beenden, daß Großbritannien weiterhin „größeren Nachteilen gegenüber irgend einer anderen Macht mit erheblichen Interessen in diesem Teile Spaniens" ausgesetzt sein würde.[84] Edens Rede ließ an Deutlichkeit nichts zu wünschen übrig. Aus ihr sprach die Entschlossenheit der herrschenden Klasse Großbritanniens, im Interesse der Sicherung des Profits nunmehr noch aktiver als zuvor eine Politik gegenüber Spanien zu verfolgen, durch die die asturischen Bergarbeiter der walisischen Kohle geopfert werden sollten.

Es war keineswegs zufällig, daß die britische Regierung gerade im Herbst 1937 die Etappe der direkten Einmischungspolitik zugunsten Francos einleitete. Zu diesem Zeitpunkt begann sich der Kampf der kapitalistischen Großmächte um die Behauptung der Märkte – und damit auch um Spanien – infolge der ersten Auswirkungen der in der zweiten Hälfte des Jahres 1937 in den USA einsetzenden Wirtschaftskrise außerordentlich zuzuspitzen. Diese Krise, die nicht nach einer vorhergehenden Phase des industriellen Aufschwungs hereinbrach, sondern nach einer Depression besonderer Art und einer gewissen Belebung[85], hatte sehr schnell auf alle hochindustrialisierten kapitalistischen Staaten Europas übergegriffen, und zwar in besonderem Maße auf diejenigen Länder, die nicht wie das faschistische Deutschland und Italien bereits zur Kriegswirtschaft im Frieden übergegangen

[81] Ebenda, 9. 11. 1937, S. 16.

[82] Vgl. Kap. I, S. 30. dieser Arbeit.

[83] *Entwicklung des britischen und deutschen Kohlenexports nach Westeuropa am Vorabend des zweiten Weltkrieges (in Mill. t)*

Einfuhrland	Großbritannien		Deutschland	
	1933	1938	1933	1938
Frankreich	8,7	6,1	3,8	5,4
Italien	4,8	2,3	2,2	7,4
Holland	1,6	0,9	4,8	5,8
Belgien	1,4	0,9	3,3	3,5
Schweiz	0,1	0,2	0,5	0,8
Portugal	0,7	0,7	–	0,3

Vgl. *Kotschetkow, A.*, a. a. O., S. 149.

[84] „The Times", 9. 11. 1937, S. 16.

[85] Politische Ökonomie. Lehrbuch, hrsg. von der Akademie der Wissenschaften der

waren. Der Rückgang der Industrieproduktion[86] in den von der Krise betroffenen Ländern führte zu einem Anwachsen der Kurzarbeit sowie der Arbeitslosigkeit[87] und damit zur Einschränkung der Kaufkraft auf den Inlandsmärkten. Die Folge davon mußte zwangsläufig die weitere Verschärfung des internationalen Konkurrenzkampfes um die Außenmärkte sein[88], die sich u. a. auf dem spanischen Markt sehr deutlich zeigte. Tatsächlich war die de facto-Anerkennung Francos durch Großbritannien nur der Startschuß für das nunmehr einsetzende Wettrennen der imperialistischen Westmächte, die ebenfalls zur Wahrung ihrer ökonomischen Interessen mit den spanischen Faschisten ins Geschäft zu kommen und den deutschen Imperialisten den Rang abzulaufen suchten. So nahmen im November 1937 Wirtschaftskreise der USA, deren Regierung bereits im Februar des gleichen Jahres in dem von den Faschisten besetzten Malaga ein Konsulat eröffnet hatte, mit Franco Verhandlungen zur Wiederaufnahme wechselseitiger Handelsbeziehungen auf.[89] Mit der Schweiz konnte Franco ein für das faschistische Spanien günstiges Handelsabkommen unterzeichnen.[90] Auch von französischen Wirtschaftskreisen wurde die Aufnahme von Handelsbeziehungen immer dringender gefordert.[91]

Die de facto-Anerkennung durch Großbritannien eröffnete ebenfalls eine neue Phase der politischen Beziehungen Francospaniens zu einer Reihe von Staaten. Am 1. und 2. Dezember 1937 erkannten Japan und Mandschukuo Franco de jure an[92] und folgten damit dem Beispiel Deutschlands, Italiens, Albaniens[93], des

UdSSR, Institut für Ökonomie, nach der 3., überarbeiteten russ. Ausgabe, Berlin 1959, S. 304.

86 Für Zahlen vgl. die Tabelle bei *Königer, Heinz*, Der Weg nach München. Berlin 1958, S. 13.

87 Vgl. die Tabelle über das Wachsen der Arbeitslosigkeit um die Jahreswende 1937/38, ebenda, S. 22.

88 Auf einer Reihe von Märkten Europas, des Nahen und Mittleren Ostens, Lateinamerikas und Asiens, war Großbritannien bereits von seinem deutschen Konkurrenten erheblich zurückgedrängt worden. Ausführlicher hierzu vgl. *Posdejewa, L. W.*, Die wirtschaftlichen Gegensätze zwischen England und Deutschland vor dem zweiten Weltkrieg (1933–1939). In: „Fragen der Geschichte", 1955, H. 5, deutsche Übersetzung in: „Sowjetwissenschaft", Gesellschaftswiss. Beiträge, H. 6, 1956, S. 767ff. sowie *Nekrič, A. M.*, Die englisch-deutschen Gegensätze in der Kolonialfrage vor dem zweiten Weltkrieg. In: „Fragen der Geschichte", 1954, H. 7, deutsche Übersetzung in: „Sowjetwissenschaft", Gesellschaftswiss. Abteilung, 1955, H. 1, S. 1f.

89 Akten III, Dok. 473 (S. 437f.).

90 Ebenda (S. 438).

91 Ebenda.

92 Ebenda (S. 436) und DZA Potsdam, AA, Presseabt., Akte Nr. 60422, Bl. 278 (Aufstellung betr. de jure-Anerkennung Francos).

93 Am 27. 11. 1936 hatte Albanien Franco de jure anerkannt.

Vatikans[94] und mehrerer kleinerer mittelamerikanischer Staaten.[95] Österreich, Ungarn, die Schweiz und Holland nahmen offiziöse Beziehungen auf; Jugoslawien Polen und Belgien bemühten sich gleichfalls um eine Regelung ihres Verhältnisses zu Francospanien.[96]

Die Anbahnung engerer ökonomischer und politischer Beziehungen durch Großbritannien und eine Reihe anderer Länder ermöglichte es Franco in den folgenden Monaten, die Politik des Lavierens und die dilatorische Behandlung der wirtschaftlichen Forderungen Hitlerdeutschlands fortzusetzen. Zu einer derartigen Haltung war Franco vor allem aus innerpolitischen Gründen gezwungen. Das Eindringen des deutschen Monopolkapitals in die spanische Wirtschaft, insbesondere die zahlreichen Aufkäufe spanischer Bergwerke und Bergwerksrechte durch die Hisma, hatte selbst bis in die Reihen der Falange und der Requetés hinein[97] Empörung und Proteste in einem solchen Ausmaß hervorgerufen, daß diesen Stimmungen Rechnung getragen werden mußte.

Der Widerstand Francos gegen die Verwirklichung des Montaña-Projektes und die Einräumung wirtschaftlicher Zugeständnisse an Großbritannien wirkte bei der

[94] Anerkennung durch den Vatikan am 28. 8. 1937.

[95] Anerkennung durch Guatemala und San Salvador am 8. 11. 1936, durch Nicaragua am 27. 11. 1936.

[96] Akten III, Dok. 473 (S. 436).

[97] Das Vorgehen der Hisma hatte bei zahlreichen Mitgliedern rechtsgerichteter politischer Gruppierungen den anfangs vorhandenen Glauben an die „Uneigennützigkeit" der deutschen Hilfe zerstört und die wahren Motive für das Eingreifen erkennen lassen. Die „Baseler Rundschau" gab den Wortlaut von im Franco-Gebiet illegal verbreiteten Flugblättern der Falange und der Requetés wider, in denen unter der Devise „Spanien den Spaniern" der Beherrschung des Landes durch Deutschland und Italien der Kampf angesagt wurde. (Vgl. „Rundschau" [Basel], Nr. 4, 1938, S. 109). Die gleiche Tendenz brachte auch der als Idol der Falange geltende General Yagüe in seiner am 19. 4. 1938 zur Feier des Jahrestages der Gründung der Einheitspartei gehaltenen Rede zum Ausdruck. Auf diese Rede, in der Yagüe auch heftige Kritik an den Francoschen Terrormaßnahmen gegenüber politischen Gegnern übte und umfassende soziale Reformen forderte, bezog sich Dolores Ibarruri in ihrem Referat auf dem Mai-Plenum des ZK der Kommunistischen Partei Spaniens, in dem sie die Bereitschaft der spanischen Republik betonte, allen irregeleiteten, national bewußten Spaniern die Hand zu reichen. Vgl. „Rundschau" (Basel) Nr. 32, 1938, S. 1068. Von dem Anwachsen der Opposition in Spanien gegen das Vordringen des deutschen Imperialismus mußten sich auch Vertreter des deutschen Monopolkapitals überzeugen, die, wie der Direktor der Deutschen Lufthansa, Wronsky, die spanischen Verhältnisse aus eigener Anschauung seit vielen Jahren kannten. Über seine im September 1938 während einer mehrwöchigen Dienstreise nach Francospanien gewonnenen Eindrücke in dieser Beziehung berichtete Wronsky, daß „in Zivilkreisen die Deutschfreundlichkeit erheblich nachgelassen (habe); in Nordspanien kann man sogar von einer Unfreundlichkeit sprechen". Vgl. den vertraulichen Bericht *M. Wronskys* vom 3. 10. 1938. Photokopie des Originals befindet sich im DWI, Berlin 4247).

deutschen Regierung wie ein Alarmsignal. Am 25. November 1937 beauftragte Göring den Leiter der Rowak, sich zur Sicherstellung der deutschen „Kriegsbeute" unverzüglich nach Salamanca zu begeben und Franco „die Pistole auf die Brust zu setzen".[98] Wenige Tage später wies Außenminister v. Neurath den deutschen Botschafter v. Stohrer in einem Geheimtelegramm an, bei Franco eine Demarche zu unternehmen und eindeutig die Entschlossenheit der deutschen Regierung darzulegen, an ihrem Anspruch festzuhalten, „daß unsere lebenswichtigen wirtschaftlichen Interessen nicht den Interessen Dritter geopfert, sondern uneingeschränkt befriedigt werden. Im besonderen müssen wir darauf bestehen, daß der Hauptanteil der Erz- und Eisenausbeute aus den Gruben von Bilbao und Asturien uns vorbehalten bleibt und daß des weiteren eine uneingeschränkte Konzession für den Schrottankauf gegeben wird. ... Eine Begünstigung Englands, die uns aus unserer wirtschaftlichen Stellung, insbesondere beim Bezug von Rohstoffen, verdrängt, werden wir ... keinesfalls hinnehmen. Sollte General Franco ... ablehnen, befriedigende Erklärungen darüber abzugeben, ... so bitte ich ihm unmißverständlich zu erklären, daß wir uns in diesem Fall leider gezwungen sehen würden, auch unsererseits unsere Haltung gegenüber nationaler spanischer Regierung ... zu überprüfen."[99]

Ein ultimatives Vorgehen schien jedoch v. Jagwitz und den Vertretern des AA nach einer Reihe Beratungen aus mehreren Gründen zum damaligen Zeitpunkt nicht zweckmäßig. Die für Franco günstige militärische Lage im Herbst 1937 – nach der Besetzung Asturiens durch faschistische Truppen war eine zunächst erfolgreiche Offensive an der Aragonfront eröffnet worden – schloß die Möglichkeit aus, Franco durch die Androhung der Einschränkung oder sogar Einstellung der militärischen Hilfe zu erpressen. Auch war man sich darüber klar, daß ein durch äußersten Druck erzieltes Ergebnis neben der unerwünschten Zuspitzung der politischen Atmosphäre die Gefahr des Augenblickserfolges in sich barg, den Francospanien, sobald es die deutsche Unterstützung nicht mehr benötigte, rückgängig zu machen trachten würde.[100] Eine vorsichtigere Behandlung der strittigen Fragen hielt man zudem auch deshalb für geraten, weil damals mit der Möglichkeit eines vor allem von Großbritannien befürworteten Verhandlungsfriedens[101] gerechnet und befürchtet wurde, daß eine in seinem Ergebnis gebildete gesamtspanische Regierung alle nicht auf völlig legalem Wege zustande gekommenen Konzessionen annullieren werde.[102] Aus diesen Erwägungen heraus entschieden sich das AA und die Hisma zunächst für die sofortige Aufnahme erneuter Verhandlungen mit den Franco-Behörden.[103]

[98] Akten III, Dok. 470 (S. 434).
[99] Ebenda, Dok. 475 (S. 441).
[100] Ebenda, Dok. 529 (S. 505).
[101] Ebenda, Dok. 531 (S. 508).
[102] Ebenda, Dok. 529 (S. 505).
[103] Ebenda, Dok. 490 (S. 457).

In einer nicht abreißenden Kette von diplomatischen Vorstößen legte Botschafter v. Stohrer in den folgenden Monaten immer und immer wieder die Forderungen der deutschen Imperialisten dar. Unter Berufung auf die in den Geheimprotokollen vom Juli 1937 zugesicherten Vorrechte[104] wurde nachdrücklichst die Bestätigung der von der Hisma bereits erworbenen Bergwerkstitel verlangt[105], die Hitlerdeutschland – wie Außenminister v. Neurath es formulierte – „schon auf Grund wirksamster moralischer, finanzieller und militärischer Unterstützung Francos in entscheidenden Stunden seiner Erhebung"[106] zu beanspruchen habe. Auch gegenüber diesem deutschen diplomatischen Druck behielt Franco die bereits zuvor angewandte Taktik, eine wohlwollende Prüfung der strittigen Fragen zuzusichern, die Entscheidung jedoch unter organisatorisch-technischen und juristischen Vorwänden hinauszuziehen, bei.[107] Den deutschen Forderungen wurde entgegengehalten, daß die Hisma mit der Besitzergreifung von 73 Bergwerken bei weitem ihre Kompetenzen überschritten habe.[108] Deutschland beriefe sich zu Unrecht auf das Geheimprotokoll vom 16. Juli 1937, da selbst die dort getroffenen Vereinbarungen lediglich die Gründung von *spanischen* Gesellschaften für die Ausbeutung der Bodenschätze *unter deutscher Beteiligung* vorsähen, und zwar *„im Einklang mit den allgemeinen spanischen gesetzlichen Bestimmungen"*.[109] Durch geltende, in der Zeit der Primo de Rivera-Diktatur eingeführte spanische Minengesetze aber sei der Anteil ausländischen Kapitals auf 25% begrenzt.[110] Aus diesen Festlegungen ergäben sich die Schwierigkeiten, die der Erfüllung der deutschen Forderungen im Wege ständen.

Nun erst erkannten die Vertreter der deutschen Regierung die ganze Tragweite der im Juli 1937 bewußt von den spanischen Faschisten hineingebrachten Formulierung in dem Geheimprotokoll vom 16. Juli, auf die von Franco immer wieder Bezug genommen wurde und die man, ohne genaue Kenntnis der spanischen Gesetzgebung, damals akzeptiert hatte. Faktisch hatten die spanischen Faschisten ihre deutschen „Freunde" im Juli 1937 an der Nase herumgeführt. Spanischerseits war zwar auf die Existenz von den ausländischen Kapitalanteil einschränkenden Minengesetzen angespielt worden. Das Verlangen der deutschen Vertreter, ihnen die Bestimmungen vorzulegen, hatte man jedoch mit der „Begründung" nicht berücksichtigt, „daß in den kleinen Landstädten Salamanca und Burgos diese Dekrete nicht aufzutreiben seien".[111] Mit ihren Versuchen der gegenseitigen

[104] Ebenda, Dok. 475 (S. 441), 510 (S. 485).

[105] Ebenda, Dok. 472 (S. 436), 475 (S. 441), 482 (S. 447f.).

[106] Ebenda, Dok. 475 (S. 441).

[107] Ebenda, Dok. 480 (S. 446), 484 (S. 449f.), 508 (S. 481ff.), 526 (S. 497ff.).

[108] Ebenda, Dok. 491 (S. 459).

[109] Für Geheimprotokoll vom 16. 7. 1937 vgl. ebenda, Dok. 397 (S. 354f.). (Hervorhebungen von mir – M. E.) Berufung spanischerseits auf Geheimprotokoll vgl. ebenda, Dok. 484 (S. 449f.), 490 (S. 456), 492 (460), 508 (S. 481).

[110] Ebenda, Dok. 484 (S. 450), 490 (S. 456).

[111] Ebenda, Dok. 490 (S. 456).

Übervorteilung gaben die deutschen und spanischen Faschisten wahrlich ein klassisches Beispiel für das Verhalten imperialistischer Räuber untereinander.
Die Haltung Francos gegenüber den Ansprüchen des deutschen Monopolkapitals führte eine außerordentliche Verschlechterung der Beziehungen zwischen den spanischen und deutschen Faschisten herbei. Welche Zuspitzung die Spannungen im Frühjahr 1938 erreichten, geht besonders aus der Tatsache hervor, daß Franco und „Außenminister"[112] Jordana Anfang April – als die militärische Lage nach der im März erfolgreich begonnenen faschistischen Ebro-Offensive von ihnen günstig beurteilt wurde[113] – in Gesprächen mit Canaris mehrfach die baldige Zurückziehung der Legion Condor[114] und die Reduzierung der künftigen friedensmäßigen militärischen Zusammenarbeit der deutschen und spanischen Armee auf ein Mindestmaß nahelegten[115], während ein ähnlicher Vorschlag gegenüber Italien unterblieb.[116]
Franco hatte jedoch zu früh frohlockt. Bereits Ende April hatte sich die militärische Lage wieder zuungunsten der Faschisten verändert. Durch den erfolgreichen Widerstand der spanischen Republikaner war die Francosche Offensive an allen Fronten zum Stoppen gebracht worden.[117] Infolge der unerwarteten militärischen Rückschläge und besonders starker Verluste[118] war Franco wiederum genötigt, sich nachdrücklichst für das Verbleiben der deutschen Söldnertruppen „bis zum Endsieg" auszusprechen.[119] Damit erhielten die deutschen Imperialisten die für sie wertvolle Möglichkeit der militärischen Erpressung, vor deren Ausnutzung sie in den folgenden Monaten, nachdem die politische Atmosphäre sich bereits derart verschlechtert hatte, nicht zurückschreckten.
Am 14. Juni 1938 ersetzten die Franco-Behörden das Bergbaudekret vom Oktober 1937 durch ein neues Gesetz, ohne jedoch, trotz wiederholter Forderungen der Hitlerregierung, über den Inhalt mit dieser vorher Fühlung zu nehmen.[120] In dem Gesetz wurde der Grundsatz verankert, daß der Franco-„Regierung" das Recht vorbehalten sei, Grubenkonzessionen zu gewähren oder zu verweigern. Der Ausländeranteil an spanischen Bergwerken wurde auf 40% beschränkt und damit um 15% höher festgelegt, als die Regelung aus der Zeit der Primo de Rivera-Diktatur es vorgesehen hatte. Wenigstens zwei Drittel der Aufsichtsratsmitglieder sollten spanische Staatsangehörige und die gesamte technische Betriebsausrüstung,

[112] Am 30. Januar 1938 hatte Franco die erste offizielle „Regierung" gebildet. Die bisherige Exekutive, der „Technische Ausschuß" und das „Staats-Generalsekretariat" wurden aufgelöst. General Jordana, bisheriger Chef der Junta Técnica, war zum Vizepräsidenten und Außenminister ernannt worden.
[113] Akten III, Dok. 541 (S. 520) u. Fußn. 1, S. 520.
[114] Ebenda, Dok. 557 (S. 535).
[115] Ebenda.
[116] Ebenda, Dok. 575 (S. 548), 576 (S. 549).
[117] Ebenda, Dok. 578 (S. 552).
[118] Ebenda.
[119] Ebenda, Dok. 575 (S. 548), 581 (S. 554), 584 (S. 555f.).
[120] Ebenda, Dok. 632 (S. 606).

außer in besonders genehmigten Fällen, spanischen Ursprungs sein.[121] Durch eine Sonderbestimmung blieb jedoch die Tür für die Gewährung von Vorrechten offen, und zwar konnte in solchen Fällen der ausländische Kapitalanteil erhöht werden, „in denen für die Ausbeutung von Bergbaukonzessionen ... spanisches Kapital nicht in dem ... vorgesehenen Verhältnis aufgebracht wird ..."[122] Mit dieser allerdings vage formulierten grundsätzlichen Regelung der Montaña-Angelegenheit gaben sich die spanischen Faschisten den Anschein, den Forderungen der deutschen Imperialisten einen Schritt entgegenzukommen, ohne dabei jedoch so weit zu gehen, daß sie innerpolitische Schwierigkeiten oder eine ungünstige Reaktion bei den Westmächten zu erwarten hatten. Tatsächlich wurde das Dekret z. B. von der herrschenden Klasse Großbritanniens mit Wohlwollen aufgenommen. Die Londoner „Times" begrüßte die Verordnung, da sie – wie man annahm – „den bestehenden britischen Bergbauinteressen zugute kommen ..., die Invasion Spaniens durch ausländische Konzessionäre in Grenzen halten werde und dahin tendiere, den status quo zu erhalten, unter dem die britischen Konzerne einen großen Vorsprung vor ihrem industriellen Rivalen erzielt hatten ..."[123]

Auch von deutscher Seite wurde das Bergwerksgesetz zunächst positiv eingeschätzt. Zwar waren v. Stohrer und die Vertreter der Hisma über die Art des Vorgehens der Spanier, die sie vor ein fait accompli gestellt hatten, äußerst verstimmt[124], doch erschien ihnen das Gesetz selbst den Weg für die Lösung der strittigen Fragen im Interesse des deutschen Imperialismus zu ebnen.[125] Solange verhindert werden konnte, daß im Rahmen der von der herrschenden Klasse Spaniens gewünschten Zusammenarbeit bei der Ausbeutung der Bergwerke der spanische Kapitalanteil von 60% in *einer* Hand, etwa durch eine der spanischen Großbanken, vereinigt war[126], blieb für das deutsche Monopolkapital zur Erreichung seiner Ziele die Möglichkeit offen, die in der Periode der Primo de Rivera-Diktatur erprobten Methoden zur Umgehung der spanischen Gesetzgebung zum Schutze der Industrie[127] fortzusetzen. Es konnte in allen den Fällen, in denen von Franco die Sondergenehmigung für eine höhere als 40prozentige deutsche Kapitalbeteiligung verweigert würde, versuchen, die zu einer Aktienmajorität fehlenden 11% durch Strohmänner zu erreichen. Damit wäre auch hinsichtlich der Besetzung der Aufsichtsratsposten der deutsche Einfluß auf die Leitung der Bergwerke gesichert worden.

[121] „Wirtschaftsdienst", Neue Folge, XXIII. Jg., 2. Halbjahr 1938, S. 1030.

[122] Akten III, Dok. 603 (S. 583).

[123] „The Times", 15. 6. 1938, S. 13.

[124] Akten III, Dok. 596 (S. 572–577), 603 (S. 582).

[125] Ebenda, Dok. 603 (S. 582).

[126] Ein diesbezüglicher Vorstoß, um eine derartige Regelung zu verhindern, wurde von der Hisma bereits eine Woche nach Veröffentlichung des Dekrets bei dem Francoschen „Handelsminister" Suances unternommen. Vgl. ebenda, Dok. 634 (S. 608).

[127] Vgl. Kap. I dieser Arbeit, S. 27.

Zunächst aber wurde der generelle Standpunkt der spanischen Faschisten hinsichtlich der praktischen Anwendung des neuen Gesetzes auf die Interessen der Hisma sondiert, wobei nunmehr die militärisch schwierige Lage Francos ausgenutzt werden konnte. Bereits am 5. Juli 1938 führte v. Stohrer in einer Unterredung mit Franco und Jordana die Tatsache der von der Hitlerregierung beschlossenen Belassung und Wiederauffüllung der Legion Condor[128] ins Feld, um den Forderungen nach einer günstigen und definitiven Regelung der Montaña-Angelegenheit stärkeren Nachdruck zu geben.[129] Während Franco erneut die wohlwollende Prüfung der Probleme zusicherte[130], wurde auch in den folgenden Wochen die Taktik der dilatorischen Behandlung beibehalten. Franco konnte damit rechnen, daß die deutschen Imperialisten in der damals angespannten internationalen Situation, die durch die Drohungen und offenen Aggressionsvorbereitungen Hitlerdeutschlands gegen die Tschechoslowakei heraufbeschworen worden war, vor allem nach ihrer in der Maikrise von 1938 erlittenen außenpolitischen Niederlage[131], einen weiteren Prestigeverlust in Spanien, den der Vormarsch der Republikaner bedeutet hätte, nicht in Kauf zu nehmen bereit und daher zur Fortsetzung militärischer Hilfeleistungen genötigt sein würden. Das war die wahrscheinliche Ursache dafür, daß die spanischen Faschisten es wagten, die von der Hisma beantragte Genehmigung der Bergbaukonzessionen im Rahmen der gesetzlichen Regelung vom Juni 1938[132] und die geforderte Bereitstellung weiterer Investitionssummen[133] entsprechend der Vereinbarungen des Geheimprotokolls vom Juli 1937 weiterhin hinauszuzögern. Daraufhin teilte Bernhardt am 27. August Franco drohend mit, daß die Hitlerregierung für die Haltung Spaniens kein Verständnis mehr aufbringen könne. Man zweifele nunmehr an dem Willen zu der von Deutschland gewünschten „Zusammenarbeit", da trotz

[128] Durch hohe Verluste und Materialverschleiß war die Kampfkraft der Legion Condor im Sommer 1938 erheblich reduziert. Nach den Angaben ihres damaligen Kommandeurs, General Volkmann, waren die Flakgeschütze völlig ausgeschossen, die Tiefflieger nicht mehr einsatzfähig, die Kampfkraft der Jagdflugzeuge auf die Hälfte reduziert.
Selbst die frühere Zahl der Jäger wurde angesichts der 3–4fachen Überlegenheit der republikanischen Luftwaffe für den Schutz der Bombenflugzeuge als ungenügend angesehen. Seit Anfang März 1938 hatte Hitlerdeutschland keinerlei Nachschub an Flugzeugen und Geschützen gesandt. Vgl. hierzu Akten III, Dok. 604 (S. 584).

[129] Ebenda, Dok. 632 (S. 606).

[130] Ebenda.

[131] Im Mai 1938 war es den patriotischen Kräften der Tschechoslowakei durch ihre entschlossenen Abwehrmaßnahmen gegen die von der Hitlerregierung befohlene Konzentration deutscher Truppen an der deutsch-tschechoslowakischen Grenze, die eine unverhüllte Kriegsprovokation darstellte, gelungen, den faschistischen Aggressoren eine entschiedene Abfuhr zu erteilen. Vgl. hierzu ausführlich *Königer, Heinz*, a. a. O., S. 116ff.

[132] Akten III, Dok. 647 (S. 619).

[133] Ebenda, Dok. 642 (S. 616), 643 (S. 617).

der erneuten Bereitstellung von Kriegsmateriallieferungen und weitgehender militärischer Hilfe, um die Franco im August wiederum dringend ersucht hatte[134], die Erledigung der Grubenangelegenheiten keinen Fortschritt gemacht habe.[135]
Die auf das Äußerste angespannten Beziehungen zwischen dem Dritten Reich und den spanischen Faschisten erreichten einen Tiefpunkt, als Franco während der Septemberkrise den Westmächten gegenüber eine Neutralitätserklärung im Falle der Auslösung eines europäisches Krieges abgab.[136] Zu dieser Haltung war Franco faktisch aus militärischen und innerpolitischen Gründen genötigt worden. Die spanische republikanische Armee hatte mit ihrer im Juli 1938 begonnenen großen Offensive den Übergang über den Ebro erzwungen und mit dieser dem Schutze des von den Faschisten bedrohten Valencias dienenden Operation eine außerordentliche Demonstration ihrer Kampfkraft gegeben. Mehr als drei Monate lang konnten die Republikaner die eroberte Stellung am südlichen Ebroufer gegen die Angriffe der zahlen- und materialmäßig überlegenen faschistischen Truppen verteidigen. Auch der Francosche Vormarsch gegen das quecksilberreiche Almaden in Estremadura wurde von der republikanischen Armee Ende August zum Stehen gebracht. Infolge der für Franco militärisch ungünstigen Situation verschärften sich wieder die innerpolitischen Spannungen in dem von den Faschisten besetzten Gebiet.[137]
Als die Aggressionsvorbereitungen der deutschen Imperialisten gegen die Tschechoslowakei im September ihren Höhepunkt erreichten und mit der Entstehung eines bewaffneten Konfliktes in Südosteuropa gerechnet wurde, hegten die spanischen Faschisten ernste Befürchtungen hinsichtlich der zu erwartenden Rückwirkungen auf den Ausgang des Spanienkrieges. Eine Fortsetzung der militärischen Unterstützung Francos durch Hitlerdeutschland, der sie mehr denn je bedurften, war nach dem Beginn eines europäischen Krieges kaum wahrscheinlich. Die deutsche Wehrmacht wäre gezwungen gewesen, ihre personellen Kräfte an anderen Fronten zu konzentrieren. Auch weitere deutsche Kriegsmateriallieferungen größeren Umfangs konnten im Kriegsfalle nicht mehr erwartet werden, da sie die Kapazität der deutschen Rüstungsindustrie überstiegen hätten. Selbst die Entsendung kleinerer Lieferungen wäre unmöglich gemacht oder zumindest außerordentlich erschwert worden, da die Westmächte infolge ihrer Beherrschung der Seewege die Zufahrtsstraßen blockieren konnten. Zudem hatte der französische Außenminister Bonnet bereits Mitte September Jordana warnend wissen lassen, daß der französische Generalstab im Kriegsfalle den Einmarsch in Kata-

[134] Ebenda, Dok. 651 (S. 621).
[135] Ebenda, Anlage zu Dok. 655 (S. 624).
[136] Ebenda, Dok. 666 (S. 634), 669 (S. 636); über die Reaktion der Hitlerregierung auf die spanische Neutralitätserklärung vgl. vor allem Dok. 669 (S. 636), 673 (S. 640).
[137] Ebenda, Dok. 660 (S. 629); vgl. auch DZA Potsdam, AA, Politische Abt., Akte Nr. 61159, Bl. 69 (Abschrift eines undatierten Berichtes Fregattenkapitäns *Heye* über eine Dienstreise nach Spanien im Juni 1938).

lonien, die Besetzung der südspanischen republikanischen Häfen und eine Operation gegen Spanisch-Marokko plane, falls von Franco nicht eine Neutralitätserklärung abgegeben werde.[138] Das zusätzliche Eingreifen Frankreichs hätte den allein durch den Widerstand der Republik damals schon in Frage gestellten Sieg Francos völlig unmöglich gemacht und selbst seine Stellung in dem bis dahin mit deutscher und italienischer Waffenhilfe eroberten Teile Spaniens auf das schwerste gefährdet, zumal Franco im Spätsommer 1938 mit dem Beginn aktiven Widerstandes der von ihm unterjochten Bevölkerung gegen das verhaßte Regime zu rechnen gezwungen war.[139] Die Kapitulation der Westmächte vor den Expansionsforderungen der deutschen Imperialisten, ihr offener Verrat an der Tschechoslowakei, der in dem schändlichen Münchener Abkommen gipfelte, war ein schwerer Schlag gegen die spanische Republik und enthob Franco aller Befürchtungen. Durch die unerwartete Haltung der spanischen Faschisten in der Septemberkrise, die ihre Unzuverlässigkeit als Bundesgenosse für Hitlerdeutschland in der Praxis demonstrierte, aber wurde dem deutschen Imperialismus noch einmal in aller Schärfe vor Augen geführt, daß die entscheidensten Fragen im Rahmen der von ihnen verfolgten Zielsetzung der Intervention im Laufe der zwei Kriegsjahre weder in ökonomischer noch in politischer Hinsicht in ihrem Interesse gelöst worden waren.

[138] Akten III, Dok. 658 (S. 627), 666 (S. 634).
[139] Ebenda, Dok. 672 (S. 638).

Kapitel VII

Die Durchsetzung der Aggressionsziele des deutschen Imperialismus in der letzten Phase des Interventionskrieges und die Sicherung seiner Interessen nach der Errichtung der faschistischen Diktatur in Spanien (Oktober 1938 bis Juli 1939)

1. Hitlerdeutschlands Übergang zur Politik des unverhüllten Drucks und ihre Ergebnisse

Der Kampf um die Einbeziehung Spaniens in die politische, militärische und wirtschaftliche Einflußsphäre des deutschen Imperialismus gewann im Herbst 1938, als Hitlerdeutschland die Vorbereitungen zur Verwirklichung seiner Aggressionspläne beschleunigte, außerordentlich an Bedeutung. Ermutigt durch die Haltung der Westmächte, die mit der Unterzeichnung des Münchener Abkommens erneut in nicht mißzuverstehender Deutlichkeit unter Beweis gestellt hatten, daß sie entschlossen waren, den Expansionsabsichten des deutschen Imperialismus nichts in den Weg zu legen, solange diese auf den Osten beschränkt blieben, rüstete sich Hitlerdeutschland zum Schlag gegen die Tschechoslowakei und zur Annexion des Memellandes. Während Hitler in seiner Rede am 26. September 1938 vor aller Welt versichert hatte, daß es nach der Befriedigung der Ansprüche auf das Sudetengebiet für Deutschland in Europa kein territoriales Problem mehr gäbe[1], forderte er bereits wenige Tage nach dem Münchener Abkommen Angaben vom OKW, ob die derzeitige Truppenstärke die gewaltsame Annexion der Tschechoslowakei ermögliche.[2] Am 14. Oktober wurde Göring beauftragt, Maßnahmen zu veranlassen, um die Stärke der Luftwaffe schnellstens zu verfünffachen, die Aufrüstung der Kriegsflotte zu beschleunigen und das Heer schneller mit Angriffswaffen, insbesondere mit schwerer Artillerie und Panzern, auszurüsten.[3] Mit außenpolitischen Verwicklungen im Falle der gewaltsamen Annexion des tschechoslowakischen Nachbarstaates wurde angesichts der appeasement-Politik der Westmächte und der innerpolitischen Entwicklung innerhalb der Tschechoslowakei[4], die einen bewaffneten Widerstand kaum erwarten ließ, nicht gerechnet.[5]

[1] Schultheß' Europäischer Geschichtskalender 1938. München 1939, S. 156.

[2] IMGN, Bd. I, Nürnberg 1947, S. 219 u. Bd. XXV, Nürnberg 1947, S. 521.

[3] IMGN, Bd. XIX, Nürnberg 1948, S. 652.

[4] Nach dem Münchener Abkommen betrieb die herrschende Klasse der Tschechoslowakei, unterstützt von den Führern der Sozialdemokratie, offen die Politik der Verständigung und Zusammenarbeit mit dem Dritten Reich. Die nach dem Rücktritt des Ministerpräsidenten Dr. Hodza und des Präsidenten Dr. Beneš Anfang

Erschwerend für die Forcierung des Tempos der Rüstung aber wirkte sich die Verschlechterung der wirtschaftlichen Lage Hitlerdeutschlands im Herbst 1938 aus. Bereits am 1. September 1938 hatte der deutsche Finanzminister Schwerin von Krosigk in einem an Hitler gerichteten Memorandum auf die drohende Finanzkrise hingewiesen, da die steigenden Barausgaben für die Wehrmacht die Kassenbestände des Reiches vollkommen aufgezehrt hatten.[6] Auch die Rohstoff- und Lebensmittelprobleme waren weder durch die Annexion Österreichs noch durch die Einverleibung des Sudetengebietes gelöst worden. Zur Sicherstellung der Rüstungsvorhaben blieb Hitlerdeutschland nach wie vor auf den Import kriegswichtiger Rohstoffe angewiesen. Für die Steigerung der Bezüge aus dem Ausland aber war die Bereitstellung größerer Devisenmengen Voraussetzung. Mit der Erhöhung der Deviseneinnahmen konnte jedoch infolge der rückläufigen Tendenz des deutschen Exports[7], die durch den Charakter der deutschen Kriegs-

Oktober 1938 gebildete Regierung leitete Unterdrückungsmaßnahmen gegen alle demokratischen Kräfte und ihre Organisationen ein und sicherte die außenpolitische Anlehnung an Deutschland sowie die Lösung aller die in der Tschechoslowakei verbliebene deutsche Minderheit betreffenden Fragen entsprechend den Forderungen der deutschen Faschisten zu. (Vgl. Akten IV, Dok. 55 [S. 57ff.].) Über die Haltung der tschechischen Sozialdemokraten vgl. „Rundschau" (Basel) Nr. 28, 1939, S. 734.

5 In einem Nachtrag zu der geheimen Weisung Hitlers an die Wehrmacht vom 21. Oktober 1938, in der der Befehl zur Vorbereitung der „Erledigung der Rest-Tschechei" und der „Inbesitznahme des Memellandes" erteilt worden war, wurde ausdrücklich darauf hingewiesen, die Vorbereitungen hätten unter den Voraussetzungen zu erfolgen, daß kein nennenswerter Widerstand zu erwarten sei. Vgl. IMGN, Bd. XXXIV, Nürnberg 1949, Dok. C-138, S. 484.

6 IMGN, Bd. XXXVI, Nürnberg 1949, Dok. 419-EC, S. 494.

7 Deutschlands Export (einschließlich Österreichs) erreichte 1938 nur den Wert von 5600 Mill. RM gegenüber 6300 Mill. RM im Jahre 1937. („The Times", 6. 1. 1939, S. 11.) Hierbei ist zu beachten, daß der Ausfuhrrückgang auf mengenmäßige Verminderungen zurückzuführen war, da die Ausfuhrpreise sich 1938 noch leicht über dem Stand von 1937 gehalten hatten. Vgl. „Wirtschaftsdienst", Neue Folge, XXIV, Jg. 1939, 1. Halbjahr, S. 110; mit welcher Besorgnis die Entwicklung der Außenhandelslage des Dritten Reiches in Fachkreisen betrachtet wurde, geht aus einem Schreiben des deutschen Wirtschaftsministers *Funk* vom 6. 5. 1938 hervor. Dort heißt es: „. . . Der Ernst unserer Außenhandelslage ist bekannt. Ausfuhrwert und Ausfuhrüberschuß bewegen sich seit Monaten in absteigender Linie. Der Beschäftigungsrückgang in den anderen Industriestaaten, der Kaufkraftverlust der Rohstoffländer und die politische Unsicherheit haben zu einem allgemeinen Welthandelsschwund und in der Folge zu einer erheblichen Verschärfung der Wettbewerbslage auf den Außenhandelsmärkten geführt. Wirtschaftspolitisch muß größter Wert auf eine Steigerung unseres Außenhandels und die Verbesserung unserer Handelsbeziehungen, insbesondere auch durch Ausbau von Stützpunkten für unseren Handel im Ausland, gelegt werden . . ." DZA Potsdam, Reichskanzlei, Akte Nr. 733, Bl. 302 (Abschrift eines von *Funk* gezeichneten Schreibens vom 6. 5. 1938 an den Reichsminister der Finanzen).

wirtschaft und die Auswirkungen der in der zweiten Hälfte des Jahres 1937 begonnenen Wirtschaftskrise auf Teilen des Weltmarktes bedingt war, nicht gerechnet werden. Die Durchsetzung der ökonomischen Ziele in Spanien, insbesondere des Montaña-Projektes, nahm in dieser Situation für die deutschen Imperialisten an Dringlichkeit zu. Zwar konnte die erstrebte Beherrschung des spanischen Bergbaus nicht die Lösung, wohl aber infolge der Sicherung devisenfreier Erzbezüge eine fühlbare Erleichterung der Versorgungsschwierigkeiten der deutschen Kriegsindustrie, vor allem auf dem Gebiet der Eisenerze, bringen.[8] Darüber hinaus wurde mit der günstigen Regelung der Montaña-Angelegenheit die Hoffnung auf eine dauerhafte Erhöhung des Exportgeschäftes mit Spanien verbunden, die man durch die Möglichkeit der Ausrüstung der Gruben mit deutschen Maschinen, vor allem aber durch die Vertiefung der Beziehungen der Hisma zu spanischen Industriekreisen, erwartete.

Die Voraussetzungen für die erfolgreiche Beendigung des nunmehr bereits über ein Jahr währenden Montaña-Konfliktes hatten sich infolge der Zwangslage, in der sich Franco in militärischer Hinsicht im Herbst 1938 befand, erheblich zugunsten der deutschen Imperialisten verändert. Durch die faschistische Gegenoffensive im Ebrobogen war es Franco nicht gelungen, mehr als geringen Geländegewinn von lokaler Bedeutung zu erzielen. Die in diesen Kämpfen erlittenen schweren Verluste[9] trugen zum weiteren Anwachsen der Kriegsmüdigkeit der Bevölkerung seines Gebietes bei, die sich nicht nur im Hinterland, sondern auch an den Fronten, immer stärker bemerkbar machte.[10] Das Gleichgewicht der Kräfte dauerte fort. Wiederholt wurde im Oktober in den an das AA gerichteten Berichten des deutschen Botschafters v. Stohrer darauf hingewiesen, daß nach der Einschätzung deutscher und italienischer Militärs mit einer siegreichen Beendigung des Krieges durch Franco in absehbarer Zeit nicht gerechnet werden könnte, wenn sich die Achsenmächte nicht noch einmal entschließen würden, „Spanien neue *große* materielle und personelle Opfer" zu bringen.[11] Dringende militärische Hilfegesuche der spanischen Faschisten ließen nicht lange auf sich warten. Bereits Mitte des Monats teilte Franco Berlin mit, daß für die Aufstellung weiterer spanischer Divisionen 50000 Gewehre, 1500 leichte und 500 schwere Maschinengewehre sowie 100 Geschütze von 7,5 cm benötigt würden. Die Bewilligung dieser Forderungen sei die Vorbedingung für den Beginn neuer Offensivoperationen.[12]

Die geschilderte Lage gab der Hitlerregierung die Möglichkeit, nunmehr zur Politik des unverhüllten Druckes überzugehen. Die wiederholten Anfragen Francos, ob und wann mit den gewünschten deutschen Materiallieferungen zu rechnen sei, wurden kategorisch dahingehend beantwortet, daß die Frage der Lieferungen von

[8] 1938 führte Deutschland 22 Mill. t Eisenerze ein. Hauptlieferant blieb Schweden, aus dem die Hälfte der gesamten Eisenerzeinfuhr bezogen wurde. Vgl. *Varga, Eugen*, in: „Rundschau" (Basel), Nr. 44, 1939, S. 1271.

[9] Akten III, Dok. 660 (S. 628).

[10] Ebenda, Dok. 672 (S. 638).

[11] Ebenda, Dok. 672 (S. 638), 684 (S. 652), 685 (S. 656).

[12] Ebenda, Dok. 685 (S. 655f.).

der Erfüllung der wirtschaftlichen Forderungen Hitlerdeutschlands abhängig gemacht werde.[13]
In drei den Franco-Behörden übergebenen Memoranden präzisierten die deutschen Imperialisten noch einmal ihre Ansprüche. Gefordert wurde die endgültige Anerkennung der inzwischen von der Hisma in Spanien gegründeten 5 Aktiengesellschaften, in denen die über 70 „erworbenen" Bergwerke zusammengefaßt worden waren, die Zustimmung zu einer erheblichen Erhöhung des deutschen Kapitalanteils an diesen Gesellschaften über die im Bergwerksgesetz vom 14. Juni 1938 vorgesehenen 40% hinaus, die Genehmigung einer in Spanisch-Marokko zur Ausbeutung der Bodenschätze gegründeten Gesellschaft, an der spanisches Kapital überhaupt nicht beteiligt sein sollte und die Bereitstellung des Pesetengegenwertes von 15 Mill. RM zur Abgeltung des deutschen Kapitalanteils an den Bergwerksunternehmen entsprechend der Festlegung des Geheimprotokolls vom 16. Juli 1937.[14]
Mit einer derartigen Regelung der umstrittenen Montaña-Angelegenheit begnügte man sich nun jedoch nicht mehr. Jetzt wurde versucht, an Beute zu erpressen, was nur herauszuholen war. Mit der Argumentation, daß die erbetene neue große Lieferung von Kriegsmaterial wieder eine erhebliche Belastung der deutschen Reserven an Erzen und sonstigen für die Herstellung von Waffen erforderlichen Rohstoffen mit sich gebracht habe, wurde die Abdeckung dieser Lieferungen in erster Linie durch zusätzliche Rohstoffexporte und Devisenzahlungen gefordert, die im einzelnen von der Hisma mit den zuständigen spanischen Stellen noch festgelegt werden sollten.[15] Auch die Gelegenheit, von Anfang an die Durchsetzung des Kapitalexportes zur Förderung der deutschen Exportinteressen und langfristigen Sicherung der Rohstoffbezüge auszunutzen, ließ man sich nicht entgehen. So verlangten die deutschen Imperialisten die Genehmigung für die zollfreie Einfuhr von Maschinen im Werte von 5 Mill. RM zur Ausrüstung der Bergwerksgesellschaften der Hisma und für die Dauer von 5 Jahren die Zusicherung der Ausfuhr der geförderten Erze nach Deutschland, die als Rückzahlung des von der Hitlerregierung für die Lieferung der Maschinen zur Verfügung gestellten Kredites betrachtet werden würden.[16]
Doch die Eroberung wichtiger Schlüsselpositionen in der spanischen Wirtschaft, die Sicherung unentbehrlicher Rohstoffe für die Zeit der Vorbereitung und Führung des von Hitlerdeutschland geplanten Aggressionskrieges, befriedigten die unersättliche Raubgier der deutschen Imperialisten noch immer nicht. Die Hitlerregierung zeigte sich entschlossen, die durch die vom faschistischen deutschen Staat gemeinsam mit Franco geleistete Henkersarbeit an der spanischen Demokratie entstandene Gelegenheit zur Ausplünderung des spanischen Volkes dazu zu nutzen, um sich immer größere Teile der zunächst aus den deutschen Werktätigen herausgepreßten Kosten der deutschen Aufrüstung

[13] Ebenda, Dok. 688 (S. 660), 690 (S. 660, 661, 662), 691 (S. 662).
[14] Ebenda, Anlage 1 zu Dok. 693 (S. 666, 667, 668).
[15] Ebenda, S. 668.
[16] Ebenda, Anlage 2 zu Dok. 693 (S. 668f.).

vom spanischen Volk noch einmal bezahlen zu lassen: Als weitere Vorbedingung für die Bewilligung der gewünschten neuen Lieferungen wurde von Franco nunmehr die Zusicherung verlangt, die damals noch ausstehende Anerkennung der durch die Ausgaben für die Legion Condor bis Ende Oktober 1938 entstandenen Schuldenhöhe vorzunehmen und die Verpflichtung ihrer Abdeckung einzugehen.[17] Nicht genug, daß die spanischen Arbeiter und Bauern der deutschen Kriegsmaschine als Zielobjekt gedient und Tausende den Einsatz der gegen sie gerichteten Waffen mit ihrem Gut und Blut bezahlt hatten, sollten sie auf Jahre hinaus durch ihrer Hände Arbeit, die ihnen ohnehin unter den Bedingungen der Franco-Diktatur kaum das Existenzminimum sicherte, gezwungen werden, zur Finanzierung der von ihren deutschen Unterdrückern gegen sie angewandten Mordwaffen und deren Einsatz gegen andere Völker beizutragen. Die allein für die Legion Condor präsentierte Rechnung, die, wie ausdrücklich unterstrichen wurde, „mit größtem Entgegenkommen" aufgestellt worden sei, weil sämtliche Personalausgaben in der beträchtlichen Höhe von 75 Mill. RM nicht mit aufgenommen worden waren[18], belief sich für ein Jahr des Einsatzes der Legion Condor auf die ansehnliche Summe von mehr als 190 Mill. RM. Sie setzte sich, wie aus der in den Akten veröffentlichten Geheimen Reichssache[19] hervorgeht, folgendermaßen zusammen:

„Rechnung über Ausgaben für die Legion Condor
(Übung Rügen) für die Zeit vom 7. November 1936 bis 31. Oktober 1938

A. Sachliche Ausgaben		
I.	Waffen (Geschütze, Maschinengewehre, Gewehre, Seitengewehre)	6284356,37 RM
II.	Munition (Bomben, Flak- und Infanterie-Munition)	44135235,32 RM
III.	Gerät (Flugzeuge, Nachrichten- und Kraftfahr-Gerät)	111069475,63 RM
IV.	Transportkosten	16563471,78 RM
V.	Betriebsstoff	1988603,35 RM
VI.	Sonstiges (Verschiedene Ausgaben)	6819978,63 RM
		186861121,08 RM
B. Persönliche Ausgaben		
I.	Versicherungen	2430741,44 RM
II.	Reisekosten	851381,87 RM
III.	Einkleidungsbeihilfe	142117,50 RM
IV.	Sonstiges (Verschiedene Ausgaben)	55727,92 RM
V.	Vorschüsse	36800,42 RM
	Gesamtsumme:	190377890,23 RM"

[17] Ebenda, Dok. 691 (S. 663), 693 (S. 666) sowie Fußn. 1, S. 666.
[18] Ebenda, Dok. 691 (S. 663).
[19] Ebenda, Anlage zu Dok. 691 (S. 664).

Bei dieser Gesamtsumme ist zu berücksichtigen, daß darin weder die bereits von Franco anerkannten Rechnungen für die materiellen und personellen „Leistungen" der ersten deutschen Truppeneinheiten vor der Ankunft der Legion Condor in Spanien am 7. November 1936 enthalten waren, noch die Forderungen für die laufenden Materiallieferungen an die spanische faschistische Armee[20], die sich wertmäßig allein bis Ende April 1938 auf 58 Mill. RM beliefen und die von den spanischen Faschisten größtenteils bezahlt worden waren.[21] Weit höhere Summen standen jedoch noch aus. Bis zum 31. März 1938 hatte Hitlerdeutschland durch den Einsatz der deutschen Wehrmacht insgesamt 338 Mill. RM in das Spanienunternehmen hineingesteckt, von denen 19 Mill. RM in Devisen und 26 Mill. RM durch Erzlieferungen abgedeckt worden waren.[22] Rechnet man die noch weit höher liegenden Kosten der italienischen Streitkräfte hinzu[23], so wird deutlich, welch ungeheure Lasten den deutschen und italienischen Werktätigen zur Befriedigung der Profit- und Machtgier ihrer herrschenden Klassen aufgebürdet und wieviel Menschen und Material aufgeboten wurden, ohne daß der heldenhafte Widerstand des tapferen spanischen Volkes gebrochen werden konnte.

Franco war die Pistole auf die Brust gesetzt worden. Da sich die deutschen Imperialisten mit der mündlichen Zusage, die Regelung der Fragen entsprechend den deutschen Forderungen zu beschleunigen[24], nicht mehr abspeisen ließen und der Hauptteil der Kriegsmateriallieferungen zurückgehalten wurde, sahen sich die spanischen Faschisten gezwungen, ihre bisher so erfolgreich angewandte Taktik der dilatorischen Behandlung aufzugeben. Notgedrungen kam man überein, den deutschen „Wünschen" zu entsprechen. Aus Furcht vor der zu erwartenden Reaktion unter der Bevölkerung des Franco-Gebietes[25] und der Westmächte, vor allem Großbritanniens[26], aber sollte auf jeden Fall ein Bekanntwerden der Auslieferung Spaniens an das Dritte Reich vermieden werden. Deshalb bat Jordana, als er am 19. November dem deutschen Botschafter v. Stohrer die Mitteilung machte, daß nunmehr beschlossen worden sei, alle deutschen Forderungen in der gewünschten Höhe zu erfüllen, ausdrücklichst darum, die getroffene Regelung vertraulich zu

[20] Ebenda, Dok. 691 (S. 663).

[21] Ebenda, Dok. 577 (S. 549).

[22] Ebenda, Dok. 577 (S. 549 u. 551).

[23] Ebenda, Dok. 577 (S. 551).

[24] Ebenda, Dok. 692 (S. 665).

[25] Das Anwachsen der „fremdenfeindlichen" Stimmung wurde in einem Geheimbericht *v. Stohrers* vom 19. 11. 1938 über die politische Lage in Spanien wiederum hervorgehoben. Vgl. Ebenda, Dok. 699 (S. 673).

[26] Am 10. November 1938 hatte Franco in einer Unterredung mit v. Stohrer erneut versichert, daß er beabsichtige, die spanischen Wirtschaftsbeziehungen nach dem Kriege insbesondere nach Deutschland hin zu orientieren. Ausdrücklich hatte Franco jedoch erklärt, daß diese Absicht noch nicht offen in Erscheinung treten dürfe, da er vor Kriegsschluß auf Großbritannien Rücksicht nehmen müsse. Ebenda, Dok. 692 (S. 665).

behandeln[27], was natürlich nur im eigenen Interesse des deutschen Imperialismus lag. Denn vor der Weltöffentlichkeit kämpfte man in Spanien ja ausschließlich um die „Rettung“ des vom „Weltbolschewismus bedrohten Abendlandes“, um hehre ideelle Ziele und nicht um die Durchsetzung profaner irdischer Belange des deutschen Monopolkapitals!

Durch die Auslieferung Spaniens an den deutschen Imperialismus hatte sich Franco die Bewilligung der dringend benötigten Waffenlieferungen erkauft, die ihm am 23. Dezember 1938 die Eröffnung der mit einer ungeheuren Überlegenheit an Material[28] geführten Großoffensive gegen Katalonien ermöglichte.

Mit der Anerkennung der deutschen Forderungen durch Franco fand auch der Kampf um die Montaña-Angelegenheit seinen Abschluß. Für drei der von der Hisma ins Leben gerufenen Bergwerksgesellschaften, und zwar für die Compañia de Explotaciones Mineras „Aralar S. A.“, Tolosa, die „Montes de Galicia“, Compañia Explotadora de Minas, S. A., Orense, und die Compañia Minera „Montañas del Sur“, S. A., Sevilla, bewilligte Francospanien eine 75prozentige deutsche Kapitalbeteiligung; bei der Compañia de Minas „Sierra de Gredos“, S. A., Salamanca, wurde der deutsche Anteil auf 60%, bei der Sociedad Anonima de Estudios y Explotaciones Mineras „Santa Tecla“, Vigo, auf 40% festgelegt. Die in Spanisch-Marokko gegründete „Sociedad Anonima Mauritania“ blieb völlig in deutschem Besitz.[29] Damit waren die Forderungen in voller Höhe durchgesetzt worden.[30] Die deutschen Imperialisten hatten das wichtigste ihrer ökonomischen Ziele in Spanien und Spanisch-Marokko erreicht; die Ausgangsbasis für die Intensivierung der „systematischen und brutalen Plünderung“ Francospaniens, auf die Dolores Ibarruri u. a. bereits auf dem Mai-Plenum des Zentralkomitees der KP Spaniens als Ursache für das Wirtschaftschaos im Franco-Gebiet hingewiesen hatte[31], war gegeben.

Neben der Verwirklichung des der Bedeutung nach an erster Stelle stehenden Montaña-Projektes war es dem deutschen Monopolkapital im Laufe des Jahres 1938 gelungen, in eine Reihe weiterer Zweige der spanischen Wirtschaft einzudringen. Unter dem Namen Sofindus (Sociedad Financiera Industrial Limitada) hatte die Hisma zahlreiche spanische Unternehmen, deren Kapital sich meist zu

[27] Ebenda, Dok. 698 (S. 672).

[28] Während die republikanische Armee Ende 1938, d. h. nach der Verabschiedung der Internationalen Brigaden, insgesamt nur aus 100000–120000 Mann bestand, von denen infolge des von den Westmächten verhängten Waffenembargos nur jeder Dritte ein Gewehr besaß, konnte Franco in die Katalonienoffensive 300000 italienische, deutsche und spanische Soldaten werfen, die über eine 20fache Luftwaffenüberlegenheit, 35fache Panzer-, 15fache Maschinengewehr- und 30fache Artillerieüberlegenheit verfügten. Vgl. *Ibarruri, Dolores*, Die italienisch-deutsche militärische Intervention . . ., a. a. O., S. 20.

[29] Akten III, Dok. 703 (S. 683).

[30] Vgl. ebenda, Anlage zu Dok. 693 (S. 666f.).

[31] *Ibarruri, Dolores*, Referat auf dem Plenum des ZK der KP Spaniens vom 23. bis 25. 5. 1938 in Madrid. In: „Rundschau“ (Basel), Nr. 32, 1938, S. 1064.

90% in ihrer Hand befand, in einer Holdinggesellschaft[32] zusammengefaßt. Die Aufgabe der Sofindusfirmen bestand in erster Linie in der Rohstoffbeschaffung auf dem Gebiet von Wolle, Fellen und Häuten, Erzen und Metallen, Harzprodukten sowie in der Ausfuhr landwirtschaftlicher Produkte, Fischkonserven usw. nach Deutschland.[33] Die Sofindusbetriebe ersetzten somit die früher von spanischen Exporteuren bzw. deutschen Einzelfirmen ausgeübte Handelstätigkeit[34] und erleichterten die Durchsetzung der Interessen des deutschen Monopolkapitals. Zu den Sofindusfirmen, in denen bis Ende 1938 etwa 25 Mill. RM investiert waren[35], gehörten unter anderem zwei von deutschen ehemaligen Koloniallandwirten verwaltete Großfarmen, auf denen für die Verwendung deutscher landwirtschaftlicher Maschinen geworben wurde, eine größere Korkfabrik sowie Schwefelkiesminen im Huelva-Gebiet, eine Erzhandelsgesellschaft in Bilbao, die zum Studium der Entwicklungsmöglichkeiten des spanischen Erzbergbaus und der Metallproduktion gegründete Montaña Forschungsgesellschaft, spezielle Woll- und Fellaufkaufgesellschaften sowie ein größeres Transportunternehmen, das vor allem die innerhalb des Sofinduskonzerns erforderlichen Transporte übernahm.[36] Unter den Sofindusfirmen ragte die Nova S. A., Salamanca, an Bedeutung heraus, die als Verbindungsstelle deutscher Industriegruppen zu dem vom Francoschen Handelsministerium eingerichteten Planungsamt für den Wiederaufbau der spanischen Wirtschaft geschaffen worden war. Die Nova sollte keine Eigengeschäfte ausführen, sondern der deutschen Industrie vor allem auf dem Gebiet der Luft- und Heeresrüstung, sonstiger wehrwirtschaftlicher Aufgaben, des Verkehrswesens sowie bei der Steigerung des spanischen Exports nach Deutschland und des deutschen Kapital- und Warenexports nach Spanien den größtmöglichen Anteil des Spaniengeschäftes sichern.[37] Bereits im Laufe des Jahres 1938 wurden von der Nova Verhandlungen mit den Franco-Behörden über die Anlage eines Telefonkabelnetzes, eines Polizei- und Küstenfunks sowie über die Lieferung von 4 Rundfunksendern zur Erweiterung des spanischen Rundfunknetzes geführt, Projekte, von denen allein das letztgenannte von der Sofindus auf 100 Mill. RM geschätzt wurde.[38]

Die Auslieferung der spanischen Wirtschaft an das deutsche Monopolkapital fand ihren nach außen hin sichtbaren Ausdruck in dem ständig wachsenden Zustrom deutscher Ingenieure, Techniker und kaufmännischer Angestellter, die die leitenden Stellen im Bergbau und in anderen Industriezweigen – unter anderem in

[32] Unter einer Holdinggesellschaft versteht man eine Gesellschaft zur monopolistischen Beherrschung und Kontrolle anderer Unternehmen, besonders durch Aktienerwerb.

[33] Akten III, Dok. 809 (S. 793).

[34] Ebenda.

[35] Ebenda (S. 794).

[36] Ebenda (S. 791–794).

[37] Ebenda (S. 792).

[38] Ebenda (S. 793).

der Metallindustrie, in den Elektrizitäts- und Transportgesellschaften und selbst in der Verwaltung von Hotels – an sich rissen.[39] Allein für das Baskenland wurde die Zahl der in führende Positionen der Wirtschaft eingedrungenen Deutschen im November 1938 auf 10000 geschätzt.[40]

Nicht nur in bezug auf den Kapitalexport, sondern auch hinsichtlich der Eroberung des spanischen Absatzmarktes war Ende 1938 die Bilanz, die Hitlerdeutschland ziehen konnte, außerordentlich erfolgreich. Die Stellung des deutschen Monopolkapitals im Handel mit Spanien, *ohne* Berücksichtigung der Kriegsmateriallieferungen für die Legion Condor und die spanischen faschistischen Truppen, wird aus den die wichtigsten Liefer- und Abnehmerstaaten betreffenden nachstehenden Zahlen deutlich.[41] Der Anteil der Länder am Handel mit Spanien betrug für das Jahr 1938:

Werte in Millionen Golddollar

Einfuhr aus		Ausfuhr nach	
Deutschland	19		22
Frankreich	6		3
Großbritannien	12		16
USA	7		5
Argentinien Belgien Ägypten Indien Niederlande Portugal Schweden Schweiz	15	die nebenstehenden Länder *und* Italien	11

Was der deutsche Imperialismus seit Jahrzehnten erstrebt, mit den Mitteln des friedlichen Wettbewerbes aber nicht hatte erreichen können, war durch die Verwandlung des Franco-Gebietes in einen von Deutschland beherrschten Rüstungsmarkt und durch die unmittelbare Aggression durchgesetzt worden. Das deutsche Monopolkapital hatte auf dem spanischen Ex- und Importmarkt die dominierende Position erobert und seine Hauptkonkurrenten, die USA und Großbritannien, weit zurückgedrängt. Wie auf zahlreichen anderen europäischen und außereuro-

[39] *Ibarruri, Dolores,* Referat auf dem Plenum des ZK der KP Spaniens vom 23. 5. bis 25. 5. 1938 in Madrid. In: „Rundschau" (Basel), Nr. 32, 1938, S. 1055.

[40] Angabe des ehemaligen Justizministers der spanischen Republik, *Manuel de Irujo,* in London im November 1938. Vgl. „Manchester Guardian", 4. 2. 1939 (DZA Potsdam, AA, Presseabt., Akte Nr. 59759, Bl. 18).

[41] „Nachrichten für Außenhandel", Nr. 158, 9. 7. 1940, Archiv des ehem. Landbundes, Bd. 72, H 6, Bl. 119, MfdG, Berlin.

päischen Märkten, auf denen Hitlerdeutschland Ende 1938 in einer Reihe von Exportzweigen den ersten Platz als Handelspartner einzunehmen drohte[42], wurden auch in Spanien die Bestrebungen britischer und amerikanischer Monopole, die Auswirkungen der Wirtschaftskrise durch die Verteidigung ihrer bisherigen Stellung bzw. die Eroberung neuer Positionen auf dem Weltmarkt abzuschwächen, durch die Erweiterung der Einflußsphäre des deutschen Imperialismus durchkreuzt.

Der handelspolitische Erfolg des deutschen Monopolkapitals kommt jedoch nicht allein in den Angaben über die wertmäßige Erhöhung seines Anteils am Handel Spaniens zum Ausdruck. Wichtiger noch ist die Tatsache, daß es Hitlerdeutschland durch die weitgehende Monopolisierung der strategisch wichtigen Bodenschätze gelang, diese dem Rüstungspotential Großbritanniens und Frankreichs zu entziehen und den deutsch-spanischen Handel völlig in den Dienst der deutschen Kriegsvorbereitung zu stellen. Nach den Angaben des Statistischen Reichsamtes belief sich der deutsche Import aus Spanien und Spanisch-Marokko an Eisenerzen, Eisen und manganhaltigen Abbränden, Schwefelkies und Roheisen im Jahre 1938 auf 3016190 t.[43] Selbst nach diesen Zahlen, die, wie nach den Erfahrungen mit den offiziellen Angaben für 1937[44] angenommen werden muß, nicht die wirkliche Menge der Bezüge wiedergeben, hatte die Hisma im Vergleich zum Vorjahr erheblich höher liegende Ergebnisse bei der Ausplünderung Spaniens erzielt.

Für Italien dagegen hatte sich die Intervention, wie aus den zuvor genannten Zahlen ebenfalls hervorgeht, in ökonomischer Hinsicht unvergleichlich weniger bezahlt gemacht. Der italienisch-spanische Handel blieb gegenüber den Erfolgen Hitlerdeutschlands außerordentlich gering.[45] Dennoch verfolgten die deutschen

[42] Vgl. hierzu *Posdejewa, L. W.*, a. a. O., S. 773–776.

[43] Statistisches Jahrbuch für das Deutsche Reich 1939/40, Berlin 1940, S. 282 u. 310.

[44] Während die Hisma in ihrem Geheimbericht über den Erzbezug für 1937 über 2,5 Mill. t, davon unter anderem 1620000 t Eisenerze und 956000 t Schwefelkies, angegeben hatte (vgl. S. 150 dieser Arbeit), nannte das Statistische Reichsamt für Eisenerze nur 1071080 t, für Schwefelkies 835710 t. Vgl. Statistisches Jahrbuch für das Deutsche Reich, 1937, Berlin 1938, S. 298 u. 302.

[45] „The Times", 25. 2. 1939, S. 11; die Bedeutungslosigkeit des italienisch-spanischen Handels im Vergleich zu dem anderer Staaten wird aus der Gegenüberstellung der Ein- und Ausfuhrwerte des spanischen Handels mit Deutschland und Italien besonders veranschaulicht. 1937 betrug die spanische Ausfuhr nach Italien wertmäßig lediglich den 6. Teil des Exports nach Deutschland. Im gleichen Jahr war die deutsche Ausfuhr nach Spanien wertmäßig nahezu 8mal so groß wie der Export Italiens nach Spanien (Kriegsmateriallieferungen von beiden Staaten nicht einbegriffen). Für statistische Zahlenangaben über den Handel Spaniens mit Deutschland und Italien in den Jahren 1929–1937 vgl. *Ackermann, Georg*, Spanien, wirtschaftlich gesehen. Berlin 1939, S. 108. Zur Verbesserung des italienisch-spanischen Handels wurde Ende Januar 1938 unter Mitwirkung des Nationalen Kreditinstituts für die italienische Auslandsarbeit und der italie-

amtlichen Stellen jede Nachricht über Ladungen asturischer Kohle, spanischen Öls und Viehs, die nach Italien als Gegenleistung für die Kriegsmateriallieferungen zur Verschiffung kamen, mit größter Aufmerksamkeit, und zwar vor allem unter dem Gesichtspunkt, ob durch derartige Lieferungen die Interessen Hitlerdeutschlands in Spanien oder auf dem italienischen Absatzmarkt geschädigt würden.[46] Eines der wichtigsten Ergebnisse für Italien in ökonomischer Hinsicht war das Wiederaufleben des von der republikanischen spanischen Regierung wenige Wochen nach Beginn des Interventionskrieges gekündigten italienisch-spanischen Quecksilberkartells[47] nach der Einnahme der Minen von Almaden durch die Franco-Truppen im Herbst 1938, durch das Spaniens Auftreten als Konkurrent auf dem Weltmarkt verhindert und die Stellung Italiens als zweitgrößter Quecksilberproduzent in der Welt gefestigt wurde. Mit der Wiedererrichtung des Kartells sicherten sich Italien und Francospanien die Möglichkeit des Preisdiktats, da sie gemeinsam 85% aller Quecksilbervorkommen der Welt kontrollierten.[48] Den deutschen Imperialisten war es nicht gelungen, diesen Erfolg Italiens, der das Resultat italienisch-spanischer Geheimverhandlungen war[49], zu vereiteln und sich direkt in den Quecksilberhandel einzuschalten. Nachdem sich die Hisma bereits im März 1938, also Monate vor der Einnahme Almadens, bei den Franco-Behörden um die Zusage bemüht hatte, in Zukunft auf dem Wege der Kompensation den deutschen Bedarf an Quecksilber direkt aus Spanien zu erhalten, sah sie sich Anfang Juni 1938 gezwungen, dem Reichswirtschaftsministerium mitzuteilen, daß „eine Einschaltung Deutschlands in das spanisch-italienische Quecksilber-Monopol . . . nicht anzustreben (sei), da von Anfang an aussichtslos".[50]

nischen Gesellschaft für die Mittelmeereisenbahnen das „Sindicato Italiano-Spagnola" (S. I. S.) mit dem Sitz in Rom gegründet. Eine ähnliche Gesellschaft wurde in den folgenden Wochen auch in Mailand ins Leben gerufen (vgl. DZA Potsdam, AA, Büro RAM, Akte Nr. 67910, Bl. 28 [„Deutscher Handelsdienst", 28. 1. 1938, S. 8], Bl. 40 [Schreiben der deutschen Botschaft in Rom vom 11. 3. 1938 an das AA, Berlin]).

46 DZA Potsdam, AA, Büro RAM, Akte Nr. 67910, Bl. 47 (Schreiben der deutschen Botschaft in Salamanca vom 26. 4. 1938 an das AA, Berlin), Bl. 55 (Schreiben der deutschen Botschaft in Rom vom 27. 5. 1938 an das AA), Bl. 58 u. 59 (ungezeichnetes Schreiben aus Genua vom 13. 6. 1938 an das AA), Bl. 70 (Schreiben der deutschen Botschaft aus San Sebastian vom 23. 1. 1939 an das AA).

47 Durch die spanisch-italienische Quecksilberkonvention vom 1. 10. 1934 war eine Absatzmarkt- und Preisregulierung der Erzeugnisse der spanischen Minen von Almaden und der Quecksilberproduktion in Italien festgelegt worden.

48 „The Economist", 20. 8. 1938, S. 384.

49 DZA Potsdam, AA, Büro RAM, Akte Nr. 67910, Bl. 43 (Abschrift eines Berichtes der Hisma vom 3. 3. 1938 über ihre Verhandlungen mit dem Vorsitzenden der spanischen Quecksilberkommission in Sevilla); Bl. 52 (Bericht der deutschen Botschaft in Rom vom 18. 5. 1938 an das AA).

50 Ebenda, Bl. 62 (Schreiben der Hisma vom 4. 6. 1938 aus San Sebastian an das Reichswirtschaftsministerium, Hauptabt. V, Berlin).

Wenn wir das Fazit der Ergebnisse ziehen, die der deutsche Imperialismus im Kampf um die Beherrschung Spaniens Ende 1938 erreicht hatte, dürfen wir neben den Erfolgen auf wirtschaftlichem Gebiet nicht die erzielten Fortschritte in militär-strategischer Hinsicht unerwähnt lassen. Auf die Bedeutung der Intervention für die Erprobung von Truppen und Kriegsmaterial ist bereits eingegangen worden.[51] Zu den wichtigsten Ergebnissen gehörte die Entwertung Gibraltars, das von in Spanisch-Marokko und im Gebiet von Algeciras errichteten deutschen Batterien unmittelbar bedroht werden konnte.[52] Darüber hinaus war es den deutschen Imperialisten im Laufe des Krieges gelungen, in Spanien, Spanisch-Marokko und auf den Kanarischen Inseln eine Reihe von Voraussetzungen für die Verwirklichung ihrer Stützpunktpolitik zu schaffen, während die zu den Balearen gehörende Insel Mallorca als italienisches Einflußgebiet betrachtet wurde.[53] Unter der Leitung deutscher Techniker und Ingenieure waren mehrere spanische Atlantik- und Mittelmeerhäfen zu Kriegshäfen ausgebaut und mit den modernsten Mitteln ausgerüstete U-Bootstützpunkte u. a. in Bilbao, El Ferrol, Vigo, sowie westlich und östlich Gibraltars, in Cadiz und Malaga errichtet worden.[54] Die deutsche Luftwaffe hatte ebenfalls das Franco-Gebiet mit einem Netz von Stützpunkten überzogen. Allein vom Baskenland aus, wo vor Beginn des Spanienkrieges Militärflughäfen überhaupt nicht bestanden, konnten nunmehr die südfranzösischen Städte von den inzwischen errichteten 19 Luftwaffenstützpunkten[55] aus innerhalb weniger Minuten in Ruinen verwandelt werden. Von strategischer Bedeutung und außerordentlich profitbringend zugleich waren auch die Erfolge, die die Deutsche Lufthansa während des Interventionskrieges erringen konnte. Im Sommer 1937, nach einer einjährigen Unterbrechung des Flugbetriebes der Tochtergesellschaft der Deutschen Lufthansa in Spanien, der Iberia Compañia Aérea de Transportes S. A.[56], hatte Franco die Deutsche Lufthansa ersucht, innerhalb des von den faschistischen Truppen besetzten Gebietes im Interesse der Kriegführung das Luftverkehrsnetz wieder aufzubauen.[57] Die günstigsten Bedingungen wurden der Lufthansa, die lediglich Flugzeuge und Personal stellte und nach außen hin als Träger des Unternehmens nicht in Erscheinung trat, dabei

[51] Vgl. Kap. III dieser Arbeit, S. 97f.

[52] Auf diese Gefahr hatte Churchill am 19. Juli 1937 in seiner Rede im Unterhaus bereits eindringlich hingewiesen. Vgl. „Rundschau" (Basel), Nr. 31, 1937, S. 1106.

[53] *Ciano, Galeazzo*, a. a. O., S. 24; „Rundschau" (Basel), Nr. 34, 1938, S. 1141.

[54] DZA Potsdam, AA, Politische Abt., Akte Nr. 61159, Bl. 86–90 (Abschrift eines undatierten Berichtes des Fregattenkapitäns *Heye* über seine Dienstreise nach Spanien im Juni 1938) und „Rundschau" (Basel), Nr. 61, 1938, S. 2097.

[55] „Yorkshire Post", 23. 2. 1939 (DZA Potsdam, AA, Presse-Abt., Akte Nr. 59759, Bl. 6).

[56] Über die Gründung der Iberia vgl. Kap. I dieser Arbeit, S. 41f.

[57] Vgl. Kurzbericht des Direktors der Deutschen Lufthansa, *M. Wronsky*, über seinen Besuch beim Chef der faschistischen spanischen Luftwaffe, General Kindelan, vom 17. 6.–21. 6. 1937. Photokopie des Originals befindet sich im DWI, Berlin (4247).

eingeräumt. Die Aufwendungen für Betriebsstoffe, Unterhaltung des Zubringerdienstes, Benutzung der Flugplätze, Flughafenräumlichkeiten und Funkstationen übernahmen die Franco-Behörden unentgeltlich.[58] Die Betriebskosten, soweit sie nicht aus Einnahmen gedeckt werden konnten, wurden von Franco garantiert und weitere Sondervergünstigungen, u. a. die Befreiung von allen Steuern und Zöllen, gewährt.[59] Mit der Aufnahme des von Franco subventionierten und unter geringeren als den üblichen Gestehungskosten durchgeführten Flugdienstes Mitte August 1937 sicherte sich die Deutsche Lufthansa das Monopol im innerspanischen Flugverkehr, eine Stellung, die sie auch gegen die auf der Strecke Sevilla-Tetuan vorhandene Konkurrenz durch eine italienische Linie durchzusetzen trachtete.[60] „Wenn Franco und Kindelan auch nach dem Krieg im Amt bleiben, brauchen wir wegen der Wahrung unserer luftpolitischen Interessen in Spanien nicht in Sorge zu sein . . .“[61], diese von einem der Direktoren der Deutschen Lufthansa, Martin Wronsky, im Oktober 1938 gegebene Einschätzung sollte sich auch während des zweiten Weltkrieges als richtig erweisen. Selbst nach der Übernahme der Iberia durch den spanischen Staat im Juli 1940, die auf Anraten der Lufthansa erfolgte, blieben deren Interessen gewahrt. 24,5% des Aktienkapitals der zur alleinigen Trägerin des spanischen Luftverkehrs autorisierten Gesellschaft waren in den ersten Kriegsjahren im Besitz der Lufthansa, insgesamt 49% des Kapitals wurden von ihr bis zum Sommer 1943 kontrolliert.[62] Die Ausschaltung der ausländischen Konkurrenten im spanischen Luftverkehr hatte die Lufthansa erfolgreich durchgesetzt.

58 Ebenda.

59 Ebenda und Bilanzmaterial der Deutschen Lufthansa, Erläuterungen zur Jahresrechnung für das Geschäftsjahr 1938, Vorlage für den Aufsichtsrat. Photokopie des Originals befindet sich im DWI, Berlin (4247).

60 Vertraulicher Bericht *M. Wronskys* vom 3. 10. 1938 „Über die Befliegung des Iberia-Streckennetzes in Spanien einschließlich Tetuan (Nordafrika) und Las Palmas (Canarische Inseln) und über den Flug nach Lissabon vom 12. 9. bis 30. 9. 1938“. Photokopie des Originals befindet sich im DWI, Berlin (4247); zur Ausschaltung der Konkurrenz erwirkte die Lufthansa im Januar 1939 bei Franco das Durchflugsverbot für britische und holländische Fluglinien. Vgl. „Manchester Guardian“, 14. 1. 1939 (DZA Potsdam, AA, Presseabt., Akte Nr. 59316, Bl. 132).

61 Vertraulicher Bericht *M. Wronskys* vom 3. 10. 1938, a. a. O.

62 Mitteilung des Aufsichtsratsvorsitzenden der Deutschen Lufthansa, Dir. v. *Stauss*, und Dir. Weigelts vom 20. 10. 1941 für das Generalsekretariat der Deutschen Lufthansa, Photokopie des Originals befindet sich im DWI, Berlin (4247). Im August 1943 setzte die Franco-Regierung die Ausschaltung des deutschen Kapitaleinflusses durch. Die Aktien wurden vom spanischen Staat zum Nominalwert zurückgekauft. Vgl. Bericht zur Jahresrechnung der Deutschen Lufthansa für das Geschäftsjahr 1943, Bd. I, S. 8; Bd. II, S. 24. Photokopie der Originale befinden sich im DWI, Berlin (4247).

2. Die offene Intervention der Westmächte zugunsten Francos in der letzten Phase des Krieges und ihre Ursachen

Neben der bereits behandelten Schädigung der ökonomischen Interessen der Westmächte beschwor der Griff Hitlerdeutschlands nach Spanien gerade in militär-strategischer Hinsicht für Großbritannien und Frankreich ernste Gefahren herauf, falls der vom deutschen Imperialismus vorbereitete Krieg um die Neuaufteilung der Welt sich direkt gegen die Westmächte richten würde. Während die herrschenden Kreise innerhalb der britischen und französischen Bourgeoisie die gewaltsame Annexion Österreichs, die mit ihrer und amerikanischer Hilfe vollzogene Einverleibung des Sudetengebietes und die wirtschaftliche, politische und militärische Ausweitung der Einflußsphäre des deutschen Imperialismus auf dem Balkan als Vorpostengefechte für die von ihnen erhoffte, ihren Klasseninteressen entsprechende Aggression Hitlerdeutschlands gegen den Osten betrachtet hatten, wurde die Erschwerung der Verteidigungsmöglichkeiten beider Länder durch die Festsetzung des deutschen Imperialismus auf den lebenswichtigen strategischen Linien des britischen Imperiums und der französischen Kolonialmacht sowie durch die Stärkung der italienischen Stellung im westlichen Mittelmeer mit wachsender Besorgnis verfolgt. Je näher infolge des Vormarsches der faschistischen Truppen in Katalonien der spanische Krieg an die französisch-spanische Grenze getragen wurde, um so eindringlicher wurden in beiden Ländern die Stimmen laut, die eine Änderung der Politik gegenüber Franco und den Interventionsmächten forderten. In Großbritannien begannen selbst konservative Kreise vor den gefährlichen Konsequenzen des einseitigen Nachgebens den Aggressoren gegenüber zu warnen.[63] In der zweiten Januarhälfte, als die Entscheidung des Kampfes um Katalonien jeden Tag erwartet wurde[64], erhoben immer größere Teile der britischen Arbeiterklasse und der demokratischen Kräfte des Bürgertums die Forderung an ihre Regierung, endlich das republikanische Spanien zu unterstützen und das ihm zustehende Recht des Waffenkaufes einzuräumen.[65] Für die

[63] Vgl. z. B. „The Economist", 7. 1. 1939, S. 1f.

[64] Am 26. 1. 1939 fiel Barcelona und anschließend ganz Katalonien den Faschisten in die Hände.

[65] DZA Potsdam, AA, Presseabt., Akte Nr. 59759, Bl. 70 („News Chronicle", 26. 1. 1939); Bl. 71 („Manchester Guardian", 26. 1. 1939); Bl. 88 („Daily Telegraph", 24. 1. 1939); wie stark die Stimmung in diesen Ländern für eine Kursänderung war, geht u. a. auch daraus hervor, daß die „Deutsche Diplomatische Korrespondenz", das Organ des Auswärtigen Amtes, in der Nummer vom 6. 1. 1939 bereits den Westmächten drohte, Deutschland und Italien würden im Falle eines Eingreifens zugunsten des republikanischen Spaniens „nicht untätig bleiben". Vgl. „Manchester Guardian", 7. 1. 1939, ebenda, Bl. 33. Der italienische Außenminister Ciano kündigte am 16. 1. 1939 die Entsendung weiterer voll ausgerüsteter Divisionen an, falls Frankreich und Großbritannien sich zur Unterstützung des republikanischen Spaniens entschließen würden. Vgl. *Van der Esch, P. A. M.*, a. a. O., S. 157.

gleiche Politik setzten sich breite Kreise des französischen Volkes ein; selbst Léon Blum wagte angesichts der für Frankreich immer bedrohlicher werdenden Lage und der Massenstimmung für die todesmutig kämpfende Bevölkerung des republikanischen Spaniens nicht mehr, die Politik der sogenannten Nichteinmischung zu verteidigen. Auf einer Kundgebung der Volksfront in Paris rang er sich zu dem Eingeständnis durch, daß seine Unterstützung der Nichteinmischungspolitik ein schwerer Fehler gewesen sei.[66] Den Auffassungen und Gefühlen der friedliebenden Menschen in aller Welt hatte der bereits Mitte Januar 1939 von einer Reihe Kommunistischer Parteien gemeinsam veröffentlichte Appell entsprochen, in dem der Zusammenschluß aller demokratischen Kräfte im nationalen und internationalen Rahmen zur Abwehr des Faschismus und in aufrüttelnden Worten eine Änderung der Politik der Westmächte gefordert wurde: „Die italienischen Truppen dringen in Katalonien ein! Spanien ist in Gefahr! Die blutbefleckten Armeen des Faschismus bringen den Weltfrieden in Gefahr! Wir schlagen Alarm! Helfen wir Spanien, um uns selbst retten zu können! ... Seit $2^1/_2$ Jahren leisten die Söhne des spanischen Volkes auf dem Boden ihres Vaterlandes ... den Stahllawinen Hitlers und Mussolinis Widerstand. Ihr Mut, ihr Heldentum und ihre Unerschrockenheit rufen die Bewunderung der zivilisierten Welt hervor. Die geheiligte Sache, die sie mit Hartnäckigkeit verteidigen, ist nicht nur die ihrer Unabhängigkeit, sondern auch die der Sicherheit und der Freiheit aller Völker. Unser eigenes Schicksal wird auf den Schlachtfeldern Kataloniens und um die Märtyrerstädte Barcelona, Valencia und Madrid herum entschieden ... Dem republikanischen Spanien helfen, ihm die Mittel zu beschaffen, um die faschistischen Eindringlinge hinauszuwerfen und den Sieg davonzutragen, heißt einen Kriegsherd auslöschen, der die ganze Welt mit seinem Brande bedroht, heißt zur Sicherung des allgemeinen Friedens beitragen ... Noch ist es nicht zu spät ..."[67]

Eine derartige Politik der Unterstützung der rechtmäßigen spanischen Regierung hätte noch im damaligen Zeitpunkt die erfolgreiche Verteidigung Madrids und der Zentralzone des republikanischen Spaniens sowie die Rückeroberung von den Faschisten besetzter Gebiete ermöglicht. Nach dem Fall Kataloniens befand sich immer noch ein Viertel des spanischen Territoriums mit einer in ihrer überwiegenden Mehrheit zum Widerstand fest entschlossenen Bevölkerung von über 9 Millionen in der Hand der republikanischen Regierung.[68] Die ihr zur Verfügung stehenden bewaffneten Kräfte beliefen sich auf 800000 erprobte

[66] Vgl. Ten years of Hitler-Fascism, written by German Anti-Fascists, ed. by Kahn, Siegbert, London o. J., S. 24.

[67] Aus einem Aufruf der Vertreter der Kommunistischen Parteien Frankreichs, Großbritanniens, der USA, Kanadas, Deutschlands, Italiens, der Schweiz, Österreichs, der Tschechoslowakei, Belgiens, der Niederlande, Schwedens, Norwegens, Dänemarks und Spaniens sowie der Kommunistischen Parteien Lateinamerikas. Abgedruckt in: Der Freiheitskampf des spanischen Volkes ..., a. a. O., S. 370 bis 375.

[68] Geschichte Spaniens, a. a. O, S. 69.

Kämpfer, die, in fünf Armeegruppen verteilt, eine feste Verbindungslinie hielten.[69] Gestützt auf die Häfen Valencia, Alicante, Sagunto, Gandia, Denia, Torrevieja, Cartagena und Almeria kontrollierte die republikanische Flotte einen Küstenstreifen von 500 Meilen Länge.[70] Die kleine, aber leistungsfähige Kriegsindustrie in Madrid, Albacete, Ciudad Real, Alicante und Sagunto funktionierte trotz der Terrorbombardierungen und war im Wachsen begriffen.[71] Angesichts dieser Lage hätte die Aufhebung des Waffenembargos durch die Westmächte das Kräfteverhältnis entscheidend zugunsten der Verteidiger der spanischen Unabhängigkeit verändert. Doch die herrschende Klasse in Großbritannien und Frankreich war keineswegs dazu bereit, der Seite in Spanien zu ihrem Recht zu verhelfen, auf der für Freiheit und Demokratie gekämpft wurde. Der Inhalt der Begriffe Freiheit und Demokratie, der für die Werktätigen des republikanischen Spaniens das Recht auf Arbeit bei menschenwürdigen Löhnen, auf soziale Sicherheit, auf Meinungs-, Versammlungs-, Koalitions- und Glaubensfreiheit, auf den Schutz der nationalen Interessen Spaniens gegen jede politische und wirtschaftliche Bevormundung oder Unterdrückung seitens irgend einer der Großmächte, bedeutete, widersprach zutiefst den Auffassungen des britischen und französischen Monopolkapitals, dessen Begriff von Freiheit die Aufrechterhaltung seiner Privatinteressen beinhaltete, im konkreten Fall die Wiedergewinnung der Möglichkeit zur Ausbeutung der spanischen Arbeiter und Bauern und zur Einbeziehung Spaniens in sein politisches Einflußgebiet. Von einem starken, wahrhaft demokratischen spanischen Staat sah die herrschende Klasse Großbritanniens und Frankreichs die Durchsetzung dieser Ziele gefährdet. Einem ebenso wenig gewünschten Ergebnis stand man jedoch im Falle des mit deutschen und italienischen Bajonetten herbeigeführten Sieges der spanischen Faschisten gegenüber, die ihren ausländischen Rettern bereits Zugeständnisse eingeräumt hatten, die nicht nur die Behauptung der bisherigen Position Großbritanniens und Frankreichs in Spanien, sondern darüber hinaus ihre Stellung als beherrschende Seemacht bzw. starke Kontinentalmacht in Frage zu stellen drohten.

In dem Suchen nach einer Politik, deren Durchführung einen Ausweg aus der entstandenen Situation herbeiführen sollte, entschloß sich die Chamberlain-Regierung zu einer Reihe von Maßnahmen, die nichts anderes als eine offene Intervention zugunsten Francos waren und die ausschließlich dem Ziel dienten, gegenüber Franco als Helfer in letzter Stunde aufzutreten, um den Frieden zu gewinnen, der dem von Hitlerdeutschland und Italien für Franco gewonnenen Krieg folgen würde. Das französische Kabinett wurde von der Downing Street zur Befolgung der gleichen Linie veranlaßt.[72] Um ihre Politik des Verrats an der spanischen

[69] Ebenda, u. *Ibarruri, Dolores,* Die italienisch-deutsche militärische Intervention . . . ., a. a. O., S. 22.

[70] *Oliveira, A. Ramos,* a. a. O., S. 640.

[71] Ebenda und Geschichte Spaniens, a. a. O., S. 69.

[72] Bereits Mitte Januar 1939 hatte Chamberlain Paris wissen lassen, daß die britische Regierung entschieden gegen ein Aufgeben der Nichteinmischungspolitik

Republik zu rechtfertigen und die öffentliche Meinung zu beschwichtigen, nutzte die Chamberlain-Regierung in demagogischer Weise – ähnlich wie in der Zeit der tschechoslowakischen Krise im Sommer 1938 – wiederum die Friedenssehnsucht ihrer Bevölkerung aus, indem sie die Behauptung aufstellte, daß eine Unterstützung des demokratischen Spaniens durch Waffenlieferungen die Gefahr der Ausweitung des Konfliktes zu einem europäischen Krieg heraufbeschwören würde.[73] In Wirklichkeit aber war es gerade der von den Westmächten eingeschlagene Kurs der verschleierten bzw. offenen Einmischung im Interesse der faschistischen Aggressoren, der die Wirkung des Gesetzes von der ungleichmäßigen Entwicklung des Kapitalismus zugunsten der aggressiven Mächte beschleunigte und es dem deutschen Imperialismus ermöglichte, die Menschheit in den Abgrund des zweiten Weltkrieges zu stürzen.

Die von Großbritannien und Frankreich in die Wege geleiteten Maßnahmen, durch die der deutsche und italienische Einfluß zurückgedrängt werden sollte, erstreckten sich auf die diplomatische, politische und wirtschaftliche Unterstützung Francos. Der erste Schritt der Westmächte richtete sich gegen die Gefahr der Beherrschung der zu den Balearen gehörenden Insel Menorca durch Italien, das bereits seit Beginn des Interventionskrieges die Kontrolle über Mallorca und Ibiza ausübte. Man war keineswegs sicher, ob Italien die strategisch wichtige, auf dem Hauptseeweg Frankreichs nach Nordafrika liegende Position nach der Beendigung der Kampfhandlungen in Spanien aufzugeben bereit war[74], zumal sich ihm daraus die Möglichkeit der Druckausübung auf Frankreich eröffnete, um seine Forderungen auf Korsika, Nizza, Savoyen und Djibuti durchzusetzen. Menorca war von den spanischen Republikanern stark befestigt worden, so daß seine Einnahme für Franco ohne die Hilfe der Achsenmächte kaum möglich gewesen wäre.[75] Eine derartige gemeinsame Aktion der faschistischen Staaten suchten die Westmächte unter allen Umständen zu verhindern. Während Großbritannien $2^1/_2$ Jahre lang nichts unternommen hatte, um dem Feldzug Francos und der Interventen gegen die spanische Bevölkerung Einhalt zu gebieten, entsandte es am 8. Februar 1939 unter dem Vorwand, weiteres Blutvergießen verhüten zu wollen[76], den Kreuzer „Devonshire" mit einem Unterhändler Francos an Bord nach Menorca, um die Übergabe der Insel zu erwirken. Durch diese direkte Intervention zugunsten Francos, die erfolgte, obwohl Großbritannien zum damaligen Zeitpunkt noch diplomatische Beziehungen zu der rechtmäßigen spanischen Regierung unterhielt, wurde Menorca am 9. Februar den spanischen Faschisten ausgeliefert.

durch Frankreich sei. „Daily Express", 18. 1. 1939 (DZA Potsdam, AA, Presseabt., Akte Nr. 59761, Bl. 30).

[73] Vgl. den Brief *Chamberlains* vom 18. 1. 1939 an den Führer der Opposition, Attlee, „Daily Telegraph", 19.1.1939 (DZA Potsdam, AA, Presseabt., Akte Nr. 59761, Bl. 21).

[74] Anfang März 1938 hatte die britische Regierung bereits erfolglos von Italien den Abzug der italienischen Truppen von den Balearen gefordert. (Vgl. *Van der Esch, P. A. M.*, a. a. O., S. 147.)

[75] *Parr-Sartagba, Elizabeth J.*, a. a. O., Kap. V, S. 72.

[76] „The Times", 10. 2. 1939, S. 14.

Der Verrat der Westmächte an der spanischen Republik erreichte wenige Wochen später einen neuen Höhepunkt, der ebenso wie die Preisgabe Österreichs, des Sudetengebietes und die Duldung der bald darauf folgenden Annexion des tschechoslowakischen Reststaates zu den schwärzesten Kapiteln der Geschichte der nicht faschistischen imperialistischen Staaten zählt. Bereits Ende Januar 1939 hatten Großbritannien und Frankreich inoffizielle Verhandlungen mit Franco aufgenommen, die den Weg für die diplomatische Anerkennung seines Regimes ebnen sollten. In diesen Verhandlungen forderten die Westmächte bindende Versprechungen für die sofortige Zurückziehung der Interventionstruppen und zur Rechtfertigung ihrer Kontaktaufnahme vor der Weltöffentlichkeit eine Verzichtserklärung Francos, Vergeltungsmaßnahmen gegen die republikanischen Kämpfer anzuwenden. Im Falle der Zusage Francos hofften Großbritannien und Frankreich, ein geeignetes Druckmittel gegenüber der republikanischen Regierung in die Hand zu bekommen, um diese zur Kapitulation zu bewegen.[77] Diese Bemühungen blieben jedoch erfolglos.

Statt dessen gelang es Franco, seinerseits Bedingungen zu diktieren. Als Voraussetzung für die Aufnahme „gut nachbarlicher" Beziehungen wurden von Frankreich u. a. die Übergabe der von der spanischen Republik bei der Bank von Frankreich hinterlegten Goldbestände, die Rückführung der in französischen Häfen liegenden Kriegsschiffe der spanischen Republik sowie der zum Schutze vor Kriegseinwirkungen nach Frankreich evakuierten Kunstschätze gefordert. Die Verhandlungen endeten mit einem vollen Sieg der spanischen Faschisten.[78] Am 27. Februar verkündeten Großbritannien und Frankreich die bedingungslose de jure-Anerkennung Francos. Am gleichen Tage gab die amerikanische Regierung bekannt, daß sie ebenfalls die diplomatische Anerkennung nunmehr erwäge.[79]

Ein zweites München hatte stattgefunden! Wiederum war von Großbritannien und Frankreich der Versuch unternommen worden, auf dem Verhandlungswege mit einem faschistischen Staat, der seine Existenz zudem einzig und allein der militärischen und politischen Unterstützung Deutschlands und Italiens verdankte, ein kleines, heldenhaft um seine Freiheit ringendes Volk dem Faschismus auszuliefern. Die Empörung, die breite Kreise der demokratischen Weltöffentlichkeit

[77] Französische und britische Regierungskreise wirkten in den ersten Februarwochen unaufhörlich auf *Negrin* ein, jeden weiteren Widerstand aufzugeben. Vgl. „Daily Telegraph", 10. 2. 1939 (DZA Potsdam, AA, Presseabt., Akte Nr. 59761, Bl. 2); vgl. auch *Bowers, Claude G.*, a. a. O., S. 407.

[78] Akten III, Dok. 745 (S. 729f.).

[79] *Taylor, F. Jay*, The United States and the Spanish Civil War. New York 1956, S. 200; die Auffassungen innerhalb der amerikanischen Regierung in bezug auf die Anerkennung Francos waren nicht einheitlich (vgl. ebenda, S. 200–207). Die USA waren aus wirtschaftspolitischen Gründen an einer baldigen Aufnahme diplomatischer Beziehungen zu Franco interessiert, doch entfiel für sie das Moment der militär-strategischen Bedrohung, das Großbritannien und Frankreich zu besonderer Eile veranlaßt hatte. Die Herstellung diplomatischer Beziehungen durch die USA erfolgte erst am 1. 4. 1939.

angesichts der nunmehr offenen und für jedermann erkennbaren Einmischung Großbritanniens und Frankreichs zugunsten Francos erfaßte, führte infolge der mangelnden Einheit der antifaschistischen Kräfte im nationalen und internationalen Rahmen nicht zu derart kraftvollen Aktionen, daß die britische und französische Regierung zur Änderung ihrer Politik gezwungen wurden.
Während die Westmächte die Motive ihres Eingreifens in der letzten Phase des Krieges hinter humanitären Phrasen zu verschleiern suchten, kamen ihre wahren Ziele in der Aktivität zum Ausdruck, mit der sich britische, französische und amerikanische Wirtschaftskreise im Februar und März 1939 bemühten, ihre Handelsbeziehungen zu Spanien wieder in Gang zu bringen. Für sie gewann der spanische Markt angesichts der zu erwartenden Bedürfnisse der spanischen Wirtschaft beim Wiederaufbau des verwüsteten Landes außerordentlich an Bedeutung. Ihre Hoffnung, die frühere Position im spanischen Wirtschaftsleben zurückzuerobern und das deutsche Monopolkapital wieder zurückzudrängen, stützte sich vor allem auf das Kreditbedürfnis der Franco-Regierung, die infolge der Kriegsauswirkungen und nicht zuletzt durch die erhebliche Verschuldung an Deutschland und Italien, die Probleme des Friedens ebenso wenig wie in der Vergangenheit die des Krieges ohne „Hilfe" von außen zu meistern imstande sein würde. Hier war die Lücke, die insbesondere die Londoner City auszufüllen bestrebt war, um auf dem Wege über die Gewährung langfristiger Kredite zu günstigen Bedingungen Großbritanniens einstige Vormachtstellung in wirtschaftlicher und politischer Hinsicht wieder zu erlangen.
Die finanzielle Zusammenarbeit mit Franco hatte man bereits seit langem vorbereitet. Die liberale Zeitung „News Chronicle", die zwar die in der britischen Presse Mitte Februar 1939 immer wieder auftauchenden Gerüchte über offizielle Kreditverhandlungen der Chamberlain-Regierung mit Franco dementierte[80], berichtete in diesem Zusammenhang, daß Burgos bereits seit über einem Jahr von einer Reihe Londoner Banken mit mehreren Mill. £ unterstützt worden war.[81] Daß die Pläne des britischen Finanzkapitals den Wünschen Francos entgegenkamen, geht daraus hervor, daß bereits im Januar 1939 einer der größten Finanziers der spanischen Faschisten, Juan March, der seit Anfang des Krieges Francos Vermittler bei Mussolini gewesen war, die Londoner City den leeren Geldschränken der Bank von Italien vorzog und sich nunmehr mit der von ihm in London gegründeten Handelsfirma Juan March & Co., Ltd. mit aller Intensität dafür einsetzte, britische Unternehmen für den spanischen Wiederaufbau zu gewinnen.[82] Ende Februar 1939 hatten bereits drei der größten britischen Industrie- und Handels-

[80] „News Chronicle", 15. 2. 1939 (DZA Potsdam, AA, Presseabt., Akte Nr. 58572, Bl. 58).

[81] Ebenda. Nach den Angaben ihres City-Korrespondenten wurden Kredite von zwei der fünf britischen Großbanken und vor allem von Messrs. Kleinwort Sons und Co. gegeben, die an einer der Tochtergesellschaften Juan Marchs, „Impex", interessiert waren.

[82] „Paris Midi", 12. 3. 1939 (DZA Potsdam, AA, Presseabt., Akte Nr. 58572, Bl. 258); vgl. auch *Ackermann, Georg*, a. a. O., S. 75.

vereinigungen, die British Federation of Industries, die Londoner Handelskammer und das Institut für Export, Fachleute beauftragt bzw. Komitees gebildet, die für den Board of Trade Vorschläge für die Verbesserung der Handelsbeziehungen zu Spanien ausarbeiten sollten.[83] Zu dieser Zeit standen auch schon Vertreter von Dachorganisationen britischer Konzerne in direktem Kontakt mit den Franco-Behörden, um sich den größtmöglichen Anteil am Spaniengeschäft zu sichern.[84] Angebote für Warenlieferungen und die Gewähr von Krediten waren ebenfalls von französischen und amerikanischen Wirtschaftskreisen unterbreitet worden.[85] Die Verschärfung des Konkurrenzkampfes um den spanischen Markt veranlaßte die Hitlerregierung bereits Mitte März dazu, Vorbereitungen für die Aufnahme von Wirtschaftsverhandlungen mit Franco zu treffen, um zu verhindern, daß andere Staaten Deutschland zuvorkommen würden.[86]

Das aktive Eingreifen der Westmächte zugunsten Francos verfehlte nicht seine Wirkung auf die Kampfmoral bei Teilen der hartgeprüften Bevölkerung der spanischen Republik. In der um sich greifenden Verwirrung drohte die innere Geschlossenheit auseinanderzubrechen, die das Unterpfand des erfolgreichen Widerstandes gewesen war. Gegen die Kommunistische Partei, deren Mitglieder sich als konsequente Verteidiger der spanischen Unabhängigkeit, als wahre Demokraten und Patrioten, bewährt hatten, und die zur Fortsetzung des Freiheitskampfes entschlossen waren, setzte eine vornehmlich von trotzkistischen und anarchistischen Elementen entfesselte Verleumdungskampagne ein, um die Vorhut der Arbeiterklasse von den Massen zu isolieren.[87] Mit dem Auseinanderfallen der Volksfront waren die Voraussetzungen für die Wirkung der von außen hineingetragenen Zersetzung des Hinterlandes der Republik geschaffen, für die im Mai 1937 bei dem von Agenten Francos, der Gestapo und Ovra unterstützten POUM-Putsch der Boden nicht vorbereitet gewesen war. Diesmal wurde der Staatsstreich gegen die legitime Regierung Negrin von Agenten der Westmächte inszeniert[88], die sich auf eine Gruppe kapitulantenhafter Militärs, defätistischer

[83] „Chicago Daily News", 2. 3. 1939 (DZA Potsdam, AA, Presseabt., Akte Nr. 58572, Bl. 257).

[84] Ebenda.

[85] Akten III, Dok. 757 (S. 739).

[86] Ebenda, Dok. 753 (S. 736); vgl. auch Dok. 754 (S. 736f.).

[87] Vgl. die Resolution des Zentralkomitees der Kommunistischen Partei Spaniens, März 1939, „Zur Politik des Verteidigungsrates", abgedruckt in: Der Freiheitskampf des spanischen Volkes . . ., a. a. O., S. 399–404.

[88] Ebenda, S. 404; die liberale britische Zeitung „News Chronicle" vom 24. 3. 1939 berichtet, daß Mittelsmänner der Chamberlain-Regierung dem Oberbefehlshaber der Madrider Garnison, Casado, u. a. zur Unterwerfung geneigten Persönlichkeiten zugesichert hatten, die britische Regierung werde von Franco günstigere Kapitulationsbedingungen erwirken, falls die Regierung Negrin abgesetzt werden würde (DZA Potsdam, AA, Presseabt., Akte Nr. 59766, Bl. 16). Ende März 1939 kam die aktive Unterstützung des „Verteidigungsrates" durch die Chamberlain-Regierung erneut zum Ausdruck. Die Mehrzahl seiner Mitglieder und etwa 100

Elemente aus den Reihen der sozialistischen Partei, der Trotzkisten und Anarchisten, stützen konnten. Nicht in einer offenen Schlacht, sondern durch Verrat, fiel das republikanische Spanien in die Hand der Faschisten. Am 3. März wurde in Cartagena, der Flottenbasis der Republik, ein faschistischer Putsch ausgelöst und auf Befehl von Verrätern im Kommando der Kriegsmarine die Flotte nach dem französischen Hafen Biserta in Nordafrika überführt. Dadurch war die Republik eines ihrer wichtigsten Verteidigungsmittel beraubt. Am 5. und 6. März 1939 gelang es dem unter Führung des Oberbefehlshabers der Madrider Garnison, Casado, und dem Rechtssozialisten Besteiro stehenden, wenige Tage zuvor gegründeten „Verteidigungsrat", die Macht an sich zu reißen und die Regierung Negrin zu stürzen. Die Verräter um Casado öffneten den faschistischen Truppen die Tore Madrids und begannen den offenen Kampf gegen die patriotischen Kräfte, die verfolgt, zu Tausenden in die Gefängnisse geworfen oder den einmarschierenden Faschisten ausgeliefert wurden.[89] Am 30. März 1939 übernahm Franco die Macht über ganz Spanien, die ihm nur durch die Unterstützung der internationalen Reaktion zugefallen war.

Trotz der Niederlage war der nahezu drei Jahre geführte Kampf des spanischen Volkes um seine Freiheit nicht vergebens. Er bewies vor allem den von der Aggression des deutschen Imperialismus bedrohten Völkern, daß selbst ein kleines Land, gestützt auf die Einheitsfront aller Antifaschisten und die Solidarität der demokratischen Kräfte in aller Welt, sich dem Ansturm faschistischer Unterdrücker widersetzen kann und muß und stärkte somit den Abwehrwillen der Volksmassen in allen Ländern gegen die Verwirklichung der Weltherrschaftspläne des deutschen Imperialismus.

3. Die Errichtung der faschistischen Diktatur in Spanien und die Sicherung der Interessen des deutschen Imperialismus nach Kriegsende

Mit der Errichtung der faschistischen Diktatur, der gewaltsamen Unterdrückung aller demokratischen, antifaschistischen Kräfte, hatte der deutsche Imperialismus das seiner Spanienpolitik zugrunde liegende politische Ziel erreicht. Für das spanische Volk aber begann eine der dunkelsten Perioden seiner Geschichte. Unter Anwendung noch brutalerer Methoden setzte das Franco-Regime die unrühmlichen Traditionen jenes Systems der Unterdrückung und Tyrannei fort, das in der Periode Primo de Riveras und in den Jahren der Machtausübung durch die klerikalfaschistische CEDA geherrscht hatte. Der Franco-Faschismus erwies sich als Instrument der feudalen Großgrundbesitzer, der Großindustriellen und der in

andere Spanier, die offenbar im Dienst Großbritanniens gestanden hatten, wurden von dem nach Spanien entsandten britischen Kriegsschiff „Galatea" nach Großbritannien gebracht. Vgl. *Oliveira, A. Ramos*, a. a. O., S. 67.

89 *Ibarruri, Dolores*, Die italienisch-deutsche militärische Intervention . . ., a. a. O., S. 23.

deren Interesse wirkenden Institutionen wie Heer und Kirche, die durch die Aufhebung aller von der republikanischen Regierung durchgeführten sozialpolitischen Maßnahmen ihre einstigen Privilegien zurückerhielten und noch erweitern konnten. Die politischen Parteien außer der Falange sowie die fortschrittlichen Organisationen wurden aufgelöst, die demokratischen Freiheiten und die von den spanischen Werktätigen errungenen Rechte beseitigt. Die Militärgerichte übten einen erbarmungslosen Terror aus. Zu den Opfern des Krieges an Menschenleben, die auf über eine Million Spanier, d. h. nahezu 5% der Bevölkerung geschätzt werden[90], kamen jetzt Zehntausende hingerichteter Patrioten und Hunderttausende verfolgter und in den Gefängnissen gemarterter aufrechter Demokraten. So sah die Humanität aus, die Franco noch Mitte Januar 1939 in einer Radiobotschaft allen „irregeleiteten" Spaniern zugesichert hatte[91] und die Großbritannien und Frankreich angeblich zu erreichen bemüht gewesen waren! Statt den Frieden zu sichern, führte die Politik des Paktierens der Westmächte mit den Aggressoren dazu, daß die Aggressivität des deutschen Imperialismus sich mit neuer Stärke entfaltete, wie es die Annexion der Tschechoslowakei am 15. März 1939 und die Besetzung des Memelgebietes acht Tage danach bewies. Wenige Monate später fühlten sich die deutschen Imperialisten bereits soweit gerüstet, daß sie es wagten, den zweiten Weltkrieg zu entfesseln.

Schon in den letzten Wochen des Interventionskrieges, vor allem aber in den darauf folgenden Monaten, mußten Großbritannien und Frankreich erfahren, daß es ihnen trotz der aktiven Unterstützung Francos nicht gelungen war, Spanien von den Achsenmächten zu lösen und ihren während der Kriegsjahre erschütterten Einfluß wieder zu stärken. Franco fühlte sich nach dem errungenen Siege stark genug, die Rücksichtnahme auf die Westmächte fallen zu lassen, zu der er während der Kriegsjahre gezwungen gewesen war, da er damals im Falle eines offenen Auftretens als direkter Bündnispartner der Interventionsstaaten ein Eingreifen Großbritanniens und Frankreichs zugunsten der spanischen Republik und damit die Gefährdung seiner eigenen Stellung befürchtete. Auch die Bestrebungen innerhalb der Falange und anderer inoffiziell bestehender rechter Gruppierungen gegen den beherrschenden Einfluß des deutschen Imperialismus waren in dem Siegestaumel dieser Kreise bei Kriegsende in den Hintergrund getreten[92], so daß die innerpolitischen Gründe ebenfalls entfielen, die Franco zu einer gewissen Zurückhaltung bei der Erfüllung der Forderungen Hitlerdeutschlands veranlaßt hatten. Diese Faktoren erleichterten es dem deutschen Imperialismus, die von ihm

[90] *Foltz, Charles, Jr.*, a. a. O., S. 98; *Cleugh, James*, Spain in the Modern World. London 1951, S. 93; hinzu kommt noch die große Zahl der Verwundeten und der infolge der Kriegsauswirkungen durch Krankheiten und Seuchen dahingerafften Menschen.

[91] „Berliner Lokalanzeiger", Nr. 14, 17. 1. 1939 (Archiv des ehem. Landbundes, Biograph. Reihe, Bd. Fra-Frank, Bl. 2, MfdG, Berlin).

[92] Bereits in dem Bericht zur politischen Lage vom 19. 2. 1939 an das AA wies Botschafter v. Stohrer darauf hin, daß „die Ausbrüche der Mißstimmung gegen die Fremden" weniger häufig geworden seien. Akten III, Dok. 740 (S. 721).

eroberten Positionen in politischer, militär-strategischer und wirtschaftlicher Hinsicht zu behaupten und zu festigen.
Am 27. März erfolgte der Beitritt Spaniens zum „Antikominternpakt“[93], der von den Franco-Behörden nach wochenlangem Drängen der Achsenmächte[94] bereits am 20. Februar beschlossen, aber geheimgehalten wurde[95], um den Erfolg der Verhandlungen mit den Westmächten über die de jure-Anerkennung nicht zu gefährden.[96] Die Beitrittserklärung wurde am 7. April 1939 verkündet, zu einem Zeitpunkt, als infolge der am gleichen Tage von Italien vollzogenen Besetzung Albaniens der Mittelmeerraum im Blickpunkt der Weltöffentlichkeit stand. Diese Gleichzeitigkeit der Ereignisse war keineswegs zufällig. Die Achsenmächte hofften auf diese Weise Großbritannien und Frankreich einzuschüchtern, indem sie noch einmal eindringlich vor Augen führten, daß deren Stellung und Sicherheit sowohl im westlichen als auch im östlichen Mittelmeer in Frage gestellt war.
Das politische Bündnis der Interventionsstaaten mit Spanien wurde weiterhin durch bilaterale Verträge zwischen Franco, Deutschland und Italien gefestigt. Seit dem Frühjahr 1938 hatte das nunmehr unter Ribbentrops Leitung stehende Auswärtige Amt einen sogenannten deutsch-spanischen Freundschaftsvertrag angestrebt[97], ohne daß seine Bemühungen realisiert werden konnten. Dem Übereinkommen in dieser Frage standen damals wiederum die Befürchtungen Francos entgegen, im Falle eines Vertragsabschlusses, den Deutschland nicht geheimzuhalten wünschte[98], die Westmächte, vor allem Großbritannien, zu brüskieren.[99] Hinzu traten die Spannungen infolge des hartnäckigen Kampfes der deutschen Imperialisten um die Durchsetzung des Montaña-Projektes, die den Abschluß politischer Vereinbarungen erschwerten. Am 31. März 1939 wurde der deutsch-spanische „Freundschaftsvertrag“ in Burgos unterzeichnet.[100] Er ersetzte die in einem Geheimprotokoll vom 20. März 1937 niedergelegten Abmachungen[101], in denen die politischen und wirtschaftlichen Grundlinien des Verhältnisses zwischen dem Dritten Reich und Francospanien skizziert worden waren und die zur Vorbereitung der bereits behandelten[102] speziellen Vereinbarungen hinsichtlich der

[93] Ebenda, Dok. 768 (S. 750).
[94] Ebenda, Dok. 717 (S. 704f.), 721 (S. 707), 722 (S. 707), 723 (S. 708), 724 (S. 708), 726 (S. 709), 728 (S. 711), 733 (S. 714), 734 (S. 714), 738 (S. 717).
[95] Ebenda, Dok. 741 (S. 726).
[96] Vgl. ebenda, Dok. 733 (S. 714), 746 (S. 730).
[97] Ebenda, Dok. 558 (S. 536–538), 560 (S. 539f.); Hitler kommentierte den ihm Anfang April 1938 vorgelegten Entwurf eines deutsch-spanischen Staatsvertrages mit dem Hinweis, daß der Abschluß eines Handelsvertrages weit wichtiger sei, woraus noch einmal die erstrangige Bedeutung der Durchsetzung der ökonomischen Interessen bestätigt wird. Vgl. ebenda, Dok. 559 (S. 538).
[98] Ebenda, Dok. 590 (S. 566).
[99] Ebenda, Dok. 587 (S. 563).
[100] Ebenda, Dok. 773 (S. 752–755).
[101] Ebenda, Dok. 234 (S. 219).
[102] Vgl. die Ausführungen über die Geheimprotokolle vom Juli 1937 auf S. 138f. dieser Arbeit.

Hitlerdeutschland eingeräumten Rechte auf wirtschaftlichem Gebiet gedient hatten. Der „Freundschaftsvertrag" wiederholte mit geringfügigen Abänderungen bzw. Ergänzungen[103] die 1937 getroffenen, aber geheimgehaltenen Festlegungen in bezug auf die Verpflichtung beider Staaten, bei der „Abwehr des Kommunismus" zusammenzuarbeiten, in ständigem Kontakt über Fragen der internationalen Politik zu bleiben, sich nicht an Verträgen mit dritten Mächten zu beteiligen, die direkt oder indirekt gegen einen der Vertragspartner gerichtet waren, im Falle eines Angriffs seitens einer dritten Macht alles zu vermeiden, was dem Angreifer zum Vorteil gereichen könnte und die wirtschaftlichen Beziehungen zu vertiefen. Unter diesen Punkten ragen zwei an Bedeutung besonders heraus, und zwar 1. die letztgenannte Bekräftigung der engen wirtschaftlichen Zusammenarbeit, die von den deutschen Imperialisten als Schlüssel für die Wahrung ihres Einflusses betrachtet wurde und die auch in Zukunft die Versorgung des Dritten Reiches mit kriegswichtigen Rohstoffen erleichtern sollte; 2. die Zusicherung der wohlwollenden Neutralität im Kriegsfalle, die für Hitlerdeutschland außerordentlich wichtig war. Ohne Spanien militärische Verpflichtungen aufzuerlegen, die es ohnehin infolge der Zerrüttung seiner Wirtschaft durch den Interventionskrieg und der Erschöpfung und Kriegsmüdigkeit seiner Bevölkerung nicht hätte erfüllen können, hatten es die Interventionsmächte erreicht, Franco eng an die Achse zu binden, um zu verhindern, daß Spanien von Großbritannien und Frankreich als Durchmarschgebiet ausgenutzt oder daß von ihnen Flotten- und Flugzeugstützpunkte errichtet werden konnten. Nach dem Anschluß Ungarns an den „Antikominternpakt" Ende Februar 1939[104] waren der Beitritt Spaniens zu diesem Pakt, der Abschluß des deutsch-spanischen „Freundschaftsvertrages" sowie die bereits seit Ende 1936 zwischen Italien und Francospanien bestehende Bündnisverpflichtung[105] bedeu-

[103] Diese betrafen u. a. die Festlegung, die italienische Regierung in die Zusammenarbeit einzubeziehen, beabsichtigte gemeinsame Interessen berührende Verträge mit dritten Staaten zur Kenntnis zu bringen, die Zusammenarbeit der Wehrmacht beider Länder sowie die Vertiefung der kulturellen Beziehungen. Die Zusammenarbeit auf kulturellem Gebiet war bereits durch ein spezielles, am 24. 1. 1939 geschlossenes Abkommen festgelegt worden und stimmte in den Grundzügen mit einem zwischen Italien und Francospanien geschlossenen Kulturvertrag überein. (Vgl. hierzu Akten III, Dok. 713 [S. 694], 716 [S. 697–704].)

[104] RGBl., T. II, 1939, Nr. 20, S. 749.

[105] Das am 26. 11. 1936 unterzeichnete geheime italienisch-spanische Abkommen hatte im wesentlichen den gleichen Inhalt wie das deutsch-spanische Geheimprotokoll vom März 1937. In einigen Punkten hatte Italien weitergehende Verpflichtungen als Deutschland übernommen, und zwar in bezug auf die vertragliche Zusicherung der militärischen Unterstützung Francos und den gemeinsamen „Schutz" der beiderseitigen Interessen im westlichen Mittelmeer. (Vgl. Akten III, Dok. 137 [S. 126–129].) Ende Februar 1939 leitete Italien Verhandlungen über den Abschluß eines politischen und militärischen Bündnisses mit Franco ein. (Ebenda, Dok. 744, Anlage 2, S. 729.) Ob diese zum Erfolg führten, geht aus den Akten nicht hervor. Aus einigen Bemerkungen in den Memoiren *Suñers* (a. a. O., S. 99) kann man entnehmen, daß sie negativ verliefen.

tende Erfolge im Rahmen der Bestrebungen der Aggressoren, eine umfassende Bündniskonstellation zustande zu bringen, die keineswegs ausschließlich gegen die Sowjetunion gerichtet war.[106]

Neben der politischen Bindung Francos an das Kriegsdreieck Berlin–Rom–Tokio war die Frage, inwieweit Spanien in militär-strategischer Hinsicht im Kriegsfalle gegen Großbritannien und Frankreich ausgenutzt werden könnte, im Frühjahr und Sommer 1939 verschiedentlich Gegenstand der Beratungen deutscher und italienischer Politiker und Militärs.[107] Die Sicherung der militärischen Interessen wurde um so dringender, nachdem Ende Mai 1939 die Einheiten der Legion Condor zurückgezogen worden waren und die in Spanien errichteten Stützpunkte nicht mehr unter der unmittelbaren Kontrolle der deutschen Imperialisten standen. Wiederum stellte der bewährte Vertrauensmann der deutschen und spanischen Reaktion, Canaris, der bereits in den Jahren der Weimarer Republik erfolgreich die militärischen Forderungen der deutschen Imperialisten in Spanien durchgesetzt hatte[108], seine Dienste zur Verfügung. Durch seine Vermittlung wurde bei Franco die Zustimmung erwirkt, Santander, Vigo, Cadiz und eine Reihe von Häfen in Spanisch-Marokko im Kriegsfalle als deutsche U-Bootstützpunkte auszunutzen.[109] Mit dieser Konzession für die deutsche Kriegsflotte schien ein wesentlicher Teil der von Hitlerdeutschland seit Jahren angestrebten Stützpunktpolitik auf der Iberischen Halbinsel Wirklichkeit geworden zu sein.

Weit größeren Schwierigkeiten begegnete das deutsche Monopolkapital bei seinen Bestrebungen, die auf dem spanischen Markt eroberte Position zu halten, die

[106] Nicht nur die Verträge Spaniens mit Deutschland und Italien waren gegen die Westmächte gerichtet. Bekanntlich sah das Zusatzprotokoll des mit der Lüge von der „Zersetzungsarbeit" und „Einmischung" der Kommunistischen Internationale in die inneren Angelegenheiten anderer Länder „begründeten" Antikominternpaktes, in dem der gemeinsame Kampf der Unterzeichner des Paktes gegen die kommunistische Internationale festgelegt wurde, Maßnahmen gegen diejenigen vor, die sich im In- oder Ausland direkt oder indirekt im Sinne der Kommunistischen Internationale betätigten. (Vgl. RGBl, 1937, T. II, Nr. 4.) Damit wurde unter dem Vorwand des Kampfes gegen die III. Internationale die Einmischung in die inneren Angelegenheiten anderer Staaten vereinbart und die Souveränität der bürgerlich-demokratischen Länder bedroht.

[107] Diese Frage wurde mehrfach behandelt, u. a. im Rahmen der Besprechungen deutscher und italienischer Militärs am 5. 4. 1939 in Innsbruck, auf der Konferenz zwischen Göring, Mussolini und Ciano in Rom am 16. 4. 1939, im Verlauf der Mailänder Besprechungen Ribbentrops mit Ciano am 6. und 7. 5. 1939 sowie auf einer Militärberatung am 20. und 21. Juni 1939 in Friedrichshafen. Vgl. *Parr-Sartagba, Elizabeth J.*, a. a. O., Kap. 5, S. 71–73.

[108] Vgl. Kap. I dieser Arbeit, S. 36ff.

[109] Bericht des Chefs der Informationsabteilung des italienischen Marineministeriums, *Laus*, für Admiral Cavagnari über eine Unterredung mit Canaris in Rom im Juli 1939, Documenti Diplomatici Italiani, Ottawa Serie, Bd. VII, Dok. 648, S. 485–487, zitiert nach *Parr-Sartagba, Elizabeth J.*, a. a. O., Kap. 5, S. 75; vgl. auch *Toynbee, A.* u. *V. (Ed.)*, The War and the Neutrals. London, New York, Toronto 1956, S. 267.

Fortsetzung der Rohstoffbezüge zu sichern, um Spaniens Bodenschätze weiterhin der deutschen Kriegswirtschaft nutzbar zu machen und durch die Erhöhung des deutschen Kapitalexports den wirtschaftlichen und politischen Einfluß des deutschen Imperialismus in Spanien noch zu verstärken. Hier hoffte die Hitlerregierung, nachdem mit der Beendigung des Spanienkrieges die Möglichkeit der Druckausübung fortgefallen war, ihre Stellung als Gläubiger auszunutzen und durch die Verquickung der Frage der Schuldenregelung mit der Gestaltung der wirtschaftlichen Beziehungen beider Länder zum Ziele gelangen zu können. Ein derartiges Verfahren sowie die Absicht Hitlerdeutschlands, das Hisma/Rowak-Monopol zur Durchsetzung der deutschen Forderungen auch für die Nachkriegsperiode beizubehalten, widersprach jedoch den Interessen der Franco-Regierung.[110] Spanischerseits legte man Wert darauf, nunmehr die Möglichkeit zu erhalten, ungehindert mit allen Ländern Handelsabschlüsse zu tätigen, die zur Aufnahme spanischer Erzeugnisse unter günstigen Bedingungen und zur Kreditierung dringend benötigter, zum großen Teil von Deutschland nicht zu erwartender Lieferungen[111] bereit sein würden. Daher hielt die Franco-Regierung nach Kriegsende die Zeit für gekommen, die seit Jahren angestrebte Normalisierung des deutsch-spanischen Handels, d. h. die Wiederherstellung der Beziehungen spanischer und deutscher Exporteure unter Ausschaltung der Hisma/Rowak zu verwirklichen[112], um die volle Handlungsfreiheit in ökonomischer Hinsicht wiederzugewinnen. Aus diesen Erwägungen heraus wurden die ersten Kontakte zur Regelung der deutsch-spanischen Wirtschaftsbeziehungen von Franco zunächst unter Umgehung der Hisma aufgenommen. Nachdem Mitte Mai 1939 die von dem früheren belgischen Premierminister Paul van Zeeland im Auftrage britischer, holländischer und Schweizer Finanzkreise geführten Kreditverhandlungen mit Franco[113] gescheitert waren, wurde Juan March beauftragt, die Möglichkeiten der Kreditgewährung durch deutsche Banken zu sondieren.[114] Während seines Berliner Aufenthaltes nahm Juan March ebenfalls Besprechungen mit Vertretern deutscher Monopole über die „Mitarbeit“ der deutschen Industrie am Wiederaufbau der spanischen Wirtschaft auf, an denen sich u. a. das Kalisyndikat, die Vereinigten Stahlwerke, Krupp, M.A.N., Haniel, das Braunkohlensyndikat und die Reichsgruppe der Flugzeugindustrie beteiligten.[115] Diese Verhandlungen scheiterten jedoch nicht

[110] Akten III, Dok. 757 (S. 740f.).

[111] U. a. war Spanien in bezug auf Getreide-, Reis- und Baumwollieferungen, Benzin und Gummi auf die Westmächte angewiesen.

[112] Akten III, Dok. 757 (S. 741), 809 (S. 786).

[113] „The Times“, 16. 5. 1939, S. 14 und Abschrift eines streng vertraulichen Briefes von *Leonard Dangers*, Deutsche Überseeische Bank, Madrid, vom 5. 6. 1939 an Direktor J. Enwens, DÜB, Barcelona. Photokopie des Originals befindet sich im DWI, Berlin (5955 [10]).

[114] Ebenda (*L. Dangers* an Dir. *J. Enwens*).

[115] Aktennotiz vom 4. 7. 1939 von *Hermann J. Abs*, Mitglied des Vorstandes der Deutschen Bank, betr. Juan March. Photokopie des Originals befindet sich im DWI, Berlin (5955 [10]).

nur infolge der ungeklärten Kursfestsetzung der spanischen Währung gegenüber der deutschen Mark[116], sondern weil die Hitlerregierung eine Vorwegnahme von Abmachungen durch einzelne Firmen vermeiden wollte, bevor nicht die Gesamtregelung der wirtschaftlichen Beziehungen erfolgt war.[117]

Am 14. Juni 1939 begannen die offiziellen deutsch-spanischen Wirtschafts- und Zahlungsverhandlungen in Burgos, die sich über mehrere Wochen hinzogen.[118] Die deutsche Delegation, bestehend aus je einem Vertreter der wirtschaftspolitischen Abteilung des Auswärtigen Amtes und des Reichsfinanzministeriums sowie dem Direktor der Rowak, stand unter Führung des Ratgebers Görings in Wirtschaftsfragen, Helmut Wohlthat, Ministerialdirektor z. b. V. im Amt für den Vierjahresplan. Die von der deutschen Delegation unterbreiteten Vorschläge für die zukünftige Gestaltung der wirtschaftlichen Beziehungen wurden als Verhandlungsbasis akzeptiert. Francospanien verpflichtete sich, seine Kriegsschulden an Hitlerdeutschland „bis zum letzten Centimo" zu bezahlen[119], deren endgültige Höhe durch eine deutsch-spanische Unterkommission festgelegt werden sollte.[120] Nach vorläufigen Berechnungen der wirtschaftspolitischen Abteilung des Auswärtigen Amtes belief sich die von Hitlerdeutschland im Laufe des Interventionskrieges verausgabte Summe auf etwa 500 Mill. RM[121], von denen annähernd 61 Mill. RM durch Rohstofflieferungen von Franco bis zum Frühjahr 1939 bezahlt worden waren.[122] Nach einer Reihe von Abzügen für bereits abgedeckte Personalausgaben, für die Verminderung des Neuwerts des der spanischen Wehrmacht überlassenen Kriegsmaterials der Legion Condor und der für Investitionszwecke der Hisma zur Verfügung gestellten 15 Mill. RM[123] blieb eine Gesamtforderung von 288,7 Mill. RM offen.[124] Nach den Plänen der deutschen Imperialisten sollte

[116] Ebenda; vor dem Interventionskrieg wurde eine RM mit 2,96 Pts, 1938 mit 3,44 Pts verrechnet. (Vgl. Archiv der Deutschen Notenbank, Magdeburg, Akte Nr. 5512, unpag.) Im Sommer 1939 schlug die deutsche Regierung eine Kursfestsetzung von 1 RM = 3,63 Pts vor. (Vgl. Akten III, Dok. 809 [S. 789].) Am 14. 9. 1939 wurden in Spanien neue Devisenkurse festgelegt, die eine etwa 10prozentige Abwertung der Pesete bedeuteten. Die bisherige Notiz für die Reichsmark wurde auf 3,90 Pts = 1 RM erhöht (Bericht des Vorstandes der DÜB, Berlin, vom 30. 9. 1939). Photokopie des Originals befindet sich im DWI, Berlin (5155 [6]).

[117] Vgl. hierzu Akten III, Dok. 764 (S. 746).

[118] Ebenda, Dok. 809 (S. 785–794).

[119] Ebenda (S. 787).

[120] Ebenda.

[121] Ebenda, Dok. 783 (S. 763).

[122] Ebenda, Dok. 783 (S. 764).

[123] Ebenda.

[124] Ebenda (S. 765); hinzu kamen natürlich noch die weit höher liegenden Forderungen Italiens. Nach den Angaben Cianos war der italienische Einsatz von den ursprünglich im Sommer 1936 angeforderten 12 Transport- oder Bombenflugzeugen, mit denen Franco den Krieg in einigen Tagen gewinnen zu können versicherte, auf über 1000 Flugzeuge, 6000 Tote und 14 Md. Lire gestiegen! (Vgl.

diese erhebliche Verschuldung dazu ausgenutzt werden, um Spanien in den folgenden Jahren in wirtschaftlicher und politischer Abhängigkeit zu halten und auch in Zukunft die Aneignung von Extraprofiten durch die Ausplünderung des spanischen Volkes und die Beherrschung der spanischen Wirtschaft zu garantieren. Der Vorschlag der Hitlerregierung sah die Schuldenabzahlung im Rahmen der Verrechnung des deutsch-spanischen Warenaustausches vor. Die deutschen Imperialisten hofften, den deutsch-spanischen Warenverkehr im Vergleich zu dem des Jahres 1935, als die deutsch-spanischen Handelsbeziehungen nach dem erheblichen Rückgang während der Weltwirtschaftskrise bereits wieder einen starken Aufschwung genommen hatten, in Zukunft verdoppeln zu können. Deutschland rechnete mit einer jährlichen Einfuhr aus Spanien im Werte von 200 Mill. RM, die allmählich auf 250 Mill. RM und mehr ansteigen sollte.[125] Demgegenüber war die Erhöhung der deutschen Ausfuhr nach Spanien nur von 150 Mill. auf 200 Mill. RM vorgesehen.[126] Mit den von Spanien über den Wert der deutschen Gegenleistungen gelieferten Waren sollte ein Teil der Kriegsschulden allmählich abgetragen werden.[127] Das bedeutete, daß Spanien mit seiner durch den Krieg zerrütteten Wirtschaft, die zu ihrer Wiederingangbringung und zur Befriedigung der Bedürfnisse seiner notleidenden Bevölkerung in hohem Maße auf die Lieferungen des Auslandes angewiesen war, größere Warenmengen nach Deutschland zu liefern verpflichtet wurde, als es von diesem erhalten sollte! Wenn man noch berücksichtigt, daß der deutsche Vorschlag bei der geplanten Einfuhr im Werte von 250 Mill. RM für 129,3 Mill. RM „von Deutschland erwünschte“ Waren

Akten III, Anmerkung der Herausgeber über eine Unterredung zwischen Hitler und Ciano am 28. 9. 1940, S. 796). Italienisch-spanische Verhandlungen über die Schuldenregelung wurden im Januar 1939 in Rom begonnen. Sie zogen sich über Monate hin und wurden erst im Mai 1940 zum Abschluß gebracht. (Vgl. *Toynbee, A.* u. *V.* (*Ed*), a. a. O., S. 265.

125 Akten III, Dok. 809 (S. 788).

126 Ebenda; die beabsichtigte außerordentlich hohe Steigerung des deutsch-spanischen Handels wird aus folgenden Vergleichszahlen deutlich:

	Deutschlands Einfuhr aus Spanien (in Millionen RM)	Deutschlands Ausfuhr nach Spanien
1925	84,3	146,1
1929	127,4	233,2
1931	70,6	118,8
1934	99,7	87,5
1935	118,3	105,7

(Vgl. „Eildienst“, 19. 1. 1934 und „Wirtschaftspolitischer Dienst“ Nr. 63, 14. 3. 1936, Archiv des ehemal. Landbundes, Bd. 72, H 6, Bl. 55 und 85, MfdG, Berlin.)

127 Akten III, Dok. 809 (S. 788).

vorsah[128], d. h. also im wesentlichen Eisenerze, Kupfer, Schwefelkies, Wolfram und ähnliche Rohstoffe, die Spanien gerade für den Wiederaufbau seiner Industrie dringend benötigte, so wird damit das Bestreben der deutschen Imperialisten besonders deutlich, Spanien weiterhin in die Rolle eines halbkolonialen Landes zu drängen und selbst aus dieser Lage den Nutzen zu ziehen. Diese Tendenz kam auch in den übrigen Forderungen der deutschen Imperialisten zum Ausdruck.
Neben der Schuldenabtragung im Rahmen des Warenverkehrs meldete Hitlerdeutschland Ansprüche für weitere Investitionen des Sofinduskonzerns in der spanischen Wirtschaft an. Die Mittel dazu sollte die Franco-Regierung zur Verfügung stellen, wobei die Absetzung ihres Gegenwertes vom Kapitalbetrag der Kriegsschulden vorgesehen war.[129] Für die nächsten 3–4 Jahre plante die Sofindus die Investierung von weiteren 35 Mill. RM, so daß sich das in spanischen Gesellschaften seit 1936 angelegte deutsche Kapital auf 60 Mill. RM erhöhen würde.[130] Die erpresserischen Forderungen der deutschen Imperialisten wurden wohlweislich – ebenso wie einst die Tastsache der militärischen Intervention – vor der deutschen und Weltöffentlichkeit geheimgehalten und wie so oft der Versuch unternommen, die Wirklichkeit in ihr Gegenteil zu verkehren. „Die Rückgabe Spaniens an die Spanier . . . war auch das einzige Ziel und der einzige Preis, den die Achse für ihre aus dem Bewußtsein europäischer Kulturverbundenheit gespendete Hilfe an Spanien anstrebte, was alle Ansinnen der westeuropäischen Presse über angebliche italienische und deutsche Pläne einer Selbstbereicherung auf Kosten des im . . . Bürgerkriege zerfleischten Landes schmählich Lügen strafte . . .", hieß es z. B. in einem Leitartikel der „Berliner Börsenzeitung"[131], der gerade in jenen Tagen erschien, als die deutsche Delegation in Burgos dem „befreundeten" Spanien vordemonstrierte, was der deutsche Imperialismus unter „Hilfe im Bewußtsein europäischer Kulturverbundenheit" zu verstehen beliebte.
Unerträgliche Not und unsagbares Elend mußte die von Hitlerdeutschland angestrebte Regelung der Schuldenabzahlung für die spanischen Arbeiter und Bauern nach sich ziehen, gleichzeitig aber auch durch die Erschwerung der Wiedergesundung der spanischen Wirtschaft eine Beschneidung der Profitmöglichkeiten der spanischen herrschenden Klassen, in deren Auftrage Franco die Macht ausübte. Im Interesse der spanischen Bourgeoisie und der mit ihr versippten Feudalkreise wurden daher auch von den spanischen Verhandlungspartnern Einwände gegen die Vorschläge der Hitlerregierung erhoben. Wie Wohlthat berichtet, war die bei ihnen immer wiederkehrende Forderung die nach der Normalisierung des Waren- und Zahlungsverkehrs.[132] Nachdrücklich wandten sie sich gegen die Aufrechterhaltung der Hisma/Rowak, deren Aufkäufe während des Krieges erheblich

[128] Ebenda.
[129] Ebenda (S. 789).
[130] Ebenda (S. 794).
[131] „Berliner Börsenzeitung", Nr. 320, 11. 7. 1939 (DZA Potsdam, AA, Presseabt., Akte Nr. 59716, Bl. 155).
[132] Akten III, Dok. 809 (S. 786).

zur Erschöpfung der spanischen Rohstoffvorräte und zum Anziehen der Preise in Spanien beigetragen hatten, die im Sommer 1939 etwa 40% über den Weltmarktpreisen lagen.[133] Die starken Preiserhöhungen erschwerten wiederum die spanischen Handelsmöglichkeiten mit anderen Ländern. Ausdrücklichen Widerspruch riefen auch die beabsichtigten deutschen Neuinvestitionen hervor[134], da bei einer weiteren Durchdringung der spanischen Wirtschaft durch das deutsche Monopolkapital mit einem erneuten Aufflammen des Widerstandes gegen die ausländische Beherrschung des gesamten Lebens und damit mit einer Verschärfung der inneren Widersprüche gerechnet werden mußte.[135] Eine Einigung über die strittigen Fragen wurde in den Verhandlungen nicht erzielt. Man kam überein, in der zur Festlegung der Schuldenregelung ernannten deutsch-spanischen Unterkommission die Arbeit fortzusetzen[136] und beiden Regierungen in Kürze detaillierte Pläne zu unterbreiten. Diese Beratungen waren noch nicht abgeschlossen, als das faschistische Deutschland mit dem blitzartigen Überfall auf Polen den zweiten Weltkrieg entfesselte, dessen Verlauf u. a. auch dazu führte, daß der deutsche Imperialismus seine Ambitionen in Spanien nicht voll verwirklichen konnte.

133 Ebenda.

134 Ebenda.

135 In die Kampffront der spanischen Arbeiterklasse für die Unabhängigkeit Spaniens reihten sich wie schon in früheren Jahren sehr bald wieder – nachdem der erste Siegestaumel verrauscht war – selbst in der Falange organisierte Teile des Kleinbürgertums ein, die gegen den wachsenden deutschen und italienischen Einfluß Stellung nahmen. Nach Berichten der britischen Presse erlebte der Widerstand gegen die deutsche und italienische Überfremdung Anfang Mai 1939 einen neuen Aufschwung. Vgl. hierzu „Daily Mail", 14. 5. 1939; „The Scotsman", 3. 5. 1939 (DZA Potsdam, AA, Presseabt., Akte Nr. 59719, Bl. 80 und 81).

136 Akten III, Dok. 809 (S. 789).

Schlußbetrachtung

Nachdem wir die Interessen des deutschen Imperialismus in Spanien und die zu ihrer Verwirklichung angewandten Methoden bis zum Vorabend des zweiten Weltkrieges verfolgt haben, bleibt schließlich die Frage offen, ob sich die militärische Intervention Hitlerdeutschlands gegen das spanische Volk für das deutsche Monopolkapital in den folgenden Jahren bezahlt gemacht hat oder nicht.Um die Antwort vorweg zu nehmen: Sie hat sich in hohem Maße gelohnt, wenn auch nicht alle von den deutschen Imperialisten in Franco gesetzten Hoffnungen in Erfüllung gingen.

Bei Kriegsbeginn hielt das Franco-Regime Spanien aus dem bewaffneten Konflikt heraus. Nach den Jahren des Spanienkrieges war das Land zu einer Kriegsteilnahme nicht fähig. Die Franco-Regierung benötigte Zeit, um das faschistische Terror-Regime zu festigen und die alte Ausbeuterwirtschaft wieder in Gang zu bringen. Trotz der in den letzten Monaten verschiedentlich außerordentlich offen manifestierten Ausrichtung der spanischen Faschisten auf die Achsenmächte, zog Franco im Herbst 1939, als das Kräfteverhältnis zwischen beiden im Kriege befindlichen Seiten noch nicht eindeutig erkennbar war, eine abwartende Haltung übereilten Entscheidungen vor. Infolge der Schwäche des Landes in politischer, wirtschaftlicher und geographisch-strategischer Hinsicht erklärte er zunächst Spaniens Neutralität im Kriege. Am 12. Juni 1940, als die faschistischen Truppen bereits Polen, Dänemark und Norwegen, Belgien, Holland und Frankreich überrannt hatten, ging Spanien zur Politik der „Nichtkriegführung" über und brachte auf diese Weise offener seine Sympathien für Hitlerdeutschland und das wenige Tage zuvor ebenfalls in den Krieg eingetretene Italien zum Ausdruck.[1]

[1] Die Politik der „Nichtkriegführung" wurde am 3. 10. 1943 aufgegeben, als Franco wiederum die Neutralität Spaniens erklärte. Die spanische Regierung brachte damit zum Ausdruck, daß sie – nachdem sich die Wende des Krieges bei Stalingrad abgezeichnet hatte, im Juli 1943 Mussolini gestürzt worden war und Italien kapituliert hatte – mit der Möglichkeit des Sieges der Alliierten erneut zu rechnen begann.

Es steht außer Frage, daß das faschistische Spanien selbst in der ersten Phase des Krieges mit der von ihm eingeschlagenen Neutralitätspolitik ein außerordentliches Positivum für den deutschen Imperialismus darstellte. Mit der Niederschlagung der demokratischen Kräfte und der Errichtung der faschistischen Diktatur in Spanien hatte der deutsche Imperialismus einem Regime zur Macht verholfen, dessen Innen- und Außenpolitik eindeutig auf die Achsenmächte hin orientiert war. Von Anbeginn des Krieges mußten Großbritannien und Frankreich daher mit Franco als einem Unsicherheitsfaktor rechnen und Vorsorge gegen die Möglichkeit des Kriegseintritts Francospaniens an der Seite Hitlerdeutschlands treffen, wodurch allein schon die Kriegführung des deutschen Imperialismus begünstigt wurde. So wirkte sich z. B. die Tatsache, daß Frankreich zur Stationierung erheblicher Truppenkontingente an den Pyrenäen gezwungen war, um die französisch-spanische Grenze für den Fall eines Angriffes vom Südosten her zu sichern, als erleichternder Faktor für die deutschen Imperialisten bei der Niederwerfung Frankreichs aus.[2] Im Kampf gegen Großbritannien aber war Francospanien nach den Plänen der deutschen Imperialisten eine weit aktivere Rolle zugedacht. Hier sollten spanische Truppen in Zusammenarbeit mit der deutschen Armee eine wichtige Teilaufgabe lösen: Die unter dem Decknamen Unternehmen „Felix"[3] vorgesehene Schließung des westlichen Mittelmeers durch die Einnahme der britischen Festung Gibraltar. Doch die Bemühungen Hitlerdeutschlands zur Einbeziehung Spaniens in den Krieg, in deren Verlauf auch im Oktober 1940 das erste persönliche Zusammentreffen Hitlers mit Franco in Hendaye arrangiert worden war, schlugen fehl. Die von den spanischen Faschisten als Voraussetzung für die Kriegsteilnahme gestellten Bedingungen waren so hoch bemessen[4], daß sie faktisch eine Ablehnung der deutschen Forderungen bedeuteten.

Die zögernde Haltung Francos war eine schwere Enttäuschung für die deutschen Imperialisten. Sie ließ die Möglichkeit zur Durchführung des Gibraltarunternehmens fragwürdig erscheinen und erschwerte die Verwirklichung ihrer weitreichenden Pläne hinsichtlich der Ausdehnung der deutschen Interessensphäre in Nordafrika, der Errichtung von Stützpunkten im Atlantik und in bezug auf das

[2] Vgl. *Norden, Albert,* Die spanische Tragödie . . ., a. a. O., S. 67.

[3] Die Vorbereitungen für das Unternehmen „Felix" wurden bereits im Sommer 1940 in Angriff genommen (vgl. hierzu im einzelnen die Erklärung *Jaeneckes* . . ., a. a. O., S. 12f.) und zunächst auch nach dem Scheitern der Verhandlungen zwischen Hitler und Franco in Hendaye fortgesetzt (vgl. IMGN, Bd. XXVI, Dok. 444-PS, S. 41–44).

[4] Bereits am 19. Juni 1940 hatte die spanische Regierung in einem an Hitlerdeutschland gerichteten Memorandum folgende Bedingungen als Voraussetzung für den Kriegseintritt gestellt: 1. Die Überlassung Gibraltars, Französisch-Marokkos und Orans an Spanien sowie die Erweiterung der spanischen Kolonien im Golf von Guinea und Rio de Oros; 2. Militärische und ökonomische Hilfe. Vgl. The Spanish Government and the Axis, (Documents) hrsg. von der Regierung der USA, Washington, D. C., 1946, (European Series Nr. 8). Dok. 1, zitiert nach *Toynbee, A.* u. *V. (Ed.),* a. a. O., S. 273.

beabsichtigte weitere Vordringen des deutschen Monopolkapitals in die spanische Wirtschaft, Pläne, die Serrano Suñer während seines Berliner Aufenthaltes im September 1940 von Ribbentrop eröffnet worden waren. Damals hatte Hitlerdeutschland im Falle der erfolgreichen gemeinsamen Verwirklichung des Unternehmens „Isabella-Felix"[5] territoriale und ökonomische Ansprüche angemeldet, die den Interessen der herrschenden Klassen Spaniens auf das schärfste zuwider liefen. Zu diesen Forderungen gehörte die Übernahme einer der Kanarischen Inseln, die Errichtung von Militärstützpunkten an der marokkanischen Küste, u. a. in Agadir und Mogador, die Zusicherung eines bedeutenden Anteils an der Ausbeutung der Phosphat- und Erzvorkommen Französisch-Marokkos sowie die Einräumung weiterer wirtschaftlicher Rechte an britischen und französischen Unternehmen in Spanien, wie z. B. an den Rio Tinto-Minen, wobei die Gewährung der neuen ökonomischen Konzessionen in Spanien auf die Schuldenregelung angerechnet werden sollte.[6] Diese weitreichenden Forderungen der deutschen Imperialisten ließen es den spanischen Faschisten mehr als fraglich erscheinen, ob die Ambitionen ihrer eigenen herrschenden Klassen in bezug auf die Einverleibung Gibraltars und die Ausdehnung in Nordafrika auf Kosten Frankreichs durch einen Kriegseintritt auf Seiten der Achsenmächte zu verwirklichen waren. Marokko ohne die beiden wichtigen Häfen Agadir und Mogador und ohne die Beherrschung der Rohstoffvorkommen war letzten Endes wertlos; eine günstigere Regelung hoffte man auf dem Wege direkter Verhandlungen mit der Pétain-Regierung zu erreichen[7]; die Ansprüche Hitlerdeutschlands auf spanisches Territorium und weitere wirtschaftliche Zugeständnisse mußten den heftigsten Widerstand sowohl der spanischen Werktätigen als auch der spanischen Bourgeoisie hervorrufen. Zudem war es äußerst zweifelhaft, daß Hitlerdeutschland nach der Eroberung Gibraltars diesen wichtigen Stützpunkt spanischer Kontrolle überlassen würde. Es nimmt daher nicht wunder, daß Francospanien auf seiner Weigerung, aktiv am Kriege teilzunehmen, beharrte, zumal es, wie bereits erwähnt, aus objektiven Gründen – weder in militärischer, noch in wirtschaftlicher Hinsicht – für ein Eingreifen in den Weltkonflikt nach den vorangegangenen drei Kriegsjahren gerüstet war. Die wirtschaftliche Hilfe, die Spanien zur Ernährung seiner hungernden Bevölkerung und für den Wiederaufbau des Landes dringend benötigte, war in dem erforderlichen Ausmaß nur von den angelsächsischen Mächten zu erwarten, die ihrerseits auf die Beibehaltung der spanischen Neutralität als Vorbedingung für die Lieferung von Getreide, Treibstoff, Baumwolle u. ä. pochten.

[5] Im Zusammenhang mit dem Unternehmen „Felix" war für den Fall, daß die portugiesische Regierung bei dem geplanten Einmarsch deutscher Truppen in Spanien eine feindselige Haltung gegenüber Hitlerdeutschland einnehmen würde, ein zweites Unternehmen unter dem Decknamen „Isabella" vorgesehen, dem zufolge Portugal und die portugiesischen Atlantikstützpunkte besetzt werden sollten.

[6] IMGN, Bd. XXVIII, Dok. 1842-PS, S. 577f.; vgl. auch *Toynbee, A.*u. *V. (Ed.)*, a. a. O., S. 277.

[7] *Görlitz, Walter*, Der II. Weltkrieg. Bd. 1, Stuttgart 1951, S. 169.

Faktisch führten also die Ausblutung Spaniens, die die deutsch-italienische Intervention in den Jahren 1936–1939 mit sich gebracht hatte und die deutsch-spanischen Widersprüche, die durch die Verfolgung der Expansionsziele des deutschen Imperialismus in Spanien und den Interessengebieten der spanischen herrschenden Klassen hervorgerufen worden waren, dazu, daß Franco die ihm von den Achsenmächten zugedachte Rolle nicht voll erfüllte.
Es taucht in diesem Zusammenhang die Frage auf, warum der deutsche Imperialismus nicht ohne die Zustimmung Francos und ohne die Mitwirkung spanischer Truppenverbände das Unternehmen „Isabella-Felix" in Angriff genommen hat. Nennenswerten Widerstand hätten die spanischen Streitkräfte einem gewaltsamen Durchmarsch deutscher Truppen durch Spanien nicht entgegensetzen können. Mit moralischen Skrupeln, ein „befreundetes" Land anzugreifen, war der deutsche Imperialismus bestimmt nicht behaftet. Die Ursachen dürften vielmehr u. a. darin zu suchen sein, daß 1. ein Angriff gegen Spanien als eines der Mitglieder des „Antikominternpaktes" ungünstige Rückwirkungen auf die übrigen Vertragspartner, namentlich auf Italien, hervorgerufen hätte; 2. die Furcht vor einer zu erwartenden Partisanenbewegung bestand; 3. und das ist die wichtigste Ursache, im Winter 1940/1941 bereits die Vorbereitungen und die Konzentrierung aller Kräfte für den Überfall auf die Sowjetunion vorgenommen wurden, durch die die geplanten Aktionen im Westen an Bedeutung zurücktraten.[8] Zu diesem Zeitpunkt war Hitlerdeutschland vor allem daran interessiert, nichts zu unternehmen, was zur Entstehung eines Zweifrontenkrieges führen konnte. Und schließlich wurde von den deutschen Imperialisten die wohlwollende Neutralität Spaniens in mancher Hinsicht günstiger als seine Kriegsteilnahme bewertet, die die Verteidigung zusätzlicher Küstenlinien und die ausreichende Versorgung Spaniens mit Kriegsmaterial, Treibstoff und Lebensmitteln notwendig gemacht hätte.
Tatsächlich wurde Spaniens „Neutralität" während des zweiten Weltkrieges zu einer Form der Tarnung für die Zusammenarbeit mit Hitlerdeutschland auf den

[8] In der Beratung mit den führenden Vertretern der Wehrmacht am 3. 2. 1941 über den Plan „Barbarossa" (Überfall auf die Sowjetunion) wies Hitler u. a. darauf hin, daß auf Grund der Vorbereitungen für „Barbarossa" ab Mitte März die Operation „Attila" (= Besetzung des unbesetzten Teiles von Frankreich) und ab Mitte April 1941 das Unternehmen „Felix" nicht mehr durchgeführt werden könnten, da die Masse der Heeresartillerie dann bereits verladen sei (vgl. IMGN, Bd. III, S. 380). Als angesichts der Angriffsvorbereitungen gegen die UdSSR der Plan für die Invasion Großbritanniens aufgegeben wurde, dessen Ergänzung das Unternehmen „Isabella-Felix" darstellte, trat zunächst das Interesse Hitlerdeutschlands an der Einbeziehung Spaniens in den Krieg in den Hintergrund. Nach der Landung der Alliierten in Nordafrika wurde dieser Frage wiederum verstärkte Aufmerksamkeit im OKW und in Kreisen des AA gewidmet (vgl. u. a. IMGN, Bd. XIII, S. 385f.). Gegen den Willen Francos aber war nunmehr, wie Hitler in einer Unterredung mit Dönitz am 14. 5. 1943 ausführte, die Besetzung Spaniens einschließlich Gibraltars nicht mehr durchführbar, da die „Kräfte dazu nicht ausreichen." (Ebenda.)

verschiedensten Gebieten. Von außerordentlichem Vorteil war die wohlwollende Neutralität Spaniens z. B. für die Arbeit des deutschen Geheimdienstes, der mit direkter Unterstützung spanischer Behörden[9], der deutschen Botschaft in Madrid und der Auslandsorganisation der NSDAP[10] ein weit verzweigtes Netz von Beobachtungsposten – vor allem zur Überwachung des alliierten Schiffsverkehrs und zur Sammlung von Nachrichten über die Kräfteverteilung der britischen Land- und Seestreitkräfte – aufbauen konnte. Darüber hinaus unterstützte die Franco-Regierung die deutsche Militärspionage, indem sie ihre diplomatischen Vertreter bei den Westmächten direkt zur Einholung kriegswichtiger Informationen für Hitlerdeutschland anwies[11] und den Inhalt derartiger Berichte ihrer diplomatischen Vertretungen laufend nach Berlin weiterleitete.[12] Die Zusammenarbeit in dieser Hinsicht nahm ein derartiges Ausmaß an, daß die britische Regierung sich Ende 1942 zu Gegenmaßnahmen veranlaßt sah; sie verweigerte dem spanischen Botschafter in London fortan gewünschte Informationen.[13]

Nicht weniger bedeutsam war die Hilfe Francospaniens für die deutschen Imperialisten in militärischer Hinsicht. Zwar schreckte die Franco-Regierung davor zurück, der deutschen Kriegsflotte gemäß den im Juli 1939 gegebenen Zusagen[14] die vereinbarte Anzahl spanischer Häfen als U-Bootstützpunkte zu überlassen, doch gestattete sie deutschen Tankern an abgelegenen Punkten der spanischen Küste und vor den Kanarischen Inseln zu ankern, um U-Boote und Zerstörer mit Treibstoff zu versorgen.[15] Deutsche und italienische U-Boote konnten sich zu Reparaturzwecken länger als laut völkerrechtlicher Festlegung vorgesehen in spanischen Häfen aufhalten; mehrfach wurde Ersatzmannschaften die Durchreise durch Spanien gestattet.[16] Die deutsche Luftwaffe, die Meldungen

[9] Erklärung des ehemaligen Generalleutnants der deutschen Wehrmacht, *Böhme*, an die Sowjetregierung, Beilage zur „Neuen Zeit", a. a. O., S. 17; vgl. auch *Toynbee, A.* u. *V. (Ed.)*, a. a. O., S. 268.

[10] IMGN, Bd. XXXVIII, Dok. 158-M, S. 209.

[11] Oberst Ansaldo, spanischer Luftattaché in Paris und London in den Jahren 1940/1941, berichtet, daß er vor seiner Reise nach Großbritannien im November 1940 von seiner Regierung die Instruktion erhielt, Informationen für Hitlerdeutschland zu sammeln. Dies dürfte kein Einzelfall gewesen sein. Nach seiner Rückkehr aus Großbritannien wurde Ansaldo von deutschen Abwehrbeauftragten über die diesbezüglichen Ergebnisse der Reise befragt. Vgl. *Ansaldo, Antonio*, Mémoires d'un monarchiste espagnol 1931–1952. Monaco 1953, S. 119–121.

[12] Documents on German Foreign Policy 1918–1945. Ser. D, Vol. VIII, Washington 1954, Dok. 284 (S. 324f.). [Weitergeführt als DGFP VIII.]

[13] DZA Potsdam, AA, Kulturpolitische Abt., Akte Nr. 48039, Bl. 148 (Telegramm v. *Stohrers* [geheime Reichssache] vom 11. 10. 1942 an das AA, Berlin).

[14] Vgl. S. 190 dieser Arbeit.

[15] The Spanish Government and the Axis, a. a. O., Dok. 9 (S. 25), 10 (S. 26) zitiert nach *Toynbee, A.* u. *V. (Ed.)*, a. a. O., S. 267.

[16] Dokumenty ministerstva inostrannych del Germanii, III. Folge, Die deutsche Politik und Spanien (1936–1943), hrsg. von der Archivverwaltung des Ministeriums für Auswärtige Angelegenheiten der UdSSR, Moskau 1946, Dok. 33

der britischen Presse zufolge hauptsächlich in Südspanien eine Reihe von Stützpunkten ausnutzen konnte[17], profitierte vor allem aus der Verbindung der Deutschen Lufthansa zur Iberia-Fluggesellschaft.[18] Erst auf den Protest des britischen Botschafters hin entzog die spanische Regierung den bei der Iberia beschäftigten deutschen Piloten die Möglichkeit, Linien zu befliegen, auf denen sie den alliierten Schiffsverkehr beobachten konnten.[19]

Der offensichtlichste Bruch der Politik der Nichtkriegführung aber war die unmittelbare Unterstützung, die Francospanien der deutschen Wehrmacht für die Kriegführung gegen die Sowjetunion gewährte. Unmittelbar nach dem Überfall Hitlerdeutschlands auf die UdSSR stellte die spanische Regierung eine Expeditionstruppe, die sogenannte Blaue Division, auf, die sich neben wenigen wirklich Freiwilligen vorwiegend aus abkommandierten Truppenteilen und zwangsweise beorderten Falangisten zusammensetzte.[20] Für Hitlerdeutschland war die Teilnahme spanischer Truppen an den Kämpfen im Osten vor allem wegen der erhofften propagandistischen Wirkung von Bedeutung. Spanien sollte damit anderen Völkern das Beispiel für den von den deutschen Imperialisten erstrebten gemeinsamen Kampf um die „Einigung Europas gegen die Sowjetunion", zum gemeinsamen „Kreuzzug gegen den Bolschewismus", geben.[21] Dagegen dürfte sich das OKW über den äußerst begrenzten Wert des Einsatzes der Blauen Division in militärischer Hinsicht von Anfang an klar gewesen sein. Erstens stellte sie zahlenmäßig – die Angaben über ihre Stärke schwanken zwischen 17000 und 300000 Mann[22] – im Vergleich zu den zur Zeit des Überfalls auf die Sowjetunion unter Waffen stehenden über 7 Mill. Soldaten und Offizieren (ohne ausgebildete Reserven)[23] eine mehr als geringfügige Verstärkung dar. Zweitens hatte man wenige

(S. 111f.), 38 (S. 123f); sowie The Spanish Government and the Axis, a. a. O., Dok. 15 (S. 36 u. 38) zitiert nach *Toynbee, A.* u. *V. (Ed)*, a. a. O., S. 268.

17 „The Times", 25. 4. 1941 (DZA Potsdam, AA, Presseabt., Akte Nr. 59717, Bl. 2).

18 Vgl. S. 177f. dieser Arbeit.

19 *Peterson, Sir Maurice*, Both sides of the curtain. London 1950, S. 194.

20 *Toynbee, A.* u. *V. (Ed.)*, a. a. O., S. 285.

21 *Foltz, Charles*, Jr., a. a. O., S. 161.

22 *Toynbee* (a. a. O., S. 285) u. *Foltz, Jr.* (a. a. O., S. 161) sprechen von 17000 Mann, *Norden* (Die spanische Tragödie, a. a. O., S. 71) nennt die Zahl 50000. Die Angabe Plenns, daß nahezu 300000 Mann zur Blauen Division einberufen wurden, dürfte weitaus zu hoch gegriffen sein. Plenn schränkt seine Angabe insofern selbst ein, als er Zweifel äußert, daß diese 300000 Mann jemals direkt an den Fronten eingesetzt worden seien. Vgl. *Plenn, Abel*, a. a. O., S. 194. In der von Verleumdungen strotzenden antisowjetischen Hetzschrift General Esteban-Infantes, des letzten Divisionskommandeurs, über die Blaue Division, werden keine Zahlen dafür angegeben, wie viele Spanier insgesamt an den Kämpfen gegen die Sowjetunion teilnahmen. Auf dem Schutzumschlag des Buches erwähnt der Verlag die Zahl 20000.

23 *Deborin, G. A.*, Der zweite Weltkrieg. Militärpolitischer Abriß. Deutsche Übersetzung, Berlin 1959, S. 131.

Jahre zuvor, während des Interventionskrieges, die unzureichende Kampfkraft der faschistischen spanischen Truppen aus eigener Anschauung kennengelernt. Unter den Schlägen der Roten Armee erlitt die Blaue Division schwere Verluste, bis im Oktober 1943 ihr Rückzug beschlossen wurde.
Eine wesentliche Unterstützung gewährte Francospanien der deutschen Kriegswirtschaft. Zwar konnten die Pläne des deutschen Monopolkapitals in bezug auf die Höhe des deutsch-spanischen Handels, die während der Verhandlungen über die Schuldenregelung im Sommer 1939 unterbreitet worden waren, unter den Bedingungen des Krieges nicht verwirklicht werden. Die deutsche Wirtschaft war nicht in der Lage, der Franco-Regierung die für den Wiederaufbau benötigten Industrieausrüstungen, Treibstoffe und Rohstoffe wie Gummi und Baumwolle sowie die für die Ernährung der hungernden spanischen Bevölkerung erforderlichen Getreidemengen zu liefern, für die sie als Gegenleistung spanische Rohstoffe und Erzeugnisse der Landwirtschaft zu beziehen hoffte. Spanien war während des zweiten Weltkrieges vor allem auf Lieferungen aus den USA, Großbritannien, den Empire-Ländern und Lateinamerika angewiesen, denen gegenüber es sich seinerseits zum Export gewünschter spanischer Rohstoffe bereit erklären mußte. Für die USA und Großbritannien, die mit Spanien im Laufe der Kriegsjahre eine Reihe von Handels -und Kreditabkommen schlossen, eröffnete sich dadurch die Möglichkeit, das deutsche Monopolkapital aus der beherrschenden Position im Handel mit Spanien wieder zu verdrängen. Dieser Entwicklungstendenz suchte die Hitlerregierung von Anbeginn des Krieges entgegenzuarbeiten. Bereits am 22. Dezember 1939, am gleichen Tage, an dem ein neues, für Hitlerdeutschland wenig befriedigendes Handelsabkommen mit Spanien getroffen wurde[24], verpflichtete sich Francospanien noch einmal in einem in Madrid unterzeichneten Geheimprotokoll zur wirtschaftlichen Zusammenarbeit im Geiste der während und nach dem Interventionskrieg getroffenen Vereinbarungen.[25] Auf einer am 16. März 1940 abgehaltenen Konferenz über Spanien unter dem Vorsitz von Göring, an der u. a. Wohlthat, Vertreter des Reichswirtschaftsministeriums und der Firmen Hisma/Rowak teilnahmen, wurde festgelegt, von Seiten der deutschen Regierungsstellen jeden nur möglichen Druck auszuüben, um die größtmöglichen Mengen an Waren von Spanien zu erhalten.[26] Dem Sofinduskonzern wurde die Aufgabe übertragen, vor allem die Lieferung solcher Rohstoffe wie Wolfram, Zinn, Quecksilber und Wolle zu sichern.[27] Nachdem mit dem Fall Frankreichs die in den

[24] U. a. bekräftigte die Franco-Regierung darin ihre Bereitschaft, die Schuldenforderung Hitlerdeutschlands erneut „zu prüfen". Die Zusage, Rohstoffe nach Deutschland zu exportieren, wurde nur unter dem Vorbehalt gegeben, daß die betreffenden Waren nicht von Spanien selbst benötigt oder infolge seines Devisenmangels nicht an andere Länder geliefert werden müßten. Vgl. DGFP VIII, S. 569, Fußn. der Herausgeber zu Dok. 482.

[25] Ebenda, Dok. 482 (S. 568f.).

[26] Ebenda, Dok. 679 (S. 928).

[27] Ebenda (S. 929).

ersten Monaten des Krieges bestehenden Transportschwierigkeiten für den deutsch-spanischen Handel beseitigt waren, setzten die spanischen Rohstofflieferungen wieder ein. In den folgenden Jahren bezog Deutschland aus Spanien kriegswichtige Erze, darunter Eisenerz, Blei, Quecksilber und Wolfram, sowie Olivenöl und andere landwirtschaftliche Produkte, Wolle, Wollwaren und Felle.[28] Diese Importe erfolgten zum Teil gegen deutsche Lieferungen von Maschinen, Präzisionswerkzeugen, chemischen Erzeugnissen und Waffen, zum Teil wurden sie auf die Abtragung der spanischen Schulden aus dem Interventionskrieg angerechnet, deren Höhe im Februar 1941 endgültig auf 372 Mill. RM[29] – und damit weit höher als ursprünglich vorgesehen[30] – festgelegt worden war. Bis Oktober 1943 hatte die Franco-Regierung auf diese Weise 110 Mill. RM beglichen.[31]
Unter den spanischen Rohstofflieferungen war für die deutsche Kriegsindustrie vor allem das Wolfram von außerordentlicher Bedeutung, da der Import aus den früheren Hauptbezugsländern für dieses Legierungsmetall, China und Britisch-Indien, unmöglich geworden und neben Portugal Spanien als wichtigste Bezugsquelle verblieben war.[32] Im November 1943 beschloß die Franco-Regierung, weitere 100 Mill. RM ihrer Schulden zurückzuzahlen, um Hitlerdeutschland den Kauf dieses wichtigen Rohstoffes zu erleichtern.[33] Insbesondere um das spanische und portugiesische Wolfram entbrannte im Laufe der Kriegsjahre ein erbitterter Konkurrenzkampf im Rahmen der ökonomischen Kriegführung zwischen Hitlerdeutschland und den Westmächten. Großbritannien und die USA sahen hier eine Möglichkeit, durch eigene Käufe die deutsche Kriegswirtschaft empfindlich zu schädigen. Dennoch exportierte Francospanien beträchtliche Wolframmengen nach Deutschland[34] und nutzte den Konkurrenzkampf der imperialistischen

[28] *Toynbee, A.* u. *V. (Ed.),* a. a. O., S. 265; Erklärung *Jaeneckes,* Beilage der „*Neuen Zeit*", a. a. O., S. 13f.

[29] *Feis, Herbert,* The Spanish Story. New York 1948, S. 213.

[30] Vgl. S. 192 der vorliegenden Arbeit.

[31] *Feis, Herbert,* a. a. O., S. 213.

[32] Welche Bedeutung das portugiesische und spanische Wolfram für die deutsche Rüstungsindustrie hatte, geht u. a. daraus hervor, daß es vor dem Fall Frankreichs bereits von der Deutschen Lufthansa auf dem Luftwege nach Deutschland befördert wurde. Vgl. Halbjahres- und Jahresberichte der Deutschen Lufthansa, Bd. 2 zu den Erläuterungen zur Halbjahresrechnung 1940, Anlage 25/2, Photokopie des Originals befindet sich im DWI, Berlin (4247).

[33] *Parr-Sartagba, Elizabeth J.,* a. a. O., Kap. IX, S. 21.

[34] Aus einer im Mai 1944 angefertigten und als „vertraulich" bezeichneten Aufstellung über „das wirtschaftliche Kräftepotential der kriegführenden Großmächtegruppen und ihrer Kolonial- und Einflußgebiete" geht hervor, daß das Deutsche Reich bis zum Jahre 1929 Wolframerze ausschließlich aus China und Britisch-Indien bezog. Erheblich geringere Mengen als aus diesen Ländern wurden von 1929 an zusätzlich aus Portugal eingeführt. Während des Interventionskrieges trat Spanien als Lieferland hinzu. Die im folgenden aus dieser Aufstellung wiedergegebenen Zahlen über die deutsche Wolframeinfuhr zeigen die außerordentliche Steigerung der Bezüge aus Spanien:

Großmächte zu horrenden Preissteigerungen aus[35], die der herrschenden Klasse Spaniens glänzende Profitmöglichkeiten eröffneten. Die Einnahmen aus dem Handel mit Wolfram trugen erheblich dazu bei, die spanische Wirtschaft wieder in Gang zu bringen.[36] Erst durch die viel zu lange hinausgezögerten Gegenmaßnahmen der Westmächte wurde den deutschen Imperialisten die Wolframzufuhr aus Spanien entzogen. Nachdem die USA im Winter 1943 die Einstellung ihrer Treibstofflieferungen nach Spanien beschlossen[37], in wenigen Monaten die Vorräte erschöpft und im Juni 1944 die zweite Front eröffnet worden war, hörte im Juni 1944 der Wolframexport nach Hitlerdeutschland schließlich trotz mehrfacher Proteste der Naziregierung[38] auf.[39]
Francospanien stellte jedoch während der Kriegsjahre dem faschistischen Deutschland nicht nur einen erheblichen Teil seiner eigenen Rohstoffressourcen zur Verfügung, sondern unterstützte darüber hinaus die deutsche Kriegswirtschaft durch seine Rolle als Transitland. Die Vermittlung Spaniens war für das deutsche

Deutschland importierte Wolfram aus
(aufbereitete Erze in t)

	China	Britisch Indien	Portugal	Spanien
1937	8037	1229	304	141
1938	8962	1295	658	222
1939	4142	62	638	148
1940	800	–	61	193
1941	–	–	1640	794

(Vgl. Betriebsarchiv der Deutschen Notenbank, Akte Nr. 6155/53 [18] unpag.). Nach einem Bericht des deutschen Planungsamtes vom 29. 6. 1944 über die deutsche Wirtschaftslage 1943–1944, enthalten in dem vom Deutschen Institut für Wirtschaftsforschung herausgegebenen Buch „Die deutsche Industrie im Kriege 1939–1945", Berlin 1954, S. 54, bezog Deutschland aus Portugal und Spanien folgende Wolframmengen:

(Metallinhalt in t) 1) Januar–November

	aus Portugal	aus Spanien
1942	1) 1545	1) 611
1943	930	463
1944	316	895

35 Nach den Angaben von *Charles Foltz, Jr.*, a. a. O., S. 205 f., betrug der Preis für portugiesisches und spanisches Wolfram vor 1939, als beide Länder noch geringe Mengen davon ausführten, 20 Dollars pro Tonne. Nach Kriegsbeginn, als der Export noch verhältnismäßig gering war, wurden 100 $ für die Tonne erzielt. 1943 verkaufte Spanien die Tonne zu 27 000 Dollars, Portugal sogar zu einem noch höheren Preis.
36 *Parr-Sartagba, Elizabeth Jr.*, a. a. O., Kap. IX, S. 21.
37 *Foltz, Charles, Jr.*, a. a. O., S. 209.
38 *Feis, Herbert*, a. a. O., S. 247 ff.
39 *Parr-Sartagba, Elizabeth J.*, a. a. O., Kap. IX, S. 26.

Monopolkapital vor allem für seinen Kampf gegen die USA um den südamerikanischen Markt von Bedeutung. Über Spanien erreichten deutsche Warenlieferungen – als spanisches Frachtgut getarnt – ihren dortigen Bestimmungsort[40], während andererseits südamerikanische Produkte wie auch die deutschen Importe aus Portugal auf dem gleichen Wege über Spanien der Wirtschaft des Dritten Reiches zugeführt wurden.[41] Inwieweit Franco die gegenüber Großbritannien und den USA übernommene Verpflichtung einhielt, britische und amerikanische Lieferungen nicht an die Achsenmächte weiter zu leiten, ist im einzelnen nicht feststellbar. Die Tatsache, daß Spanien während der ersten Kriegsjahre z. B. Treibstoffe wie Benzin, Schmieröle usw. in einer Menge aus den USA bezog, die weit über dem Bedarf seiner Wirtschaft lag[42], läßt die Vermutung zu, daß die spanische Unterstützung der deutschen Kriegswirtschaft sich auch auf diese Stoffe und damit auf Importe aus den USA erstreckte.[43]

Für eine Reihe der geschilderten militärischen und wirtschaftlichen Hilfsdienste Francos war der Status der Neutralität bzw. Nichtkriegführung die Voraussetzung. Man kann daher zusammenfassend feststellen, daß die von der Franco-Regierung zum zweiten Weltkrieg eingenommene Haltung in vielfacher Hinsicht für die deutschen Imperialisten vorteilhafter war, als ihr Eintritt in den Krieg an Nutzen hätte bringen können. Dessen war sich die Naziregierung auch vollauf bewußt. Die vom Auswärtigen Amt mit außerordentlicher Intensität in Spanien betriebenen Propagandakampagnen hatten daher die Festigung des bei der Mehrheit des spanischen Volkes verhaßten Franco-Regimes[44] zum Ziel, das die Beibehaltung der wohlwollenden Neutralität gewährleistete und von der offenen Einmischung des deutschen Imperialismus in die spanische Innenpolitik selbst profitierte. Im gemeinsamen Interesse arbeiteten die Behörden und Parteiinstanzen[45]

[40] *Sasuly, Richard,* a. a. O., S. 191.

[41] Vgl. hierzu *Foltz, Charles, Jr.,* a. a. O., S. 156.

[42] Vgl. hierzu *Toynbee, A.* u. *V. (Ed.),* a. a. O., S. 287; *Foltz, Charles, Jr.,* a. a. O., S. 207; *Hamilton, Thomas J.,* a. a. O., S. 182.

[43] *Foltz, Charles, Jr.,* a. a. O., S. 207.

[44] Selbst der deutsche Botschafter in Madrid, v. Stohrer, war gezwungen in seinem telegraphischen Geheimbericht vom 29. 9. 1942 an das AA zuzugeben, daß die Mehrheit des spanischen Volkes mit der Franco-Regierung unzufrieden war. Die deutsche Propaganda müsse daher versuchen, „das spanische Regime zu verteidigen und zu stützen . . .“. DZA Potsdam, AA, Kulturpolitische Abt., Akte Nr. 48039, Bl. 244.

[45] Wie später in den anderen vom deutschen Imperialismus überfallenen Ländern, folgten auch in Spanien die Beamten der Gestapo den deutschen Militäreinheiten auf dem Fuß, um in den von Franco besetzten Gebieten die „Ordnung“ aufrechtzuerhalten. Bereits während und nach dem Interventionskrieg schloß die Gestapo mit der spanischen „Sicherheitspolizei“ mehrere Abkommen (für den Polizeivertrag vom 31. 7. 1938 vgl. Akten III, Dok. 786, S. 766; für den Vertrag vom Oktober 1940 vgl. *Foltz, Charles, Jr.,* a. a. O., S. 157), in denen die enge Zusammenarbeit – auch in personeller Hinsicht, festgelegt wurde. Thomas J. Hamilton, der Madrider Korrespondent der „New York Times“ während des

beider Länder auf das engste zusammen, um jede demokratische Regung und jede Kritik der Francoschen Politik im Keim zu ersticken. Im gemeinsamen Interesse konnte Hitlerdeutschland mit Hilfe der von ihm beherrschten spanischen Presse, des Rundfunks und des Filmwesens die Lenkung der öffentlichen Meinung übernehmen.[46] Auf Initiative des deutschen Botschafters in Madrid, von Stohrer, wurden – ähnlich wie im ersten Weltkrieg – von den deutschen Behörden gelenkte „Neutralitätskomitees" ins Leben gerufen[47], die als Mitglieder vornehmlich Vertreter der spanischen Großbourgeoisie und des Adels erfaßten, deren Sympathie für das imperialistische Deutschland seit Jahren bekannt war. Zum hart umstrittenen Schauplatz der psychologischen Kriegführung aber wurde Spanien vor allem durch den Anfang 1942 von Hitlerdeutschland begonnenen Propagandafeldzug zur Beeinflussung aller Schichten der spanischen Bevölkerung, über dessen Organisation und Wirksamkeit die deutsche Botschaft in Madrid unter der Bezeichnung „Der große Plan" laufend an das AA berichtete.[48] Diese Kampagne zur Unterdrückung der antifaschistischen Tendenzen innerhalb des spanischen Volkes und zur Bekämpfung der britischen Propaganda konnte in der Art, wie sie durchgeführt wurde, nur infolge der von den deutschen Imperialisten in den vorhergehenden Jahren geschaffenen engen Verbindung zum Francoschen Staatsapparat und zu den reaktionären Institutionen und Organisationen in Spanien in die Wege geleitet werden. Diese Verbindungen gestatteten es, die Durchführung der deutschen Propaganda im Gegensatz zu derartigen Aktionen in der Vergangenheit ausschließlich Angehörigen des spanischen Volkes zu überlassen, wodurch die Wirksamkeit erhöht wurde und die besten Voraussetzungen zur Tarnung gegeben waren. Gestützt auf ein über das ganze Land verzweigtes Netz von Vertrauensmännern aus den spanischen Behörden, der Kirche und Armee, der Falange und anderen Organisationen[49], zog die deutsche Botschaft ein umfangreiches System zur Lenkung der öffentlichen Meinung auf, dessen Finanzierung durch Reichsmittel[50] und zum erheblichen Teil direkt durch deutsche Konzerne[51] gewährleistet wurde.

zweiten Weltkrieges, bestätigt aus eigener Anschauung, daß die Francosche Polizei in hohem Maße von Beamten der Gestapo durchsetzt war (vgl. *Hamilton, Thomas J.*, a. a. O., S. 162). Über die engen Beziehungen der deutschen Botschaft in Madrid zu den spanischen Polizei-, Presse-, Zensur- und Postbehörden sowie zur Falange vgl. DZA Potsdam, AA, Kulturpolitische Abt., Akten Nr. 48029/1, Bl. 49, 50, 221, 235; Nr. 48036, Bl. 1–3.

[46] DZA Potsdam, AA, Kulturpolitische Abt., Akte Nr. 48029/1, Bl. 220, Nr. 48039, Bl. 243, 280–283, Nr. 48036, Bl. 3.

[47] DZA Potsdam, AA, Kulturpolitische Abt., Akte Nr. 48029/1, Bl. 208 (Telegramm des deutschen Botschafters in Madrid, *von Stohrer*, vom 8. 7. 1942 an das AA, Berlin).

[48] Hierzu befinden sich im DZA Potsdam allein 9 Aktenbände.

[49] DZA Potsdam, AA, Kulturpolitische Abt., Akte Nr. 48029/1, Bl. 49–51 (Bericht des deutschen Botschafters in Madrid, *von Stohrer*, vom 11. 2. 1942 an das AA, Berlin).

[50] Ebenda, Bl. 209 (Telegramm des deutschen Botschafters in Madrid, *von Stohrer*, vom 8. 7. 1942, an das AA, Berlin).

[51] DZA Potsdam, AA, Kulturpolitische Abt., Akte Nr. 48039, Bl. 283–285 (vom 19. 8. 1942 datierte Aufzeichnung für Unterstaatssekretär Luther).

Auf diese Weise wurde die Verbreitung deutscher, in spanischer Sprache abgefaßter Propagandamaterialien garantiert. Korrumpierung der Presse zwecks Lancierung tendenziöser Nachrichten[52], Verletzung des Postgeheimnisses zur Beschlagnahme britischer und amerikanischer Sendungen und zur Förderung der Verteilung deutschen Materials[53], offener Terror gegen diejenigen, die gegen den deutschen Faschismus gerichtete Nachrichten zu verbreiten „wagten"[54], kurz, die gleichen Mittel, die sich bereits im ersten Weltkrieg und insbesondere in den Jahren vor der Auslösung des faschistischen Putsches im Juli 1936 „bewährt" hatten, wurden wiederum und in größerem Umfang als je zuvor angewandt, um die unter dem Franco-Regime vom deutschen Imperialismus in Spanien errungene Position zu halten und zu festigen. Die Wirkung der deutschen Propaganda verringerte sich naturgemäß in dem Maße, in dem sich infolge der militärischen Siege der Antihitlerkoalition die Niederlage des deutschen Imperialismus immer deutlicher abzuzeichnen begann. Aus dem gleichen Grunde traten gegen Kriegsende die Bestrebungen der herrschenden Klasse Spaniens offen zutage, die Stütze für das morsche faschistische System in den Westmächten zu suchen[55], eine Funktion, die Großbritannien und die USA während des Krieges zu einem erheblichen Teil bereits objektiv durch ihre wirtschaftlichen Hilfsmaßnahmen für Francospanien ausgeübt hatten und die der amerikanische Imperialismus nach der Beendigung des Krieges vollends übernahm.

Die Aggressionspolitik des deutschen Imperialismus, die auf außenpolitischem Gebiet mit der Generalprobe Spanien begonnen hatte, endete mit einer vernichtenden militärischen Niederlage. Der Sieg der Völker über das faschistische Deutschland, zu dem die Sowjetunion den größten Beitrag leistete, stellte noch

[52] Ebenda, Bl. 280f. (Bericht *von Stohrers* über die politische Anzeigen-Aktion in Spanien vom 28. 5. 1942 an das AA, Berlin).

[53] DZA Potsdam, AA, Kulturpolitische Abt., Akte Nr. 48029/1, Bl. 49 (Bericht *von Stohrers* vom 11. 2. 1942 an das AA, Berlin).

[54] Ebenda, Bl. 220 (Konzept der Informationsabt. der deutschen Botschaft in Madrid vom 6. 8. 1942 für einen Bericht über den Stand der Propagandaaktion „großer Plan" in Spanien an das AA, Berlin).

[55] Das zeigte sich u. a. in der bereits erwähnten Einstellung der Belieferung Hitlerdeutschlands mit strategischen Rohstoffen. Besonders deutlich wird diese Tendenz in dem Interview sichtbar, das Franco Anfang November 1944 einem Vertreter der „United Press" gab. Franco beteuerte damals, daß Spanien niemals faschistisch und mit den Achsenmächten verbündet gewesen sei und daß seine Regierung die Zusammenarbeit mit den Mächten der Antihitlerkoalition wünsche (vgl. „Völkischer Beobachter", Nr. 306, 9. 11. 1944, Archiv des ehem. Landbundes, Bd. Fra-Frank, unpag., MfdG, Berlin). Daß Franco in seiner Formulierung die Sowjetunion mit einbezogen hatte, war nichts anderes als eine heuchlerische Geste, nachdem die verschiedentlich von der Franco-Regierung unternommenen Versuche, die gemeinsame Front der Alliierten zu sprengen und den Krieg in einen Feldzug aller imperialistischen Staaten gegen die Sowjetunion zu verwandeln, fehlgeschlagen waren. Vgl. hierzu *Hoare, Sir Samuel*, Gesandter in besonderer Mission. Hamburg 1949, S. 479.

einmal unter Beweis, daß die Politik der militärischen Abenteuer nichts anderes als ein Fiasko und die Schwächung der Ausgangsposition des Aggressors zur Folge haben kann. Im Ergebnis des politischen, militärischen und wirtschaftlichen Zusammenbruchs des deutschen Imperialismus büßte das deutsche Monopolkapital seine Positionen im Ausland, darunter auch den größten Teil seiner Kapitalanlagen in Spanien, ein.

Nach 1945 war die spanische Finanzoligarchie außerordentlich daran interessiert, in den Besitz der deutschen Kapitalanlagen zu gelangen, die während des zweiten Weltkrieges noch erheblich erhöht worden waren[56], und deren Wert von westdeutscher Seite im Jahre 1952 mit 65 Mill. Dollar (Kaufkraft 1939) angegeben wurde.[57] Der wirkliche Wert dürfte jedoch weit höher liegen und kaum zu ermitteln sein[58], da bekanntlich der deutsche Kapitaleinfluß zu einem Teil über spanische Strohmänner ausgeübt wurde.[59] Kurz nach Kriegsende ordnete Franco zunächst

[56] Nach den Angaben von Plenn kontrollierte das deutsche Monopolkapital im Jahre 1942 ein Fünftel aller spanischen Gesellschaften mit beschränkter Haftung. 1944 schätzte man, daß aus diesen 20% bereits 50% geworden waren (*Plenn, Abel,* a. a. O., S. 185). Neben der Neugründung von Tochterfirmen deutscher Konzerne wurden zahlreiche deutsch-spanische Unternehmen ins Leben gerufen.

[57] Vgl. Pfleiderer-Bericht vom 16. 5. 1952, „Deutscher Bundestag", Drucksache Nr. 3389, S. 3, zit. nach *Scholten, Rainald,* Die Liquidierung des deutschen Privatvermögens in Spanien im Spiegel des Völkerrechts. Düsseldorf 1957, S. 5. Diese westdeutsche Veröffentlichung ist ein einziger Aufschrei gegen die Liquidierung der deutschen Vermögenswerte, die in Spanien „besonders rücksichtslos" durchgeführt worden sei (S. 6). Wie von einem juristischen Klopffechter des Imperialismus nicht anders zu erwarten, erwähnt der Verfasser hingegen mit keinem Wort, mit welchen Mitteln und Methoden das deutsche Monopolkapital den Kampf um die Erweiterung seiner Kapitalanlagen und die Verwirklichung seiner Herrschaftsansprüche in Spanien und in anderen Ländern führte! *Scholten* leugnet sogar die Ausplünderung des spanischen Volkes durch die erheblichen Rohstofflieferungen, die zu einem Teil in Verrechnung der Schulden der Franco-Regierung aus dem Interventionskrieg erfolgten. Seine Behauptung, daß diese Schulden nicht bezahlt worden wären und Hitlerdeutschland bis Ende des zweiten Weltkrieges noch über ein Aktivsaldo verfügte (S. 48f.), werden nicht bewiesen und sind in der vorliegenden Arbeit bereits widerlegt worden, so daß selbst für eine formal-juristische Behandlung dieser Frage jede Grundlage für die Argumentation fehlt.

[58] Von amerikanischer Seite wurden die deutschen Kapitalanlagen in Spanien auf nahezu 300 Mill. Dollar geschätzt. Vgl. *Foltz, Charles, Jr.*, a. a. O., S. 282.

[59] Vgl. hierzu u. a. S. 33f. und 218f. dieser Arbeit. Die gleiche Praxis, einen hohen Anteil des deutschen Kapitaleinflusses über sogenannte Treuhänder auszuüben, wurde auch während des zweiten Weltkrieges beibehalten. So waren z. B. bei der 1940 gegründeten Telefunken-Radiotechnica-Iberia-S.A., Getafe, nur 25% des Kapitals offiziell in deutschem Besitz, die restlichen 75% aber über „Treuhänder". Vgl. Brief der Telefunken-Gesellschaft an Hermann J. Abs, Deutsche Bank, vom 17. 9. 1943. Photokopie des Originals befindet sich im DWI, Berlin (5955 [11]). Der Korrespondent der „New York Post", *Nixon,* enthüllte im April 1946,

die Blockierung aller deutschen Vermögenswerte an; am 31. Januar 1947 beschloß die spanische Regierung ihre Verstaatlichung.[60] Im Rahmen der im Potsdamer Abkommen vorgesehenen Regelung, die deutschen Vermögenswerte im Ausland zur Wiedergutmachung der vom deutschen Imperialismus anderen Ländern während des zweiten Weltkrieges zugefügten Verluste heranzuziehen[61], wurde auf Grund einer Anfang Mai 1948 zwischen den USA, Großbritannien, Frankreich und der spanischen Regierung getroffenen Vereinbarung ein Teil der deutschen Auslandsguthaben den westlichen Alliierten übereignet.[62] Durch diese Maßnahme ist der deutsche Kapitaleinfluß in Spanien zunächst zurückgedrängt, jedoch keineswegs vollständig beseitigt worden.

Der größte Teil der deutschen Unternehmen bzw. der Kapitalanteile an spanischen Firmen aber ging im Ergebnis der „Übereignungen" an das amerikanische Monopolkapital über[63], wobei in vielen Fällen bezeichnenderweise deutsche Ingenieure und Techniker sowie spanische Strohmänner der deutschen Imperialisten mit übernommen wurden.[64] Im Laufe der Nachkriegsjahre erzwangen die USA – neben eigenen Neugründungen – die Aktienbeteiligung an zahlreichen britischen, französischen und belgischen Unternehmen[65] und bauten ihre Position in allen Zweigen der spanischen Wirtschaft so weit aus, daß sie heute eindeutig den ersten Platz einnehmen. Vor allem infolge der außerordentlich niedrigen Löhne der spanischen Arbeiter[66], die in manchen Fällen – wie die amerikanische Zeitschrift „Engineering News Record" vom Mai 1953 bestätigte – um fast 90% geringer als in den USA sind, während die Rohstoffkosten „nur" 30% unter den amerikanischen liegen[67],

daß noch wenige Wochen vor Kriegsende deutsche Guthaben im Werte von zwei Mill. Dollar mit Hilfe von Strohmännern spanischer Nationalität verborgen wurden. Vgl. „Tägliche Rundschau", 12. 4. 1946.

60 *Staneck, Heinz,* a. a. O., S. 128.

61 Vgl. *Bittel, Karl* (Hrsg.), Das Potsdamer Abkommen und andere Dokumente. Kleine Dokumentensammlung. Berlin 1959, S. 85f., Abschnitt IV, Ziffer 1 u. 3.

62 *Scholten, Rainald,* a. a. O., S. 5; im Potsdamer Abkommen war eine Aufteilung der Reparationsforderungen zwischen den Mächten der Antihitlerkoalition vorgenommen worden. Danach war der Sowjetunion die Möglichkeit zur Inanspruchnahme deutscher Auslandsguthaben in Bulgarien, Finnland, Ungarn, Rumänien und Österreich zugesprochen worden, während die USA und Großbritannien sich die Verwertung der Auslandsguthaben in den übrigen Ländern vorbehalten hatten. (Vgl. *Bittel, Karl* [Hrsg.], Das Potsdamer Abkommen, a. a. O., S. 87f., Ziffer 8 und 9.)

63 *Arconada, Felipe M.,* a. a. O., S. 13.

64 Ebenda, S. 14.

65 Für Beispiele vgl. ebenda, S. 21–24.

66 Im Vergleich zu 1935 war der Reallohn der Arbeiterklasse im Jahre 1955 auf ein Drittel bzw. ein Viertel herabgedrückt worden und lag für die Mehrheit der Arbeiter weit unter dem, was von offizieller spanischer Seite als Existenzminimum bezeichnet wurde. Vgl. *Ibarruri, Dolores,* Rechenschaftsbericht des Zentralkomitees an den V. Parteitag der Kommunistischen Partei Spaniens und Schlußwort. Berlin 1955, S. 48.

67 Ebenda, S. 64f.

wurde Spanien für das amerikanische Finanzkapital zu einem der Länder, in denen es seine höchsten Profite erzielt.[68] Neben den hohen Gewinnen aus den Kapitalanlagen profitiert der amerikanische Imperialismus aus der Militarisierung der spanischen Wirtschaft, die unter seinem Einfluß von der Franco-Regierung durchgeführt wurde, und durch die sich die Lebenslage des Volkes noch weiter verschlechterte. Die einseitige Entwicklung der Industrie[69] erhöhte die Möglichkeiten für den amerikanischen Warenexport nach Spanien, für den die USA für sie außerordentlich günstige Bedingungen erzwangen.[70] Wie andere imperialistische Staaten exportierten die Vereinigten Staaten nach Spanien zu höheren als den Weltmarktpreisen, während sie spanische Waren, darunter strategisch wichtige Metalle wie Wolfram und Quecksilber[71], zu Preisen importierten, die unter denen des Weltmarktes lagen.[72]

Die wirtschaftliche Beherrschung des Landes erleichterte die Verwirklichung der politischen Ziele der USA in Spanien. Auch hier haben die Vereinigten Staaten das Erbe des deutschen Imperialismus angetreten und Spanien die Rolle eines „Bollwerkes gegen den Bolschewismus" zugedacht, das den unaufhaltsam wachsenden Einfluß der Sowjetunion auf die Weltpolitik eindämmen helfen und als Stützpunkt für die Durchsetzung der aggressiven Pläne der internationalen Reaktion dienen soll. Wie überall in den kapitalistischen Staaten stützen sich die amerikanischen Imperialisten auch in Spanien auf die antidemokratischsten Kräfte der Gesellschaft, die, um ihre eigene Herrschaft aufrechtzuerhalten, bereit sind, die Souveränität ihres Landes preiszugeben und zum Vasall der Wall Street zu werden. Den offensichtlichsten Beweis hierfür lieferte die spanische Finanzoligarchie durch den Abschluß des Militärvertrages mit den USA vom 26. September 1953. Auf Grund dieses Paktes konnten die USA Spanien mit einem Netz von Atomstützpunkten, Raketenabschußrampen und Militärdepots überziehen, so daß Spanien gegenwärtig einen der strategisch wichtigsten Brückenköpfe des amerikanischen Imperialismus in Europa darstellt.

Die Vormachtstellung in Spanien, die sich der amerikanische Imperialismus in den Nachkriegsjahren sichern konnte, ist ihm keineswegs kampflos zugefallen. Sie ist das Ergebnis einer heftigen Offensive, die sich vornehmlich gegen die Interessen des britischen Monopolkapitals richtete.[73] Durch die amerikanische Durchdringung der Iberischen Halbinsel wurden die an die Ausschaltung des deutschen Rivalen unmittelbar nach 1945 geknüpften Hoffnungen der britischen Großbourgeoisie, ihre früheren Positionen in Spanien wiederzuerringen und auszubauen, zunichte gemacht. Mit dem Wiedererstehen des deutschen Imperialismus in Westdeutschland, das die Westmächte infolge ihrer Nichteinhaltung des Potsdamer Abkom-

[68] Ebenda, S. 60.
[69] Ausführlich hierzu vgl. ebenda, S. 28–35.
[70] Ebenda, S. 63.
[71] Ebenda, S. 32.
[72] Ebenda, S. 42.
[73] Vgl. hierzu *Arconada, Felipe M.*, a. a. O., S. 21–25; *Plenn, Abel*, a. a. O., S. 331.

mens ermöglichten und aktiv unterstützten, züchteten sie sich – ähnlich wie in den Jahren nach dem ersten Weltkrieg – das deutsche Monopolkapital erneut als Konkurrenten heran, das im Rahmen seines Kampfes um die Erweiterung der wirtschaftlichen und politischen Einflußsphären auch die alten Pläne in bezug auf Spanien niemals aufgegeben hat.

Der Zusammenarbeit mit dem faschistischen Franco-Regime, die das westdeutsche Monopolkapital unmittelbar nach Kriegsende wieder aufnahm und in den folgenden Jahren weiter vertiefte, lagen die gleichen Ziele zugrunde, die in der Zeit der Weimarer Republik und des Faschismus die Spanienpolitik des deutschen Imperialismus bestimmten: Unterstützung der herrschenden Klassen bei der Niederhaltung der demokratischen Kräfte durch die wirtschaftliche und politische Zusammenarbeit mit der spanischen Reaktion, Wiedergewinnung Spaniens als Rohstofflieferant, Absatz- und Kapitalanlagemarkt sowie seine Ausnutzung zur Durchführung der anfangs noch geheim gehaltenen Rüstungsvorhaben; dann – nach dem Erstarken des westdeutschen Imperialismus – Erweiterung des inzwischen erreichten wirtschaftlichen und politischen Einflusses und Einbeziehung Spaniens in die westdeutsche Stützpunktpolitik zur Verbesserung der strategischen Ausgangsposition für den geplanten neuen Waffengang, durch den die im zweiten Weltkrieg erlittene Niederlage revidiert und die in seinem Ergebnis eingetretenen Veränderungen in Europa rückgängig gemacht werden sollen. Diese Kontinuität der wirtschafts- und militärpolitischen Expansionsbestrebungen ist keineswegs zufällig. Sie resultiert daraus, daß auf dem Boden des nach 1945 von den Westmächten besetzten Teiles Deutschlands, der heute den Bonner Bundesstaat darstellt, die Machtposition der Monopole und ihrer Willensvollstrecker in Armee und Verwaltung erhalten blieb, in deren Profit- und Herrschaftsinteressen der Kampf um die Vormachtstellung in Spanien seit Jahrzehnten geführt wird.

Durch das Fortbestehen der ökonomischen und politischen Macht des Monopolkapitals wurde auch die Ideologie des militanten Antikommunismus erhalten, mit der der deutsche Imperialismus in Vergangenheit und Gegenwart seine aggressive Politik nach innen und außen zu verbrämen und begründen suchte. Auch heute stellt sie das gemeinsame weltanschauliche Band dar, durch das sich die herrschende Klasse in Westdeutschland mit dem faschistischen Regime in Spanien eng verbunden fühlt. Diese stark ausgeprägte Gemeinsamkeit in ideologischer Hinsicht ließ Franco als besonders geeigneten Partner für die Wiederaufnahme der alten Spanienpläne des deutschen Imperialismus erscheinen. Nur wenige Jahre nach Kriegsende verstrichen, bis die Pläne der westdeutschen Konzernherren wieder so weit realisiert waren, daß wir mit vollem Recht von der Achse Bonn-Madrid sprechen, die einen Bestandteil des aggressiven Dreiecks Washington-Bonn-Madrid darstellt.

Die Bildung der Achse Bonn-Madrid wurde unmittelbar nach Kriegsende vorbereitet. Um sich der gerechten Bestrafung zu entziehen, flüchteten zahlreiche Vertreter der deutschen Kriegsindustrie und Wehrwirtschaftsführer, Gestapobeamte, SA- und SS-Führer nach Spanien, wo sie – ähnlich wie einst die Agenten der AO der NSDAP – als „biedere" Kaufleute, Ingenieure und Techniker unterzutauchen suchten. Sie fanden schnell in den getarnten, von spanischen Strohmännern verwalteten deutschen Firmen oder in den staatlichen Betrieben der spanischen Kriegsindustrie Unterschlupf. Die spanische Regierung gewährte diesen deutschen Kriegsverbrechern nicht nur Asyl und verlieh in zahlreichen Fällen bedenkenlos die spanische Staatsbürgerschaft[74], sondern bot dem deutschen Monopolkapital – wie in den Jahren der Weimarer Republik[75] – die Möglichkeit, unter Umgehung des für Deutschland festgelegten Verbotes der Herstellung von Kriegsflugzeugen, Waffen und anderem Gerät[76], die Vorbereitungen für die geplante Wiederaufrüstung des deutschen Imperialismus zu treffen. Wieder standen für die westdeutschen Militaristen die Entwicklung und Erprobung neuer Flugzeug- und Waffentypen im Vordergrund. Im Ergebnis der in spanischen Firmen von deutschen Flugzeugkonstrukteuren wie Messerschmitt, Dornier, Räder u. a. sowie von Spezialisten auf dem Gebiet der Infanterie- und Artilleriewaffen durchgeführten Forschungsarbeiten wurden neue Flugzeug- und Waffentypen entwickelt, von denen einige heute bereits zur Ausrüstung der westdeutschen und spanischen Streitkräfte gehören.[77] Die geheime Zusammenarbeit der westdeutschen Imperialisten mit dem faschistischen Spanien auf militärischem Gebiet wurde also bereits zu einem Zeitpunkt begonnen, als man an die offizielle Wiederaufnahme der alten Beziehungen aus mehreren Gründen noch nicht denken konnte.

Nachdem die Mächte der Antihitlerkoalition im Potsdamer Abkommen die Zulassung des faschistischen Spaniens zur Organisation der Vereinten Nationen unter ausdrücklichem Hinweis auf Ursprung, Charakter und die enge Zusammenarbeit Francos mit den Achsenmächten während des zweiten Weltkrieges kategorisch abgelehnt[78] und die Vollversammlung der UNO am 12. Dezember 1946 aus den gleichen Gründen ihren Mitgliedstaaten den Abbruch der diplomatischen Beziehungen zu Spanien empfohlen hatten, konnten die westdeutschen Imperialisten in ihrer damals außenpolitisch noch nicht gefestigten Position eine erneute Annäherung an das geächtete Franco-Regime nicht wagen. Der Versuch

[74] *Lister, Enrique,* Das aggressive Dreieck. In: „Probleme des Friedens und des Sozialismus", Nr. 9, 1960, S. 28.

[75] Vgl. Kap. I dieser Arbeit, S. 36ff.

[76] Potsdamer Abkommen vom 2. 8. 1945, Abschnitt A, Artikel Ib, vgl. *Bittel, Karl* (Hrsg.), a. a. O., S. 79f.

[77] Hierzu zählen u. a. die von Messerschmitt in der spanischen Firma Hispano Aviacion entwickelten Typen HA-100 E 1 „Triana" und HA-200 E 2 „Saeta", das von *Dornier* im Auftrage der spanischen Regierung gebaute Kurzstreckenflugzeug D-25, dessen verbesserte Ausführung die heute in Westdeutschland produzierten Typen D-27 und D-29 sind. Auch das Cetme-Sturmgewehr, das in die Bonner Bundeswehr eingeführt wird, ist ein Produkt der Entwicklungsarbeiten deutscher Techniker in Spanien. Vgl. „Neues Deutschland", Berliner Ausgabe, 10. 3. 1960.

[78] Potsdamer Abkommen vom 2. 8. 1945, Abschnitt X, Artikel 2, vgl. *Bittel, Karl* (Hrsg.), a. a. O., S. 94.

eines derartigen Schrittes wäre zudem durch den Alliierten Kontrollrat sofort unterbunden worden. Hinzu kam, daß man sich in den ersten Nachkriegsjahren im Interesse der Festigung der eigenen Macht gezwungen sah, auf die antifaschistischen Tendenzen innerhalb der westdeutschen Öffentlichkeit Rücksicht zu nehmen, von deren Trägern die Arbeiterklasse ein Wiederaufleben der früheren Spanienpolitik mit Kampfmaßnahmen beantwortet hätte.

In dem Maße, in dem nach der Bildung des Bonner Separatstaates der westdeutsche Imperialismus in politischer, wirtschaftlicher und militärischer Hinsicht erstarkte, gewann er auch seine Handlungsfreiheit für die Verwirklichung seiner Ziele in Spanien zurück. Erleichtert wurde das Wiederaufgreifen der alten Pläne durch die Ende 1950 von der UNO auf Drängen der USA beschlossene Aufhebung der vier Jahre zuvor gefaßten Resolution, die den Abbruch der diplomatischen Beziehungen der UNO-Mitglieder zu Francospanien empfohlen hatte. Nachdem nunmehr der Wiederaufnahme der offiziellen Beziehungen in den Augen der reaktionären Kreise der kapitalistischen Welt die Anrüchigkeit genommen war, begann eine neue Etappe der westdeutschen Spanienpolitik.

Kennzeichnend für diese neue Phase ist die unverhüllte Wiederaufnahme des Kampfes um die Einbeziehung Spaniens in die wirtschaftlichen und militärischen Kriegsvorbereitungen des westdeutschen Imperialismus, in dessen Verlauf man in Bonn nicht davor zurückschreckt, ebenso offen wie zu den übrigen Raubzügen Hitlerdeutschlands gegen andere Völker sich auch zur Interventionspolitik des faschistischen deutschen Imperialismus gegen die spanische Republik zu bekennen.[79] Die Stelle der Auslandsorganisation der NSDAP und anderer faschistischer Unterminierungsorganisationen Hitlerscher Prägung, die in den dreißiger Jahren den Boden für die Verwirklichung der Ziele des deutschen Imperialismus vorbereiteten, wird heute von den Institutionen des politischen Katholizismus der Bundesrepublik eingenommen, die unter klerikalfaschistischen Losungen die Herrschaftsansprüche des westdeutschen Monopolkapitals vertreten. Unter ihnen ist an erster Stelle die sogenannte Abendländische Akademie zu nennen, die mit dem in Madrid beheimateten „Europäischen Zentrum für Dokumentation", der geistigen Zentrale des internationalen Klerikalfaschismus, auf das engste in organisatorischer und propagandistischer Hinsicht zusammenarbeitet.[80]

Aber auch die in der Vergangenheit erprobten Mittel, auf dem Wege über die Vertiefung der kulturellen Beziehungen den wirtschaftlichen und politischen Einfluß auszubauen, sind längst wieder in den Dienst der Vorbereitung des neuen Griffes nach Spanien gestellt worden. So berichtete die westdeutsche Presse z. B. bereits im Jahre 1951 über die Gründung deutsch-spanischer Gesellschaften[81],

[79] Vgl. hierzu die von A. Norden angeführten Beispiele. *Norden, Albert,* Die spanische Tragödie, a. a. O., S. 80f.

[80] Ausführlicher hierzu vgl. ebenda, S. 81–85.

[81] Derartige Gründungen fanden u. a. in München und an der Universität Freiburg (Br.) statt. Vgl. „Neue Zeitung", München, 19. 2. 1951 und „Rheinische Post", Düsseldorf, 10. 11. 1951, zitiert nach *Meißner, Wilhelm,* Materialien über die Beziehungen Westdeutschlands zu Franco-Spanien. Unveröff. Manuskript, S. 23.

deren Ziel es sei, „die nach dem Ende des zweiten Weltkrieges unterbrochenen Verbindungen zwischen Deutschland (gemeint ist Westdeutschland) und Spanien auf kulturellem und wirtschaftlichem Gebiet wieder in großem Umfang anzuknüpfen.“[82] In der gleichen Richtung wirken die inzwischen in Spanien wieder eröffneten deutschen Schulen und der im Rahmen des Ende 1954 zwischen der Bonner und Madrider Regierung getroffenen Kulturabkommens vorgesehene Austausch von Studenten und Lektoren, Filmen, Ausstellungen usw.[83]
Wirksamer als jede Propagandaoffensive aber waren die politischen und wirtschaftlichen Schritte, durch die sich der westdeutsche Imperialismus die Wege für die Stärkung seiner Position in Spanien eröffnete. Gemeinsam mit den USA hat sich Bonn wiederholt für die von Franco angestrebte offizielle Aufnahme Spaniens in die NATO eingesetzt[84]; und neben den USA zählt die Bundesrepublik zu den Staaten, die die zerrüttete spanische Wirtschaft durch Millionenkredite zu stabilisieren suchen[85], um das Fortbestehen des Franco-Regimes zu sichern. Diese Hilfestellung Bonns für Franco kam erst kürzlich in dem Vertrag über einen 200 Millionen-DM-Kredit zum Ausdruck, den der westdeutsche Wirtschaftsminister und Vizekanzler Erhard im Mai 1961 während seines Besuches in Madrid unterzeichnete.[86] Wieder handelt es sich hier um eine Form des Kapitalexports, dessen Wesen die westdeutschen Imperialisten gegenwärtig vor der Öffentlichkeit hinter dem betrügerischen Begriff der sogenannten Entwicklungshilfe für die kolonialen und halbkolonialen Länder zu verschleiern suchen. Neben dem erwähnten Export von Leihkapital versäumte es das westdeutsche Monopolkapital natürlich auch nicht, wiederum den Kapitalmangel der spanischen Wirtschaft zum eigenen Vorteil durch die Ausfuhr von produktivem Kapital auszunutzen. Zu den westdeutschen Konzernen, die sich nach 1950 wieder an spanischen Unternehmen beteiligt oder Tochterfirmen gegründet haben, gehören Mannesmann, Haniel, Krupp, Flick, die Deutsche Bank AG., die Dynamit AG, die AEG, Siemens, die Farbwerke Hoechst AG, Wacker Chemie AG, Lanz AG, die Messerschmitt AG sowie die Deutsche Gold- und Silberscheideanstalt (Degussa).[87] Zum größten Teil finden wir in dieser keineswegs vollständigen Aufzählung die Namen der deutschen Monopole wieder, die seit vielen Jahrzehnten mit wechselndem Erfolg und unterschiedlichen Mitteln, immer jedoch zum Schaden des deutschen und des spanischen Volkes, den Kampf um die Einbeziehung Spaniens in das rüstungswirtschaftliche Potential und die wirtschaftliche und politische Machtsphäre des deutschen Imperialismus betrieben haben. In dieser Beziehung ist heute – angesichts der forcierten Vorbereitungen eines atomaren Krieges durch die westdeutschen Imperialisten – die Aktivität solcher Konzerne wie der De-

[82] „Neue Zeitung“, München, 19. 2. 1951.
[83] *Meißner, Wilhelm*, a. a. O., S. 23f.
[84] „Neues Deutschland“, Berliner Ausgabe, 10. 4. 1958.
[85] *Lister, Enrique*, a. a. O., S. 28.
[86] „Neues Deutschland“, Berliner Ausgabe, 14. 5. 1961.
[87] Ebenda, 10. 4. 1958, 3. 3. 1960, 10. 3. 1960 und 22. 3. 1961.

gussa und Krupp von besonderer Bedeutung, die in enger Verbindung mit spanischen Wirtschafts- und Militärkreisen an der Gewinnung von inzwischen in Spanien entdeckten Uranvorkommen arbeiten.[88]
Auch der Warenaustausch zwischen Westdeutschland und Spanien steht im Dienste der westdeutschen Kriegsvorbereitung. Wieder ist Spanien für die westdeutsche Kriegsindustrie ein willkommener Rüstungsmarkt[89], während andererseits die spanische Produktion bestimmter Waffentypen so weit entwickelt worden ist, daß sie sich bereits seit Jahren aktiv an der Ausrüstung der Bundeswehr beteiligen konnte.[90]
Mit der offiziellen Wiederaufnahme der Beziehungen auf politischem und wirtschaftlichem Gebiet begannen auch die westdeutschen Militärs, die alten Fäden zur Franco-Armee enger zu knüpfen. Wieder wurde – wie einst in den ersten Jahren der Weimarer Republik[91] – einer Gruppe von Offizieren im Kriegsministerium die Aufgabe übertragen, die Zusammenarbeit beider Armeen zu fördern und die Möglichkeiten zu prüfen, ob die spanische Kriegsindustrie nicht über die unmittelbar nach 1945 begonnene geheime Zusammenarbeit hinaus der westdeutschen Aufrüstung nutzbar gemacht werden könnte.[92] War die Aufgabenstellung die gleiche, so unterschieden sich die Bedingungen wesentlich, unter denen sie in Angriff genommen wurde. Während der deutsche Generalstab Anfang der zwanziger Jahre noch über wenige Kader mit „Spanienerfahrung" und Verbindungen zu spanischen Dienststellen verfügte, die zur Lösung dieser Aufgabe besonders geeignet waren, so besaß die Bundeswehr vor allem unter den Offizieren der faschistischen Legion Condor zahlreiche „Spezialisten", die, wie z. B. der Kindermörder von Getafe, Hannes Trautloft, heute wieder maßgebliche Stellen in der westdeutschen Armee besetzen.[93] Inzwischen gibt es für die immer engere Zusammenarbeit zwischen den westdeutschen und spanischen Militärs zahlreiche Beispiele. So hat die Bundeswehr bereits wieder seit 1955 eine der Aufgaben übernommen, die einst der Legion Condor übertragen worden war: Die Ausbildung spanischer Soldaten und Offiziere[94], diesmal allerdings auf deutschem

[88] Ebenda, 22. 3. 1961.
[89] Ebenda, 26. 4. 1955 u. 14. 11. 1959.
[90] Ebenda, 10. 3. 1960 u. 11. 3. 1960.
[91] Vgl. Kap. I dieser Arbeit, S. 22.
[92] „Neues Deutschland", Berliner Ausgabe, 10. 3. 1960.
[93] Neben anderen gegen die spanische und später gegen die polnische Zivilbevölkerung verübten Verbrechen hatte die „Jagdstaffel Trautloft" dem Göringschen Bombergeschwader Geleitschutz gegeben, das am 30. 10. 1936 ein furchtbares Blutbad in Getafe, nahe bei Madrid, anrichtete, dem 63 Kinder zum Opfer fielen. Trautloft ist heute Generalmajor. Ende 1957 wurde er als Kommandeur der Luftwaffenschule in Fürstenfeldbruck mit der gesamten Ausbildung der Flieger betraut. Im November 1960 wurde er zum Stellvertretenden Inspekteur und Chef des Stabes des Führungsstabes der Luftwaffe im Bonner Kriegsministerium ernannt.
[94] „Neues Deutschland", Berliner Ausgabe, 10. 3. 1960.

Boden. Zur „Pflege der Beziehungen" gehören auch der Ende 1958 beschlossene Offiziersaustausch[95] und die seit Jahren durchgeführten Treffen der sogenannten Traditionsverbände der Legion Condor und der Blauen Division, die, wie die Vielzahl der in Westdeutschland bestehenden und von der Regierung geförderten revanchistischen Organisationen, eine Plattform darstellen, von der aus die Fortsetzung der Aggressionspolitik des deutschen Imperialismus propagiert wird. Die bisher weitestgehende Form der geplanten Zusammenarbeit aber wurde erst vor einigen Monaten von der „New York Times"[96] enthüllt. Es handelt sich um die in Geheimverhandlungen im Januar 1960 erreichte Zustimmung der Franco-Regierung zu den Forderungen Bonns, der Bundeswehr in Spanien Militärstützpunkte, Atomwaffendepots, Basen für Atombomber und Truppenübungsplätze zu überlassen.[97] In diesem Projekt der Bundesregierung kommt besonders deutlich die Zielsetzung des inzwischen außerordentlich erstarkten westdeutschen Imperialismus zum Ausdruck, der auch auf rüstungspolitischem Gebiet danach strebt, vom Juniorpartner der USA zum gleichberechtigten Bundesgenossen zu avancieren. Tatsächlich bezweckte das Bonner Stützpunktprojekt mehr, als schlechthin Nachschubbasen auf spanischem Boden für den geplanten Blitzkrieg gegen das sozialistische Lager zu errichten. Es ging den westdeutschen Imperialisten darum, unter Umgehung der sogenannten kontrollierten Wiederaufrüstung, d. h. außerhalb des Kontrollbereichs der NATO-Mächte, Stützpunkte zu schaffen, um nach dem ökonomischen Wiedererstarken auch in militärischer Hinsicht ihre Vormachtstellung in Westeuropa zu festigen. Aus dieser Zielsetzung erklärt sich das Mißtrauen, das die Pläne selbst unter den NATO-Verbündeten der Bundesrepublik auslösten und die Empörung unter den Völkern, bei denen das Spanienprojekt der Bundesregierung die Erinnerung an die unheilvolle Zusammenarbeit der deutschen und spanischen Faschisten in den Jahren vor dem zweiten Weltkrieg wachrufen.[98] Die Reaktion der Weltöffentlichkeit zwang die westdeutschen Machthaber dazu, die Verwirklichung des Abkommens mit Franco zurückzustellen.

Angesichts der offenen Bestrebungen der westdeutschen Imperialisten zur Konsolidierung der Achse Washington-Bonn-Madrid als Bestandteil der verstärkten Vorbereitung eines atomaren Krieges aber werden sich die Völker in immer stärkerem Maße der historischen Notwendigkeit bewußt, ihre Kräfte im Kampf um den Frieden zu vereinen, um eine Wiederholung der Katastrophe eines Krieges ein für alle mal zu vereiteln. Die Zeiten sind vorüber, da die Imperialisten ungehindert und ungestraft Kriege entfesseln können. „Es ist das Hauptmerkmal unserer Zeit" – so heißt es in der im Dezember 1960 veröffentlichten Erklärung von Vertretern der kommunistischen und Arbeiterparteien – „daß das sozialistische Weltsystem zum ausschlaggebenden Faktor der Entwicklung der mensch-

[95] Ebenda, 7. 12. 1958.
[96] Vgl. „New York Times", 23. 2. 1960.
[97] „Neues Deutschland", Berliner Ausgabe, 25. 2. 1960.
[98] Ebenda; vgl. auch a. a. O., 26. 2. 1960, 27. 2. 1960, 6. 3. 1960.

lichen Gesellschaft wird ... Heute können die Versuche der imperialistischen Aggressoren, einen Krieg zu entfesseln, durchkreuzt werden. Das sozialistische Weltlager, die internationale Arbeiterklasse, die nationale Befreiungsbewegung, alle Länder, die gegen den Krieg auftreten, und alle friedliebenden Kräfte können durch vereinte Bemühungen einen Weltkrieg verhindern."[99]

In diesem Kampf um den Frieden leistet das spanische Volk einen wesentlichen Beitrag. Der wirtschaftliche Verfall, die unaufhörlichen Preissteigerungen, wachsende Arbeitslosigkeit, verstärkte Ausbeutung und brutale Unterdrückung, die Kneblung des geistigen Lebens durch die staatliche und kirchliche Zensur und ähnliches ließen eine breite Oppositionsfront entstehen, die von der Arbeiterklasse, den armen Bauern und Landarbeitern bis zur fortschrittlichen Intelligenz und zu der nicht mit den Monopolen verbundenen Bourgeoisie reicht.[100] Immer größere Teile des spanischen Volkes erkennen in der zutiefst antinationalen Politik der spanischen Finanzoligarchie, in deren Interesse Franco die Macht ausübt, die Ursache für den Niedergang des Landes und suchen nach einem Weg, um in Spanien wieder freiheitliche, demokratische Verhältnisse herzustellen. Die Nachrichten in den letzten Jahren über das Anwachsen der Streikbewegungen, der Studentendemonstrationen und anderer Formen der Opposition gegen das Franco-Regime beweisen überzeugend, daß der Widerstand gegen die Franco-Diktatur trotz blutigen Terrors nicht gebrochen werden konnte. Die Zahl der Spanier, die sich aktiv in die Kampffront gegen das faschistische Regime einreihte, ist im Wachsen begriffen. An der Spitze der spanischen Patrioten steht die ruhmreiche Kommunistische Partei Spaniens, die mit ihrer Politik der nationalen Einheit und nationalen Aussöhnung dem Kampf der Volksmassen für ein demokratisches Spanien Weg und Ziel weist.

Es besteht kein Zweifel, daß sich die deutschen Imperialisten und Militaristen genau wie in der Vergangenheit mit allen Mitteln einer demokratischen Entwicklung in Spanien widersetzen werden. Ihre Kraft reicht jedoch nicht mehr aus. Im Unterschied zu den Jahren vor dem zweiten Weltkrieg – da die Sowjetunion als einzige Großmacht für die gerechte Sache des spanischen Volkes eintrat – steht heute an seiner Seite das mächtige sozialistische Weltlager. Im Gegensatz zu den Jahren der faschistischen Diktatur – als der deutsche Imperialismus noch über ganz Deutschland herrschte – findet das spanische Volk heute die Unterstützung der Deutschen Demokratischen Republik, in der die Macht des Monopolkapitals ein für alle mal gebrochen und mit der Ausrottung des Faschismus das Vermächtnis der antifaschistischen Widerstandskämpfer und damit auch der Internationalen Brigaden erfüllt wurde.

99 Ebenda, 6. 12. 1960.

100 *Dolores Ibarruri* auf dem XXI. Parteitag der KPdSU, vgl. „Neues Deutschland", Berliner Ausgabe, 4. 2. 1959.

ERKLÄRUNG DER ABKÜRZUNGEN

AA	Auswärtiges Amt
AGK	Ausfuhrgemeinschaft für Kriegsgerät
AO der NSDAP	Auslandsorganisation der NSDAP
Akten (I, II, III, IV)	Akten zur Deutschen Auswärtigen Politik 1918–1945. Aus dem Archiv des Deutschen Auswärtigen Amtes. Ser. D. Baden-Baden.
CEDA	Confederación, Española de Derechàs Autónomas (Spanischer Bund der unabhängigen Rechtsparteien)
DGFP	Documents of German Foreign Policy
DÜB	Deutsche Überseeische Bank
DWI	Deutsches Wirtschaftsinstitut
DZA	Deutsches Zentralarchiv
Hisma	Compania Hispano – Marroqui de Transportes
IMGN	Internationaler Militärgerichtshof, Nürnberg
MfdG	Museum für deutsche Geschichte
POUM	Partido Obrero de Unificacion Marxista (trotzkistische sog. „Arbeiterpartei der marxistischen Einigung")
RAM	Reichsaußenminister
RGBl	Reichsgesetzblatt
RdI	Reichsamt des Innern
RMdI	Reichsministerium des Innern
Rowak	Rohstoff- und Waren-Einkaufsgesellschaft
Safni	Sociedad anomonica financiera nacional italiana
Sofindus	Sociedad Financiera Industrial Ltda

QUELLEN UND LITERATUR

1. Klassiker des Marxismus-Leninimus

Marx, Karl, Zur Kritik der politischen Ökonomie. Berlin 1951.
Lenin, W. I., Der Imperialismus als höchstes Stadium des Kapitalismus. In: Werke, Bd. 22, (ins Deutsche übertragen nach der vierten russ. Ausgabe), Berlin 1960.
–, Hefte zum Imperialismus. Vorarbeiten zu dem Werk „Der Imperialismus als höchstes Stadium des Kapitalismus". Berlin 1957.
–, Zwei Taktiken der Sozialdemokratie in der demokratischen Revolution. In: Werke, Bd. 9 (ins Deutsche übertragen nach der vierten russ. Ausgabe), Berlin 1957.
–, Den Sozialismus einführen oder aufdecken, wie die Staatskasse geplündert wird? In: Werke, Bd. 25 (ins Deutsche übertragen nach der vierten russ. Ausgabe), Berlin 1960.

2. Dokumente und Beschlüsse der marxistisch-leninistischen Arbeiterbewegung

Der Faschismus, die Kriegsgefahr und die Aufgaben der Kommunistischen Parteien. (Thesen, angenommen vom XIII. Plenum des Exekutivkomitees der Kommunistischen Internationale, Dezember 1933.) In: Die Kommunistische Internationale (Auswahl von Dokumenten und Reden vom VI. Weltkongreß bis zur Auflösung der Kommunistischen Internationale, 1928–1943), hrsg. von der Parteihochschule „Karl Marx" beim ZK der SED, Berlin, Januar 1956 (als Manuskript gedruckt).
Beschluß des Präsidiums des Exekutivkomitees der Kommunistischen Internationale über die Tätigkeit der Kommunistischen Partei Spaniens (28. 12. 1936). In: Ebenda.
Das Exekutivkomitee der Kommunistischen Internationale an das ZK der KP Spaniens (Juli 1938). In: Ebenda.
Erklärung der Kommunistischen Partei Spaniens für die nationale Aussöhnung, für eine demokratische und friedliche Lösung des spanischen Problems. Internationale Schriftenreihe, H. 26, Berlin 1956.
Der Freiheitskampf des spanischen Volkes und die internationale Solidarität. Dokumente und Bilder zum national-revolutionären Krieg des spanischen Volkes 1936–1939. Hrsg. vom Institut für Marxismus-Leninismus beim Zentralkomitee der SED. Berlin 1956.
Erklärung der Beratung von Vertretern der kommunistischen und Arbeiterparteien, in: Neues Deutschland, 6. 12. 1960 (Berliner Ausgabe).

3. *Dokumentensammlungen, Verhandlungsberichte, Jahrbücher, Geschäftsberichte*

Akten zur deutschen auswärtigen Politik 1918–1945. Aus dem Archiv des deutschen Auswärtigen Amtes. Ser. D (abgekürzt Akten), hrsg. von einer Gruppe britischer, amerikanischer und französischer Historiker. Bd. I, II, III, IV, VI. Baden-Baden 1950, 1951, 1956.
Documents on German Foreign Policy 1918–1945. Ser. D (abgekürzt DGFP), Ausgabe der zuvor genannten Akten, in englischer Sprache, Bd. VIII. Washington 1954.
Dokumenty ministerstva inostrannych del Germanii, III. Folge. Die deutsche Politik und Spanien (1936–1943). Hrsg. von der Archivverwaltung des Ministeriums für Auswärtige Angelegenheiten der UdSSR, Moskau 1946.
Dokumente und Materialien aus der Vorgeschichte des zweiten Weltkrieges. Aus dem Archiv des deutschen Auswärtigen Amtes. Hrsg. vom Ministerium für Auswärtige Angelegenheiten der UdSSR, Bd. 1 u. 2, Moskau 1948.
Documents on British Foreign Policy 1919–1939. Third Series, hrsg. von E. L. Woodward u. R. Butler, Bd. I–IV, London 1949–1951.
Foreign Relations of the United States. Diplomatic Papers 1937 u. 1938. Hrsg. vom Department of State, Washington. Bd. 1, Washington 1954.
Der Prozeß gegen die Hauptkriegsverbrecher vor dem Internationalen Militärgerichtshof Nürnberg, 14. 11. 1945–1. 10. 1946 (amtlicher Text in deutscher Sprache) 42bändige amtliche Ausgabe, Nürnberg 1947–1949, Bd. 1, II, III, V, IX, X, XIII, XIX, XXV, XXVI, XXVII, XXVIII, XXX, XXXII, XXXIV, XXXV, XXXVI, XXXVIII (abgekürzt IMGN).
Fall 12. Das Urteil gegen das Oberkommando der Wehrmacht, gefällt am 28. 10. 1948 in Nürnberg vom Militärgerichtshof V der Vereinigten Staaten von Amerika. Hrsg. vom Verlag Rütten & Loening, Berlin 1960.
Bittel, Karl, (Hrsg.), Das Potsdamer Abkommen und andere Dokumente. Kleine Dokumentensammlung. Berlin 1959.
Statistisches Jahrbuch für das Deutsche Reich 1934, 1935, 1936, 1937, 1939/1940, hrsg. vom Statistischen Reichsamt Berlin 1934, 1935, 1936, 1938, 1940.
Geschäftsberichte der AEG 1902/03–1939/40
Geschäftsberichte der IG Farben-Industrie AG 1925, 1927, 1930–1933, 1936–1940
Geschäftsberichte der Friedrich-Krupp AG 1932/33–1934/35, 1936/37–1938/39
Geschäftsberichte der Metallgesellschaft AG, Frankfurt, 1929/30–1932/33, 1936/37–1939/40
Geschäftsberichte der Vereinigten Stahlwerke AG 1933/34–1939/40
Geschäftsberichte der Norddeutschen Affinerie, 1936/37–1939/40
Geschäftsberichte der Siemens & Halske AG 1901/02–1903/04, 1923/24, 1925/26, 1930/31–1939/40
Geschäftsberichte der Continental Gummi Werke AG 1929–1940
Geschäftsberichte der Deutschen Überseeischen Bank 1934–1940.
Geschäftsberichte der Deutschen Lufthansa 1929, 1932–1939

4. *Ungedruckte Archivalien*

a) Deutsches Zentralarchiv Potsdam (DZA, Potsdam)

AA, Politische Abt., Akte Nr.

61516	61519	61162	61165
61517	61160	61163	61167
61518	61161	61164	

AA, Abt. II, Akte Nr.

4346	40624	41338	41803
4596	40625	41342	41817
4650	40636	41343	42573
4688	40644	41390	42574
4689	40646	41440	42568/1
4690	40660	41441	42568/2
6546	40827	41444	42563
6547	40828	41611	42564
6569	40831	41612	43021
6570	41040/1	41794	67618
6572	41034	41795	67863
6573	41240	41796	67861
6575	41275	41797	67910
6576	41276	41799	67973
6577	41277	41800	68454
6584	41333	41801	68455

AA, Abt. III, Akte Nr.

44188	45005	45484
44190	44423	47132

AA, Zentralstelle für Auslandsdienst, Akte Nr.

92	1218	1302/2	1438
748	1240	1302/3	1486
832	1250	1303	1653
972	1251	1304	1655
1100	1272	1349	

AA, Kulturpolitische Abt., Akte Nr.

48029/1	48032	48036	48040
48030	48033	48036/1	48048
48031	48034	48038	48052
48031/1	48035	48039	48063

AA, Büro RAM, Akte Nr.

57926	58601	60969	60974
57927	60963	60970	60977
57928	60964	60971	67910

AA, Presse-Abt., Akte Nr.

57610	59715	59719	59761
58572	59716	59757	59316
58573	59717	59758	59766
59711	59718	59759	60422

Reichskanzlei, Akte Nr.

312	734	548
398	546	961
733	547	2458/10

Reichsamt des Innern, Akte Nr. 5304
Reichsministerium des Innern, Akte Nr.

25984	26947	27009
26190/2	26980	25781/1
26946	26984	25781/2

Präsidialkanzlei, Akte Nr.

689/2	737	748	755
707	737/4	753	756
732	738	754	

Reichswirtschaftsministerium, Akte Nr.

4346	10445	11483	12027
4596	10446	11484	12125
4689	10447	11485	12126
4690	10844	11486	14458
10383	10845	11487	14458/1
10384	11482	11648	

b) Betriebsarchiv der Deutschen Notenbank

In Berlin: Akte Nr. 6155/53, (18), 6155/53 (23), (unpag.)
In Magdeburg: Akte Nr. Re-51-1, 5512, (unpag.)

c) Deutsches Wirtschaftsinstitut (DWI), Berlin

Photokopien von Materialien der Deutschen und Dresdner Bank, der Reichs-Kredit-Gesellschaft AG und der Zulassungsstelle an der Börse zu Berlin.

Metallgesellschaft AG Frankfurt (Main)	4438 (1–7)
Vereinigte Stahlwerke AG, Düsseldorf	Z 4004
	725
	4711 (1–19)
Deutsche Lufthansa	4247 (67 Mappen nicht numeriert)
Junkers Flugzeug- u. Motoren-Werke AG	4855
	6147 (1–3)
Krupp AG	4477
Bayerische Flugzeugwerke AG Augsburg (Messerschmitt AG)	3405
IG Farben-Industrie AG	4376 (1–13)

	6162 (1–6)
AEG, Berlin	Z **3479** (a–f)
	4065 (1–6 u. 11 u. 12)
Siemens & Halske AG	**4594** (1–21)
	6151 (1–2)
	Z **3925** a u. c
Siemens Plania AG	**4596** (1–7)
Siemens Schuckert Werke AG	**4595** (1–12)
Deutsche Überseeische Bank	**5955** (1–14)
	5878
Deutsche Bank	**5961** (1–42)
Norddeutsche Affinerie	**4457** (1–6)
Klöckner Werke AG	**4403** (1–7)
Mannesmann	**6150** (1–2) **3442**
	Z **3814** (a–f)
	4450 (1–9)
Woermann Linie	**4227**
Hapag Lloyd	**4352**
Norddeutscher Lloyd	**2820**
Continental Gummi Werke AG, Hannover	**6160** (1–4)
	4166 (30 Mappen nicht numeriert)
Tharsis Sulphur u. Copper Co., Ltd., Glasgow	**01247**
Siemens Schuckert Industria Electrica, S. A., Madrid	**01742**
The British Metal Corp., Ltd., London	**0384**
The Esperanza Copper u. Sulphur Comp., Ltd., London	**03913**
Ford Motor Iberica, Barcelona	**03311**

5. Zeitungen und Zeitschriften

a) Zeitungen

„The Times", London **1936–1939**
„The Economist", **1936–1939**
„Reichsgesetzblatt", **1934–1939**, T. **1** u. **2**
„Tägliche Rundschau", **1946/1947**
„Neues Deutschland", Berliner Ausgabe, **1955–1961**
„Die Presse der Sowjetunion", **1958–1960**
Zeitungsausschnittsammlungen des Archivs des ehemal. Landbundes (MfdG, Berlin)
Bd. **72** H **5**
Bd. **72** H **6**
Bd. **49** J **2**
Bd. **18** E **21**
und Biographische Reihe, Bd. Fra-Frank.
Ausschnittsammlung der Reichs-Kredit-Gesellschaft AG (DWI, Berlin).
6147 (3)
6162 (4)

Ausschnittsammlung der Metallgesellschaft (DWI, Berlin).
6214
Ausschnittsammlung der Presseabt. des AA, vgl. unter ungedruckte Archivalien

b) Zeitschriften

„Rundschau über Politik, Wirtschaft und Arbeiterbewegung", Basel. (5.–8. Jg.) 1936–1939
„Die Internationale", 1936–1939
„Spanien. Zeitschrift für Auslandskunde". Hrsg. vom Ibero-Amerikanischen Institut, Hamburg. Jg. 1 u. 2, 1919, 1920
„Wirtschaftsdienst". Neue Folge. Hrsg. vom Hamburger Welt-Wirtschafts-Archiv. XXI–XXIV. Jg., 1936–1939
„Die Wehrmacht", Organ des Oberkommandos der Wehrmacht. 1939
„Vierteljahreshefte für Zeitgeschichte", München, 1955–1960

6. *Darstellungen, Untersuchungen, Memoiren, Sammelwerke*

Abshagen, Karl-Heinz, Canaris. Patriot und Weltbürger. Stuttgart 1949.
Ackermann, Georg, Spanien – wirtschaftlich gesehen. Berlin 1939.
Alba, Victor, Insomnie espagnole. Les secrets d'une dictature. Paris 1947.
Alvarez, Santiago, Kampf dem diktatorischen Franco-Regime. Zur Politik der Kommunistischen Partei Spaniens für den Zusammenschluß der Volksmassen. Berlin 1959.
Alvarez del Vayo, Julio, Freedoms Battle. London 1940.
–, The last Optimist, London 1950.
Ansaldo, Juan Antonio, Memoires d'un monarchiste espagnol (1931–1952). Monaco 1953.
Arconada, Felipe M., Spanien als Yankee-Kolonie. Berlin 1954.
Askew, William C., Italian intervention in Spain. The agreements of March 31, 1934, with the Spanish monarchist parties. In: „Journal of Modern History" 24/1952, S. 181–183.
Azaña, Don Manuel, Azaña spricht. Rede des Präsidenten der Spanischen Republik am 21. 1. 1937 in Valencia. Paris o. J.
Ballvé, Faustino, Spanien als Betätigungsfeld für fremden Handel und Industrie. Essen 1926.
Bamler, Rudolf, Der deutsche militärische Geheimdienst bei der Vorbereitung und Durchführung des zweiten Weltkrieges – Tabu der westdeutschen Geschichtsschreibung. In: Probleme der Geschichte des zweiten Weltkrieges. Protokoll der wissenschaftlichen Tagung der Kommission der Historiker der DDR und der UdSSR in Leipzig vom 25.–30. 11. 1957, Bd. II, Berlin 1958.
–, Erklärung des ehemaligen Generalleutnants der deutschen Wehrmacht, R. Bamler, über Franco als Agenten des deutschen Spionagedienstes an die Regierung der UdSSR (12. 5. 1946). In: „Neue Zeit", Halbmonatsschrift, Moskau, Beilage zu Nr. 13, 1. 7. 1946.

Bartel, Walter, Deutschland in der Zeit der faschistischen Diktatur 1933–1945. Berlin 1956.

Bauer, Hans Theo, Spaniens Wirtschaft vor Franco. Berlin 1942. (Diss. Heidelberg).

Baumann, G., Eine Handvoll Konzernherren. Berlin 1953.

Behrend, Hans (= Norden, Albert), Die wahren Herren Deutschlands. Paris 1939.

Berg, van den, Joachim, Deutschland und der spanische Bürgerkrieg. Diss. phil., Würzburg 1953.

Bernis, Francisco, Die Entwicklungsgeschichte der spanischen Wirtschaft seit 1914. In: Schmollers Jahrbuch für Gesetzgebung, Verwaltung und Volkswirtschaft. 49. Jg., 1925, S. 337ff.

Bertrand, Louis u. *Petrie, Sir Charles,* The history of Spain. 2. Aufl., London 1952.

Bloch Morhange, Jacques, Les fabricants de guerres. Espions allemand 1918–1950. Paris 1950.

Blythe, Henry, Spain over Britain. A study of the strategical effect of Italian intervention on the defence of the British Empire. London 1937.

Böhme, Erklärung des ehemaligen Generalleutnants der deutschen Wehrmacht, Böhme, über Franco und sein Regime an die Regierung der UdSSR, 23. 5. 1946. In: „Neue Zeit", Halbmonatsschrift, Moskau. Beilage zu Nr. 13, 1. 7. 1946.

Boltin, J. A., Über die Entstehung und den Charakter des zweiten Weltkrieges 1939 bis 1945 (Übersetzung aus dem Russischen). In: Der deutsche Imperialismus und der zweite Weltkrieg, Materialien der wissenschaftlichen Konferenz der Kommission der Historiker der DDR und der UdSSR zum Thema „Der deutsche Imperialismus und der zweite Weltkrieg", vom 14.–19. 12. 1959 in Berlin, hrsg. von der Kommission der Historiker der DDR und der UdSSR, Bd. 1, Hauptreferate und Dokumente der Konferenz, Berlin 1960, S. 30–67.

Bowers, Claude G., My mission to Spain. Watching the rehearsal for world war II. New York 1954.

Brenan, Gerald, The Spanish Labyrinth. An Account of the Social and Political Background of the Civil War. 2. Aufl., Cambridge 1950.

Brockway, Fenner, Death pays a Dividend. London 1944.

Buchwitz, Otto, 50 Jahre Funktionär der deutschen Arbeiterbewegung. Berlin 1950.

Burns, Emile (Übers.), The Nazi Conspiracy in Spain. By the editor of the Brown Book of the Hitler Terror. Translated from the German Manuscript. London 1937.

Castellan, Georges, Le Réarmement Clandestin du Reich 1930–1935. Paris 1954.

Cattell, David T., Soviet diplomacy and the Spanish civil war. Berkeley and Los Angeles 1957.

Churchill, Winston Spencer, Der II. Weltkrieg. Bd. I: Der Sturm zieht auf. (Übersetzung aus dem Englischen), Stuttgart/Hamburg 1949.

Cianos Hidden Diary 1937–1938, Ed. M. Muggeridge (Übersetzung aus dem Italienischen), New York 1953.

Cleugh, James, Spain in the modern world. London 1952.

Coles, S. F. A., Franco of Spain. A full-length biography. London 1955.

Colvin, Ian, Admiral Canaris, Chef des Geheimdienstes (Übersetzung aus dem Englischen), Wien/München/Zürich 1955.

Craig, Gordon A. u. *Gilbert, Felix* (Hrsg.), The Diplomats 1919–1939. Princeton 1953.

Dahlem, Franz, Der Freiheitskampf des spanischen Volkes. Berlin 1953.

Deakin, Frank B., Spain to-day. London 1924.

Deborin, G. A., Der zweite Weltkrieg. Militärpolitischer Abriß. Berlin 1959 (Übersetzung aus dem Russischen).

Diaz, José, Ein Jahr Kampf des spanischen Volkes und seine Ergebnisse. In: „Rundschau" (Basel), Nr. 30, 1937, S. 1061f., Nr. 31, 1937, S. 1101f.

–, Die Lehren Spaniens für Europa und Amerika. Paris 1939.

Dimitroff, Georgi, Zwei Jahre heroischer Kampf des spanischen Volkes. Paris 1938.

–, Die Offensive des Faschismus und die Aufgaben der Kommunistischen Internationale im Kampf für die Einheit der Arbeiterklasse gegen den Faschismus. (Bericht auf dem VII. Weltkongreß der Kommunistischen Internationale 1935.) In: Die Kommunistische Internationale (Auswahl von Dokumenten und Reden vom VI. Weltkongreß bis zur Auflösung der Kommunistischen Internationale, 1928–1943), hrsg. von der Parteihochschule „Karl Marx" beim ZK der SED, Berlin, Januar 1956 (als Manuskript gedruckt).

Dodd, William, Ambassador Dodd's Diary 1933–1938. London 1942.

Ehricht, Emil, Die Auslandsorganisation der NSDAP. Schriften der Deutschen Hochschule für Politik, H. 13, hrsg. von Meier-Benneckenstein, Paul, Berlin 1937.

Einhorn, Marion, Die Zusammenarbeit der herrschenden Klassen Deutschlands und Spaniens bei der geheimen deutschen Wiederaufrüstung in den Jahren der Weimarer Republik. Diskussionsbeitrag auf der Historikerkonferenz im Dezember 1959 in Berlin, in: Der deutsche Imperialismus und der zweite Weltkrieg, Bd. II, Berlin 1961, S. 675–683 (vgl. auch Schriftenreihe: Der deutsche Imperialismus und der zweite Weltkrieg, Nr. 1. So begann das Verbrechen. Hrsg. von der Kommission der Historiker der DDR und der UdSSR. Berlin 1960, S. 68–76.

Elze, Hans, Lage und Aufgaben des Deutschtums in Spanien. Denkschrift an den Ibero-amerikanischen Trust in Hamburg. Hamburg 1920.

Engelbrecht, H. C. und *Hanighen, F. C.*, Merchants of Death. New York 1934.

Erckner, S., Die große Lüge. Hitlers Verschwörung gegen den Frieden. Paris 1936.

Ercoli (= Togliatti, Palmiro), Über die Besonderheiten der spanischen Revolution. In: „Rundschau" (Basel), Nr. 47, 1936, S. 1923–1927.

–, Die Aufgaben der Kommunistischen Internationale angesichts der Vorbereitungen eines neuen Weltkrieges durch die Imperialisten (Bericht auf dem VII. Weltkongreß der Kommunistischen Internationale, 1935). In: Die Kommunistische Internationale (Auswahl von Dokumenten und Reden vom VI. Weltkongreß bis zur Auflösung der Kommunistischen Internationale, 1928–1943), hrsg. von der Parteihochschule „Karl Marx" beim ZK der SED, Berlin, Januar 1956 (als Manuskript gedruckt).

Esch, van der, P. A. M., Prelude to War. The International Repercussions of the Spanish Civil War (1936–1939). The Hague 1951.

Eschenbacher, Gertrud, Deutschland – Spanien. Ihre Wechselbeziehungen in Geschichte, Wirtschaft und Kultur. o. O. u. J. (Wissenschaftliche Sechswochenarbeit zur Erlangung des Grades Diplomkaufmann.)

Eschenburg, Theodor, Die europäischen Demokratien zwischen den Weltkriegen. Eröffnungsvortrag auf der Tagung des Instituts für Zeitgeschichte in Tutzing am 22. 5. 1956, abgedruckt in: Das III. Reich und Europa. Bericht über die Tagung des Inst. f. Zeitgeschichte in Tutzing, Mai 1956, hrsg. vom Inst. f. Zeitgeschichte, München 1957.

Esteban-Infantes, Emilio, Blaue Division (Aus dem Spanischen übersetzt, deutsche gekürzte Ausgabe), Leoni, am Starnberger See 1958.

Feiling, Keith, The life of Neville Chamberlain, London 1947.

Feis, Herbert, The Spanish Story. Franco and the nations at war. New York 1948.

Frede, Günther u. Schüddekopf, Otto-Ernst, Wehrmacht und Politik 1933–1945. Dokumente mit verbindendem Text. Braunschweig 1953.

Foltz, Charles, Jr., The Masquerade in Spain. Boston 1948.

Fomin, W. T., Wahrheit und Legende über die Mitverantwortung der deutschen Diplomaten für die Vorbereitung des faschistischen Aggressionskrieges (Übersetzung aus dem Russischen). In: Probleme der Geschichte des zweiten Weltkrieges, Protokoll der Wissenschaftlichen Tagung der Kommission der Historiker der DDR und der UdSSR in Leipzig vom 25.–30. 11. 1957, hrsg. von der Kommission der Historiker der DDR und der UdSSR, Bd. II, Berlin 1958, S. 112–125.

Galan, Jose Maria u. *Rapp-Luantaron, Elonia,* Die Aktion des deutschen Imperialismus in Spanien (1930–1945) (Übersetzung aus dem Spanischen). Diskussionsbeitrag auf der Historikerkonferenz in Berlin im Dezember 1959, unveröff. Manuskript. Vgl. Der deutsche Imperialismus und der zweite Weltkrieg Bd. III, Berlin 1962.

Gannes, Harry u. *Repard, Theodore,* Spain in revolt. A history of the civil war in Spain in 1936 and a study of its social, political and economic causes. London 1936.

Gatzke, Hans, W. Stresemann and the rearmement of Germany. Baltimore 1954.

Giese, Fritz E., Die deutsche Marine 1920–1945. Aufbau und Untergang. Frankfurt a. M. 1956.

Godden, G. M., Conflict in Spain 1920–1937. London 1937.

Görlitz, Walter, Der zweite Weltkrieg 1939–1945. Bd. 1 u. 2, Stuttgart 1951 u. 1952.

Graux, Lucien, L'Espagne Economique. Rapport à M. le Ministre du Commerce et de l'industrie. Paris 1932.

Grünberg, Gottfried, Wir kämpfen und siegen für dich – Freiheit. Berlin 1956.

Grüneberg, Emmy-Ilse, Die Handelsbeziehungen zwischen Deutschland und Spanien unter besonderer Berücksichtigung der erzschaffenden und erzverarbeitenden Industrie. Berlin 1927 (Diss. Phil.).

Guss, M., Die amerikanischen Imperialisten als Inspiratoren der Münchener Politik (Übersetzung aus dem Russischen). Berlin 1954.

Hagen, Walter (= Hoettl, Wilhelm Georg), Die geheime Front. Organisation, Personen, Aktionen des deutschen Geheimdienstes. Linz/Wien 1950.

Hallgarten, George F. W., Hitler, Reichswehr und Industrie. Zur Geschichte der Jahre 1918–1935. Frankfurt a. M. 1955.

Hamilton, Thomas J., Appeasement's child. The Franco regime in Spain. London 1943.

Harms, Bernhard, Volkswirtschaft und Weltwirtschaft. Jena 1912.

Heinkel, Ernst, Stürmisches Leben. Stuttgart 1953.

Held, Hermann J., Spanien, seine Wirtschaftsgeographie und seine Stellung in der Weltwirtschaft. Hamburg 1922.

Herre, Paul, Spanien und der Weltkrieg. München u. Berlin 1915.

–, Spanien und Portugal. Berlin 1929.

–, Die kleinen Staaten Europas und die Entstehung des Weltkrieges. München 1937.

–, Rezension von Hugo Kehrer: Deutschland in Spanien. Beziehung, Einfluß und Abhängigkeit. München 1953, in: „Historische Zeitschrift", (HZ), Bd. 179 (1955), S. 602–604.

Herzfeld, Hans, Die moderne Welt 1789–1945, T. 2: Weltmächte und Weltkriege. Die Geschichte unserer Epoche 1890–1945. Braunschweig 1952.

Hoare, Sir Samuel (Viscouwt Templewood), Gesandter in besonderer Mission (Übersetzung aus dem Englischen). Hamburg 1949.

–, Neun bewegte Jahre (Übersetzung aus dem Englischen), Düsseldorf 1955.

Hodgson, Robert, Spain resurgent. London 1953.

Hubatsch, Walter, Der Admiralstab und die obersten Marinebehörden in Deutschland 1848–1945. Frankfurt a. M. 1958.

Hubbard, John R., How Franco financed his war. In: „Journal of Modern History", Bd. 25 (1953), Nr. 4, S. 390–406.

Ibarruri, Dolores, Die italienisch-deutsche militärische Intervention in Spanien 1936–1939. Große Sowjet-Enzyklopädie, Reihe Geschichte und Philosophie, H. 34, Berlin 1954.

–, Der national-revolutionäre Krieg des spanischen Volkes 1936–1939. Berlin 1955.

–, Referat auf dem Plenum des ZK der KP Spaniens vom 23. – 25. 5. 1938 in Madrid. In: „Rundschau" (Basel), Nr. 32, 1938.

–, Der Kampf des spanischen Volkes gegen das Franco-Regime. Berlin 1952.

–, Rechenschaftsbericht des Zentralkomitees an den V. Parteitag der Kommunistischen Partei Spaniens und Schlußwort. Berlin 1955.

–, Ein heroischer Weg. (Zum Erscheinen des „Kurzen Lehrgangs der Geschichte der Kommunistischen Partei Spaniens".) In: „Probleme des Friedens und des Sozialismus", 10/1960, S. 63–69.

Jaenecke, E., Erklärung des ehemaligen Generalobersten der deutschen Wehrmacht vom 24. 5. 1946 über Franco und sein Regime an die Regierung der UdSSR. In: „Neue Zeit", Halbmonatsschrift, Moskau. Beilage zur Nr. 13, 1. 7. 1946.

Jong, Louis de, Die deutsche fünfte Kolonne im zweiten Weltkrieg. Stuttgart 1959.

Jux, Hubert, Die Handelspolitik Spaniens seit Beendigung des Krieges. Frankfurt a. M. 1931 (Diss. wirtschafts- u. sozialwiss.).

Kahn, Siegbert (Hrsg.), Ten years of Hitler Fascism, written by German Anti-Fascists. London o. J.

Kehrer, Hugo, Deutschland in Spanien. Beziehung, Einfluß und Abhängigkeit. München 1953.

Klein, Fritz, Zur Vorbereitung der faschistischen Diktatur durch die deutsche Großbourgeoisie (1929–1932). In: „Zeitschrift für Geschichtswissenschaft", (ZfG) 6/1953.

Knight-Patterson, W. M., Germany from Defeat to Conquest. London 1945.

Koch, Erich, Die Entwicklung der deutsch-spanischen Handelspolitik seit der Jahrhundertwende Köln 1927. (Diss. wirtschafts- und sozialwiss.).

Koebel-Tusk, Eberhard, AEG, Energie-Profit-Verbrechen. Berlin 1958.

Königer, Heinz, Der Weg nach München. Berlin 1958.

Kordt, Erich, Wahn und Wirklichkeit. Hrsg. unter Mitwirkung von Karl Heinz Abshagen. Stuttgart 1948.

Kotschetkow, A., Die englisch-amerikanische Rivalität auf den westeuropäischen Märkten (Übersetzung aus dem Russischen). Berlin 1954.

Kuczynski, Jürgen, Die Geschichte der Lage der Arbeiter in Deutschland. Bd. 2, 1933–1945. Berlin 1953.

Kulbakin, W. D., Die Militarisierung Deutschlands (1928–1930) (Übersetzung aus dem Russischen) Berlin 1956.

Langdon-Davis, John, Behind the Spanish Barricades. London 1936.

Leonhardt, Ernst-Joachim, Währung und Banken in Spanien. Jena 1925.

Linder, Franz, Das spanische Markt- und Börsenwesen, unter besonderer Berücksichtigung der Ferias und Lonjas. Berlin, Bonn o. J. (Diss. staatswiss.).

Lister, Enrique, Das aggressive Dreieck. In: „Probleme des Friedens und des Sozialismus", 9/1960, S. 27–31.

Lochner, Louis F., Die Mächtigen und der Tyrann. Die deutsche Industrie von Hitler bis Adenauer. 2. Aufl. (Übersetzung aus dem Englischen), Darmstadt 1955.

Longo, Luigi, Die Internationalen Brigaden in Spanien (Übersetzung aus dem Italienischen). Berlin 1958.

Lüdemann, Heinz, Veränderungen im Standortgefüge der eisenschaffenden Industrie Deutschlands als Bestandteil der Vorbereitung des II. Weltkrieges durch den faschistischen deutschen Imperialismus. Diskussionsbeitrag auf der Konferenz der Historiker im Dezember 1959 in Berlin, in: Der deutsche Imperialismus und der zweite Weltkrieg, Bd. II, Berlin 1961, S. 117–131.

Lunn, Arnold, Spanish Rehearsal. London 1938.

Mc Cabe, Joseph, Spain in Revolt. 1814–1931. London 1931.

Madariaga, Salvador de, Spain (Übersetzung aus dem Spanischen), Stuttgart/Berlin 1930.

Maiski, Iwan Michailowitsch, Neuere Geschichte Spaniens. 1808–1917 (Übersetzung aus dem Russischen). Berlin 1961.

Manhattan, Avro, Der Vatikan und das XX. Jahrhundert (Übersetzung aus dem Englischen). Berlin 1958.

Manuel, Frank Edward, The politics of modern Spain. New York 1938.

Matwejew, M. A., Die Versuche der Westmächte zur Entfesselung eines Weltkrieges gegen die Sowjetunion in den Jahren 1938/39 und ihr Scheitern. In: „Sowjetwissenschaft", Gesellschaftswissenschaftliche Abt., 2/1955, S. 236–266.

Mau, Hermann u. Krausnick, Helmut, Deutsche Geschichte der jüngsten Vergangenheit 1933–1945. Stuttgart 1953.

Mendizabal, Alfred, The martyrdom of Spain (Übersetzung aus dem Spanischen). London 1938.

Menne, Bernhard, Krupp, Deutschlands Kanonenkönige. Zürich 1937.

Meisner, Heinrich Otto, Militärattachés und Militärbevollmächtigte in Preußen und im Deutschen Reich. Ein Beitrag zur Geschichte der Militärdiplomatie. Berlin 1957.

Meißner, Wilhelm, Materialien über die Beziehungen Westdeutschlands zu Franco-Spanien. Unveröff. Manuskript. Berlin 1955.

Melnikow, J. M., Die Rolle der amerikanisch-deutschen Gegensätze bei der Entstehung des zweiten Weltkrieges. In: „Sowjetwissenschaft", Gesellschaftswiss. Beiträge 6/1959, S. 617–643.

Merin, Peter, Spanien zwischen Tod und Geburt. Zürich 1937.

Mirandet, Francois, L'Espagne de Franco. Paris 1948.

Mitchell, Mairin, Storm over Spain. London 1937.

Mollnau, Karl A., Aus dem Schuldbuch des politischen Katholizismus. Berlin 1958.

Müller, A. (=Schreiner, Albert), Hitlers motorisierte Stoßarmee. Heeres- und Wirtschaftsmotorisierung im Dritten Reich. Paris 1936.

Namier, Sir Lewis Bernstein, Diplomatisches Vorspiel 1938/1939 (Übersetzung aus dem Englischen). Berlin 1949.

–, In the Nazi era. London 1952.

Nekrič, A. M., Poslednij etap anglijskogo „nevmešatel'stva" v ispanskie dela. In: „Izvestija Akademii nauk SSSR", serija istorii i filosofii, Bd. VI, Nr. 4 (1949) S. 323–335.

–, Die englisch-deutschen Gegensätze in der Kolonialfrage vor dem zweiten Weltkrieg. In: „Sowjetwissenschaft", Gesellschaftswiss. Abt. 1/1955. S. 1–21.

Neumann, Franz, Behemoth. The structure and practice of National Socialism. Toronto, New York, London 1942.

Norden, Albert, Die spanische Tragödie. Berlin 1956.

–, So werden Kriege gemacht. Über Hintergründe und Technik der Aggression. Berlin 1950.

–, Lehren deutscher Geschichte. Zur politischen Rolle des Finanzkapitals und der Junker. Berlin 1947.

Obermann, Karl, Die Beziehungen des amerikanischen Imperialismus zum deutschen Imperialismus in der Zeit der Weimarer Republik (1918–1925). Berlin 1952.

Ohrem, Hermann Joseph, Spanien und Deutschland. Ihre Kulturbeziehungen in Vergangenheit und Gegenwart, o. O. 1930.

Oliveira, A. Ramos, Politics, economics and men of modern Spain 1808–1946 (Übersetzung aus dem Spanischen) London 1946.

Parr-Sartagba, Elizabeth J., The relations of General Franco and the Spanish nationalists with the Axis Powers 1936–1945 (Diss., Aberystwyth, Wales 1956). Maschinenschriftliches Manuskript (Mikrofilm).

Pattie, Richard u, Rothbauer, A. M., Spanien, Mythos und Wirklichkeit. Graz/Wien/Köln 1954.

Peers, Edgar Allison, The Spanish Tragedy 1930–1936. Dictatorship, Republic, Chaos. London 1936.

–, (Hrsg.), Spain. A companion to Spanish Studies. London 1956.

Peterson, Sir Maurice, Both sides of the curtain. An autobiographie. London 1950.

Pieck, Wilhelm, Reden und Aufsätze, Bd. I, Berlin 1950.

–, Zur Geschichte der KPD. Berlin 1949.

–, Rechenschaftsbericht über die Tätigkeit des Exekutivkomitees der Kommunistischen Internationale (Referat auf dem VII. Weltkongreß der Kommunistischen Internationale, 1935). In: Die Kommunistische Internationale (Auswahl von Dokumenten und Reden vom VI. Weltkongreß bis zur Auflösung der Kommunistischen Internationale, 1928–1943), hrsg. von der Parteihochschule „Karl Marx" beim ZK der SED, Berlin, Januar 1956 (als Manuskript gedruckt).

–, Referat auf der Maitagung des ZK der KPD 1938. In: „Die Internationale", Nr. 5/6, 1938.

Plenn, Abel, Wind in the Olive Trees. Spain from the inside. New York 1946.

Pinner, Felix, Emil Rathenau und das elektrische Zeitalter. Leipzig 1918.

Posdejewa, L. W., Die wirtschaftlichen Gegensätze zwischen England und Deutschland vor dem zweiten Weltkrieg (1933–1939). In: „Sowjetwissenschaft", Gesellschaftswissenschaftliche Beiträge, 6/1956, S. 761–780.

Puttkammer, Walter, Die handelspolitischen Beziehungen zwischen dem Deutschen Reich und dem Königreich Spanien seit dem Frieden von Versailles und ihre Auswirkungen auf die deutsche Volkswirtschaft. Berlin 1927 (Diss. phil.).

Rabenau, Friedrich von, Seeckt. Aus seinem Leben. Bd. 2, 1918–1936. Leipzig 1940.

Radandt, Hans, Hugo Junkers – ein Monopolist und Korrespondierendes Mitglied der Preußischen Akademie der Wissenschaften. In: Jahrbuch für Wirtschaftsgeschichte 1960, Teil I, hrsg. vom Institut für Geschichte (Abt. Wirtschaftsgeschichte), Deutsche Akademie der Wissenschaften zu Berlin, Berlin 1960, S. 53–133.

Reichert, H. J., Das britische Weltreich auf dem Wege zur Selbstversorgung mit Eisen und Stahl. Sonderabdruck aus „Stahl und Eisen", H. 45, 1932.

Remer, H., Erklärung des ehemaligen Obersten der deutschen Wehrmacht, H. Remer, über Franco als Agenten des deutschen Spionagedienstes an die Regierung der UdSSR, 16. 5. 1946, In: „Neue Zeit", Halbmonatsschrift, Moskau. Beilage zu Nr. 13, 1. 7. 1946.

Renn, Ludwig, Der Spanienkrieg. Berlin 1955.

Ruehl, Alfred, Vom Wirtschaftsgeist in Spanien. 2. Aufl. Leipzig 1928.

Sasuly, Richard, IG Farben (Übersetzung aus dem Englischen). Berlin 1952.

Schacht, Hjalmar, 76 Jahre meines Lebens. Bad Wörishofen 1953.

Scheele, Godfrey, The Weimar Republik. Overture to the Third Reich. London 1946.

Scheinmann, M. M., Der Vatikan im zweiten Weltkrieg (Übersetzung aus dem Russischen). Berlin 1954.

Schmidt, J. L. u. Domday, K. H. (Hrsg.), Probleme des kapitalistischen Weltmarktes, Bd. 2, Berlin 1959.

Schnejerson, A. I., Die Unterordnung des bürgerlichen Staates unter die Monopole (Übersetzung aus dem Russischen). Berlin 1958.

Scholten, Rainald, Die Liquidierung des deutschen Privatvermögens in Spanien im Spiegel des Völkerrechts. Düsseldorf 1957.

Scholz, Wolfgang, Die Lage des spanischen Staates vor der Revolution (unter Berücksichtigung ihres Verhältnisses zum italienischen Faschismus). Leipzig 1932 (Diss. jur.).

Schultheß' Europäischer Geschichtskalender 1936, 1937, 1938, 1939. München 1937, 1938, 1939, 1940.

Schumann, Frederick L., Europe on the Eve. The Crises of Diplomacy 1933–1939. New York 1942.

Schweppenburg, Geyr von, Erinnerungen eines Militärattachés. London 1933–1937. Stuttgart 1949.

Schreiner, Albert, Zur Geschichte der deutschen Außenpolitik 1871–1945. Bd. I, 1871–1918. Berlin 1952.

–, Über die Hintergründe und Ziele der faschistischen Intervention in Spanien 1936. Beilage zu „Militärwesen. Zeitschrift für Militärpolitik und Militärtheorie", H. 4, 1958.

Schwerin von Krosigk, Lutz Graf, Es geschah in Deutschland. Menschenbilder und Zeitkräfte unseres Jahrhunderts. Tübingen-Stuttgart 1951.

Shirer, William L., Berlin Diary. The journal of a Foreign Correspondent 1934–1941. New York 1941.

Souchy, Augustin, Nacht über Spanien. Bürgerkrieg und Revolution in Spanien. Darmstadt-Land o. J.

Spielhagen, Franz, Spione und Verschwörer in Spanien. Nach offiziellen nationalsozialistischen Dokumenten. Paris 1936.

Suñer, Ramon Serrano, Zwischen Hendaye und Gibraltar (Übersetzung aus dem Spanischen). Zürich 1948.

Stalin, J. W., Rechenschaftsbericht an den XVII. Parteitag der KPdSU(B). In: Werke, Bd. 13, Berlin 1955.

Staneck, Heinz, Die deutsch-spanischen Handelsbeziehungen und die Möglichkeiten einer Wiederanbahnung. o. O., 1948 (Diss. staatswiss.).

Stangl, Gerhard, Die bürgerlich-demokratische Revolution in Spanien und die faschistische Intervention 1931–1939. Staatsexamensarbeit, unveröff. Maschinenschrift, Leipzig 1953.

Stern, Leo, Der Freiheitskampf des spanischen Volkes 1936–1939. Berlin 1956.

Stoeckel, Kurt, Die Entwicklung der Reichsmarine nach dem I. Weltkrieg. Göttingen 1954.

Szinda, Gustav, Die XI. Brigade. Berlin 1956.

Taylor, F. Jay, The United States and the Spanish Civil War. New York 1956.

Taylor, Telford, Sword and Swastika. Generals and Nazis in the Third Reich. New York 1952.

Tillmann, H., Volksfront – Frankreich Gestern und Morgen. Leipzig/Jena 1956.

Tondi, Alighiero, Die geheime Macht der Jesuiten (Übersetzung aus dem Italienischen), Jena 1960.

Toynbee, Arnold v. Veronica, (Hrsg.), The War and the neutrals. London, New York, Toronto 1956.

Treue, Wilhelm u. Frede, Günther, Wirtschaft und Politik 1933–1945. Braunschweig 1953.

Trever-Roper, Hugh R., Hitler und Franco. Warum nahm Spanien nicht am Kriege teil? In: „Der Monat", September 1953, 5. Jg., H. 60, S. 625–634.

Ulbricht, Walter, Zur Geschichte der deutschen Arbeiterbewegung. Aus Reden und Aufsätzen, Bd. II, 1933–1946. Berlin 1953.

–, Der faschistische deutsche Imperialismus (1933–1945) (Die Legende vom „deutschen Sozialismus"), Berlin 1952.

Varga, Eugen, „Spanien in der Revolution". Wirtschaft und Wirtschaftspolitik im ersten Vierteljahr 1936, in: „Rundschau" (Basel), 5. Jg., Nr. 22, 13. 5. 1936, Sondernummer, S. 873ff.

Wahl, Fritz, Spanien, Ein Land der Gärung. Frankfurt a. M. 1934.

Walter (= Ulbricht, Walter), Kriegsschauplatz Innerdeutschland. Straßbourg 1938.

Weinert, Erich, Camaradas. Berlin 1951.

Weizsäcker, Ernst von, Erinnerungen. München, Leipzig, Freiburg i. Br. 1950.

Wheeler-Bennett, John W., Die Nemesis der Macht. Die deutsche Armee in der Politik 1918–1945 (Übersetzung aus dem Englischen). Düsseldorf 1954.

Winzer, Otto, 12 Jahre Kampf gegen Faschismus und Krieg. Ein Beitrag zur Geschichte der Kommunistischen Partei Deutschlands 1933–1945. Berlin 1955.

Woodman, Dorothy (Hrsg.), Hitler rearms. An Exposure of Germany's War Plans. London 1934.

Wronsky, H. M., 15 Jahre Luftfahrt. Ernste und heitere Erinnerungen aus 15jähriger Tätigkeit in der Deutschen Luftfahrt. Berlin, Mai 1940 (hektographiert).

Ziegler, Friedrich, Die Industrialisierung Spaniens seit Beginn des Weltkrieges und ihre Zukunftsaussichten. Wuppertal-Elberfeld (Diss.).

O. V., Reichshandbuch der deutschen Gesellschaft. Das Handbuch der Persönlichkeiten in Wort und Bild. Bd. I u. II, hrsg. vom Deutschen Wirtschaftsverlag AG, Berlin 1930.

O. V., Handbuch der Spanienkunde, mit Beiträgen von Othmar Feßler u. a. (Handbücher der Auslandskunde, Bd. 5), Frankfurt a. M. 1932.

O. V., Die deutsche Industrie im Kriege 1939–1945, hrsg. vom Deutschen Institut für Wirtschaftsforschung (Institut für Konjunkturforschung). Berlin 1954.

O. V., Bilanz des zweiten Weltkrieges. Erkenntnisse und Verpflichtungen für die Zukunft (Sammelband), Oldenburg/Hamburg 1953.

O. V., Veröffentlichungen des Reichsverbandes der Deutschen Industrie. H. 11–62 (1920–1933/34).

O. V., Politische Ökonomie. Lehrbuch. Hrsg. von der Akademie der Wissenschaften der UdSSR, Inst. für Ökonomie. Nach der 3. überarbeiteten russ. Ausgabe, Berlin 1959.

O. V., Geschichte der Diplomatie. Die Diplomatie in der Periode der Vorbereitung des zweiten Weltkrieges (1919–1939), hrsg. von Potjomkin, W. P. Dritter Band, T. 1 u. 2. Zweite Aufl., Berlin 1948.

O. V., Geschichtsfälscher. (Eine historische Richtigstellung.) Veröffentlicht vom Informationsbüro der Sowjetunion. Berlin o. J.

O. V., Geschichte Spaniens. Große Sowjet-Enzyklopädie, Reihe Geschichte und Philosophie, H. 41, Berlin 1955.

O. V., Das Braune Netz. Wie Hitlers Agenten im Ausland arbeiteten und den Krieg vorbereiteten. Paris 1935.

PERSONEN- UND FIRMENREGISTER

Das Register enthält die in Text und Anmerkungen vorkommenden Personen- und Firmennamen. Besonders häufig vorkommende Namen, wie Hitler, Francisco Franco, Hisma, Rowak wurden nicht aufgenommen.

FSC
www.fsc.org
MIX
Papier | Fördert
gute Waldnutzung
FSC® C083411

Kolibri 360 GmbH
Ferdinand-Jühlke-Straße 7
99095 Erfurt, Deutschland
produktsicherheit@kolibri360.de